刘军 主编

品读姑苏

上册

图书在版编目(CIP)数据

品读姑苏. 上册 / 刘军主编. -- 苏州：苏州大学出版社，2023.8（2023.9重印）
ISBN 978-7-5672-4408-5

Ⅰ.①品… Ⅱ.①刘… Ⅲ.①苏州－概况－中学－乡土教材 Ⅳ.①G634.591

中国国家版本馆CIP数据核字(2023)第116472号

品读姑苏（上册）

PINDU GUSU (SHANGCE)

刘 军 主编

责任编辑 沈 琴

苏州大学出版社出版发行
（地址：苏州市十梓街1号 邮编：215006）
苏州工业园区美柯乐制版印务有限责任公司印装
（地址：苏州工业园区双马街97号 邮编：215012）

开本 700 mm×1 000 mm 1/16 印张 23.75 字数 413 千
2023年8月第1版 2023年9月第2次印刷
ISBN 978-7-5672-4408-5 定价：58.00 元

图书若有印装错误，本社负责调换
苏州大学出版社营销部 电话：0512-67481020
苏州大学出版社网址 http://www.sudapress.com
苏州大学出版社邮箱 sdcbs@suda.edu.cn

敬 告 作 者

　　为了编好这套《品读姑苏》，我社和编写组合作，与收入本书作品的作者进行了广泛联系，得到了各位作者的大力支持。在此，我们表示衷心的感谢。但是，由于部分作者地址不详，无法取得联系。敬请各位有著作权的作者尽快与我们联系，以便支付稿酬。谨致谢忱！

联系地址：苏州市十梓街1号 苏州大学出版社
邮　　编：215006
联 系 人：沈　琴
联系电话：0512-65222282

前　言

　　本书原名《苏州语文课外读本》，是根据《全日制义务教育语文课程标准（实验稿）》关于开发语文课程资源的要求编著的，自2005年出版发行以来，受到苏州市中学师生的好评。不少读者认为：本书不仅适合初、高中学生阅读，也适合成年人阅读；无论是老苏州人、新苏州人还是到苏州来旅游的人，本书都不失为一本全面了解苏州这座具有2500多年历史名城的文化读本。2012年，我们曾根据2011年版《义务教育语文课程标准》做了修订；2018年，我们又根据2017年版《普通高中语文课程标准》做了修订。这次，我们根据2022年版《义务教育语文课程标准》和2017年版2020年修订《普通高中语文课程标准》，在2018年修订的基础上重新做了修订、再版，并将书名改为《品读姑苏》，以满足广大读者的需求。

　　2022年版《义务教育语文课程标准》规定，语文学科"教材应具有开放性和选择性。在合理安排基本课程内容的基础上，关注不同区域教育实际，给地方、学校和教师留有调整、开发的空间，也给学生留出选择和拓展的空间，满足不同学生学习和发展的需要"；明确指出"语文课程资源既包括纸质资源，也包括数字资源；既包括日常生活资源，也包括地域特色文化资源；既包括语文学习过程中生成的重要问题、学业成果等显性资源，也包括师生在语文学习方面的兴趣、爱好和特长等隐性资源。教师要充分发挥自身优势与潜力，积极利用和开发各类课程资源，不断增强课程资源意识"。为此特别强调："课程资源的开发与利用应坚持正确的政治导向，把贯彻落实社会主义核心价值观、促进学生身心健康发展作为首要原则；要从核心素养形成和发展的内在规律出发，紧密结合语文教材内容，选择有利于组织和实施综合性语文实践活动的优质资源，构建开放多元的教学资源体系；要立足学生实际，注重遴选典范的现代白话文和古代文言经典作品，以文质兼美为选择标准，体现课程资源在文化传承方面的作用，充分发挥其促进学生发展的价值"；"课程资源的使用要以促进学生核心素养发展为目的，多角度挖掘其育人价值，与课程内容形成有机联系，促进课程目标全面达成。教师要多角度分析、使用课程资源，善于筛选、组合课程资源，利用课程资源创设学习情境，优化教与学活动，提高教学效益；学校要整合区域和地方特色资源，设计具有学校特色、区域特色的语文实践活动，落实学习任务群的目标要求，增强语文课程内容的丰富性和课程实施的开放性"。

2017年版2020年修订《普通高中语文课程标准》对利用、开发课程资源的提法与《义务教育语文课程标准》大体一致，但要求更高、更详细、更具体："教材应具有开放性和选择性。学生在语文课程方面的原有基础和在高中阶段的学习诉求各有差异，各地方、各学校的条件也往往各不相同，因此，教材应在明确体现对每个学生基本要求的基础上，展现适度的开放性，让学生根据各自情况作出选择，给地方、学校和教师留有选择、调整和开发的空间"；"为满足普通高中语文课程多样化和选择性的需要，必须增强课程资源意识。语文课程资源形式多种多样，可以是纸质文本，也可以是多媒体资源、网络资源。各地区都蕴藏着自然、社会、人文等方面的语文课程资源，应积极利用和开发。自然风光、文物古迹、革命传统、风俗民情、国内外的重要事件、学生的家庭生活，以及日常生活话题等，都可以成为语文课程的资源"；要善于"利用家庭资源以及学校图书馆、校史馆、档案馆等，研究社会生活中的文化现象；利用图书馆、博物馆、纪念馆、文化馆、美术馆、音乐厅、影剧院、名人故居、革命遗址、名胜古迹，以及其他文化遗产等，通过实地考察，深化对某一文化现象的认识"。同时也特别强调："语文教师应充分发挥自身的潜力，参与必修课程和选修课程的建设，积极利用与开发各种课程资源，创造性地开展各类活动，提升自身的教学水平；应引导学生从现实生活中发现问题，提出活动主题，增强在各种场合学语文、用语文的意识,多方面地提高学生的语文素养;应聚焦课程目标,明确问题,整理、优化课程资源库,通过必要的精简、调整、补充,加强语文学习活动中内容和目标的整合,形成与教材相呼应的开放的教学格局,拓展学生的视野,促进学科核心素养的建构和发展。"

这次修订,进一步体现了上述两个"语文课程标准"的规定和要求,体现了陆文夫、余秋雨两位当代作家有关苏州文化的评述及其思想精神。

陆文夫先生说过,"苏州是个得天独厚的地方",有着深厚的文化积淀,"我不敢说苏州是全国文化最发达的地方,也不敢说苏州的伟人和名家就比其他的地区多,但是有一点要感谢我们的祖先和时代的先驱,是他们全方位地发展了苏州的文化,使得苏州文化的综合实力在全国占有优势";"苏州文化的优势是在于它的综合实力强大,文化门类比较齐全,从古到今一脉相承,只有发展,没有中断,使得每一个文化的门类都有一定的成就";苏州文化"囊括了苏州的戏剧、绘画、园林、街坊、名人、名胜、民俗、考古、工艺……向世人展示苏州文化的综合实力,用以提高苏州人的文化素质,提高人的素质,用以吸引与沟通五湖四海的朋友"。(《〈苏州文化丛书〉总序》,见苏州大学出版社1999年版《苏州诗咏》)

余秋雨先生说:"现代国际间各个城市的文化史,其实就是文化创造者们的进出史、留驻史。"(《突破的一年》,见《行者无疆》第142页,长江文艺出版社2012年版)他在《白发苏州》一文中写道:"苏州是我常去之地。海内美景多得是,唯苏州,能给我一种真正的休憩。柔婉的言语,姣好的面容,精雅的园林,幽深的街道,处处给人以感官上的宁静慰藉。现实生活常常搅得人心智烦乱,而苏州的古迹会让你定一定情怀。有古迹必有题咏,大多是古代文人的感叹,读一读,能把你心头的皱折熨抚得平平展展。看得多了,也便知道,这些文人大多也是来休憩的。他们不想在这儿创建伟业,但在外面事成事败之后,却愿意到这里来住住。苏州,是中国文化宁谧的后院。"(见《山河之书》第99页,长江文艺出版社2012年版)

苏州不愧为中国文化宁谧的后院。进出、留驻苏州的历代文人之多，留下题咏、讴歌苏州的诗文之多，在全国众多的历史名城中实属罕见。这次修订，我们对全书再次进行了仔细的审读、删改、增补，精选了自西汉以来的诗文195篇（首），其中新增和重编的占99篇（首），时间跨度两千一百多年。有司马迁的纪传体散文；有陆机、崔颢、王昌龄、常建、王维、李白、杜甫、张继、韦应物、张籍、李绅、白居易、刘禹锡、杜牧、李商隐、皮日休、陆龟蒙、杜荀鹤、柳永、范仲淹、欧阳修、梅尧臣、苏舜钦、王安石、苏轼、米芾、贺铸、叶梦得、陆游、范成大、杨万里、辛弃疾、姜夔、吴文英、赵孟頫、倪瓒、萨都剌、刘基、杨基、高启、唐寅、文徵明、王世贞、李贽、徐霞客、吴伟业、归庄、顾炎武、朱彝尊、王士禛、沈德潜、赵翼、洪亮吉、龚自珍、王国维等的诗（词）；有范仲淹、苏舜钦、文徵明、归有光、袁宏道、顾炎武、汪琬、宋荦、钱大昕、俞樾等的散文；有鲁迅的小说，胡适、林语堂的序文，郭沫若、叶圣陶、周瘦鹃、朱自清、郑振铎、曹聚仁、丁玲、谢冰莹、张中行、罗洪、杨绛、碧野、陈从周、何满子、吴冠中、黄裳、艾雯、沙白、陆文夫、金学智、王蒙、阮仪三、余秋雨、贾平凹、韩少功、范小青、叶兆言、苏童的散文；等等。

全书涉及两个"语文课程标准"所说的地域特色文化资源，包括自然风光、文物古迹、风俗民情、名人故居、革命遗址、名胜古迹、文化遗产等，陆文夫所说的戏剧、绘画、园林、街坊、名人、名胜、民俗、考古、工艺……余秋雨所说的古代文人的题咏等，囊括了苏州文化的方方面面。

为了适应学生和成人读者的需求，特别是初、高中学生阅读和写作的需求，这次修订，十分注重所选诗文的可读性以及同语文教科书的相关性；十分注重从丰富的吴文化遗产中精选适合中学生言语经验的名家诗文；十分注重文本的典范性、时代性和对文本解读、写作指导的示范性。这些文质兼美的诗文有利于开拓学生视野，激活学生思维，发展核心素养；有利于促进学生认识家乡，涵养家国情怀，铸牢中华民族共同体意识；有利于引导学生展开专题研讨，深入剖析和解释特有的苏州文化现象，提高参与文化建设的自觉性和语文综合应用能力。

本书分上下两册,供初中一、二年级和高中一、二年级学生选用。

本书的编著得到了苏州市原高中语文教学研究组老师的大力协助,为上册撰稿的有卫新、马丽亚、沈郁菁、张蕾、施怡(承担篇目详见本册附录Ⅰ),在此谨致谢忱。

语文课程资源的开发与利用,是一项要求高、难度大、周期长的教材改革系统工程,对本书中的缺点、错误以及使用中的问题,欢迎大家批评、指正,以便修订时改正。

刘 军

壬寅年涂月于姑苏

目　　录

01	到平江路去	……………………	范小青(002)
	山塘雨思	……………………	陆嘉明(008)
	古城墙	……………………	叶　青(012)
02	梦中的天地	……………………	陆文夫(016)
	苏州的河	……………………	阮仪三(025)
03	鉴真东渡觅旧踪	……………………	吕大安(031)
	范仲淹和天平山	……………………	啸　诗(036)
	张继的诗和枫桥的寺	……………………	刘季星(043)
04	吴侬软语说苏州	……………………	曹聚仁(050)
	苏州印象	……………………	叶兆言(058)
	白发苏州	……………………	余秋雨(062)
05	弹词四篇		
	枫桥敌楼	……………………	朱寅全(074)
	望芦苇	……………………	陈灵犀(077)
	我的家乡在苏州	……………………	郁小庭(079)
	苏州小桥联唱	……………………	邢晏春(081)
	诗歌三首		
	感觉江南	……………………	张　直(084)
	老桥·新桥	……………………	王　棋(085)
	这方水土	……………………	李德武(085)
06	藕与莼菜	……………………	叶圣陶(090)
	五月三十一日急雨中	……………………	叶圣陶(093)
	几件小事	……………………	叶至诚(097)
07	沙家浜记	……………………	贾平凹(102)
	梦里梦外	……………………	黄　河(105)

08 甪直之行的回忆 …………………………………… 郭沫若(111)

　　木渎灵岩之游 …………………………………… 何满子(115)

　　姑苏半月(节选) ………………………………… 张中行(119)

09 蚕丝风俗寻踪 …………………………………… 周德华(128)

　　端午·粽子·划龙船 ……………………………… 秦　玉(134)

　　民间传说两篇

　　　　大禹取《水经》 …………………………………… (139)

　　　　布袋和尚与腊八粥 ………………………………… (144)

10 访书 ……………………………………………… 黄　裳(150)

　　诗巷 ……………………………………………… 袁　殊(154)

　　老家苏州 ………………………………………… 艾　雯(159)

11 要做则做 ………………………………………… 钱　泳(166)

　　治家格言 ………………………………………… 朱柏庐(169)

　　正始(节选) ……………………………………… 顾炎武(172)

12 船与水 …………………………………………… 俞　明(179)

　　小桥引静兴味长 ………………………………… 金学智(191)

13 我所见的叶圣陶 ………………………………… 朱自清(198)

　　陆苏州 …………………………………………… 韩少功(203)

　　博士回故乡 ……………………………………… 宋祖荫(206)

14 太湖抒情(外一篇) ……………………………… 韵　之(213)

　　云水苍茫说三山 ………………………………… 钱　正(220)

　　阳澄湖边食蟹图 ………………………………… 叶正亭(225)

15 留园记 …………………………………………… 俞　樾(233)

　　网师园记 ………………………………………… 钱大昕(240)

16 重寻水上梦 ……………………………………… 贾　玲(255)

　　周庄烟雨中 ……………………………………… 韩静霆(260)

　　《苏州水》解说词(节选) ………………………… 刘　郎(263)

17 铸剑 ……………………………………………… 鲁　迅(277)

　　干将莫邪 ………………………………………… 干　宝(294)

18 思吴江歌 ………………………………………… 张　翰(299)

　　维扬送友还苏州 ………………………………… 崔　颢(300)

太湖秋夕	王昌龄(301)
阊门即事	张　继(302)
登重玄寺阁	韦应物(303)
采莲曲	张　籍(304)
秋思	张　籍(305)
姑苏台	刘禹锡(306)
怀吴中冯秀才	杜　牧(307)
吴宫	李商隐(308)
无题二首（选一首）	李商隐(309)
馆娃宫怀古五绝（选一首）	皮日休(310)
送人游吴	杜荀鹤(311)
洞庭山	范仲淹(312)
送裴如晦宰吴江	梅尧臣(313)
过苏州	苏舜钦(314)
泊舟姑苏	王安石(315)
虎丘寺	苏　轼(316)
垂虹亭	米　芾(318)
宿枫桥	陆　游(319)
宝带桥	释善住(320)
夜发吴门	赵孟頫(321)
长桥	萨都剌(322)
天平山中	杨　基(323)
闻邻船吹笛	杨　基(324)
初夏江村	高　启(325)
重过太仓	桑　琳(326)
穹隆山	吴　宽(327)
桃花坞	唐　寅(329)
玉兰	文徵明(330)
太湖	文徵明(331)
明月湾	王世贞(332)
销夏湾	王世贞(333)
宿吴门二首	李　贽(334)

题小香山梅花堂诗五首(选一首) …………………… 徐霞客(335)

午日吴门观渡 …………………………………………… 朱彝尊(336)

吴山怀古 ………………………………………………… 沈德潜(338)

五人墓 …………………………………………………… 桑调元(340)

登杨舍城楼望海 ………………………………………… 赵 翼(341)

姑苏杨柳词 ……………………………………………… 汪 琬(342)

忆江南(选一首)(江南忆) ……………………………… 白居易(343)

苏幕遮(碧云天) ………………………………………… 范仲淹(344)

水调歌头(造物故豪纵) ………………………………… 辛弃疾(345)

点绛唇(燕雁无心) ……………………………………… 姜 夔(346)

卜算子(明月丽长空) …………………………………… 萨都剌(347)

江城子(满城风雨近重阳) ……………………………… 倪 瓒(348)

【附录】Ⅰ 本册撰稿、修订者细目 ……………………………… (349)

Ⅱ 单元练习参考答案 ………………………………… (351)

01

单元提示

　　江南园林甲天下,苏州园林甲江南。说起苏州的名胜古迹,我们首先会想到"甲江南"的园林。其实,苏州除了精致的园林之外,还有古老的街区、恬静的古城墙。如果说园林是昆曲,高雅秀美,体现了文人的情怀和追求,那么老街、古城墙就是评弹,朴素丰富,演绎着世俗的生活和趣味。读了本单元的文章,你一定会对苏州历史、苏州文化有更全面、更深入的认识。

　　本单元三篇文章,都是写景抒情类散文,它们在立意、谋篇上各具特色。《到平江路去》是作家的感性体验,写得平易而亲切。在这里,平江路是"主角",作者在感受平江路的过程中体会出"平江路的价值,是在于那许多保存下来的古迹,也是在于它的延续不断的、任何力量也不能使之中断的日常生活"。《山塘雨思》是学者的理性思考,写得含蓄而深刻。在这里,山塘街只是"舞台",雨只是"布景",真正的"主角"是作者,是作者的美学随想,是"一种与历史气脉相通的生命和精神的感悟"。而《古城墙》则通过丰富的联想、浓烈的抒情,礼赞了生命永恒这一主题。

　　这三篇文章在语言风格上也各有特点,《到平江路去》朴素自然,《山塘雨思》古朴典雅,《古城墙》清新隽永。阅读时要细细品味。

在宋朝的时候,有了碑刻的平江图,那是整个的苏州城。现在在我的心里,也有了一张平江图,这是苏州城的缩影。这张平江图是直白和坦率的,一目了然,两道竖线,数道横线。这些横线竖线,已经从地平面上、从地图纸上,印到了我心里去,以后我便有更多的时间,有更任意的心情,沿着这些线,走,到平江路去。

到平江路去[①]

范 小 青

在一个阴天,将雨未雨的时候,带上雨伞,就出门去了。

小区门前的马路上,是有出租车来来去去的,但是不要打车,要走一走,觉得太远的话,就坐几站公交车,然后下去,再走。

走到哪里去呢?是走到自己愿意去的地方,喜欢的地方,比如说,平江路,就是我经常会一个人去走一走的古老的街区。

其实在从前的很漫长的日子里,我们曾经是生在其中的,那些古旧却依然滋润的街区,就在我们的身边,它是我们的窗景,是我们挂在墙上的画,我们伸手可触摸的,跨出脚步就踩着它了,我们能听到它的呼吸,我们能呼吸到它散发出来的气息,我们用不着去平江路,在这个城里到处都是平江路,我们也用不着精心地设计寻找的路线,路线就在每一个人自己的脚下,我们十分的奢侈,十分的大大咧咧[②],我们的财富太多,多得让你轻视了它们的存在。

日子一天一天地过,我们糊里糊涂,视而不见,等到有一天似乎有点清醒了,才发现,我们失去了财富,却又不知将它们丢失在哪里了,甚至不知是从哪一天起,不知是在哪一个夜晚醒来时发生

---

① 选自《苏州杂志》2004 年第 1 期。
② [大大咧(liē)咧]形容随随便便,满不在乎。

的事情。

我们的时代,是一个新闻接一个新闻的时代,这些新闻告诉我们,古老的苏州正变成现代的苏州,这是令人振奋的,没有人不为之欢欣鼓舞,只是当我们偶尔地生出了一些情绪,偶尔地想再踩一踩石子或青砖砌成的街,我们就得寻找起来了,寻找我们从小到大几乎每时每刻都踏着的、但是现在已经离我们远去的老街。

这就是平江路了。平江路已经是古城中最后的保存着原样的街区,也已经是最后的仅存的能够印证我们关于古城记忆的街区了。

平江路离我的老家比较远,离我的新家也一样的远,我家的附近也有可去的地方,比如新造起来的公园,有树,有草地,有水,有大小的桥,有鸟在歌唱,但我还是舍近而求远了,要到平江路去,因为平江路古老。在一个欣欣向荣的城市里,古老就会比较的金贵值钱。

在喧闹的干将路东头的北侧,就是平江路了,它和平江河一起,绵延数里,在这个街区里,还有和它平行的仓街,横穿着的,是钮家巷、萧家巷、大儒巷、南显子巷、悬桥巷、菉葭巷、胡厢使巷、丁香巷,还有许多,念叨这一个一个的巷名,都让人心底泛起涟漪①,在沉睡了的历史的碑刻上,飘散出了人物和故事的清香。

要穿着平跟的软底的鞋,不要在街石上敲击出的咯的咯的声音,不要去惊动历史,这时候行走在干将路上的一个外人,恐怕是断然意想不到,紧邻着现代化躁动的,会是这么的一番宁静,这么的一个满是世俗烟火气的世界。

曾经从书本上知道,在这座古城最早的格局里,平江街区就已经是最典型的古街坊了,河街并行、水陆相邻,使得这个街区永远是静的,又永远是生动活泼的。早年顾颉刚先生就住在这里,他从平江路着眼,写了苏州旧日的情调:一条条铺着碎石子或者压有凹沟的石板的端直的街道,夹在潺湲②的小河流中间,很舒适地躺

---

① [涟漪(yī)]〈书〉细小的波纹。
② [潺(chán)湲(yuán)]〈书〉形容河水慢慢流动的样子。

着,显得非常从容和安静。但小河则不停地哼出清新快活的调子,叫苏州城浮动起来。因此苏州是调和于动静的气氛中间,她永远不会陷入死寂或喧嚣的情调。

以前来苏州游玩的郁达夫也议论过这一种情况,他说这街上的石块,和人家的建筑,处处的环桥河水和狭小的街衢①,没有一件不在那里夸示过去的中国民族的悠悠的态度。

这是从前的平江路。令人难以想象的是,生活在今天的我们,走在今天的平江路上,仍然能够感受到昨天的平江路的脉搏是怎样的跳动着。我们一边觉得难以置信,一边就怦然心动②起来了。

很多年前的一天,白居易登上了苏州的一座高楼,他看到:远近高低寺间出,东西南北桥相望,水道脉分棹鳞次,里闾棋布城册方。不知道白居易那一天是站在哪一座楼上,他看到的是苏州城里的哪一片街区,但是让我们惊奇的是,他在一千多年前写下的印象,与今天的平江街区仍然是吻合的,仍然是一致的,甚至于在他的诗文中散发出来的气息,也还飘忽在平江路上,因为渗透得深而且远,以至于数千年时间的雨水也不能将它们冲刷了,洗净了。

现在,我是踏踏实实地走在平江路上了。

更多的时候,到平江路是没有什么事情的,没有目的,想到要去,就去了,就来了。除了有一次我忽然想看看戏曲博物馆,那是在一年前的国庆长假期间,我正在写一个小说,写着写着,就想到戏曲博物馆,就查了一下资料,知道它是在中张家巷,就去了,但是那一天里边没有游人,服务员略有些奇怪地探究地看着我,倒使我无端地有点心虚起来,好像自己是个坏人,想去干什么坏事的,这么想着,脚下匆匆,勉强转了一下,就落荒而逃了。

那一天的时光,倒是在逃出来以后停留下来的,因为逃出来以后,我就走在平江路上了。

世俗的生活在这里弥漫着,走着的时候,很有心情一家一家地朝他们的家里看一看,这是老房子,所以一无遮掩的,他们的生活

---

① [衢(qú)]大路。
② [怦(pēng)然心动]形容心跳。怦,象声词。

起居就是沿着巷面开展着,你只要侧过脸转过头,就能够看得很清楚,我不要窥探他们的生活,只是随意的,任着自己的心情去看一看。

  他们是在过着平淡的日子,在旧的房子里,他们在烧晚饭,在看报纸,也有老人在下棋,小孩子在做作业,也有房子是比较进深①的,就只能看见头一进的人家,里边的人家,就要走进长长的黑黑的备弄,在一侧有一丝光亮的地方,摸索着推开那扇木门来,就在里边,是又一处杂乱却不失精致的小天地,再从备弄里回出来,仍然回到街上,再往前走,就渐渐地到了下班的时间了,自行车和摩托车多了起来,他们骑得快了,有人说,要紧点啥?另一个人也说,杀得来哉?只是他们已经风驰电掣②地远去了,没有听见。一个妇女提着菜篮子,另一个妇女拖着小孩,你考试考得怎么样?她问道。不知道,小孩答。妇女就生气了,你只知道吃,她说。小孩正在吃烤得糊糊的肉串,是在小学门口的摊点上买的,大人说那个锅里的油是阴沟洞里捞出来的,但是小孩不怕的,他喜欢吃油炸的东西,他的嘴唇油光闪亮的。沿街的店面生意也忙起来,买烟的人也多起来,日间的广播书场已经结束,晚间的还没有开始,河面上还是有一两只小船经过的,这只船是在管理城市的卫生,打捞河面上的垃圾,有一个人站在河边刚想把手里的东西扔下去,但是看到了这只船,他的手缩了回去,就没有扔,只是不知道他是多走一点路扔到巷口的垃圾箱去,还是等船过了再随手扔到河里。生活的琐碎就这样坦白地一览无余地沿街展开,长长的平江路,此时便是一个世俗生活的生动长卷了。

  就这样走走,看看,好像也没有什么多余的想头。

  所以,到平江路来,说是怀旧了,也可以,是散散步,也对,或者什么也不曾想过,就已经来了,这都能够解释得通,人有的时候,是要做一些含含糊糊的事情。但总之是,到平江路来了,随便地这么走一走,心情就会起一点变化的,好像原本心里空空的,没有什么,

---

① [进深]院子、房间等的深度。
② [风驰电掣(chè)]形容像刮风和闪电那样迅速。掣,一闪而过。

但是这么一走,心里就踏实了,老是弥漫在心头的空空荡荡、无着边际的感觉就消失了。

这一种的生活在从前是不稀奇的,只是现在少见了,才会有人专门跑来看一看,因此在这一个长卷上,除了生活着的平江路的居民百姓外,还会有多余的一两个人,比如我,我是一个外来的人,但我又不是。

不是在平江路出生和长大,但是走一走平江路,就好像走进了自己的童年,亲切的温馨的感觉就生了出来,记忆也回来了,似曾相识的,上辈子就认识的,从前一直在这里住的,世世代代就是在这里生活的,就是这样的一种感觉。

知道平江路上有许多名胜古迹,名人故宅,园林寺观,千百年的古桥牌坊,我去过潘世恩故居,去过洪钧故居,去过全晋会馆,尤其还不止一两次地去过耦园,但是我到耦园,却不是去赞叹它精湛的园艺,觉得耦园是散淡的,是水性杨花的,它是苏州众多私家园林中的一个另类,它不够用心,亦不够精致,去耦园因为它是一处惬意①的喝茶聊天的地方,或者是一个温婉的情绪着落点,也因去耦园的路,不要途经一些旅游品商店,也不要有乌糟糟吵吵闹闹的停车场,沿着河,踩着老街的石块,慢慢地走,走到该拐弯的地方,拐弯,仍然有河,再沿着河,慢慢地走,就走到了耦园,其实就这样的走,好像到不到耦园都是不重要的了。

就是以这样的实用主义的心思才去了耦园,因为耦园是在平江路上,耦园与平江路便是一气的,配合好的,好像它们只是一个平平常常的百姓的栖息之地,是没有故事的,即使有故事,也只是一些平淡的不离奇的故事。

平江路是朴素的,在它的朴素背后,是悠久的历史和历史的悠久的态度,历史到底是什么呢,难道不就是人民群众的普通生活吗?所以我就想了,平江路的价值,是在于那许多保存下来的古迹,也是在于它的延续不断的、任何力量也不能使之中断的日常生活。

---

① [惬意]满足,畅快。

在宋朝的时候，有了碑刻的平江图，那是整个的苏州城。现在在我的心里，也有了一张平江图，这是苏州城的缩影。这张平江图是直白和坦率的，一目了然，两道竖线，数道横线。这些横线竖线，已经从地平面上、从地图纸上，印到了我心里去，以后我便有更多的时间，有更任意的心情，沿着这些线，走，到平江路去。

品 读 赏 析

　　这是一篇写苏州老街平江路的散文。作者在"将雨未雨的时候"，带上童年记忆的残片，到她"喜欢的"平江路随便地走一走。她"不要去惊动历史"，也不打扰人家，只是很有心情地去看看这里的人，听听这里的事，老房子里的人，古街上的事。然后就觉得长长的平江路不就是长长的世俗画卷吗？她小心地把它卷好藏在心里，而当这长卷再次被作者打开的时候，我们就读到了她的《到平江路去》。

　　《到平江路去》既不卖弄历史，因为历史就在厚厚的石板砖墙下，也不大谈名胜，因为这里的名胜不爱张扬，哪怕被列为世界文化遗产的耦园，在作者笔下也只是一句"是散淡的，是水性杨花的"。我们就这样被领着，在雨雾将起的空气里，轻轻地踏着街石，学着作者"任着自己的心情""侧过脸转过头"看一看庭院，看一看老屋，看一看"长长的黑黑的备弄"……

　　因为作者已经告诉你"好像原本心里空空的，没有什么，但是这么一走，心里就踏实了，老是弥漫在心头的空空荡荡、无着无际的感觉就消失了"。所以，走在平江路上，脚下是踏踏实实的，心里也是踏踏实实的。这踏实的原因也许就是一句："平江路是朴素的，在它的朴素背后，是悠久的历史和历史的悠久的态度，历史到底是什么呢，难道不就是人民群众的普通生活吗？"于是你听到那段母亲和孩子最日常最生动的对话，看到傍晚街区最平常的图景：渐多的车辆，买烟的人，听书……不紧不慢的悠然。

　　只可惜平江路"已经是最后的仅存的能够印证我们关于古城记忆的街区了"。作者的惋惜散落在字句里。于是庆幸走在今天的平江路上，仍能感受到昨天的平江路的脉搏是怎样地跳动着。平江路是历史的，也是现代的。不论历史或者现代，它一直都是生活的。爱苏州或者爱生活的人，就请跟着作者走，到平江路去。

今日山塘,历经千年,它是历史留给苏州的一杯残酒。残酒遗香,愈陈愈醇,只有慢酌细品,才会感到余味无穷。

漫步古街,极尽视听,浮想联翩,一时竟弄不清,是我悟山塘,还是山塘悟我?是我融进山塘,还是山塘融进了我的心怀?

——陆嘉明《心灵之宅与水居意境》

山塘雨思①

陆 嘉 明

飘飘洒洒的春雨,把清瘦的古山塘出落得越发柔绵和幽静。我在雨中踽踽②而行,一任轻风细雨扑入襟怀,茫茫坠绪倏地③在心中洇漫④开来,似乎无所羁束⑤地延伸到时空的深处,生命犹若失去了边界,在历史性的人文滋养和现实性的自由畅想中,竟然感到自己从古活到了今天。这是何等奇妙而超拔的精神体验啊。

烟雨山塘,从东到西逶迤⑥而去,似与雨声共吟一首悠长淡雅的唐诗。我发现这里的平屋小楼,时而被宽宽窄窄的水埠隔断,又时而与古古朴朴的小桥相连,山塘的雨,也似有了时隔时连的感觉,恰似古典词曲中的长句复短句,既显示出断续相间错落有致的节奏,又呈现出一种强弱对比绵长不绝的旋律。于是,我感受到了山塘雨所特有的音乐之美。这种音乐般的美感,竟不仅来自于听觉,而且还缘自于视觉,是视听觉共谋而相互融透的境界。

有位台湾作家说:雨是灵秀纯美的象征,如果要人的深心处

---

① 选自《苏州杂志》2003 年第 5 期。
② [踽(jǔ)踽]〈书〉形容一个人走路孤零零的样子。
③ [倏(shū)地]极快地;迅速地。
④ [洇(yīn)漫](液体落在纸上)向四处散开或渗透。
⑤ [羁(jī)束]拘束,束缚。
⑥ [逶(wēi)迤(yí)]〈书〉形容道路、山脉、河流等弯弯曲曲延续不断的样子。

尚未被物质生活文明荼毒①染沾的一点灵光,得与天机牵通,而真能感鸣交共,就必得让雨归还自然之境,因而"市廛②中人究无由欣赏雨天之美的",这真有道理。今天我在山塘赏雨,确乎远离了市嚣俗尘,任凭心灵与天机相牵。你看看那雨:洒落在街面和小桥上,洒落在四方天井和深深庭院中,洒落在深黑浅灰的瓦楞上,洒落在静静流淌的河水里,自是那种不慌不忙不急不躁的闲散之态;你听听那雨:淅淅沥沥,细细微微,正与檐下人叨叨絮语,单调里分明透出一种亲切和柔情。独行雨中,旁若无人,我细细体悟着苏东坡"一蓑烟雨任平生"的自然随意的人生况味③。

我爱山塘雨的安闲明澈,我钦仰雨中山塘的超逸宁谧④。我何以会生出这层感情来呢?这或许是对纯素之美的仰慕和向往吧。遥想庄子在《刻意》中说:"纯素之道,唯神是守。守而勿失,与神为一","故素也者,谓其无所杂也。纯也者,谓其不亏其神也。能体纯素,谓之真人"。是啊,一个真实的人,确是"纯素"而无所杂而不亏其神的,人生要达到这样的境界,是何等不易!今之山塘雨,融于灵犀,沉浸其中而顿生感慨,许是在意识或潜意识深处,更是对"无杂而不亏其神"的仰羡和向往吧?这说不定也与我渐入老境有关。台湾女作家罗兰说过一段颇见人生哲理的话:生命的过程注定是由激越到安详,由绚烂到平淡。一切情绪上的激荡终会过去,一切彩色喧哗终会消隐。如果你爱生命,就该不怕去体赏。山塘雨的安详和平淡,不正合我现在的审美意向和生命体赏吗?

山塘雨,飘进了我的思绪,洒透了我的心灵。雨,衬出我心境一片宁静,一片平和。看雨中山塘,就好像看一部"由激越到安详,由绚烂到平淡"的黑白影片。生活在屋檐下的都是些普普通通的平民,有的卷起了袖子淘米洗菜,有的在油漆脱落的门口与孩子白相⑤,有的则在木格子窗前闲话家常,使人感到一种散淡安逸的人

---

① [荼(tú)毒]〈书〉荼是一种苦菜,毒指毒虫毒蛇之类,比喻毒害。
② [廛(chán)]古代指一户平民所住的房屋。
③ [况味]〈书〉境况和情味。
④ [宁谧(mì)]安宁,平静。
⑤ [白相(xiàng)]吴方言。玩;玩耍;玩弄。

生情味。听山塘的雨声,又好像听一首"一切色彩喧哗"都已"消隐"的江南丝竹,依依袅袅是母亲吟唱的充满温馨之感的生命之歌。余光中说,雨是潮潮润润的音乐;雨是一种回忆的音乐。是啊,行在雨中,听在雨中,思在雨中,更激起我穿越岁月回忆历史的意趣,尽管盛唐气象烟消云散,明清繁华风光不再,但这条古街在起起伏伏中对古文明的执著坚守,古老的牌坊在风风雨雨里的幽叹低吟,鳞次栉比①的古宅里许许多多的老故事,却始终没有在岁月的流逝中湮灭②,时间定格成历史,彳亍③其间,如同置身历史。山塘雨,给人的也许不在游兴,而是回忆,是沉思,是品味。

  其实,回忆也好,沉思和品味也好,不在怀旧,更不是复古。历史在发展,时代在进步,谁要在历史里讨生活④,便是倒退,注定没有前途。我们要的是在变革中具有生命感的东西,是见性情见精神的东西,是于千变万化中能见天机的东西,一句话,即传承中见创造。有哲者说,使已死的东西复活,其愉快不下于创造。是的,使过去的历史"复活"或"再生",在于生命的延续,精神的延续。鲁迅先生说得好:历史上写着中国的灵魂,指示着将来的命运。今天,春光乍泄,雨助我思,吸引我从历史走到今天,又从今天走向将来,确是一种与历史气脉相通的生命和精神的感悟。尽管还有些空蒙飘渺,有些蹈虚凌空。

  我在这座城市已生活了半个多世纪,还是第一次行走在雨中山塘。身段苗条的水巷,娉娉婷婷⑤地从东到西一路瘦了过去,绵绵密密的雨也一路瘦瘦的飘了过去,及至走过半塘,山塘水竟穿出或高或低的房舍,不再如半遮面的琵琶女,大大方方地依偎着堤岸,在雨的触摸中闪着眉眼,隔街面对着一扇扇门扉和窗棂,漾出了生动的表情。河畔有树有草,有亭子和小屋,那是春天的小站。行人可以在这里赏春和听雨。我看到河对岸或稠密或疏朗的枕河

---

  ① [鳞次栉(zhì)比]像鱼鳞和梳子的齿一样,一个挨着一个地排列着,多用来形容房屋等的密集。
  ② [湮(yān)灭]湮没,埋没。
  ③ [彳(chì)亍(chù)]〈书〉漫步,走走停停。
  ④ [讨生活]寻求生路;混日子。
  ⑤ [娉(pīng)娉婷(tíng)婷]〈书〉形容女子的姿态美。

人家,在烟雨中显得空空阔阔,迷迷茫茫。我不知何处是古时游人宴乐的野芳浜,也没有听到昔日凤凰台传来的昆曲清响,但当我站在横卧山塘河的普济桥上时,才感到雨下大了,垂柳飘拂,雨声如乐,绿了肺腑,湿了灵思,顿觉凡尘俗垢都消失在山塘雨中。

品 读 赏 析

  七里山塘包括山塘街和山塘河,它东接"红尘中一二等富贵风流之地"的阊门,西连"吴中第一名胜"的虎丘,曾是一个著名而古老、优美而繁华的交通要道和游览景区,被誉为"七里风光,繁华世界"。尽管山塘旧时的风光和繁华不再,但山塘作为一条老街,可圈可点的文化遗存还有很多很多。在这篇文章里,作者省去了山塘的一切细节,将山塘抽象为一个符号,一种文化象征。在这里,作者是借"山塘"之酒杯,浇自己心中之块垒。

  在《山塘雨思》中,作者引用了庄子、苏东坡、鲁迅、罗兰等人的话语,这些人的话语,循着作者美学随想的轨迹,从作者的笔端自然地流淌出来。虽是五步一引经,十步一据典,但没有堆砌之感,反而体现出了作者理性思考的深度。

  文中也有非常感性的文字。例如文章的第二段,作者从视觉和听觉的角度为我们传达了他对烟雨山塘的一种独特体会。"烟雨山塘,从东到西逶迤而去,似与雨声共吟一首悠长淡雅的唐诗。我发现这里的平屋小楼,时而被宽宽窄窄的水埠隔断,又时而与古古朴朴的小桥相连,山塘的雨,也似有了时隔时连的感觉,恰似古典词曲中的长句复短句,既显示出断续相间错落有致的节奏,又呈现出一种强弱对比绵长不绝的旋律。于是,我感受到了山塘雨所特有的音乐之美。"这种将感受比作唐诗,比作古典词曲,比作音乐的旋律的描写,造成视听觉混合的奇妙意境,它生动地传达出作者那种独特而微妙的内心体验,使作者的美学随想更加形象化。

古城墙恬静活泼的生命呵,你们想说些什么?你们看似平静实是骚动的心灵萌生着怎样的情感?在你们绿色的梦中,有着什么样的甜蜜和痛苦?

古 城 墙①

叶 青

是一段历史沉重地跌落在这儿,还是一片种子悄悄地洒落在这儿?古城墙已荒芜,已演变成一长垅的土丘坡地,并生长了大片大片的绿树青草。

古运河依傍着它流向远方。滚滚的河水捎带着吴侬软语,捎带着古城墙生机盎然②的绿从容地向前流去。

我喜欢在古城墙上漫步。

随意走在小径上,看乳白色的晨雾渐渐褪去,消失在江南早春明丽的天空下,听鸟儿"喳喳"叫着从树上乍③然飞起,盘旋一圈,又落在另一棵树上东张西望。被长夜过滤后的空气丝丝缕缕沁入肺腑,轻柔的晨风从运河那边赶来,拂上眼角眉梢,凉丝丝的。

这是一个无声的绿色世界,是一个任你感觉某种苏醒、产生某种灵感与遐想的充满诗情画意的世界。这个世界很安静,但正是在这安静里孕育了多少活泼的绿色生命。生命并不因为无声就沉默就消失,或许,无声的生命色彩更强烈。当我们用歌声高声赞美生命时,它们就是用这种鲜艳的色彩向世界宣告自己的存在。

古城墙恬静活泼的生命呵,你们想说些什么?你们看似平静实是骚动的心灵萌生着怎样的情感?在你们绿色的梦中,有着什么样的甜蜜和痛苦?无声有时就是最好的语言,但我不懂,我只能

---

① 选自《苏州杂志》1991年第3期。有改动。
② [盎(àng)然]旺盛洋溢的样子。盎,旺盛,洋溢。
③ [乍(zhà)]忽然。

用心去闻你们的清香,去感受你们默默的颤动或兴奋,去欣赏你们蓬蓬勃勃的绿色天地。

古城墙人迹稀少。处身在绿色的围抱中,我无法想象黄沙覆盖、寂静一片的世界有多么可怕。宇宙需要生命,人生是无价的,而生命原是一代连一代的。

古城墙从世纪的硝烟中跋涉出来,穿过厚厚的历史尘埃站在古运河边。它用自己的身体养育了多少鲜蹦活跳的生命,孕育了多少绿色的理想,它该是最懂得生命,最理解生活的了。

品读赏析

苏州古城墙,历史悠久,始建于春秋时期,距今 2500 多年;苏州古城墙,规制独特,巧置八座水陆城门,为国内仅有。这篇文章写古城墙,既没有淹没在古城墙悠久的历史中,也没有束缚在古城墙独特的规制中,而是以一支灵动的笔,为我们展现了一抹生机盎然、蓬蓬勃勃的绿色。

古城墙、绿色、生命是整篇文章的三个关键词。

文章一开始就用一个问句,引出了古城墙和绿色的关系。古城墙本与绿色无关,只因为"古城墙已荒芜,已演变成一长垅的土丘坡地,并生长了大片大片的绿树青草"。

接着,文章又从绿色引出了生命。文章的第四、五段,为我们描绘了一幅古城墙的早春图,这幅早春图,虽然是无声的,安静的,但这幅早春图里的古城墙是一个"绿色世界","孕育了多少活泼的绿色生命"。

文章的第六段,抒情的意味更加强烈。大量使用第二人称,用"你们"直接称呼生长了绿树青草的"古城墙"。这时候的古城墙已不再是一幅画面、一片风景,而是情感交流的对象,一种有生命的存在。

最后,文章再次将古城墙放置在古运河边,放置在世纪的硝烟和历史的尘埃中观照,于是古城墙、绿色、生命这三个关键词所蕴涵的哲理意味就跃然纸上了。

单元练习

一 阅读《到平江路去》,说说作者为什么要"到平江路去",这和文章第四段所说的"我们用不着去平江路,在这个城里到处都是平江路"之间矛盾吗?

二 阅读《山塘雨思》,梳理作者由山塘雨所引发的美学随想的思维轨迹。

三 从括号里选一个最恰当的词填在横线上。

随意走在小径上,看乳白色的晨雾渐渐_____(隐、散、褪)去,消失在江南早春明丽的天空下,听鸟儿"喳喳"叫着从树上乍然飞起,_____(转了、盘旋、回旋)一圈,又_____(停、歇、落)在另一棵树上东张西望。被长夜过滤后的空气丝丝缕缕_____(浸、沁、渗)人肺腑,轻柔的晨风从运河那边_____(赶、飘、吹)来,拂上眼角眉梢,凉丝丝的。

四 课外可以走一走平江路、山塘街,实地感受一下这两条老街的魅力。

02

单元提示

如果说苏州是一块绸缎,那么,苏州的小巷是经,小河是纬,经纬相交,织就了苏州最基本的美丽。本单元的两篇文章为苏州的美丽作了很好的注解。

写苏州小巷的人很多,但把苏州小巷作为自己的精神栖息之地的人很少,素有"陆苏州"美誉的陆文夫就是其中的一个。他的《梦中的天地》一文不仅为我们展现了苏州小巷的美丽,更在美丽中编织了他对苏州小巷解不开的情结。

写苏州小河的文章很多,但把美好回忆和深刻反思结合起来写苏州小河的文章不多,《苏州的河》就是其中的一篇。被誉为"捍卫古城勇斗士、都市文脉守护神"的阮仪三,在文章中不仅为我们展现了童年时苏州小河的美好情景,更在美好中寄寓了他要保护好苏州小河的殷切希望。

陆文夫的语言清新淡雅,阮仪三的语言朴素自然。如果说《梦中的天地》像一幅《清明上河图》,细腻而传神地展现着苏州小巷的世俗生活的话,那么,《苏州的河》就是由看似无关的两幅图画构成的:一幅是丰子恺式的充满童趣的漫画,一幅是具有现实意义的河道规划图。

面对着大路你想驰骋,面对着高山你想攀登,面对着大海你想远航。面对着这些深邃的小巷呢?你慢慢地向前走啊,沿着高高的围墙往前走,踏着细碎的石子往前走,扶着牌坊的石柱往前走,去寻找艺术的世界,去踏勘生活的矿藏,去倾听历史的回响……

梦中的天地①

陆 文 夫

我也曾到过许多地方,可是梦中的天地却往往是苏州的小巷。我在这些小巷中走过千百遍,度过了漫长的时光;青春似乎是从这些小巷中流走的,它在脑子里冲刷出一条深深的沟,留下了极其难忘的印象。

三十八年前,我穿着蓝布长衫,乘着一条木帆船闯进了苏州城外的一条小巷。这小巷铺着长长的石板,石板下还有流水淙淙②作响。它的名称也叫街,但是两部黄包车相遇便无法交会③过来;它的两边都是低矮的平房,晾衣裳的竹竿从这边的屋檐上搁到对面的屋檐上。那屋檐上都砌着方形带洞的砖墩,看上去就像古城上的箭垛④一样。

转了一个弯,巷子便变了样,两边都是楼房、黑瓦、朱栏、白墙。临巷处是一条通长的木板走廊,廊檐上镶着花板,雕刻都不一样,有的是松鼠葡萄,有的是八仙过海,大多是些"高贵不断头",马虎而平常。也许是红颜易老吧,那些朱栏和花板都已经变黑、发黄。那些晾衣裳的竹竿都在雕花的檐板中躲藏,竹帘低垂,掩蔽着长

---

① 选自《小巷人物志(第一集)》(中国文艺联合出版公司1984年版)。
② [淙(cóng)淙]象声词,流水的声音。
③ [交会]会合,相交。
④ [箭垛(duǒ)]城墙上面呈凹凸形的短墙。

窗。我好像在什么画卷和小说里见到过此种式样,好像潘金莲在这种楼上晒过衣裳。那楼下挑着糖粥担子的人,也像是那卖炊饼的武大郎。

这种巷子里也有店铺,楼上是住宅,楼下是店堂。最多的是烟纸店、酱菜店和那带卖开水的茶馆店。茶馆店里最闹猛①,许多人左手搁在方桌上,右脚跷在长凳上,端起那乌油油的紫砂茶杯,一个劲儿地把那些深褐色的水灌进肚皮里。这种现象苏州人叫作皮包水,晚上进澡堂便叫水包皮。喝茶的人当然要高谈阔论,一片嗡嗡声,弄不清都是谈的些什么事情。只有那叫卖的声音最清脆,那是提篮的女子在兜售瓜子、糖果、香烟。还有那戴着墨镜的瞎子在拉二胡,哑沙着嗓子唱什么,说是唱,但也和哭差不了许多。这小巷在我面前展开了一幅市井生活的画图。

就在这图卷的末尾,我爬上了一座小楼。这小楼实际上是两座,分前楼与后楼,两侧用厢房②联在一起,形成了一个口字。天井小得像一口深井,只放了两只接天水的坛子。伏在前楼的窗口往下看,只见人来人往,市井繁忙;伏在后楼的窗口往下看,却是一条大河从窗下流过。河上橹声咿呀,天光水波,风日悠悠。河两岸都是人家,每家都有临河的长窗和石码头。那码头建造得十分奇妙,简单而又灵巧,是用许多长长的条石排列而成的。那条石一头腾空,一头嵌在石驳岸上,一级一级地扦③进河床,像一条条石制的云梯挂在家家户户的后门口。洗菜淘米的女人便在云梯上凌空上下,在波光与云影中时隐时现。那些单桨的小船,慢悠悠地放舟中流,让流水随便地把它们带走,那船上装着鱼虾、蔬菜、瓜果。只要临河的窗内有人叫买,那小船便箭也似的射到窗下,交易谈成,楼上便垂下一只篮筐,钱放在篮筐中吊下来,货放在篮筐中吊上去。然后楼窗便吱呀关上,小船又慢慢地随波漂去。

在我后楼的对面,有一条岔河,河上有一顶高高的石拱桥,那桥栏是一道弧形的石壁,人从桥上走过,只有一个头露在外面。可

---

① [闹猛]吴方言,热闹。
② [厢房]在正房前面两旁的房屋。
③ [扦(qiān)]插。

那桥洞却十分宽大,洞内的岸边有一座古庙,我站在石码头上向里看,还可以看见黄墙上的"南无……"二字。有月亮的晚上可以看见桥洞里流水湍急①,银片闪烁,月影揉碎,古庙里的磬②声随着波光向外流溢。那些悬挂在波光和月色中的石码头上,捣衣声咚咚地响成一片,"长安一片月,万户捣衣声",小巷的后面也颇有点诗意。翻身再上前楼,又见巷子里一片灯光,黄包车辚辚③而过,卖馄饨的敲着竹梆子,卖五香茶叶蛋的提着带小炉子的大篮子。茶馆店夜间成了书场,琵琶叮咚,吴语软侬,苏州评弹尖脆悠扬,卖茶叶蛋的叫喊怆然④悲凉。我没有想到,一条曲折的小巷竟然变化无穷,表里不同,栉比鳞次的房屋分隔着陆与水,静与动。一面是人间的苦乐与喧嚷,一面是波影与月光,还有那低沉回荡的夜磬声,似乎要把人间的一切都遗忘。

我也曾住过另一种小巷,两边都是高高的围墙,这围墙高得要仰面张望,任何红杏都无法出墙,只有那长春藤可以爬出墙来,像流苏似的挂在墙头上。这是一种张生无法越过的粉墙,而且那沉重的大门终日紧闭,透不出一点个中的消息,还有两块下马石像怪兽似的伏在门边,虎视眈眈⑤,阴冷威严,注视着大门对面的一道影壁⑥。那影壁有砖雕镶边,当中却是空白一片。这种巷子里行人稀少,偶尔有卖花人拖着长声叫喊:"阿要白兰花?"其余的便是麻雀在门楼上吱吱喳喳,喜鹊在风火墙⑦上跳上跳下。你仿佛还可以看见王孙公子骑着高头大马走进了小巷,吊着铜环的黑漆大门咯咯作响,四个当差的从大门堂内的长凳上慌忙站起来,扶着主子踏着门边的下马石翻身落马,那马便有人牵着系到影壁的旁边。你仿佛可以听到喇叭声响,爆竹连天,大门上张灯结彩,一顶花轿

---

① [湍(tuān)急]水势急。
② [磬(qìng)]佛教的打击乐器,形状像钵,用铜制成。
③ [辚(lín)辚]〈书〉象声词,形容车行走时的声音。
④ [怆(chuàng)然]〈书〉悲伤的样子。
⑤ [虎视眈(dān)眈]形容贪婪而凶狠地注视。眈眈,形容眼睛注视。
⑥ [影壁]大门内或屏门内做屏蔽的墙壁。也有木制的,下有底座,可以移动,上面像屋脊。
⑦ [风火墙]防火墙。

抬进巷来。若干年后,在那花轿走过的地方却竖起了一座贞节坊或节孝坊。在那发了黄的志书里,也许还能查出那烈女、节妇的姓氏,可那牌坊已经倾圮①,只剩下两根方形的大石柱立在那里。

　　我擦着那方形的石柱走进了小巷,停在一座石库门前。这里的大门钉着竹片,终日不闭,有一个老裁缝兼作守门人,在大门堂里营业,守门工便抵作了房租费。也有的不是裁缝,是一个老眼昏花的妇人,她戴着眼镜伏在绷架上,在绣着龙凤彩蝶。这是那种失去了青春的绣女,一生都在为他人作嫁衣裳,老眼虽然昏花,戴上眼镜仍然能把如丝的彩线劈成八片。这种大门堂里通常都有六扇屏门,有的是乳白色,有的在深蓝色上飞起金片,金片都发了黑,成了许多不规则的斑点。六扇屏门只开靠边的一扇,使你对内中的情景无法一目了然②。我侧着身子走进去,不是豁然开朗,而是进入了一个黑黝黝的天地,一条窄长的陪弄深不见底。陪弄的两边虽然有许多洞门和小门,但门门紧闭,那微弱的光线是从间隔得很远的漏窗中透出来的。踮起脚来从漏窗中窥视,左面是一道道的厅堂,阴森森地;右面是一个个院落,湖石修竹,朱栏小楼,绿荫遍地。这是那种钟鸣鼎食③之家,妻妾儿女各有天地,还有个花园自成体系。

　　我曾经在某个东花园中借住过半年,这园子仅占两亩多地,可以说是一个庭院,也可以说是个花园,因为在这小小的地方却具备了园林的一切特点,这里有湖石堆成的假山,山上有鹅卵石铺成的小路,小路盘旋曲折,忽高忽低,一会儿钻进洞中,一会儿又从小桥上越过山涧;山涧像个缺口,那桥也小得像模型似的。如果你循着小路上下,居然也得走好大一气;如果你行不由径,三五步便能爬上山顶。山顶笼罩在参天的古木之中,阳光洒下的都是金线,处处摇曳④着黑白相间的斑点。荷花池便在山脚边,有一顶石板曲桥横过水面。曲桥通向游廊,游廊通向水榭、亭台,然后又回转着

---

① [圮(pǐ)]〈书〉毁坏,倒塌。
② [一目了(liǎo)然]一眼就能看清楚。了然,明白、清楚。
③ [钟鸣鼎食]敲着钟,列鼎而食,旧时形容富贵人家生活奢侈豪华。
④ [摇曳(yè)]摇落。

进入居住的小楼。下雨天你可以沿着游廊信步,看着那雨珠在层层的枝叶上跌得粉碎,雨色空蒙,楼台都沉浸在烟雾之中。你坐在亭子里小憩,可以看那池塘里慢慢地涨水,涨得把石板曲桥都没在水里。

这园子里荒草丛生,地上都是白色的鸟粪,山洞里还出没着狐狸。除掉鸟鸣之外,就算那荷塘最有生气,那里水草茂盛,把睡莲都挤到了石驳岸,初夏时石缝里的清水中游动着惹人喜爱的蝌蚪。尖尖的荷叶好像犀利无比,它可以从厚实的水草中戳出来,一夜间就能钻出水面。也有些钻不出来,因为鲤鱼很喜欢鲜嫩的荷叶。一到夜间更加热闹,蛙声真像打鼓似的,一阵喧闹,一阵沉寂,沉寂时可以听见鱼儿唧喋,呼喇喇一声巨响,一条大鱼跃出水面,那响声可以惊醒树上的宿鸟,吱吱不安,直到蛙声再起时才会平息。住在这种深院高墙中是很寂寞的,唯有书籍可以作为伴侣,我常常坐在假山上看书,看得入神时身上便爬来许多蚂蚁,这种蚂蚁捏不得,它身上有股怪味,似乎是一种冲脑门儿的松节油的气味,我怀疑它是吃那白皮松的树脂长大了的。

比较起来我还是欢喜另一种小巷,它有浓厚的生活气息,在形式上也是把各种小巷的特点都汇集在一起。既有深院高墙,也有低矮的平房;有烟纸店、大饼店,还有老虎灶。那石库门里住着几十户人家,那小门堂里只有几十个平方。巷子头上有公用的水井,巷子里面也有只剩下石柱的牌坊。这种巷子也是一面临河,却和城外的巷子大不一样,两岸的房子拼命地挤,把个河道挤成一条狭窄的水巷。"古宫闲地少,水港小桥多",唐代的诗人就已经见到过此种景象。

夏日的清晨,你走进这种小巷,小巷里升腾着烟雾,巷子头上的水井边有几个妇女在那里汲水①,慢条斯理地拉着吊桶绳,似乎还带着夜来的睡意,还穿着那肥大的、直条纹的睡衣。其实整个的巷子早就苏醒了。退休的老头已经进了园林里的茶座,或者是什么茶馆店,在那里打拳、喝茶、聊天。也有的老头足不出户,在庭院

---

① [汲(jí)水]从下往上打水。

里侍弄盆景,或者是呆呆地坐在藤椅子上,把一杯杯的浓茶灌下去。家庭主妇已经收拾了好大一气,提篮走进那个喧嚷嘈杂的小菜场里。她们熙熙攘攘地进入小巷,一路上议论着菜肴的有无、好丑和贵贱。直等到垃圾车的铃声响过,垃圾车渐渐地远去,上菜场的人才纷纷回来,结束清晨买菜这一场战斗。

买菜的队伍消散了,隔不多久,巷子里的活动就进入了高潮。上班的人几乎是在同一个时间内拥出来的,有的出巷往东走,有的入巷往西去,背书包的蹦蹦跳跳,抱孩子的叫孩子和好婆说声再见,只看见那自行车银光闪闪,只听见那铃铛儿响成一片。小巷子成了自行车的竞技场、展览会,技术不佳的女同志只好把车子推出巷口再骑。不过这种高潮像一阵海浪,半个小时后便会平息。

上班、上学的都走了,那些喝茶、打拳的便陆陆续续地回来。这些人走进巷子里来时,大多不慌不忙,神色泰然,眼帘半垂,好像是这条巷子里再也没有任何东西可以使他们感到新奇。欢乐莫如结婚,悲伤莫如死人,张皇莫如失火,可怕莫如炮声,他们都经历过的,无啥稀奇。如果你对他们不感兴趣的东西感到兴趣的话,每个人的经历倒很值得收集。他们有的是一代名伶,有的身怀绝技;有的是八级技工,曾经在汉阳兵工厂造过枪炮的;有的人历史并不光彩,可那情节却也十分曲折离奇。研究这些人的生平,你可以追溯一个世纪。但是需要使用一种电影手法——化出,否则的话,你怎么也想不到那个白发如银、佝偻①干瘪②的老太太是演过《天女散花》的。

夏天是个敞开的季节。入夜以后,小巷的上空星光低垂,风从巷子口上灌进来,扫过家家户户的门口。这风具有很大的吸引力,把深藏在小庭深院中的生活都吸到了外面。巷子的两边摆着许多小凳和藤椅,人们坐着、躺着来接受那凉风的恩惠。特别是那房子缩进去的地方,那里有几十个平方的砖头地,是一个纳凉、休息小憩的场所。砖头地上洒上了凉水,附近的几家便来聚会。连那些

---

① [佝(gōu)偻(lóu)]脊背向前弯曲。
② [干瘪(biě)]干而收缩,不丰满。

终年卧床不起的老人也被儿孙搀到藤椅子上,接受邻居的问候。于是,这巷子里的春花秋月、油盐柴米、婚丧嫁娶统统成了人们的话题,生活底层的秘密情报可以在这里猎取。只是青年人的流动性比较大,一会儿来了个小友,几个人便结伴而去;一会儿来了个穿连衫裙的,远远地站在电灯柱下招手,藤椅子咯喳一响,小伙子便被吸引而去。他们不愿意对生活作太多的回顾,而是欢喜向未来作更多的索取;索取得最多的人却又不在外面,他们面对着课本、提纲、图纸,在房间里挥汗不止,在蚊烟的缭绕中奋斗。

奇怪的是今年夏天在巷子里乘凉的人不多,夏夜敞开的生活又有隐蔽起来的趋势。这都是那些倒霉的电视机引起的,那玩艺以一种飞跃的速度日益普及。在那些灯光暗淡的房间里老少咸集,一个个寂然无声,两眼直瞪,摇头风扇吹得呼呼地响。又风凉,又看戏,谁也不愿再到外面去。有趣的是那些电视机的业余爱好者,那些头发蓬乱、衣冠不整的小青年,他们把刚刚装好还没有配上外壳的电视机捧出来,放在那砖头地上作技术表演,免费招待那些暂时买不起或者暂时不愿买电视机的人。静坐围观的人也不少,好像农村里看露天电影。

小巷子里一天的生活也是由青年人来收尾,更深人静,情侣归来,空巷沉寂,男女二人的脚步都很合拍、和谐、整齐。这时节,路灯灼亮,粉墙反光,使得那挂在巷子头上的月亮也变得红殷殷的。脚步停住,钥匙声响,女的推门而入,男的迟疑而去,步步回头;那门关了又开,女的探出上半身来,频频挥手,这一对厚情深意,那一对不知道出了什么问题,男的手足无措,站在一边,女的依在那牌坊的方形石柱上,赌气、别扭,双方僵持着,好像要等待月儿沉西。归去吧姑娘,夜露浸凉,不宜久留,何况那方形的石柱也依不得,那是块死硬而沉重的东西……

面对着大路你想驰骋,面对着高山你想攀登,面对着大海你想远航。面对着这些深邃①的小巷呢?你慢慢地向前走啊,沿着高高的围墙往前走,踏着细碎的石子往前走,扶着牌坊的石柱往前

---

① 〔深邃(suì)〕深。

走,去寻找艺术的世界,去踏勘①生活的矿藏,去倾听历史的回响……也许已经找到了一点什么了吧,暂且让它在这本书中留下,看起来找到的还不多,别着急啊,让我慢慢地向前走。

一九八三年十月于苏州

品 读 赏 析

陆文夫(1928—2005),江苏泰兴人。中国作家。著有短篇小说《小巷深处》《小贩世家》《围墙》,中篇小说《美食家》《井》,长篇小说《人之窝》等。陆文夫长期生活在苏州,其作品具有浓郁的苏州地方特色,被称为"陆苏州"。正如作家艾煊所说,世界这么大,他只写苏州,陆文夫是苏州的,苏州也是陆文夫的,陆文夫是文学上的"陆苏州"。

《梦中的天地》写的是20世纪40年代苏州的风情,也是近四十年来深深铭刻在作者心里的、情牵梦绕的苏州。世上有许多美好的景色,或雄伟,或奇异,或秀丽。可在作者的梦中,他的天地却常是那不起眼的小巷。为什么?只因为他在小巷中度过了漫长的时光,在小巷中流去了他的青春。也正因为此,小巷给作者留下了极其难忘的印象。作者对小巷的感情,也在不经意间弥漫于字里行间,难以捕捉却又真切地浮现于你的眼前。

从喧闹的市井生活的小巷到冷清的庭院深深的小巷,再到充满生活气息的小巷,从38年前的小巷一路走来,直到今日的小巷,不同时代不同背景的小巷,经作者娓娓道来,描绘出了一幅小巷生活图景。

先是市井生活的小巷。这种小巷"马虎而平常",在喧闹中渐渐老去。但身居此种小巷,在小楼上,作者却看见了诗意,看见了人间的苦乐与喧闹、波光与月影。在出世与入世之间,在有如要把人间一切都遗忘的情境之中,得到了一时的平静。

再就是庭院深深的小巷。这种小巷有着高高的围墙,隔开了外面的世界,隔出了气派,隔出了威严,却也围住了墙中人的心,堵上了墙中人的眼。这种小巷,还有着终日紧闭的大门,有着如怪兽似的下马石,阴冷又威严。作者走过小巷,走入庭院,踏入花园,却只见到巷外巷内一般的冷清。这种小巷,它们的时代已过去,连贞节坊(节孝坊)都已倾圮,只剩下两根方形的大石柱,无怪作者在其中会感到深深的寂寞。

---

① [踏勘(kān)]铁路、公路、水库、采矿等工程进行设计之前实地勘察地形或地质情况。

最后是充满生活气息的小巷、今日的小巷，热闹却不嘈杂，安静却不冷清。而在作者看来，这种小巷只在夏日方才尽现其美。清晨的静谧，菜场的热闹，上学上班的高潮，在作者的笔下无不弥漫着生活的气息。夏夜乘凉在作者笔下亦充满乐趣，只可惜也已成了历史。

千百遍地走过这些各式各样的小巷，作者在小巷中找着了些什么？是艺术的世界，是生活的矿藏，还是历史的回响？我不知道。但是，在这深邃的小巷中，你又找到了什么呢？

虽然现在小河与城市交通和居民的日常生活似乎不密切了,但这是苏州古老的命脉,保护好苏州城里的河,也就能保住一分苏州古城的神韵。苏州的河呵! 一定要爱护啊! 失去的东西是难以找回来的呀!

苏州的河①

阮仪三

  我的老家在苏州钮家巷,门前是一条与巷子平行的小河,一头连在临顿路河,一头接到平江路河,临河栽有高大的老树,巷头是六株伟岸的梧桐。到了我家门前是粗大的榆树,一株株一直排到巷尾。我家门前那株最粗,两个大人都抱不拢,树干上有好几个树疙瘩,小孩们都喜欢爬上去玩。这些大树的树冠像张开的巨大绿伞,把整条巷都覆盖了。河沿砌着整齐的石驳岸,隔几步有河埠头,一级级的石阶伸到水里。因为要停船靠岸,不做栏杆,从没听说行人不安全掉下河去的事。河对面也是住家,这些人家门前就架一座木桥,跨过小河以便进出。这些人家的小桥各式各样,有的就是木梁上铺了木板,只有栏杆没有顶,有的就做得很气派,下有栏板护壁,上装有花格子窗扇,盖有瓦顶,最外面还有门,这些就称做廊桥。我家对面的叶宅就是这样一座非常讲究的廊桥。这些廊桥上当然成为人们休息和附带做事的地方,那些修鞋的、箍桶的、修锁的就在这里揽活,因为可以遮阳避雨,日子长了就成为半固定的摊位(因为晚上要关门)。这样的廊桥整条巷子有十来座,把小河分成一段一段的。

  大树、小河、廊桥,在旧时苏州有许多这样的巷子,像大儒巷、菉葭巷、中张家巷等。在1958年以后,这些小巷里的小河陆续被

---

① 选自《苏州杂志》2002年第4期。有改动。

填没了,大树砍了,廊桥当然也拆了。现在只剩下人民路饮马桥头还有一座很小的廊桥,也不是原来的廊桥了,是后来恢复重建的,远不是那时的风采。

在我小时候,门前的河水是很清的,常常可以见到一簇簇串条鱼在游弋①,石河埠踏级上爬着螺蛳,石缝里有小虾伏着,水一动就一弓一弓地窜到水底里去。河水是流动的,从西向东流淌,在河埠头上洗东西,不小心袜子、手绢就会随水漂走。水巷人家受惠于河里来往的河船,按节令送来的时鲜,船舱里用活水养着活蹦乱跳的鱼、虾,那令人难忘的一年一度的鲜嫩的莼菜和鸡头(芡实②),夏天摇来一船船墨绿的西瓜,雪白的塘藕,秋风乍起时满船吐着白沫的大闸蟹和硕大的田螺。冬日的小河里挤满了柴草船,家家户户垛起新的柴草垛,床铺底下也要换一换喷香的新稻草了(那时大多数苏州人家床上都铺草褥,暖和又实惠)。

小船上摇橹的都是些精壮汉子,披一件单衣露出晒黑的肌肤,年轻的船娘们总是扯开清脆的嗓子拉长调门叫卖,每样时鲜都有特定的韵味,像一首首美妙动听的民歌,老苏州们还记得吗?你听:"唉嗨哟,阿要西瓜来哦,西瓜来!"那婉转吴音的嗲声嗲调③,不比花腔女高音来得逊色。老北京有人学叫卖,成保留节目,苏州怎么就没有人去学?它比北京的侉腔④,有味得多了。

苏州城里的河,是值得大书特书的,早在宋代的《平江图》上就画出了三横四直的主河和纵横交错的街河。宋代的《吴郡志》上写道:"吴郡号为泽国,因震泽(指太湖)巨浸,东接五湖,又东注入城门,纵横交流,居民赖以灌溉,凡舟楫舆贩,悉由是而旁通焉,故桥梁是为多。"《吴郡图经续记》上也有一段文字:"隋开皇九年,平陈之后,江左遭乱。十一年,杨素帅师平之,以苏城曾被围,非设险之地,奏徙于古城西南横山之东,黄山之下。唐武德末,复其旧,盖知地势之不可迁也。"这是说隋代曾因苏州原地无险可据,而重新在

---

① [游弋(yì)]泛指在水中游动。
② [芡(qiàn)实]芡的种子,供食用,又可制淀粉,也叫鸡头米。
③ [嗲(diǎ)声嗲调]〈方〉形容撒娇的声音和姿态。
④ [侉(kuǎ)腔]语音不正,特指口音跟本地语音不同。

城外西南八里的横山建新城,可是过了不到30年,苏州还是在原址复兴了。这就是由于苏州城里的房舍虽然被战争破坏了,而这些河道与苏州人民的生活休戚相关①,是千百年经营的城市命脉,人民是不能轻易抛弃的,所以另择新址是不符合人民意愿,也是脱离实情地利的。

河道纵横的苏州城,在40年代,城里河道总长有82公里,而现在填掉了许多,只剩下38公里了。河少了,既排水不畅,也不能蓄积雨水,这样从70年代开始,城里下大雨就常常要淹水,财产遭受损失,居民也吃苦头。

1997年我在做苏州平江历史街区保护规划中,就按明代的河渠图着意②恢复已被填没的几条河,这些老河床上还没有大的建筑与设施,重新挖出来是可能的。虽然现在小河与城市交通和居民的日常生活似乎不密切了,但这是苏州古老的命脉,保护好苏州城里的河,也就能保住一分苏州古城的神韵。

苏州的河呵!一定要爱护啊!失去的东西是难以找回来的呀!

品 读 赏 析

这篇文章可以分成两个部分,前半部分是对童年时苏州的河的美好回忆,后半部分是从规划专家的角度,写了苏州城和苏州的河的关系,指出"苏州的河呵!一定要爱护啊!失去的东西是难以找回来的呀"。

要深入理解,仔细体会作者在文章中所倾注的感情,就一定要了解苏州城市的发展历程。

苏州"以水为核心"的城市规划和城市建设,是人类文化的一个杰出代表。

至今留存在苏州碑刻博物馆的刻于南宋绍定二年(1229)的《平江图》为我们直观而精确地展现了唐宋时期苏州城的风貌。诗人杜荀鹤在《送人游吴》中写道:"君到姑苏见,人家尽枕河。古宫闲地少,水港小桥多。夜市卖菱藕,春船载绮罗。遥知未眠月,乡思在渔歌。"它使苏州的水城风貌、水巷风情成为一支精致而温情的歌谣,在时光的长河中声声相递,口口相传,从

---

① [休戚相关]彼此间祸福互相关联。
② [着(zhuó)意]用心。

唐代一直唱到了作者的童年时候。

　　但近几十年来，这一切正在悄悄地发生着变化。河变少了，水变脏了。

　　北京的城墙，是北京城一串光彩耀目的璎珞，说什么也不能把它拆掉！当年，梁思成在为北京城墙请命的时候，无人理睬。北京的城墙拆掉了，一件气魄雄伟而壮丽的建筑杰作永远地消失了。

　　今天，在阮仪三为苏州的河请命的时候，我们再也不能重蹈覆辙，让苏州的河也成为难以找回的失去的东西。

单元练习

一 阅读《梦中的天地》,说说为什么"我也曾到过许多地方,可是梦中的天地却往往是苏州的小巷"。

二 阅读《苏州的河》,说说为什么"苏州城里的河,是值得大书特书的"。

三 在《苏州的河》一文中,阮仪三指出"苏州的河""一定要爱护",其实,苏州的小巷也存在一个保护的问题。同学们可以在课外进行调查研究,对苏州的小河、小巷的保护提出一些自己的建议和看法。

03

单元提示

也许人们很难将唐代高僧鉴真、诗人张继和宋代名臣范仲淹这三位历史人物联系在一起,但只要我们将视线定格在具有2500多年的历史名城——故乡苏州时,历史这位老人就会把他们三位邀集在一起,促膝交谈。我们的故乡苏州,促成了一次伟大的远航;我们的故乡苏州,催生了一位著名的诗人;更是我们的故乡苏州,让"先天下之忧而忧,后天下之乐而乐"的杰出思想在一位少年的心中萌芽,以至日后传播世间。

本单元的三篇课文都是以记述和苏州有着密切关联的杰出人物,宣传并弘扬中华文明和美德为主旨的。

《鉴真东渡觅旧踪》一文以"觅旧踪"为行文的线索,集中讲述了唐代鉴真和尚第六次东渡的故事。鉴真从黄泗浦开始的这次远行打开了中外文化交流史上光辉的一页;如今,不仅当年鉴真东渡旧踪尚在,而且可以说,他身上体现出来的那种胆魄和勇气其实已经融入张家港人的血脉,汇聚成了当代熠熠生辉的张家港精神。

《范仲淹和天平山》采用5个小故事串连的形式,重点记述了宋代著名政治家、文学家、军事家范仲淹在苏州的遗踪以及有关他的传说,多侧面地赞颂了他的不朽功绩和高尚品德。文末又回到天平山,以精辟的议论和热情洋溢的抒情,再次点明了范仲淹的高风亮节。

《张继的诗和枫桥的寺》突出地介绍了张继的诗富于形象、构思新颖的特点,揭示了一首诗使一座建筑物家喻户晓、妇孺皆知的原因。作者旁征博引,巧用对比,回答了文学史上一个似乎是绝无仅有的现象:短短28个字使一座寺庙甚至一座城市名扬四海。

这三篇课文,使我们领略到古代人物的光辉业绩,也启示我们要认真研究与继承优秀的传统文化,充分发掘苏州文化的丰富宝藏,继往开来,代代传承。

鉴真盲目航东海,一片精诚照太清。
舍己为人传道艺,唐风洋溢奈良城。

——郭沫若

鉴真东渡觅旧踪[①]

吕 大 安

常杨[②]公路由南往北,经过港口、塘桥,至鹿苑折向西,在拐弯处南边,一幢幢农家新舍和丛丛绿树夹峙中,有一条与公路垂直的河流,它叫黄泗浦。黄泗浦是一条古老的航道,1200多年前,唐代高僧鉴真和尚第六次东渡日本,就是在这儿启航的。

鉴真(688—763),本姓淳于,广陵(今扬州)人。十四岁出家[③],二十二岁受"大戒"[④],游学中国佛教的发祥地长安、洛阳东西两京,遍览中原名山崇寺,研读佛教经典。后返回扬州,任大明寺住持[⑤],专宏戒律。唐天宝元年(742),鉴真应日本留学僧人荣睿、普照等邀请,出海东渡,因风涛险阻,没有成功。此后十年间,五次渡海,均告失利。天宝十二年(753)秋,当时已66岁的鉴真不顾双目失明,不畏海途艰辛,毅然率弟子僧众,在飒飒西风中,从黄泗浦启碇[⑥]扬帆,开始第六次东渡。

鉴真选择黄泗浦作为渡海处,是有道理的。唐代时,长江在扬州、镇江附近形成一个庞大的喇叭口,古海岸线由江阴直下金山。地方志上记载:"昔鹿苑附近,有新庄港、黄泗浦口、鹿苑口、奚浦口和福山口等数处入江口子,而唯有黄泗浦口和奚浦口为最大,航

[①] 选自《张家港》(江苏人民出版社1990年版)。有改动。
[②] [常杨]常,常熟;杨,张家港杨舍镇。
[③] [出家]脱离家庭到庙宇里去做僧尼或道士。
[④] [大戒]佛教和尚和尼姑的戒律。戒条数目说法不一。我国隋唐以后,和尚戒250条,尼姑戒348条。
[⑤] [住持]主持一个佛寺或道观的僧尼或道士。
[⑥] [启碇(dìng)]开船。碇,船停泊时拴船的石墩,作用如后来的锚。

关皆宜,行舟繁多。"黄泗浦西侧,旧有庆安镇,商行作坊①甚多,能为远行人补充给养、修整舟楫提供方便。从隋唐以来史书中的叙述,可以想见当年这里船舶往来、帆影排空的繁忙景象。从黄泗浦向南,可入运河,抵太湖;往北,即与古长江口衔接,咫尺之外,便是烟波浩淼②、极目万里的大海了。

鉴真第六次东渡,搏风暴,克危难,终于获得成功,一行人在日本九州南部登岸。翌年③,鉴真在奈良东大寺建筑戒坛,传授戒法,从而成为日本律宗的创始者。鉴真住奈良,直至辞世的十年间,所行所为,影响深远。他不仅筹划建造唐招提寺(后被日本尊为国宝),讲述经法,弘扬释教④,并将中国的建筑、雕塑技艺以及汉语声韵文字、印刷术、医药学等介绍到东瀛⑤(其衣钵⑥弟子记录整理的《鉴真上人秘方》就是一部极有价值的医药学文献)。鉴真身体力行,为中日两国文化交流作出了卓越贡献,从而受到日本朝野的推崇和中日两国人民世代相承的由衷景仰。

1963年,值鉴真大师圆寂⑦1200周年之际,我国国家纪念委员会特地在黄泗浦故址建立石刻经幢⑧一柱,以志纪念。经幢通高1.75米,分三层:下为柱础,中为柱身,上为垂幔形盘盖。柱础与柱身呈六面体,正北面镌刻"古黄泗浦"四个大字,右侧题"唐鉴真和尚第六次东渡处",左侧署"鉴真和尚逝世1200周年纪念委员会立,1963年"。经幢四周,植六根圆顶方柱环护,方柱以铁链联结。整个造型端庄、古朴。经幢周遭青松围绕,枝叶交柯,相依相盖,郁郁葱葱。经幢下有一小径,与公路相接,两旁冬青夹道,四季

---

① [作坊]中国旧时手工业者从事生产的场所。
② [浩淼(miǎo)]形容水面辽阔。
③ [翌(yì)年]第二年。
④ [释教]佛教在中国的别称。意为释迦牟尼所创立的宗教。
⑤ [东瀛(yíng)]东海。刘禹锡《汉寿城春望》诗:"不知何日东瀛变,此地还成要路津?"后亦称日本为"东瀛"。
⑥ [衣钵(bō)]指佛教僧尼的袈裟和食器。这两样器物也代表僧尼的一切。中国禅宗师徒间道法的授受,常付衣钵为信,称为衣钵相传。后泛指传授下来的思想、学术、技能等。
⑦ [圆寂]佛教用语,指僧尼死亡。
⑧ [经幢]古代宗教石刻的一种。由幢顶、幢身和基座三部分组成。主体是幢身,多呈圆柱形或六角、八角形,刻陀罗尼或其他经文和佛像等;幢顶有盘盖,刻有垂幔、飘带、花卉、云纹等图案;基座多刻有天人、菩萨、狮子等。

常绿,生机盎然。循小径,谒经幢,登上高地纵目眺望,西侧可见黄泗浦潺潺流淌,不舍昼夜;东、南面,有小桥流水人家,还有翠竹修茂,迎风摇曳,与身边苍松冬青相映成趣。每当霞蔚东天,或月落西坞时分,此景此物,不由人顿生怀古抚昔的幽情、继往开来的豪兴。

随着中日文化、经济交往的日益频繁,近几年日本友人慕名前来观光瞻仰者络绎不绝。秋天,扶桑①佳宾乘兴登临轻舟,沿黄泗浦缓缓行驶,或轻歌曼语,或仰天凝思,领略当年东渡者解缆举帆、踏上万里海途的情趣。春日,东邻使者伫立经幢前,合十②默祷,毕恭毕敬,似告慰泽被后世③的鉴真大师在天之灵……

是的,鉴真上追玄奘④,下启郑和⑤,在中外文化交流史上写下了光辉的一页。他远涉重洋的胆魄,令人感佩;他弘扬华夏文明的功绩,流芳百代。今人有诗赞曰:

猎猎旌帆映日开,
罡风⑥激浪雪千堆。
一心弘法身相许,
六渡迷津志不摧。
玄奘行藏诚笃矣,
郑和功业实雄哉。
于今应喜三山⑦近,
姊妹弟兄联袂⑧来。

---

① [扶桑]古国名。在东海中,其方位约相当于日本,故后相沿用为日本的代称。
② [合十]亦称"合掌"。佛教徒普通礼节。左右合掌,十指并拢,置于胸前,表示敬意。原为古印度的一般礼节,后为佛教沿用。
③ [泽被后世]恩惠遍及后代的人民。泽,恩惠。被,覆盖。
④ [玄奘(zàng)](602或600—664)通称"三藏法师",俗称唐僧。唐代佛教学者、旅行家,唯识宗创始人之一。与鸠摩罗什、真谛并称为中国佛教三大翻译家。他赴印度游学十七年,带回并翻译了大量的佛教经典,对中国佛教思想的发展影响极大。
⑤ [郑和(1371或1375—1433或1435)]本姓马,一说原名文和,小字三保(亦作"三宝"),云南昆阳(今昆明市晋宁区)人。明代宦官、航海家。曾先后七次航海出国,遍访三十多个国家和地区,促进了中国和亚非各国的经济、文化交流。
⑥ [罡(gāng)风]亦作"刚风"。亦称"(刚)炁(气)"。道家语,指高空的风。现在有时指强烈的风。
⑦ [三山]古代传说东海中有蓬莱、方丈、瀛洲三山,为神仙所居,总称"三神山"。这里泛指包含日本在内的海外各国。
⑧ [联袂(mèi)]亦作"连袂"。衣袖相连,喻携手同行。袂,袖子。

品读赏析

　　本文写的是鉴真第六次东渡的渡口遗址。文章开头以简练的文字点明：鉴真东渡的渡口——黄泗浦，"唐代高僧鉴真和尚第六次东渡日本，就是在这儿启航的"，这就像一名摄像师，没有拍摄多余的画面，而是迅速将镜头拉向目标一样。接着简要介绍鉴真和尚的人生经历和艰难处境，再回到黄泗浦，然后不惜笔墨，引经据典"觅旧踪"，以地方志记载说明黄泗浦渡口的优越性。进而强调鉴真第六次东渡终于获得成功的开创性意义及其在奈良十年的深远影响。最后，镜头又一次摇向了东渡旧址，作者这次采用了特写镜头，浓墨重彩地描写了旧址及其四周的古朴幽雅的风光，渲染了一种庄严肃穆的氛围，以及人们对鉴真的景仰和怀念之情。

　　细读全文，作者上追1200年前鉴真搏风暴、克危难，东渡日本、传播中华文化的历史故事，下写今人在东渡遗址前油然而生怀古抚昔的幽情、继往开来的豪兴，突出了鉴真坚忍不拔的惊人气概，为世人树立了坚定信念、不畏艰险、博大胸怀的不朽典范。

　　文中随处可感作者对鉴真大师的崇敬之情，这种感情往往融于客观的叙述、描写和恰当的抒情之中。追叙往事时简洁平实的字里行间难掩对鉴真的崇敬，描写景物和抒发感受则更是洋溢真情。

　　千百年来，中日两国人民世代怀念、颂扬这位伟大的文化使者，是他将先进的中国文化传播到日本，被日本称为"盲圣""日本律宗始祖""日本文化恩人"。鉴真第六次东渡成功后，就在奈良东大寺建筑戒坛，传授戒法，为日本佛教徒登坛受戒之始。759年建唐招提寺，传布律宗，并将中国的建筑、雕塑、医药学等介绍到日本。

　　日本奈良时代的文学家真人元开（722—785）的《唐大和尚东征传》，就是最早记载鉴真东渡事迹的传记文学作品。该书较为完备地记载了鉴真一生的事迹，是有关鉴真的最完整翔实的原始史料，也是研究唐代中日关系的详细记录，具有很高的史料价值和文化价值。

　　1957年，日本著名作家井上靖的历史小说《天平之甍》是介绍鉴真的又一力作。鉴真精通佛教建筑、雕塑、书法、医学等，被称为"天平之甍(méng)"（天平，日本圣武天年号；甍，屋脊）。小说依据鉴真东渡的史实，再现了中日两国文化交流艰难困苦的道路、鉴真和几个日本僧人的顽强意志和献身精神，生动地描绘了两国政治、社会、文化、生活等方面的历史风貌。"天平之甍"的意思是天平时代文化的屋脊。比如，鉴真在奈良设计建造的唐招提寺,其先进的建筑工艺及塑像、壁画等从结构到装饰都体现了大唐风格,被誉为天平时代的丰碑。如今的唐招提寺,从建筑到供奉的佛像都是日本的"国宝"和"重要文化遗产",已被联合国教科文组织列入《世界遗产名录》。

1963年,在鉴真圆寂1200年之际,中日两国佛教界都举行了大型纪念活动,郭沫若为此题诗曰:"鉴真盲目航东海,一片精诚照太清。舍己为人传道艺,唐风洋溢奈良城。"这首诗盛赞了鉴真大师历尽磨难、百折不回东渡日本弘扬佛法、传播大唐文化的献身精神,为加深中日两国人民的友谊和中日文化交流做出的卓越贡献。

宋人钱公辅在《义田记》中说："公（指范仲淹）之忠义满朝廷，事业满边陲，功名满天下。"论文治武功，他堪称封建士大夫中的第一流人物；论道德文章，他名列封建士大夫中的第一流同样是当之无愧的。

范仲淹和天平山①

啸　诗

苏州城西郊有座风光绮丽的天平山。人们把这座山中的怪石、红枫和清泉誉为"天平三胜"。著名的"一线天"也是此山中一奇景。游山的人四季不断，可是不少人还不知道，天平山是宋朝皇帝赐给范仲淹的家山；由于范仲淹的高、曾、祖、考②都葬于此山，所以人们又称它范坟山；范仲淹小时候曾在这里居住、读书，成年后在故乡做过地方官——苏州知州。后人在山之西麓为他修建了一座祠堂——范公祠；祠堂里悬挂着康熙年间名家手书的匾额③，上题"第一流人物"五个大字。的确，自从元、明以来，就有人称道范仲淹是"宋朝人物第一"，这不是没有道理的。

范仲淹生于宋太宗端拱二年（989），卒于宋仁宗皇祐四年（1052）。仁宗时，武官任至枢密副使，文官任至参知政事，可以说他是封建社会里一位文武兼备、出将入相的人才。宋人钱公辅在《义田记》中说："公（指范仲淹）之忠义满朝廷，事业满边陲，功名满天下。"论文治武功，他堪称封建士大夫中的第一流人物；论道德文章，他名列封建士大夫中的第一流同样是当之无愧的。

---

　①　选自《中华名胜古迹趣闻录（下）》（内蒙古人民出版社1984年版）。有改动。范仲淹（989—1052），字希文，谥文正，吴县（今江苏苏州）人。北宋政治家、文学家。工于诗词散文，所作文章富于政治内容，词传世仅五首，风格较为明健，善写塞上风光。著有《范文正公集》。

　②　[高、曾、祖、考]高，高祖（曾祖的父亲）；曾，曾祖（祖父的父亲）；祖，祖父（父亲的父亲）；考，旧时对死去的父亲的尊称。

　③　[匾额]题有颂扬或命名文字的横牌，一般挂在门或墙的上部。

如今,有关范仲淹的故事传说,流风遗韵,在苏州有雪泥鸿爪①可寻的,尚为数不少。

咒钵庵和晒经台

苏州天平山下有座咒钵庵。据说这就是范仲淹幼年居住过的地方。范仲淹幼时家贫,少米无菜,每日三餐不继,不得不将米煮成薄粥,冷凝后划为四块,早晚各吃两块。这就是"断齑②画粥"的故事。范仲淹从小就懂得,一个人非刻苦学习不能有成就。于是他发愤攻读,"昼夜不息,冬月惫甚,以水沃面",终于在二十七岁那年中了进士。

咒钵庵右侧是"晒经台",相传范母早年信佛,曾将被漏雨浸湿的经卷摊在这里曝晒,所以得了此名。

范仲淹日后居高位,厚俸禄,而始终自奉俭约,以"施贫活族"为终身之志,以致身死之日,"身无以为敛③,子无以为丧④"。这大概与他始终不忘当初的贫苦生活有关吧。

先忧后乐坊

在苏州城内范庄前(范义庄所在街道)有一座雕饰精美的巨型石坊,上镌范仲淹《岳阳楼记》中的名句:"先天下之忧而忧,后天下之乐而乐。"人们称之为"先忧后乐坊"。

范仲淹不仅是"先忧后乐"的倡言者,也是"先忧后乐"的力行者。他一生在从政治军中,都体现了这种精神。

范仲淹为将有道,在远戍西北、卫护边陲、讨抚西夏方面,曾建有殊勋。然而,朝廷对待他却极不公平。在权倖⑤、政敌的诽谤打击下,他一再遭到贬谪(被降职调到边远的地方)。就在那"忧谗畏讥"的逆境中,他一听到西夏元昊反叛,就毅然"自请行边",从越州

---

① [雪泥鸿爪]鸿雁在雪地上踏过而留下的爪印,比喻往事遗留的痕迹。
② [齑(jī)]切碎的腌菜。
③ [敛]装殓。
④ [丧]这里指丧事。
⑤ [权倖(xìng)]指有权势而得到帝王宠幸的人。

(治所在今绍兴)知州任上,请调西北边陲,任延州(治所在今延安)知州。在那荒漠苦寒、烽火不断的边塞,他锐意整顿军务,屯兵营田,招抚流亡,听民互市①。不数年,各族人民渐得安居乐业,西夏元昊也来请和。当时,西夏军民畏其威,说他"胸中有数万甲兵",羌族老幼感其德,称他为"龙图老子"(范当时为龙图阁大学士)。汉族军民也以朝廷有这样的将材而自豪,民谣曰:"军中有一范,西贼闻之惊破胆。"

万笏山和五百名贤祠

登天平山,攀过两崖壁立、仅容一人上下的"一线天",放眼望去,到处是密密层层、参差挺立的石柱。看到这些石柱,人们就会联想到正直无畏的范仲淹上朝言事时所持的手板——笏②,于是人们就把这里的石柱林称为"万笏朝天",也有人把天平山叫作"万笏山"。说也凑巧,苏州名园之一沧浪亭里供奉的苏州历代五百名贤画像,其中就有手执笏板的范仲淹。站在画像前,人们会对这位忠于君国,同情人民,敢于在朝廷之上面诤直谏、议论朝政得失的忠臣良将,油然产生景仰之情。据《宋史》记载,他"每感激③论天下事,奋不顾身,一时士大夫矫厉④尚风节,自仲淹倡之"。范仲淹敢于面折廷争的行为,在当时士大夫中起了很好的激励和倡导作用。后来,谏官欧阳修把他作为相材向仁宗推荐,不久就被任命为参知政事。这时,他虽然几次遭受过贬谪,朝中又有不少政敌,但依然"以天下为己任","日夜谋虑兴致太平"的君国大事。正如他在《岳阳楼记》中所说的,"不以物喜,不以己悲",尽量把个人恩怨、得失、荣辱置之度外。终其一生,无论"居庙堂之高",还是"处江湖之远",他忧君、忧国、忧民之心,未曾稍为去怀。著名的《答手诏条陈十事》等奏章,就是他在仁宗皇帝庆历年间提出的改革弊政的建

---

① [互市]往来贸易。
② [笏(hù)]古代官员上朝所携带的手板,有事可以记在上面备忘。
③ [感激]有所感受而情绪激动。
④ [矫(jiǎo)厉]勉强克制情欲,以礼法来约束自己。

议,其中包括以下内容:"明黜陟①"(严明官吏的升降);"抑侥幸"(制止以投机取巧的手段入官就职);"精贡举"(严密科举考试制度);"择长官"(选贤任能);"均公田"(均地方官的廪粮,使地方官都能够自养);"厚农桑"(重视发展农业);"修武备"(整顿军务,加强国防);"推恩信"(给人民以好处,取信于民);"重命令"(制定法令要慎重,要令行禁止,不要朝令夕改);"轻徭役"(减轻人民的劳役负担)。以上所陈十事,深得仁宗嘉许。他的这些富国强民的主张及其实施,史称"庆历新政"。

范义庄和卧龙街

今天,坐落在苏州城内范庄前的苏州景范中学,原是历史上有名的范义庄所在地。提起范义庄,人们会自然地想到范仲淹的一些义行。

范仲淹晚年自请罢相后,在六十一岁那年做了杭州知州。就在这时,他用自己所积蓄的俸禄,在苏州近郊买了千亩良田,名曰"义田",建义庄,用义田的收入专门养济族中穷人,使之"日有食,岁有衣,嫁娶凶葬皆有赡"。宋人钱公辅曾作《义田记》专记此事,赞扬范仲淹"平生好施与,择其亲而贫者、疏而贤者,咸施之"。义田后来为族长所把持,终至于演变为剥削农民的地主庄园。这当然不是范仲淹始料所及的。

范仲淹一生薄以待己。他做广德军司理参军任满离职时,"贫止一马,鬻②马徒步而归"。后来,经略③边防有功,朝廷赏赐金银甚多,他却全部用来分赠将佐。晚年,子弟打算在洛阳为他建一住宅,作为致仕④后养老之用。他却极为反对,对子弟们说:"人苟有道义之乐,形骸⑤可外,况居室乎!"平时,他"非宾客不重⑥肉,妻子衣食仅能自充"。

---

① [黜(chù)陟(zhì)]指官吏进退升降。黜,降官;陟,升官。
② [鬻(yù)]卖。
③ [经略]策划处理。
④ [致仕]交还官职,即辞官。
⑤ [形骸(hái)]人的形体、躯壳。
⑥ [重(chóng)]重复。

现在的苏州人民路，解放前称"卧龙街"。这个街名也是有掌故的。宋仁宗天圣年间，范仲淹在苏州知州任上，一位风水先生向他建议：街南头为龙头，北头为龙尾，卜居街南，子孙可世代科甲不断。范仲淹却说："一家贵，孰若吴士咸贵乎？"于是，就在街南头建孔庙，设府学，聘请名儒胡瑗来此讲学，为地方造就人才。

高义园和御碑亭

在天平山范仲淹故居不远的山麓风景绝胜处，有一处别致的园林，清乾隆皇帝为之题名为"高义园"。为什么以"高义"为名呢？其中也有范仲淹的一段故事。

据说，范仲淹为参知政事时，曾命他的次子尧夫将俸禄五百斛①麦子，用船载回苏州老家。船过丹阳，尧夫上岸见父亲的老友石曼卿②，得知石曼卿正处在"三丧未葬，二女未适③"的愁云惨雾之中，便将五百斛麦子全部送给石曼卿。石曼卿收下麦子，犹有愁容地说："还不能解决问题啊！"于是，尧夫又将载麦的船一并送给他。后来，尧夫北上拜见父亲，范仲淹见到他就问："在江南见到故旧了吗？"尧夫如实地讲了石曼卿的境况。范仲淹说："何不将麦子送给他？"尧夫答："送了。"范仲淹说："这就对了，最好连船一并送给他。"尧夫说："一并送了。"范仲淹听了，连声赞赏儿子深得父心的义行。

范仲淹父子这一崇高的行动，被人们传为佳话。不少人吟诗作画加以歌颂。现藏南京博物馆的范氏历代家传《麦舟图》就是其中之一。清乾隆皇帝南巡，三次到过天平山，并敕④建"高义园"，亲书"高义园"三字，命刻于入山石坊和后殿碑上。在天平山南麓御碑亭中的石碑上，今天仍可看到乾隆皇帝咏范公高义的诗。

范仲淹的文章多是千古传诵的名篇，除脍炙人口、文情并茂的

---

① ［斛(hú)］古量器名，也是容量单位，十斗为一斛，南宋末年改五斗为一斛。
② ［石曼卿(994—1041)］名延年，宋城(今河南商丘)人。北宋文学家。其诗为欧阳修等推重，其散文取法韩愈、柳宗元。著有《石曼卿诗集》。
③ ［适］女子出嫁。
④ ［敕(chì)］皇帝的命令。

《岳阳楼记》外,《严先生祠堂记》也是一篇佳作。在《严先生祠堂记》里,他对那个隐居富春,不贪富贵的严光(字子陵,东汉光武时期的隐士)深寄仰慕之情,赞扬他高尚的德操,足以"使贪夫廉,懦夫立",并为之歌曰:

云山苍苍,江水泱泱①;
先生之风,山高水长。

综观范仲淹一生,任文官清廉,为武将毅勇,以歌严先生之歌而歌范先生,不更为合适吗?

了解了范仲淹的生平事略,再来游天平山的人们,当看到那嶙峋的怪石时,就会看到范仲淹刚直不阿的风骨;当看到那云蒸霞蔚般的红枫时,就会想到范仲淹忧国忧民的丹心;当看到那澄澈的清泉时,就会想到范仲淹清白淡泊的生活;当攀登那奇险的"一线天"时,就会想到在封建制度下,由一个穷儒而成就为"第一流人物"所经历的极为艰难的道路。

品 读 赏 析

本文运用趣闻和传说,精心剪裁了五则小故事,使"宋朝人物第一"的范仲淹形象跃然纸上。

文章开头以苏州城西郊风光旖旎的天平山,引出被誉为"天平三胜"的怪石、红枫和清泉,以及山中的"一线天"奇景,然后指出,"天平山是宋朝皇帝赐给范仲淹的家山","范仲淹的高、曾、祖、考都葬于此山",点明了"不少人还不知道"的史实。但作者的意图并不在此,而是为了引导人们关注天平山西麓的范公祠中那块题有"第一流人物"五个大字的匾额。

"第一流人物",是对范仲淹"忠义满朝廷,事业满边陲,功名满天下"的高度概括,是范仲淹一生的写照。为此,作者对宋人钱公辅的这一评价诠释说:论文治武功,范仲淹堪称封建士大夫中的第一流人物;论道德文章,范仲淹名列封建士大夫中的第一流同样是当之无愧的。

本文不同于一般史书对范仲淹的介绍,而是将重点落在一个"趣"字上。从信手拈来的一些耳熟能详的传说、地名和景点名称中,作者让我们知道了"苏州"的范仲淹和范仲淹的"苏州";从全篇简明朴素的文字中,作者让我们

---

① [泱(yāng)泱]深广的样子。

看到了有血有肉的范仲淹,更让我们看到了高风亮节的范仲淹。

全文围绕"范仲淹与天平山"这一线索,以范仲淹在故乡苏州的遗踪、传说及史料的佐证,给读者生动形象地介绍、颂扬了一个血肉丰满,具有不同寻常的历史功绩,具有模范人格和高尚品德的范仲淹。

小标题的巧妙运用,不仅使全文脉络清晰,而且凸显了整体构思的巧妙。单独看,是一个个独立的故事;串连起来,就构成了完整的篇章。

文章以朴实简练的语言,将丰富翔实的史料和古诗文,做了精心筛选和恰到好处的引用,更充分有力地彰显了范仲淹的人格魅力。

为什么一位诗人凭借着一首七绝就能在诗歌辉煌的唐代牢牢地拥有自己的一席之地？为什么短短28个字就能使一座古寺甚至一座古城声名远播、名扬四海？下面的文字，或许能给你一个解释。

张继的诗和枫桥的寺①

刘 季 星

一首诗使得一座佛寺名扬四海，永享盛誉，在文学史上可说是绝无仅有的现象。这首诗就是张继的《枫桥夜泊》，这座佛寺即"姑苏②城外寒山寺"是也。

写寒山寺和枫桥的诗洋洋大观，作者中也有不少名家，如韦应物、杜牧和陆游等等，而千百年来唯独张继的诗广泛流传，备受赞赏，这是什么缘故呢？

张继的诗只有四句二十八字，并且第三句完全是在报地名，单凭另外三句写他夜泊枫桥的情景，然而古往今来竟然没有一个人能够超出，可见好诗不在篇幅长短字数多少，不在形式上属于旧体新体，也不在语言上使用文言或是白话。白话诗风行已经将近一百年了，硕果累累，成就辉煌，但还没有听说哪一首白话诗仅用四句二十八个字就使得一座建筑物家喻户晓、妇孺皆知的。

韦应物(737—792)大体上与张继同时(张继约死于766年以后)，唐德宗贞元五年出任苏州刺史，两年后退职，他在任上写了一首题为《宿寒山寺》的诗，五言古体，六句三十字，诗云：

心绝去来缘，亦住人间世。

独寻秋草径，夜宿寒山寺。

今日郡斋闲，思问楞严字。

---

① 选自《苏州杂志》2000年第5期。张继，生卒年不详，字懿孙，襄州（今湖北襄阳）人。唐代诗人。著有《张祠部诗集》。

② [姑苏]苏州市的别称。因西南有姑苏山得名。或泛指旧苏州府全境。辖境相当今江苏苏州、张家港、太仓、常熟、昆山等市和上海市的嘉定、宝山等区地。

这时张继的《枫桥夜泊》已经问世,韦诗不落前人窠臼①,以佛门弟子的心情把寒山寺当作佛门胜景来写,显得孤高、淡薄、超脱,没有人间烟火味,因而引不起广大读者的共鸣;此诗又用仄韵②,不及张诗那样悠扬悦耳,自然流畅。因此诗的本身缺乏广泛流传的条件(由于作者的特殊身份,也许在他的幕僚和好友中是备受称赞的)。韦应物可不是徒有虚名之辈,他的七绝《滁州西涧》③中的名句"春潮带雨晚来急,野渡无人舟自横",历来脍炙人口;他的七律《寄李儋、元锡》中"身多疾病思田里,邑有流亡愧俸钱"一联的境界,现代的高官中恐怕也没有多少人能望其项背④。

杜牧是晚唐的杰出诗人,擅长七绝,佳篇名句举不胜举,其中《寄扬州韩绰判官》一诗于不久前勒石⑤于扬州瘦西湖畔。他也写过一首与枫桥有关的绝句,题为《怀吴中冯秀才》,诗云:

长洲苑外草萧萧,却算游程岁月遥。

唯有别时今不忘,暮烟秋雨过枫桥。

这首诗也没有得到广泛流传,它之引起当地读者的兴趣,大概由于点到两个地名——长洲苑、枫桥,颇感亲切;它之引起有关学者的注意,可能因为有人认定此诗的作者乃是张祜,而非杜牧,著作权尚在争议之中吧。

大诗人陆游于宋孝宗乾道五年十二月奉命出任夔⑥州通判,次年即公元1170年5月离家赴蜀就职。他由运河入长江,6月10日舟抵苏州,因病不能进城,绕盘门泊枫桥寺前宿夜,曾作七言绝句一首记其事,诗云:

七年不到枫桥寺,客枕依然半夜钟。

风月未须轻感慨,巴山此去尚千重。

这首诗同样也没有受到普遍欢迎。

---

① [窠(kē)臼]比喻旧有的现成格式;老套子。
② [仄韵]指属上声、去声、入声的韵,与"平韵"相对。
③ [《滁州西涧》]全诗为:独怜幽草涧边生,上有黄鹂深树鸣。春潮带雨晚来急,野渡无人舟自横。
④ [望其项背]形容赶得上或达得到。
⑤ [勒石]刻字于石。也指立碑。
⑥ [夔]音 kuí。

同样是七绝,同样是四句二十八字,为什么张继的诗千古流传,出尽了风头,使得杜、陆二人相形见绌①? 就诗论诗,大概可以得出以下这样的认识:

首先张诗富于形象。月、乌、霜、桥、火、城、山、钟、船等,都是可以触摸,可以挑动读者的感觉的。它们不是抽象的议论,不是与一般读者难以沟通的感慨和心理活动,读者甚至可以从这些形象中听到声音(乌啼、钟声),看出色彩(月落、霜天、渔火),因而激发强大的想象力,从而自行描画出作者在诗中欲写而未明写的景象:拱桥的影子,江上的渔夫,敲钟的寺僧,巍峨的山门,乃至远处姑苏城朦胧的轮廓。

其次张诗构思新颖,自成一格。它善于选取当时环境中最具特色最富典型性的事物入诗,借物抒情。例如,三更打钟本是唐代吴中一带寺院的习俗,张继抓住这个特点写进了诗里。若干年后,北宋大文学家欧阳修读诗至此,表示疑问:"半夜非鸣钟时,疑诗人偶闻此耳。"结果惹得一些好事者引经据典反驳欧阳修,在文学史上留下一段佳话。又如月落乌啼、客船渔火,这些貌似平常的景语,被后人纷纷模仿,仿佛自宋以下的诗人一下子丧失了想象力,再也创造不出新鲜的词句来描写枫桥和寒山寺了。作者以当地几个地名入诗:江、枫、姑苏、寒山寺,乍看是闲笔,其实却因为富地理特征,在诗中起画龙点睛的作用,表明作者在这里描写的是具体的独特的"这一个"佛寺,而非被抽象化了的一般的佛寺,因而更能引起读者,尤其是当地读者的共鸣。

距枫桥不远,同在苏州府内,常熟虞山北麓,有一座古刹破山寺。唐代大诗人常建曾在它的后园题了一首五律,诗云:

清晨入古寺,初日照高林。
竹径通幽处,禅房花木深。
山光悦鸟性,潭影空人心。
万籁此俱寂,但余钟磬②音。

---

① [相形见绌(chù)]互相比较之下,一方显得很逊色。
② [钟磬(qìng)]即钟和磬,是佛教法器。

诗写得非常优雅。欧阳修十分欣赏其中的三、四两句，自叹不如。殷璠却十分欣赏诗的五、六两句，将此诗收入所编的《河岳英灵集》，并把常建列为全书所收二十四位大家（包括李白、王维、孟浩然、王昌龄等）之首。《河岳英灵集》是唐人选唐诗的最受重视、影响最为深远的一部选本，由此可以推想常建当年在诗坛上的名气了。然而，常建及这首诗的命运远远不能与张继相比。就诗论诗，常诗几乎概括了天下一切佛寺的共性，而恰恰忽略了破山寺的个性特点，这就意味着没人能把它加以爱护和宣传乃至夸耀，令人可叹！

品 读 赏 析

　　本文开门见山，"一首诗使得一座佛寺名扬四海，永享盛誉，在文学史上可说是绝无仅有的现象"，迅速点明标题。随即以"这是什么缘故呢？"设问，紧紧扣住了读者的注意力。巧妙的是，作者先是从反面说起，再以"然而"一转，这是行文的一个波澜；接着以几乎同时代的、写出了《滁州西涧》这样名篇的韦应物的《宿寒山寺》作正面比较，又以晚唐杰出诗人杜牧的同题材作品作正面衬托，再拈出宋代著名诗人陆游的诗作来作对比，这样层层铺垫，形成了"千呼万唤不出来"的又一个波澜。至此，作者再以"首先张诗富于形象""其次张诗构思新颖，自成一格"作条分缕析，让人不得不信服。在这些分析之后，作者似乎意犹未尽，又将唐代大诗人常建写常熟古刹破山寺的那首名诗拿来作比，可以说形成了本文的余波。"文似看山不喜平"，即使是一篇平实的介绍性文字，作者也写得波澜起伏，颇见曲折。

　　可以说，没有哪一部唐诗选集会将《枫桥夜泊》拒之门外；也可以说，没有哪一位鉴赏家会遗忘张继这样一位诗人。但是，一千个读者有一千个"枫桥夜泊"，一千个读者也就有一千个"张继"。作为一个苏州人，读了本文作者对《枫桥夜泊》的解读，你是否赞同，有无启发；有哪些同感，还有哪些自己的想法……在探索和质疑中，你或许拥有了新的思考。

单元练习

一 阅读本单元前两篇文章,回答下面的问题。

　　1.鉴真东渡作出了哪些卓越贡献?范仲淹具有哪些高尚品德?

　　2.两篇文章都是以什么为依据来写人物的?作者为什么要抓住这些依据来写?两文对材料的取舍安排各有什么特点?

二 张继之后,历代文人多有写枫桥和寒山寺的诗,作者中也有不少名家。试利用图书馆或网络搜集两至三首名家诗作(课文中已引用的除外),反复吟诵、体味,口头说说其与张继《枫桥夜泊》在诗歌形象和构思技巧上之异同。

三 默写张继的《枫桥夜泊》,并对这首诗作简要评析。

四 黄泗浦、天平山、寒山寺都是华夏文明和吴文化的圣地,一年四季,游人络绎不绝。在春暖花开时或是枫叶红了的时候,利用节假日,在老师带领或家人的陪同下,去追寻先人的遗迹和造访一座名扬四海的佛寺,你一定会有不同寻常的收获和感悟,把它用散文或诗歌的形式写下来。字数、篇幅、篇数不限。

04

单元提示

或许是巧合,本单元的前两篇文章都是由"吴侬软语"引入来尽情抒写苏州的。

"上有天堂,下有苏杭。"自古以来,姑苏风光不知道被多少文人墨客吟诵过了,但曹聚仁先生的一篇《吴侬软语说苏州》,却写出了苏州独特的韵味。这独特的韵味来自于文章构思的新颖和描写角度的独特。作者紧紧扣住题目中的"吴侬软语",在绵绵的吴语声中娓娓地诉说了苏州的民情风俗和园林风光,因此,文中的景物也好,生活也好,甚至于人物,都烙上了柔软的吴音的印痕,给人纤巧柔和之感,正如苏州的评弹一样,舒缓流畅,悦耳动人,真正写尽了苏州独特的阴柔之美。

苏州的园林风光,苏州的生活情趣,苏州的吴侬软语,是多么的和谐,多么的富于魅力。在文中,作者活脱脱地刻画出了一个安闲柔静的苏州。正由于作者入笔角度的独特,构思的新颖奇巧,才为我们勾勒了这样一个独特的、极富个性的苏州形象。

如果说《吴侬软语说苏州》是从已经逝去的那个时代"取景"的话,那么,当代作家叶兆言的《苏州印象》就似乎还"冒着热气"。作者好像带球过人、技术高超的足球明星,从"苏州话"引出"祖父的故事",又引出"妻子的话题",不经意中,读者在作者的引领下已经来到了"哪个角落里都是游客"的虎丘,不知怎的一转又转到了"一切十分宁静"的沧浪亭,最后的一脚射门,角度真刁,"总以为发展就是好事,其实对于有传统的城市,保留过去,丝毫不比发展逊色",掷地有声,不得不叫人拍案叫绝。

余秋雨的《白发苏州》则以两千多年的苏州历史为背景,多角度、多侧面地把清新柔婉的苏州文化和世态人情表现得形神俱佳。作者运用似贬实褒的手法和盘托出了一个独特的、柔美的、无比宽容而又爱憎分明的苏州。用丰富翔实的史料和古迹遗址向读者展现了一个世界上独一无二,持续繁华了两千多年的苏州;一个背负着种种罪名而默默无言,却始终爱护并坚决捍卫着真实和善良的苏州;一个在沧桑中学会了忍耐,同时也明白了什么叫做反抗,敢于在反腐斗争中用鲜血和生命捍卫天下的纯洁和公正的苏州。

《吴侬软语说苏州》《苏州印象》入笔角度和构思有相近之处，两代作家写的是不同时期的苏州，但他们对苏州的印象，或是他们理想中的苏州惊人的相似，一个柔美的苏州永远令人难忘。《白发苏州》不但写了苏州的柔美，也写了苏州的包容和阳刚；如果把前两文比作两幅水墨画，清新淡雅，那么本文则是一幅油画，浓墨重彩，它给读者展现的是苏州这座文化名城的巨幅历史画卷。

曹聚仁先生因杨乃珍的一曲弹唱而悠悠地写就《吴侬软语说苏州》。亲爱的读者朋友,当你读完这篇美文后,你的内心是否泛起了涟漪?你对故乡是否又加深了理解?

吴侬软语说苏州①

曹聚仁

前天晚上,杨乃珍②的琵琶一响,呖呖莺声,唱出了七里山塘的风光,使人梦魂中,萦系着三十年前光裕社③旧景也。一千三百年前,那位坐着龙船下江南的隋炀帝(杨广),他到了扬州,爱好吴语,就无意西归了。常夜置酒,仰视天文,对萧后说道:"外间大有人图侬(吴人自称曰侬),然侬不失为长城公(陈叔宝),卿不失为沈后(叔宝后),且共乐饮耳!"他喝得醉醺醺地,对萧后道:"好头颈,谁当斫之!"他的"贵贱苦乐,更迭为之,亦复何伤"的颓废观,也正显出了吴语的迷人魔力。

1932年春天,我从上海乘轮船到了苏州;我这个久住杭州的人,应该怎么说呢?这是老年人的城市;杭州至少该是壮年人的城市。苏州的街巷,一望都是炭黑的墙头,在苏州作寓公④,残年

---

① 选自《万里行记》(香港三育图书有限公司1980年8月版)。有改动。曹聚仁(1900—1972),浙江兰溪人。中国记者、作家。早年曾任教于复旦大学等校。抗日战争爆发后,任战地记者,曾报道淞沪战役、台儿庄大捷。后任新加坡《南洋商报》驻港特派记者。曾多次回内地,促进祖国统一事业。著有《中国学术思想史随笔》《万里行记》《现代中国通鉴》等。

② [杨乃珍]江苏苏州人。弹词女演员。台风端庄、娴雅,说唱清晰、甜润,擅唱"俞调",运腔委婉、悠扬,韵味浓厚。曾在《白蛇传·红楼招亲》和《玉蜻蜓·问卜》中成功地塑造了白素贞和金张氏的形象。

③ [光裕社]苏州评弹界历史最长、影响最大的行会组织。原称光裕公所。其成立的时间难以确考。光裕社有严密的章程,同行社友,提倡礼让,但对外来艺人限制甚严。光裕社每年举办会书,对促进艺术竞争起过积极作用。

④ [寓公]古指失其领地而寄居他国的贵族。后指流亡寄居他乡或别国的官僚、士绅等。

风烛,有生之日无多,在这儿安静住着,那是有福的。我在苏州,开头住在工专校舍(暨大中学部在这儿寄住),和沧浪亭为邻。后来移住在网师园(张家花园),乃是明代的名园,后来张善孖、大千①二兄弟在那儿养虎绘画;要不是我太年轻,真可以在那儿终老了。其后十五年,已经是抗战胜利后二年,俞颂华先生邀我任教社会教育学院,住在拙政园,又是名园胜景。我在苏州住的日子虽不久,吴侬软语的韵味,也算体会得很亲切了。("阿拉"乃是宁波人自称。"吾伲"才是吴语。"阿拉"顺德人,固是可笑;"阿拉"上海人,同样是笑话。)

苏州风光,第一件大事,就是上观前街,进吴苑吃茶。观前,有如北京的东安市场,南京的夫子庙,上海的城隍庙,也是百货大市场;玄妙观只是一景,假使真有白娘娘,她一定会和许仙到那儿去烧香的。那儿有许多吃食店,豆浆、粽子摊;老少妇孺,各得其所。我们上街蹓跶,不知不觉到观前。当年苏州的好处,没有马路,不通汽车,安步可以当车。慢慢地街上人都似曾相识,不必点头。进吴苑喝茶也是常事;吴苑是一处园林式的茶店,一排排都是平房。那粗笨的木椅方桌,和大排档的风格差不了多少。可见挤在那儿喝喝茶谈谈天以消长日,也成为生活的一种方式。吴苑的东边有一家酒店,卖酒的店,叫王宝和,他们的酒可真不错,和绍兴酒店的柜台酒又不相同,店中只是卖酒,不带酒菜,连花生米、卤豆腐干都不备。可是,家常酒菜贩子,以少妇少女为多,川流不息,各家卖各家的;卤品以外,如粉蒸肉、烧鸡、熏鱼、烧鹅、酱鸭,各有各的口味。酒客各样切一碟,摆满了一桌,吃得津津有味。这便是生活的情趣。

吃了,喝了,于是进光裕社一小型的书场去听书,也是晚间最愉快的节目。即如杨乃珍的评弹,都是开篇式的小品,也有长篇故

---

① [大千(1899—1983)]即张大千,原名正权,后改名爱,又名季爱,一度为僧,法号大千,四川内江人。中国国画家。早年受画家、自号"虎痴"的二哥张善孖(zī)的熏陶指点。抗战期间,曾与二哥寓居苏州网师园,养虎作画;后赴敦煌洞窟进行临摹,逐步形成了自己的创作风格。著有《画说》《张大千书画集》等。

事传奇式的弹词,即如《珍珠塔》①,就是连续弹唱经月才完场的,《七十二个他》②也可唱上一星期的。至于评话大书,无论三国、水浒,都可以说上半年一载,才终卷的。

我在苏州住的两年间,颇安于苏州式生活享受,因此,苏式点心,也闯入我的生活单子中来。直到今日,我还是不惯喝洋茶、吃广东点心的。我是隋炀帝的信徒。

苏州女人,娴静清秀,风度很好。历史上著名的美人,如陈圆圆③、董小宛④、李香君⑤以及清末的曹梦兰(赛金花)⑥,都是仪态万方,使人心敬的。上海人有句话:"宁可跟苏州人吵嘴,不愿跟'阿拉'宁波人白话。""白话"即闲谈之意。拿林黛玉来代表苏州人的病态美,真是楚楚可怜。

苏州的园林,以幽美胜,曲折幽深,亭台楼阁,掩映于苍松翠柏、竹林苔障、小阜清流之间,一幅自然图画,林木花卉,衬得整个院落骨肉亭匀;这些建筑大师,胸中自有丘壑。北京那几处大建筑,无论圆明园、颐和园、北海、什刹海,都是借镜⑦于苏州园林,加以变化的。我们说曹雪芹笔下的大观园,乃是北京曹家芷园旧宅,也是南京的织造府,真真假假,有着那么一点影子。它的蓝本,可能还是苏州园林,社教学院学生爱说拙政园便是大观园,也可以这么说的。

---

① [《珍珠塔》]又名《九松亭》,长篇弹词。写方卿家道没落,向姑母借贷,受到凌辱。表姐陈翠娥暗赠珍珠塔,并由父亲将其许配方卿。方卿几经周折,考中状元后,乔装道士,唱道情讽刺姑母。最后以"夫贵妻荣"的大团圆结局。

② [《七十二个他》]弹词《珍珠塔》中的著名唱段。兴高采烈的丫环采萍用"七十二个他"告诉小姐陈翠娥"小官人"已经来到,就是要激小姐自己讲出"他"——方卿的名字。这一唱段格调轻松,迭句起伏,唱出了采萍天真聪敏、俏皮热情的性格。

③ [陈圆圆]明清之际江苏武进人,本姓邢,名沅,字畹芬。为苏州名妓,善歌舞。吴三桂纳为妾。李自成农民起义军攻克北京,曾被俘。清军攻陷北京后,随吴三桂至云南。晚年为女道士。

④ [董小宛]名白,字小宛。明末秦淮名妓。后被冒辟疆纳为妾。清兵南下时,辗转于离乱之间达九年,后因劳顿过度而死。

⑤ [李香君]明末歌妓。曾在秦淮河与侯方域相识,力劝其勿与阮大铖接近。后侯方域下第离南京时,又置酒送行,暗示他应当重名节。孔尚任《桃花扇》即以其事为题材。

⑥ [赛金花]原名傅钰莲,又名彩云,江苏盐城人。幼居苏州。家贫,鬻为稚妓。状元洪钧纳其为妾。后复为妓,改名赛金花。晚年潦倒,病死于北京。

⑦ [借镜]借鉴。

我们自幼读了归有光①的《沧浪亭记》,印象中总以为是一所亭子;到那儿一看,原来是一处院落,临水曲榭,颇像西湖的高庄、蒋庄。这样的间架,我们可以在工笔古画中看到。在那样的曲榭中,住着沈三白②这样的画家,配着陈芸这样的美人,是一幅很好的仕女图。我住过的网师园,其曲折变化,远在沧浪亭之上。其中总有十多处院落,各自成一体系,有如潇湘馆、蘅芜院、紫菱洲、藕香榭,各有各的局格,彼此衬托得很调和。我还记得一处大枣园,后面一排房子,挂着一副柏木的联对:"庭前古木老于我,树外斜阳红到人。"配得上"古朴"的考语③。我们住的是芍药花的园囿,总有二亩多大。正院那儿三进房子,虽没天香庭院那么壮丽,也显得闳伟④气象。这都得用画家的笔来形容,文字描写,总是不够真切的。

拙政园,那是大局面,大门外照墙⑤崇伟,仿佛刘姥姥所见的荣国府。进了大门,一片广场,夹道廊房,总有一箭之遥。大厅后面,那就是曲折环回的别院,流水萦绕,假山重叠,有的临流小榭,垂柳深深;有的依阜重阁,朱栏曲折。身处其间,总仿佛非复人间尘世了。(我住在拙政园时期,因为是学校,有那么多师生,显得有点尘俗气;一部分系庙宇别院,另成一角。近年来,已经重新修整,旧院打成一片,才是旧时拙政园的局格,我们且看《湖山盟》的镜头,显得更雅致宜人了。)

城中名园,游客艳称⑥狮子林,乃是富商的家园。古代狮子林,不知是否这样的铺排?在我们跟前,总觉假石太多,拥在一堆,

---

① [归有光(1507—1571)]字熙甫,号震川,又号项脊生。江苏昆山人。明代文学家。所作散文朴素简洁,善于叙事,深受当时人推重。著有《震川先生集》。
② [沈三白(1763—约1838)]名复,字三白,号梅逸,长洲(今江苏苏州)人。清代散文家。能文善画,曾以其家居生活和浪游见闻为内容写成自传性纪实散文《浮生六记》六卷(现存四卷)。
③ [考语]评语。
④ [闳(hóng)伟]宏大雄伟。
⑤ [照墙]即"照壁"。旧时筑于寺庙、广宅前的墙屏。与正门相对,作遮蔽、装饰之用,多饰有图案、文字。
⑥ [艳称]羡慕,称颂。

什么都展舒不开，一个"逼"字足以尽之。城外名园，首推刘园①，也是大局面。三十年前，坐马车逛刘园，也是苏游一个节目。究竟刘园、拙政园，哪一个大些？我可记不清楚。只记得园中有几株大樟树，上栖白色水鸟，千百成群，把那一院子弄得满地鸟粪，斑斑点点，有如一幅花布。抗战时期，为军队所占住，园林渐废，不复成为揽胜之地，直到近年，才先后和网师园一般修葺完整，成为游客郊游去处。

洋人到了上海，看了城隍庙，便算到了东方，有人说苏州才是古老东方的典型，东方文化，当于园林求之。

我执笔写沧浪亭景物时，手边没有沈三白的《浮生六记》②，三十年前的旧游印象，觉得非常模糊。今天，找了《浮生六记》，他写他俩到沧浪亭中秋赏月情况：过石桥，进门，折东曲径而入，叠石成山，林木葱翠，亭在土山之巅，循级至亭心，周望极目可数里，炊烟四起，晚霞灿然。隔岸名近山林，为行台宴集③之地。少焉一轮明月已上林梢，渐觉风生袖底，月到波心，俗虑尘怀，爽然④顿释。这么一说，沧浪亭的轮廓，更是完整了。

归有光的《沧浪亭记》，写的是沧浪亭的人事变迁；从这一角来看苏州园林的人世沧桑，那真是苏州评弹的好题材。即如拙政园，文徵明、恽南田都曾作《拙政园图》，文徵明也曾作《拙政园记》。徐健庵作《苏松常道署记》（道署即拙政园）。翁覃溪作《跋拙政园记》。王雅宜作《拙政园赋并序》，吴梅村⑤作《咏拙政园山茶花诗》，这已经是很丰富的传奇。吴诗有"儿郎纵博赌名园，一掷流传

---

① ［刘园］即"留园"。
② ［《浮生六记》］原书六卷，现存《闺房记乐》《闲情记趣》《坎坷记愁》《浪游记快》四卷。记叙作者和妻子陈芸间平凡的家居生活和浪游各地的见闻，以及他们的坎坷遭遇。文辞朴素，感情真挚。对当时世态人情也有所刻画，并从一个侧面反映了封建家长制的不合理。
③ ［宴集］宴饮集会。
④ ［爽然］这里指爽快舒畅。
⑤ ［吴梅村（1609—1672）］字骏公，名伟业，号梅村、鹿樵生，江苏太仓人。明末清初诗人。其诗多寓身世之感，注重表现个人在历史变迁中的命运，有些篇章也暴露统治者对人民的残酷榨取。早期作品风华绮丽；明亡后多凄楚苍凉之音，《圆圆曲》等篇较有名。著有《梅村家藏稿》等。今人辑有《吴梅村全集》。

犹在耳"之句。据徐树丕(明末人)《识小录》称：拙政园创于宋时某公，明正嘉间御史王某又辟之，其旁为大宏寺，御史逐僧徒而有之，遂成极胜。徐氏曾叔祖少泉以千金与其子博，约六色皆绯者胜。赌久，俟其倦，阴以六面皆绯者一掷，四座大哗。其子惘然，园遂归徐氏，故此中有花园令之戏云。到了清初，园无恒主，初为镇将所据，后由海宁陈相国所得。梅村诗，乃有"齐女门边战鼓声，入门便作将军垒。荆棘纵横马矢高，斧斤勿剪莺簧喜。近年此地归相公，相公劳苦承明宫"的叙事诗。（园中有茶花，乃名种，吴梅村诗序中云："（园）内有宝珠山茶三四株，交柯合抱，得势争高；每花时，巨丽鲜妍，纷披照烛，为江南所仅见。"）

不过，杨乃珍所弹唱的就是园林之胜，也不是名园的兴废掌故，而是和西湖比美的七里山塘（苏州和杭州一样，乃是江南水乡，我们的真赏在城外，不在城里，在山塘不在园林）。日本画家西晴云作江南百题，苏州有专辑，凡十四题，除城中瑞光寺塔、北寺塔、拙政园及沧浪亭外，余皆城外风光（他所画的沧浪亭，正如我所写的）。虎丘，乃是游人所必到之处，沈三白说他只取后山之千顷云一处，次则剑池而已，"余则半藉人工，且为脂粉所污，已失山林本相。即新起之白公祠、塔影桥，不过留雅名耳"。我也有同感。苏人附会①虎丘胜迹到唐伯虎轶事，凿指为秋香一笑、二笑、三笑处，极为可笑，也可见评话弹词的深入人心。

苏州城外寒山寺，以唐人张继一诗得名，骚客吟哦，夜半钟声，只是一刹那的感受，穿凿追寻，近于刻舟求剑。倒是东南一里半许，澹台湖上的宝带桥，长一千三百尺，桥趸②五十三座，正如那位乾隆皇帝所咏的"两湖春水绿如浇，更作吴中第一桥"。

城外名山，沈三白说：灵岩山为吴王馆娃宫故址，上有西施洞、响屐廊、采香径诸胜，其势散漫，不及天平支硎③之别饶幽趣。邓尉山一名元墓，西背太湖，东对锦峰，丹厓翠阁，望如图画，居人

---

① ［附会］勉强地把两件没有关系或关系很远的事物硬拉在一起。
② ［趸］音 dǔn。
③ ［支硎(xíng)］山名。在今苏州市西。又名报恩山、南峰山。硎，平整的石头。山有平石，故名。晋高僧支遁隐居于此，因以支硎为号，山亦因支遁得名。

种梅为业,花开数十里,一望如积雪,故名香雪海,这都是我们当年游踪所及。

品读赏析

全文一开头就引用了隋炀帝下江南,因酷爱吴语而忘西归的典故,这一典故的运用充分显示了吴语的魅力所在。以此扣题,又以此引发下文,可谓别具一格。正因为这吴语的柔和韵味,触发了作者的想象。作者说苏州是一个老人的城市,当风烛残年,所剩之日无多时,在苏州城里安静地住着是一种福气。这想象是奇特的,也是恰切的。试想,那吴语的柔软舒缓与老年人的闲适恬静不是再和谐、再默契不过吗?

在这片柔软闲适的氛围中,作者向我们展示了一幅与之相适应的生活画面。上观前街,在没有汽车、不是马路的石子路上,安闲地蹓跶;到园林式的吴苑茶居,叫一壶热茶,倚着粗笨的木椅方桌品茶谈天;到"王宝和"倒一杯酒,从卖酒菜的少妇少女手中切几碟可口的小菜,慢慢地酌饮,细细地品味;到了晚上,上光裕社去听一场评弹,那评弹的内容又是可以说上半年一载的。这就是苏州的风格,这就是苏州的生活,节奏缓慢,却不无情趣。甚至连苏州的女人,因了这份吴语的韵味,在作者笔下也显得格外娴静清秀,楚楚动人,如董小宛、李香君等。

苏州的园林,也在这软软的吴语声中呈现出其独特的娇柔之美。没有北京官殿的金碧辉煌,没有三山五岳的挺拔气势;这里有曲径通幽的雅致,有花草掩映的秀丽,有亭台楼榭的精巧,一切配合得如此自然默契,如此天衣无缝。在作者的笔下,沧浪亭里,"住着沈三白这样的画家,配着陈芸这样的美人,是一幅很好的仕女图"。即使像大格局的拙政园,也是流水萦萦,垂柳依依,假山重重,朱栏曲曲,全没有黄山峰的突兀嶙峋,长江水的一泻千里,这里无处不流露出秀美和精致,一如苏州的语音。然而,与这份安闲柔静的情韵相反相成的,却是作者泼墨写意的大家手笔。整篇文章无论是描写生活情景,还是描绘园林风光,都没有一处是精雕细琢的工笔描摹,而是任意纵横的随笔抒写,或引经据典,或闲话家常;或描写点评,"风行水上,自然成文"。写沧浪亭,读归有光的《沧浪亭记》,引沈三白的《浮生六记》;写拙政园,谈文徵明的《拙政园记》,引吴梅村的《咏拙政园山茶花诗》;写寒山寺,评说人们对张继《枫桥夜泊》中"夜半钟声到客船"的穿凿追寻;写吴语的韵味,评说"阿拉上海人"的笑语;等等。这些,无一不表现了作者泼墨写意般的大家风范,也可见作者古文功底的深厚。尽管看似随心所欲,但并不给人繁杂冗长之感,更没有画蛇添足之嫌。这是因为:首先,作者注意安排描写顺序,先写生活情景,次写园林风光;先写城内,后写城外,井井有条。其次,作者无论引用还是评点,都抓住此情此景,寥寥数语,精练而恰当,自然而妥帖,没有生造硬搬。最后,全文扣住吴侬软语,处处表现苏州的柔美,写得情趣横生。

"总以为发展就是好事,其实对于有传统的城市,保留过去,丝毫不比发展逊色。"苏州,你听到了吗?你听懂了吗?

苏州印象①

叶兆言

在北方人听来,苏州话和上海话没区别,软软的甜甜的,仿佛掺蜜糖的糯米元宵②,苏州人一定觉得这见识很可笑。印象中的苏州人,总觉得别人可笑,四川人吃辣,山东人吃大蒜,东北人模样太大,北京人嘴贫,广东人说话像香港人,苏州人眼里都是问题。中国城市中,像苏州这样自恋的城市并不多见。我的丈母娘是苏州人,到女儿家小住,看不惯的地方,就叹气说"格个南京人真噱头③……"接下来是很同情一番,数落一番,恨铁不成钢。

我的祖父也是苏州人,虽然一生大多数岁月并没有生活在这个美好的城市里,偶尔也会露出苏州人的优越。苏州人天生一股傲气,祖父总是嫌我父亲的苏州话讲得不地道,常常很愤怒地纠正发音。父亲长期在苏南工作,接触的吴方言多了,能说一口大杂烩的吴语,北方人听来没什么分辨,但是祖父感到忍无可忍。

苏州话是苏州人骄傲的本钱,听苏州人吵架,民间比喻为一种享受,晚清和民国初年,上海滩的妓女以一口带苏州腔的吴侬软语,为最有文化品位。一个分明是在北方长大的妓女,能说半调子苏州话也算是一种特长。难怪整个吴语中,完全靠耍嘴皮子的剧种,只有苏州评弹能站住脚,而且可以风行很多年。和苏州人在一起,我总觉得自己笨嘴笨舌,曾几何时,新结婚,丈母娘来做客,自己大着舌头模仿几句苏州话,妻子和丈母娘知道我胆小,从来不讥

---

① 选自《苏州杂志》1999年第5期。
② [元宵]汤圆的别名。民俗元宵节要吃汤圆,所以称汤圆为"元宵"。
③ [噱(xué)头]这里指滑稽,好笑。

笑,有时还鼓励说,说得蛮好,南京人能这样,已经很不容易。无知因此胆大,真以为自己说得不错,后来女儿大了,老在一旁捏着鼻子笑,我便发誓再也不拿腔拿调地像小鸟似的学说苏州话。

妻子是正宗的苏州人,平时跟我不说苏州话,两人一起上街,买东西或者要商量什么事,忍不住就和我说家乡话。她或许觉得在南京说苏州话,仿佛外国人在中国说英语,别人不知道她说什么。为这事自己常为她急,因为这并不保密,关键的词都让人听去了,其实南京大萝卜①中,有很多人都能听懂吴方言。南京话属于北方语系,学说吴语是为难他们,真以为听不懂,就错了。

说来可笑,虽然籍贯填苏州,自己直到和妻子正式谈恋爱,才第一次去这座城市。苏州长期以来一直在身边打转,可望而不可即,总觉得注定和自己有关系,宴会上攀同乡,套近乎说我是苏州人,还真不能算大错,既有苏州的籍贯,又是苏州的女婿,这种资格不是一般人可以拥有。小时候,我在江阴农村待过三年,按大同乡的概念,在江阴待过,应该等于在苏州待过,因为都有地道的江南水乡,风俗十分相似。外祖母家隔壁的村子,属于张家港,张家港现在还属于苏州。

坐火车路过苏州,不止一次看到虎丘塔,大家一起说话,说到苏州,自己作为一个伪苏州人,插不上什么嘴,但难免有一种亲切感。第一次去苏州,好坏全留下深刻印象。记得是去虎丘山,因为各种印刷品上,已经屡次见到那塔的模样,眼见为实,已觉不新鲜。让人难以容忍的是人多,人太多,浩浩荡荡进去,浩浩荡荡出来,哪个角落里都是游客,想不明白怎么会有那么多人。好像电影刚散场,大家肩膀挤肩膀,一路全是热闹,叽叽喳喳,再好的心情也不会觉得这样的旅游有意思。上有天堂,下有苏杭,如果天堂果然这么喧嚣,不如老老实实在民间呆着。

好端端一个风景点,成了熙熙攘攘的火车站,真煞风景。幸好还有好印象可以补充,虎丘山太热闹,于是寻一个安谧②,去沧浪

---

① [大萝卜]南京人的戏称。有人认为南京人淳朴、热情又较保守,和大萝卜实心眼的特点比较吻合,所以用"大萝卜"戏称南京人。

② [安谧(mì)]安定,平静。

亭。太阳落山之际进去,夕阳下,一切十分宁静。暮霭生深树,斜阳下小楼。沧浪亭不算大,公园里只有几个人,感觉完全不一样。人太多,对于苏州这样的城市来说,永远致命,苏州园林是私家花园,注定不应该人多势众。这种园林是唐诗宋词,得静静品味,细细琢磨。

那天在沧浪亭的美好记忆,至今也忘不了,后来和许多外地人谈起苏州,总是语重心长地让人去沧浪亭。沧浪之水清兮,可以濯我缨;沧浪之水浊兮,可以濯我足①。国外正流行的一句话,很适合用来形容苏州:"小是美丽的。"②这句话和环保主题有关,苏州是富庶③的地方,如不注意控制,很可能演变为一个暴发的城市。不能想象苏州成为国际化大都市会是什么模样,这将是一个灾难性的变化。总以为发展就是好事,其实对于有传统的城市,保留过去,丝毫不比发展逊色。

品 读 赏 析

《苏州印象》不是精描细绘的工笔,也不是经纬密织的苏绣,而是任意挥洒的泼墨,是信手拈来的随笔。所以,文章好像很散,先说自己的丈母娘,再说自己的祖父,再说自己与妻子谈恋爱。但其实这些都是环绕"苏州人"展开的,都是写自己"苏州话说得不地道",自己是个"伪苏州人"。紧接着作者笔锋一转,自出机杼,写虎丘的"让人难以容忍",并以"感觉完全不一样"的沧浪亭作鲜明对比,进而直奔主题而来:苏州是富庶的地方,如不注意控制,很可能演变成为一个暴发的城市。有了这样让人警醒的话,全文的神就提起来了。

本文一反写苏州文章的惯例,没有流连于姑苏园林的唐诗宋词里,没有陶醉于动听美妙的吴侬软语中,也没有神往于小桥流水人家,而是专注于理性的思考和善意的提醒。"……苏州人眼里都是问题。中国城市中,像苏州这样自恋的城市并不多见",初闻刺耳,再听觉得有理;"苏州话是苏州人骄

---

① [沧浪之水清兮,可以濯我缨;沧浪之水浊兮,可以濯我足]语见《孟子·离娄上》:"有孺子歌曰:'沧浪之水清兮,可以濯我缨;沧浪之水浊兮,可以濯我足。'"
② ["小是美丽的"]经济学家舒马哈说:"人是小的,小是美丽的,追求庞大,就是自杀。"后成为国外经济学界公认的一条原则。
③ [富庶(shù)]物产丰富,人口众多。

傲的本钱",不知是对吴侬软语的赞美还是调侃;"上有天堂,下有苏杭,如果天堂果然这么喧嚣,不如老老实实在民间呆着",多么精辟;"国外正流行的一句话,很适合用来形容苏州:'小是美丽的'",又是多么善意的劝告和提醒。

因此,在汗牛充栋的书写苏州的篇章中,这一篇《苏州印象》给我们留下了很深的印象。

有哪一座城市,繁华在两千多年前而至今依然繁华,中间几乎没有中断?我想,那个城市在中国,它的名字叫苏州。不少学者试图提升苏州的自信,把它说成是"东方的威尼斯"。我听到这样的封号总是哑言失笑,因为不说别的,仅仅来比这两个水城的河道:当苏州精致的花岗石码头边船楫如梭的时候,威尼斯还是一片沼泽荒滩。

白发苏州①

余秋雨

一

两千多年前,世界上已经有几座不错的城市。但是,这些城市都一一相继沦为废墟②。人类的文明地图,一直在战火的余烬中不断改变。往往是,越是富贵的所在,遭受的抢掠越是严重,后景越是荒凉。

不必说多次被夷为平地的巴格达③和耶路撒冷④,看看一些正常的城市也够让人凄伤。

---

① 选自《山河之书》(长江文艺出版社2012年版)。
② [废墟(xū)]受到破坏之后变成荒芜的地方。
③ [巴格达]伊拉克首都。在美索不达米亚平原中部。古城在底格里斯河西岸,多古迹,但已废圮(pǐ);新城地跨该河两岸,为全国政治、经济和文化中心。始建于公元762年,8世纪时阿拔斯哈里发定为首都,9世纪曾为伊斯兰教中心,盛极一时。
④ [耶路撒冷]世界闻名的古城。位于亚洲西部巴勒斯坦地区中部,自古以来为犹太人的政治和宗教中心。相传基督教祖耶稣被钉死于此,伊斯兰教先知默罕默德曾在此地"登霄(升天)",故犹太教、基督教、伊斯兰教都奉为"圣地"。公元623年,该城一度曾是穆斯林礼拜的朝向。公元638年为哈里发欧麦尔征服后,在城内建有伊斯兰教著名的艾格撒清真寺。分新旧两城,旧城多古迹,如古城遗迹、古清真寺、天主教的圣墓大堂等。原为巴勒斯坦城市。1949年以色列和阿拉伯各国战争后,新城由以色列占领,旧城由约旦占领。1967年以色列占领整个耶路撒冷。

公元前后,欧洲最早的旅行者看到乱草迷离的希腊城邦遗迹,声声长叹。六世纪,罗马城衰落后的破巷、泥坑、脏水,更让人无法面对……

有哪一座城市,繁华在两千多年前而至今依然繁华,中间几乎没有中断?

我想,那个城市在中国,它的名字叫苏州。

不少学者试图提升苏州的自信,把它说成是"东方的威尼斯①"。我听到这样的封号总是哑言失笑②,因为不说别的,仅仅来比这两个水城的河道:当苏州精致的花岗石码头边船楫如梭③的时候,威尼斯还是一片沼泽荒滩。

二

苏州是我常去之地。海内美景多得是,唯苏州,能给我一种真正的休憩。柔婉的言语,姣好的面容,精雅的园林,幽深的街道,处处给人以感官上的宁静慰藉。现实生活常常搅得人心智烦乱,而苏州的古迹会让你定一定情怀。有古迹必有题咏,大多是古代文人的感叹,读一读,能把你心头的皱折熨抚得平平展展。看得多了,也便知道,这些文人大多也是来休憩的。他们不想在这儿创建伟业,但在外面事成事败之后,却愿意到这里来住住。苏州,是中国文化宁谧的后院。

我有时不禁感叹,做了那么长时间的后院,苏州在中国文化史上的地位是不公平的。京城史官的眼光很少在苏州停驻,从古代到近代,吴侬软语与玩物丧志④同义。

理由是明白的:苏州缺少帝京王气。

---

① [威尼斯]意大利东北部城市,是亚得里亚海西北岸重要港口。公元6世纪兴建,有古老的圣马可广场、钟楼和大教堂等建筑物。全市有100多个小岛,177条水道贯通其间,上借铁路、公路桥与陆地相联。市内用400座桥梁相连,以舟代车,有"水上城市"之称。

② [哑(yǎ)言失笑]不由自主地笑出声来。

③ [船楫(jí)如梭(suō)]形容船只来往不断的意思。楫,划船的桨。梭,织布时牵引纬线的器具,即梭子。

④ [玩物丧志]只顾玩赏所喜好的东西,因而消磨掉志气。

这里没有森然殿阙①，只有园林。这里摆不开战场，徒造了几座城门。这里的曲巷通不过堂皇的官轿，这里的民风不崇拜肃杀②的禁令。

这里的流水太清，这里的桃花太艳，这里的弹唱有点撩人③，这里的小食太甜，这里的女人太俏，这里的茶馆太多，这里的书肆④太密，这里的书法过于流丽，这里的绘画不够苍凉遒劲⑤，这里的诗歌缺少易水壮士低哑的喉音。

于是，苏州面对着种种冷眼，默默地端坐着，迎来送往，安分度日；却也不愿意重整衣冠，去领受那份王气。反正已经老了，去吃那种追随之苦做甚？

三

说来话长，苏州的委屈，两千多年前已经受了。

当时正是春秋晚期，苏州一带的吴国和浙江的越国打得难解难分。其实吴、越本是一家，两国的首领都是外来的冒险家。先是越王勾践击败吴王阖闾，然后又是继任的吴王夫差击败越王。越王利用计谋卑怯称臣，实际上发愤图强，终于在十年后卷土重来，成了春秋时代最后一个霸主。

这事在中国差不多人所共知，原是一场分不清是非的混战，可惜后人只欣赏越王的计谋和忍耐，嘲笑吴王的该死。千百年来，越国的首府一直被称颂为"报仇雪耻之乡"，那么苏州呢？当然是"亡国亡君之地"。

细想吴越混战，最苦的是苏州百姓。吴越间打的几次大仗，有两次是野外战斗，一次在嘉兴南部，一次在太湖洞庭山，而第三次则是越军攻陷苏州，所遭惨状一想便知。早在越王用计期间，苏州人已连续遭殃。越王用煮过的稻子当做种子上贡吴国，吴国用以

---

① ［森然殿阙（què）］形容森严可畏的宫殿。阙，古代宫殿、祠庙或陵墓前面左右对峙的一对高建筑物，形式因时因地而异。
② ［肃杀］一般用来形容深秋或冬季草木枯落时的景象。这里指严酷的禁令。
③ ［撩（liáo）人］挑逗人。
④ ［书肆（sì）］书店。肆，店铺。
⑤ ［苍凉遒（qiú）劲］凄怆悲凉，强健有力。

撒种,颗粒无收,灾荒由苏州人民领受。越王怂恿吴王享乐,亭台楼阁建造无数,劳役由苏州人民承担。最后,亡国奴的滋味,又让苏州人民品尝。

传说越王计谋中还有重要一项,就是把越国的美女西施进献给吴王,诱使他荒淫无度,懒理国事。计成,西施却被家乡来的官员投沉江中,因为她已与"亡国"二字相连,霸主最为忌讳。

苏州人心肠软,他们不计较这位顶着"越国间谍"身份的姑娘给自己带来过多大的灾害,只觉得她可怜,真真假假地留着她的大量遗迹来纪念。据说今日苏州西郊灵岩山顶的灵岩寺,便是当初西施居住的所在,吴王曾名之"馆娃宫"。灵岩山是苏州一大胜景,游山时若能遇到几位热心的苏州老者,他们还会细细告诉你,何处是西施洞,何处是西施迹,何处是玩月池,何处是吴王井,处处与西施相关。

你看,当越国人一直为报仇雪耻的传统而自豪的时候,他们派出的西施姑娘却被对方民众照顾着,清洗着,梳理着,辩解着,甚至供奉着。

苏州人甚至还不甘心于西施姑娘被人利用后又被沉死的悲剧。明代梁辰鱼①作《浣纱记》,让西施完成任务后与原先的情人范蠡②泛舟太湖而隐遁③。这确实是善良的,但这么一来,又产生了新的尴尬:这对情人既然原先已经爱深情笃,那么西施后来在吴国的奉献,就与人性太相悖。

前不久一位苏州作家给我看他的一部新作,写勾践灭吴后,越国正等着女英雄西施凯旋,但西施已经真正爱上了自己的夫君吴王夫差,甘愿陪着他一同流放边荒。

---

① [梁辰鱼(约1521—约1594)]字伯龙,号少白、仇池外史,江苏昆山人。明代戏曲作家。约在音乐家魏良辅对昆腔进行整理加工的同时,他创作了以昆腔演唱的传奇《浣纱记》,对昆腔的发展和传播有相当影响。又作有杂剧《红线女》《红绡》,散曲《江东白苎》《二十一史弹词》等。

② [范蠡(lí)]字少伯,楚国宛(今河南南阳)人。春秋末政治家。越大夫。越为吴所败后随勾践赴吴为质三年,回越后助越王勾践发愤图强,灭亡吴国。后游齐国,称鸱夷子皮。到陶(今山东定陶西北),改名陶朱公,以经商为业。

③ [隐遁(dùn)]隐藏躲避。

这还比较合理。

我也算一个越人吧,家乡曾属会稽郡①管辖。无论如何,我钦佩苏州的见识和度量。

四

吴越战争以后,苏州一直没有发出太大的音响。千年易过,直到明代,苏州突然变得坚挺起来。

对于遥远京城空前的腐败集权,竟然是苏州人反抗得最为厉害:先是苏州织工大暴动,再是东林党人反对魏忠贤。朝廷特务在苏州逮捕东林党人时,遭到苏州全城的反对。柔婉的苏州人这次是踏着血泪冲击,冲击的对象是皇帝最信任的"九千岁"。这件事情结束后,苏州人把五位抗争时牺牲的普通市民葬在虎丘山脚下,立了墓碑,让他们安享山色和夕阳。

这次浩荡突发,使整整一部中国史都对苏州人另眼相看。这座古城怎么啦?脾性一发,让人再也认不出来。说他们含而不露,说他们忠奸分明,说他们大义凛然,苏州人只笑一笑,又去过原先的日子。园林依然这样纤巧,桃花依然这样灿烂。

明代是中国古代实行文化专制主义最严重的时期,但那时的苏州打造出了一片比较自由的小天地。明代的苏州人可享受的东西多得很,他们有一大批作品不断的戏曲家,他们有万人空巷的虎丘山曲会,他们还有唐伯虎和仇英的绘画。再后来,他们又有了一个金圣叹。

如此种种,又让京城的朝廷文化皱眉。轻柔悠扬,潇洒倜傥②,放荡不羁③,艳情漫漫,这似乎又不是圣朝气象。就拿那个名声最坏的唐伯虎来说吧,自称江南第一才子,也不干什么正事,却看不起大小官员,只知写诗作画,不时拿几幅画到街上出卖。

不炼金丹不坐禅,

不为商贾不耕田;

---

① [会(kuài)稽(jī)郡(jùn)]秦汉时郡名,在今江浙一带。会稽,山名,在浙江省。
② [潇洒倜(tì)傥(tǎng)]神情举止自然大方,有风度,不拘束。
③ [放荡不羁(jī)]行为放纵,不受世俗礼法的束缚。

闲来写幅青山卖，

　　　　不使人间造孽钱。

　　这样过日子，怎么不贫病交困呢？然而苏州人似乎挺喜欢他，亲亲热热地叫他"唐解元"，在他死后把桃花庵修葺①保存，还传播一个"三笑"故事让他多一桩艳遇。

　　唐伯虎是好是坏，我们且不去论他。无论如何，他为中国增添了几页非官方文化。道德和才情的平衡木实在让人走得太累，他有权利躲在桃花丛中做一个真正的艺术家。中国这么大，历史这么长，金碧辉煌的色彩层层涂抹，够沉重了，涂几笔浅红淡绿，加几分俏皮洒脱②，才有活气，才有活活泼泼的中国文化。

五

　　一切都已过去了，不提也罢。现在我只困惑，人类最早的城邑③之一，会不会淹没在后生晚辈的时尚之中？

　　山水还在，古迹还在，似乎精魂也有些许留存。最近一次去苏州，重游寒山寺，撞了几下钟，看到国学大师俞樾④题写的诗碑，想到他所居住的曲园。曲园为新开，因有俞樾先生的后人俞平伯先生等后人捐赠，原物原貌，适人心怀。曲园在一条狭窄的小巷里，由于这个普通门庭的存在，苏州一度成为晚清国学重镇。几十年后，又因为章太炎⑤先生定居苏州，这座城市的学术地位更是毋庸置疑⑥，连拥有众多高等学府的北京、上海、南京这样的大城市，也不能不投来恭敬的目光。

　　我一直认为，大学者是适宜于住在小城市的，因为大城市会给他们带来很多繁杂的消耗。但是，他们选择小城市的条件又比较

---

① ［修葺（qì）］修补（建筑物）。
② ［洒脱］言谈举止自然，不拘束。
③ ［城邑（yì）］城市。
④ ［俞樾（yuè）(1821—1907)］字荫甫，号曲园，浙江德清人。清代学者。著有《春在堂全书》。
⑤ ［章太炎(1869—1936)］字枚叔，名炳麟，号太炎，浙江余杭（今浙江杭州）人。中国民主革命家、思想家、学者。早年积极从事革命活动，晚年退居讲学。著有《章氏丛书》《章氏丛书续编》等。有《章太炎全集》行世。
⑥ ［毋庸置疑］不必怀疑。

苛刻,除了环境的安静、民风的简朴外,还需要有一种渗透到墙砖街石间的醇厚①韵味,能够与他们的学识和名声对应起来。这样的小城市,中国各地都有,但在当时,苏州是顶级之选。

漫步在苏州的小巷中是一种奇特的体验:一排排鹅卵石,一级级台阶,一座座门庭。门都关闭着,让你去猜想它的蕴藏②,猜想它很早以前的主人。想得再奇也不要紧,两千多年的时间,什么事情都可能发生。

如今的曲园,辟有一间茶室。巷子太深,门庭太小,来人不多。茶客都上了年纪,皆操吴侬软语,远远听去,似乎正在说俞樾和章太炎,有所争执,又继以笑声。

未几,老人们起身了,他们在门口拱手作揖,转过身去,消失在狭窄的小巷里。

我也沿着小巷回去。依然是光光的鹅卵石,依然是座座关闭的门庭。

我突然有点害怕,怕哪个门庭突然打开,拥出来几个人:若是吴门墨客,我会感到有些悲凉;若是时髦③青年,我会觉得有些惶恐④。

该是什么样的人?我们等着看吧。

两千多年的小巷给了我们一个暗示,那就是:不管看到什么,都应该达观⑤。是的,达观,能够笑纳一切的达观。

品 读 赏 析

本文的开篇就气势不凡,作者站在世界文明的高度鸟瞰中华文明。作者把苏州和世界上最古老的几座城市如巴格达、耶路撒冷、罗马、希腊城邦一比较就发现,这些城市都曾经因战乱一一沦为过废墟。唯独苏州,"繁华在两千多年前而至今依然繁华,中间几乎没有中断"。这样的对比一下子就吸引了读者的眼球。紧接着又引用不少学者的苏州是"东方的威尼斯"之

---

① [醇(chún)厚]纯正浓厚(多指气味、滋味)。
② [蕴藏]蓄积而未显露或未发掘。
③ [时髦(máo)]一时风行的,时兴的。
④ [惶恐]惊慌害怕。
⑤ [达观]思想开明,一切看得开。

说,表达了自己截然不同的看法:"因为不说别的,仅仅来比这两个水城的河道:当苏州精致的花岗石码头边船楫如梭的时候,威尼斯还是一片沼泽荒滩。"这不只是两个城市的对比,两种说法的对比,尤其引人注目的是推翻了长期以来人们耳熟能详的观点,令国人为之一振。

文章的二、三、四部分依次把苏州的柔美、包容和阳刚写得淋漓尽致,不容置疑,字里行间洋溢着作者对苏州的赞美之情。

写苏州的柔美。以苏州人的言语、面容,苏州的园林、街道,苏州的古迹、古代文人的题咏,突出苏州是一座最让人惬意的休憩地,是全国最优雅的城市。然而"京城史官们的眼光很少在苏州停驻,从古代到近代,吴侬软语与玩物丧志同义",因而苏州少了应有的地位,作者为苏州愤愤不平。于是,作者用一连串的排比句抒写了苏州城市特色和人文景观,十四个"这里……"写尽了苏州这座"缺少帝京王气"之城独有的柔美,表达了作者对这座世界最古老城市的喜爱和赞美。"苏州,是中国文化宁谧的后院",它不管什么地位和名分,只是"默默地端坐着,迎来送往,安分度日"。末句"反正已经老了,去吃那种追随之苦做甚?"紧扣标题,点出了"白发苏州",描叙中透着诙谐和幽默。

写苏州的包容。以"报仇雪耻之乡"和"亡国亡君之地"作对比。越王勾践卧薪尝胆,以美人、煮熟的稻子为计,针对的是吴王和吴国,可受害的是苏州的百姓。再说吴越三次混战,最后越军攻陷苏州,连连遭殃的苏州百姓,"所遭惨状一想便知"。那西施呢?被"报仇雪耻之乡"来的官员投沉江中。而"亡国亡君之地"的苏州人,却不计较西施姑娘曾给自己带来过多大的灾害,只觉得她可怜,真真假假地把与她有关的大量遗迹——保留至今纪念她,供世人观瞻。这是多么强烈的对比!试想,一个受越王派遣带有葬送吴国使命的"越国间谍"西施,居然还能得到苏州人的如此谅解!苏州人甚至不希望西施被沉死,所以明代有作家写她"完成任务后与原先的情人范蠡泛舟太湖而隐遁",当代有苏州作家写西施甘愿陪吴王夫差一同流放边荒。苏州人太能包容了,大度的情怀足以感天动地!

写苏州的阳刚。明代的苏州民变曾经震撼全国,苏州全城反对朝廷特务逮捕东林党人,义无反顾地踏着血泪冲击,虎丘山旁的五人墓,充分表现了苏州人的公正和血性。面对明代严酷的文化专制,一向包容的苏州人不管这些,又给与朝廷文化格格不入的苏州文人打造出了一片比较自由的小天地,保护了一大批作品不断的戏曲家、书画家。尤其是"那个名声最坏""只知写诗作画""不使人间造孽钱"的唐伯虎,苏州人喜欢他、呵护他,"在他死后把桃花庵修葺保存,还传播一个'三笑'故事让他多了一桩艳遇"。你看,面对宦官专权、政治黑暗、文化专制的明朝统治,苏州就是不同寻常,这需要多少勇气和定力、坚韧与智慧,这足以证明苏州人的坚挺和阳刚了。

　　文章结尾部分写作者对苏州的困惑和期盼。"人类最早的城邑之一,会不会淹没在后生晚辈的时尚之中?"这一"困惑",表达了作者对苏州未来的忧虑,些许留存的"精魂"又使作者感到苏州的神韵还在,苏州的文化魅力还在……所以,当作者漫步在苏州小巷中的时候,有种奇怪的心理体验,"有点害怕""有些悲凉""有些惶恐"。为何害怕、悲凉?是没有看到后继有人吧?又为何惶恐?是怕苏州古韵无存了,还是说道俞樾和章太炎们的老人无从寻觅了? 文末,作者说:"该是什么样的人? 我们等着吧。"且又连用三个"达观",反复告诫自己:一切要看得开。行文至此,掩卷思之,唯愿与作者一道期盼:苏州在城市发展的过程中,要珍爱苏州的历史文化,古城古街古迹,凡是历史的遗迹都要原封不动地保存下来。

　　这篇文章贯穿全文的是作者独到的对苏州个性化的理解,并以无可辩驳的史实、生动感人的民间传说,加上大开大合的谋篇布局,为读者展示了白发苏州的柔美、包容和阳刚的多重面影。相当多的评论家和读者认为:余秋雨的散文依着渊博的文学和史学功底,丰厚的文化感悟力和艺术表现力,洋洋洒洒地揭示中国文化巨大的内涵,在博大精深的中国文化和古老、神秘的中国历史中,竟以轻扬的散文做着最深刻、最潇洒的穿越;余秋雨的散文最大的特色是其浓郁的学术味、文化味和诗意的写作风格,而构成这种风格的,是那种神驰古今的浪漫,雅致高尚的忧思,充满终极关怀的文化品位;余秋雨的散文深入浅出,很大的问题,很深的道理,用不多的篇幅、浅近的话说出来,这真称得上大手笔。细细品读《白发苏州》,掩卷思索,这些中肯的评述在本文中多有体现。

单元练习

一 《吴侬软语说苏州》中提到了明代归有光以写人事变迁为主的《沧浪亭记》,你知道文学史上还有一篇更著名的《沧浪亭记》吗?它的作者是谁?什么朝代人?

二 曹聚仁和叶兆言两位作者写沧浪亭各抓住了什么特点?请分别用文中的4个字来概括。

三 前两篇文章对虎丘这一著名景点分别作出了怎样的评价?你是否同意这些评价?

四 细细品读《白发苏州》,体味作者是如何把苏州的柔美、包容和阳刚写得淋漓尽致、不容置疑,字里行间洋溢着作者对苏州的赞美之情,试以文章第四部分为例,说说作者是如何表现苏州人的阳刚的。

五 《白发苏州》的写作特色是什么?请简要回答。

六 自选一节假日,邀家人或三两同学,游览苏州一园林或古迹,并利用图书馆或网络查找该园林或古迹的有关资料,写一篇文章。题目自拟,篇幅不限。

05

单元提示

苏州不仅以园林、古镇、特产而闻名,苏州的方言也独具特色。苏州方言素有吴侬软语之称,音调轻细柔软,婉约绵长,令人回味无穷,著名的苏州评弹即从中产生。

苏州评弹是苏州评话和苏州弹词两个曲种的合称,大约形成于明末清初。苏州评弹的形成有其深厚的艺术土壤和浓重的艺术氛围,它是评话和弹词在流传过程中和以苏州话为代表的吴方言相结合的产物。苏州评话和苏州弹词,俗称说书。评话称为大书,只说不唱;弹词称为小书,有说有唱。评话由一个人演出,叫"单档"。弹词一般由两个人演出,叫"双档",有男双档、女双档,而以男女合作的双档为多,偶有三个人合作的,叫"三档"。弹词融入了小说、戏曲、诗词、音乐等艺术手法,形成了说、噱、弹、唱等表演手段。"说""唱"是演员的口头语言;"噱"是说的一部分,苏州评弹特别重视"噱",所谓噱乃书中之宝""无噱不成书"。"噱",俗称噱头,犹如相声中的"包袱"。它不是狭义的摆噱头,说笑话,而是以幽默的话语来调节气氛。如与书情没关系的"外插花",也叫"外插噱",纯属说书人的借题发挥,引进笑料;又如"肉里噱",即包含在故事和人物情节里的噱头,往往只用只言片语就能引发听众的笑声。总之,一个好的噱头,往往能起到画龙点睛的作用,使"说"锦上添花。说和唱的语言包含两部分:一是说书人的语言,通称"表";一是书中人物的语言,由说书人代言,称为"白"。"弹"指伴奏,乐器以三弦、琵琶为主。评话,只说不唱,所以没有弹。

弹词开篇是弹词中唱段的脚本。开篇,本来是在正书弹唱之前加唱的,内容多与正书无关,只是起定场的作用。后来开篇愈来愈受到听众的喜爱,变成不可或缺的了,以至演变为弹词的重要组成部分,中长篇弹词常常有多支与正书内容相关的弹词开篇。本单元《望芦苇》就是中篇弹词《芦苇菁菁》中三个经典开篇之一。有的弹词家也写开篇,如清代弹词名家马如飞编写过很多开篇,单为《林黛玉》就写了五支久唱不衰的弹词开篇。弹词开篇以七言句为主,间有三言衬字。句数多寡不限,但一般在三十句左右。它要求作者用精练的笔墨,交代一桩完整的故事或是正书中的一个主要片断,要求词意明晓，字字熨贴，音调和谐；要求演唱者咬字准确，字正腔圆，行云流水。

　　本单元四支开篇，各具特色。前两篇表现了苏州自古以来军民协力，不畏强暴，反抗侵略，歼灭敌寇，保卫家园的坚强决心和钢铁意志。《枫桥敌楼》咏唱了苏城由繁华到衰落，再到获得新生的惊心动魄的历史，揭示了枫桥敌楼遗迹就是倭寇侵扰洗劫苏州的历史见证。《望芦苇》在选材上颇具匠心，作者选择游击队战士退避芦苇丛中所遭遇的极度艰难的生存危机，侧面反映了游击队战士铁骨铮铮的顽强意志和以待时机反击日军的坚强决心。突破了弹词开篇以七言为主的表现手法，长短句的运用更显错落有致，音韵和谐，使人物感情的抒发更富张力。

　　后两篇尽情抒发了对家乡苏州的赞美之情。《我的家乡在苏州》用苏州方言配着丝竹乐器，边弹边唱，"丝弦叮咚声悦耳，评弹一曲韵悠悠"，用简洁凝练的语言概括家乡苏州的美景、美食。《苏州小桥联唱》巧妙地把桥名串连起来，按照名称的含义编排成歌词来演唱，从桥的角度反映苏州的历史文化和现代发展，以小见大，主题鲜明。

　　本单元中的《诗歌三首》都是新诗。这三首新诗从不同角度描绘苏州，但重点都描写了苏州在新时期的发展和变化，是对家乡的礼赞。

　　这些文章文体不同，各具特色，但都运用了精练传神、富有表现力的语言；都能选取一个巧妙的角度来表现主题，以小见大，别具匠心。

弹词四篇

　　幸得解放天地变,修复敌楼迎晨曦。关台离地高七米,巍峨箭楼白云披,威武雄壮吴中奇。抗倭遗迹铁铃关,众志成城志不移,民族精神震四夷!

枫桥敌楼[①]

朱寅全

　　寒山钟声世上知,枫桥敌楼威名驰。吴中胜地第一关,铁铃两字撼心扉。古时阊门枫桥间,商业繁华景旖旎[②]。翠袖三千楼上

---

　　① 枫桥敌楼,又名铁铃关,位于苏州城阊门外枫桥。明嘉靖三十六年(1557)巡按御史尚维持为抗御倭寇窜扰苏州城,创建敌楼三处,一在木渎镇,一在葑门外,一在枫桥即铁铃关。现仅存铁铃关一处。关与古运河、枫桥组成一个完整的古代军事防御体系,为扼守苏州城的重要关隘。清道光九年(1829)曾重修,次年江苏巡抚陶澍改建上层为文星阁。咸丰十年(1860),为防太平军攻城,清军放火自毁铁岭关。其后阁楼颓毁,下部关台拱门也年久失修,雉堞、女墙、射孔等倾圮。新中国成立后曾几次进行小修加固。1982年3月25日被公布为江苏省文物保护单位。1986年至1987年大修,加固关体,并依文昌阁遗迹重建关楼,大体恢复清代规模。关台以条石为基,城砖砌墙,中辟拱门,西跨枫桥东端,东接枫桥大街。关门内南北壁面均辟大小拱门各一,内砌登关砖级,并有藏兵和存储武器的空间。

　　② [旖(yǐ)旎(nǐ)]柔和美丽。

下,黄金百万水东西,灯红酒绿世上稀。倭寇①入侵遭涂炭②,烧杀洗劫战火飞。姑苏人民齐奋起,反抗侵略不可欺。为防御倭寇来骚扰,在水陆要冲③枫桥地,筑关设防抗敌匪。石桥高带驿楼平,一道屏障竖城西。敌兵丧胆尽披靡④,铁铃关上展旌旗。盛世太平未多时,雪压过后又霜欺。太平军攻克苏州城,清军放火焚阊胥。敌楼难免遭厄运⑤,焦土一片实堪凄。剩下拱门与残基,断墙破壁芳草萋⑥。幸得解放天地变⑦,修复敌楼迎晨曦。关台离地高七米,巍峨⑧箭楼白云披,威武雄壮吴中奇。抗倭遗迹铁铃关,众志成城志不移,民族精神震四夷!

品读赏析

这段开篇从举世闻名的寒山寺钟声引入正题,告诉听众今日所唱的枫桥敌楼就是威名远扬的"吴中胜地第一关"——铁岭关。"铁岭两字撼心扉"是承上启下的关键句,"撼心扉"三字颇具匠心,节奏和谐,音节铿锵,突出重点,既起到了渲染气氛,吸引听众的效果,又利于弹唱者抒发感情,咏唱枫桥

---

① [倭(wō)寇]14—16世纪劫掠中国沿海的日本海商与海盗集团。14世纪日本内战中失败的武士流为浪人,与活跃于九州、四国间的走私商人勾结,在中国沿海进行走私、抢劫。永乐十七年(1419)明总兵刘江大破之于望海埚(在今辽宁大连东北),倭寇之势渐衰。15世纪后期日本的一些封建主与寺院大地主支持海盗活动,倭寇又趋活跃。嘉靖二年(1523)日本封建主大内氏与细川氏的贡使在宁波发生冲突,乘机大事焚掠。明政府下令停止贸易。此后倭寇见中国沿海防务空虚,便勾结当地土豪、奸商、流氓、海盗,进行走私劫掠。16世纪中叶时最为猖獗。倭寇大肆侵扰我山东至广东沿海,江、浙、闽受害尤为严重。后经名将谭纶、戚继光、俞大猷等征战多年,至16世纪60年代,方渐平息。据《民国吴县志》载,明嘉靖三十三年(1554),倭寇自太仓入海口进犯苏州,烧劫于阊门、枫桥一带,"焚掠殆尽""积蓄纤悉无遗"。苏松太兵备道副使任环、副将解明道率众狙击于阊门上津桥,军民协力,以及虎丘僧明际等助战歼寇二十,擒一人,余向吴江散去。次年6月,倭寇又自浒墅关犯枫桥,后经苏松太兵备副使任环、总兵汤克宽率领军民奋战,终于全歼寇贼。
② [涂炭]烂泥和炭火,借指极困苦的境遇。
③ [要冲]重要道路会合的地方。
④ [披靡(mǐ)]比喻军队溃散。《史记·项羽本纪》:"于是项王大呼驰下,汉军皆披靡。"
⑤ [厄(è)运]不幸的遭遇。
⑥ [萋(qī)]形容草长得茂盛的样子。
⑦ [幸得解放天地变]1949年4月27日凌晨,解放苏州的战斗就是在铁岭关打响的,中国人民解放军29军85、86师在击溃枫桥、铁岭关一线的国民党守敌后,浩浩荡荡进入苏州城,宣告古城苏州解放。
⑧ [巍(wēi)峨(é)]形容山或建筑物高大雄伟。

一段"撼心扉"的历史。

　　作者笔锋一转,用舒缓的语调,描绘古代阊门至枫桥一路"商业繁华景旖旎"的景象,抒发了作者对苏州这条最繁华的商业街的赞美之情。这里的"翠袖""黄金"引用了唐寅的诗句。唐寅《阊门即事》诗中云:"世间乐土是吴中,中有阊门更擅雄。翠袖三千楼上下,黄金百万水西东。"在当时,阊门、枫桥是苏州重要的商品贸易集散地。明郑若曾《枫桥险要说》载:"天下财货莫盛于苏州,苏州财货莫胜于阊门……自阊门至枫桥将十里,南北二岸居民栉比,而南岸尤为商舶渊薮上江,江北菽粟、棉花大贸易咸聚,焉南北往来之客,停桡解难俱在于此。"如此繁华之地,于明代中叶曾两度遭倭寇烧劫,苏城军民面对凶残的侵略者奋起反抗,大获全胜。为防倭寇再犯,建铁岭关防御关楼,并再度使枫桥至阊门重现繁华。清沈嘉淦《南游记》云:"姑苏控三江、跨五湖而通海,阊门内外,居货山积,行人流水,列肆招牌,灿若云锦。"可惜的是,后来清军为抵御太平军攻城,放火自毁,使阊门至铁岭关十里长街成为一片焦土。邓云乡《重修铁岭关记》云:"咸丰十年(1860),阊门外大火,闹市成墟,枫桥铁岭关亦冷落矣。"枫桥敌楼只"剩下拱门与残基,断墙破壁芳草萋"。

　　这段唱词跌宕起伏,作者以枫桥敌楼为中心,仅仅用了185个字,就将枫桥、阊门一带"繁华—洗劫—抗敌—筑关—再繁华—火焚"撼人心魄的历史画面展现在听众或读者面前。生动地咏唱了苏城军民同仇敌忾抵御外敌的英勇精神,深刻地揭露了清政府的腐败无能自毁文明的卑劣行径。

　　最后,作者以无比欣喜的心情,描绘了解放后新修复的"威武雄壮吴中奇"的枫桥敌楼;赞颂了这座象征"众志成城志不移,民族精神震四夷"的抗倭遗迹——铁铃关。

想伲冲山一片肥沃土,山上草,草青青;山间石,石磷磷;山下水,水盈盈;冲山的人民都是天生硬骨铁铮铮。

望芦苇①

陈灵犀

(钟老太唱)头上白云飞不停,真是愁云惨雾压湖滨。想伲冲山一片肥沃土,山上草,草青青;山间石,石磷磷;山下水,水盈盈;冲山的人民都是天生硬骨铁铮铮。自从那兽军进犯伲冲山地,暴雨狂风带血腥,全村鸡犬都不安宁。湖水白茫茫,芦苇青又青;未知此时同志们:你们如何模样是何情?背心太阳晒,膝下尽泥泞;半个儿身体在水中浸,半个儿身躯被烈日熏。更何况被困在芦苇里,到今朝经过了六个早晨五黄昏。白昼不得食,哪来粒米腹中吞。夜来不得寝,哪得片时合眼睛。这样的艰苦折磨着游击队的同志们,不知同志们如何能经受,不知同志们身体可安宁,我是万分焦急暗担心。

品读赏析

　　中篇评弹《芦苇青青》,原名《冲山之围》,后由陈灵犀参与润饰和补写部分唱词定稿,名《芦苇菁菁》。后又改今名。1943年夏,新四军太湖游击队短枪班遭到日军袭击,退至冲山,隐蔽于太湖边芦苇丛中。冲山村民钟老太为保护游击队联络员,将适逢此时回家的儿子梅生冒充联络员被日军押走。联络员冒着狂风暴雨回游击队求援。冲山岛上日军搜寻游击队无果,又将梅生押回来,逼迫钟老太在芦荡边喊话。钟老太大义凛然,怒骂敌寇。此时

---

①　选自《弦边双楫》(上海文艺出版社1982年版),原题为《芦苇菁菁·白云飞不停》。有改动。陈灵犀(1902—1983),广东潮阳人。评弹作家。曾任上海市文化局创作研究室创作员,专事评弹创作。一生勤于笔耕,以其作品量多质优,获"评弹一枝笔"赞誉。著有《玉蜻蜓》《白蛇传》《红梅赞》《刘胡兰》等20余部(其中部分与人合作)。撰写开篇、唱词200余篇,如《林冲踏雪》《庵堂认母》《芦苇菁菁》等均为久唱不衰、百听不厌之作。另有专著《弦边双楫》等。

游击队薛司令率大队人马赶到,与短枪班里应外合,终于击退日军。

冲山村是位于光福镇太湖边的一座小半岛,面积约3平方公里,住有百十来户农民和渔民,地理位置偏僻,四周芦苇茂密,是当年太湖游击队的主要宿营地之一。

这支开篇写的是短枪班退至冲山隐蔽的情景。开篇以钟老太望芦苇怀想游击队战士为中心,表达了冲山人民对青山绿水、土地肥沃的家乡的无比热爱之情,抒写了冲山人民面对血腥残忍如野兽的日本侵略者坚贞不屈钢铁般的意志。望湖水茫茫,芦苇青青,不知躲避在芦苇丛中的游击队战士"如何模样是何情?"这一设问句,乃全篇之题眼。作者突出了钟老太的焦急、担忧……将以钟老太为代表的冲山人民的淳朴、善良,以及为下文细致入微地刻画冲山人民与游击队的鱼水深情做了铺垫。它不单交代了故事情节,而且有效地激发演员唱出情来,让听众听出味来。

下半曲写游击队战士在芦苇丛中的艰难处境,是全曲的重点。"太阳晒""尽泥泞""水中浸""烈日熏""更何况""到今朝经过了六个早晨五黄昏",叙述中充满着关怀和怜惜之情,字字深情,声声泪。紧接着,"白昼不得食""夜来不得寝"和两个"不知",把游击队战士们受尽折磨的艰难处境和钟老太"万分焦急暗担心"的情感抒发推向高潮。这段唱词,激发演员融情其中,在感动自己的同时感动听众,具有极强的感染力。

弹词开篇的语言散韵相间,但唱词以韵文为主,多用七言句,如本单元的《枫桥敌楼》《我的家乡在苏州》两支开篇唱词都是七言句。这支开篇唱词在表现手法上独具一格。它不拘泥于七言句的基本格局,而是根据格式内容和人物抒发情感的需要,大胆运用长短句。全曲共31句227个字,七言句仅5个,而3字句、5字句各6个,加上9字句7个,占了大部分,超过10字的长句有4个,最长的一句达15字之多。这在一般的开篇唱词中较为少见。作者的这种大胆尝试,成功地塑造了钟老太的艺术形象,成了脍炙人口、久唱不衰的名篇。

"苏州"这个名字,令你想起了什么?人间天堂、小桥流水、园林精巧、评弹丝竹、苏帮菜肴、鱼米之乡、吴侬软语……生活在苏州,是一种幸福。

我的家乡在苏州[1]

郁 小 庭

我的家乡在苏州,
人间天堂景色幽。
古城春色山清秀,
小桥流水泛轻舟。
我的家乡在苏州,
园林美景不胜收[2]。
亭台楼阁相辉映[3],
犹如人在画中游。
我的家乡在苏州,
苏州处处有茶楼。
丝弦叮咚声悦耳,
评弹一曲韵悠悠。
我的家乡在苏州,
名菜远扬五大洲。
色香味美多可口,
请君登上得月楼[4]。
苏州的田野风光好,

---

[1] 选自《苏州杂志》2000年第5期。
[2] [不胜收]即"美不胜收",形容好的东西太多,一时接受不尽。
[3] [辉映]照耀,映射。
[4] [得月楼]苏州城里有名的酒楼,历史悠久,位于观前街太监弄,以苏式菜肴而闻名。

苏州的花果满枝头。
苏州的姑娘多俊俏,
苏州人讲话更温柔。
我爱家乡山河美,
我为家乡放歌喉,
愿家乡更上一层楼。

品读赏析

苏州评弹是以苏州方言为主表演的说唱艺术,是苏州地区土生土长的曲艺形式,在江浙沪吴语地区广为流传,深受广大听众的喜爱。它用苏州的吴侬软语进行演唱,说表生动,曲调优美,雅俗共赏,为大家所喜闻乐见。

从内容上看,《我的家乡在苏州》在弹词开篇中属于短篇,篇幅很短小,和一首短诗相差无几。它要借助具体的语言描述来表现作者的感情,传达作者的思想。而它要表现的思想内容却非常丰富。苏州历史悠久,人文荟萃,山温水软,有许多可以抒写的地方,要用一个短篇来概括它的特点,着实不易。作者采用了巧妙的方法,把最能表现苏州特色的代表事物串连起来,抓住最具特色的"点"来概括苏州的总体特点,其艺术形象的概括性、抒情性都很强。

从形式上看,《我的家乡在苏州》用评弹这一苏州特有的说唱形式来演唱,可谓形式和内容相得益彰。每句句末讲究押韵,适合演唱的需要,也平添了弹词开篇的韵味。

"绿浪东西南北水,红栏三百九十桥。"这是唐代诗人白居易对苏州的如实描绘。苏州的桥,就像一个个灵秀的江南女子,丰富的内涵让人百读不厌。枫桥倾吐着唐代诗人张继夜半难眠的思乡之情,觅渡桥讲述着僧人灭渡平暴的曲折故事,落瓜桥取的是宋代宰相吕蒙正落瓜的典故,行春桥描绘着游人如织、结伴踏青的姑苏风情……2500多年的苏州古城留下了太多的小桥,每一座古桥都凝固着一段历史,记载着一则故事,流传着一个传奇……它们是白发苏州一首首隽永的诗。

苏州小桥联唱①

邢晏春

古城苏州水迢迢,随处清波随处桥。鬼斧神工②今古造,星星点点逐波涛。迎春桥、行春桥,和风拂拂到长桥。桃花桥、献花桥、墩花桥、苹花桥,还有一顶香花桥。夏侯桥、火烧桥,熏风③习习歌薰桥。日晖桥、落瓜桥,小莲湖桥采莲桥。火伞高张夏阳桥,乘风凉最好到迎枫桥。秋高气爽良宵夜,月落乌啼到枫桥。金风飒飒④剪金桥,蟾宫⑤桥、折桂桥,蟾宫折桂张香桥。耿耿星河望星桥,牛郎织女乌鹊桥。寒冬腊月逢三九,朔风⑥猎猎⑦夜寒桥。大

---

① 选自《苏州杂志》2000年第5期。
② [鬼斧神工]形容技能精巧,非人工所能。
③ [熏(xūn)风]东南风,和风。
④ [飒(sà)飒]象声词,形容风雨声。
⑤ [蟾(chán)宫]月宫,月亮。
⑥ [朔(shuò)风]北风,寒风。
⑦ [猎猎]象声词,形容风声及旗帜等被风吹动的声音。

雪纷飞白蚬①桥,暗香浮动梅香桥,滴水成冰雪糕桥。

上津桥,天上虹桥与吊桥。下津桥,地上砖桥与草桥。高桥高家桥,平桥小平桥,头顶天心桥,脚踏坝基桥,虎丘山脚下望山桥,绿杨荫里觅渡桥。钓鱼钓到江村桥,游泳游到吉水桥,放炮仗放到吉利桥,跌跟头跌到朝天桥。

宝成桥、带城桥,最长城外宝带桥。一号桥、三多桥,最短一步三条桥。普济桥、通安桥,最阔阊门普安桥。吴王桥、梵门桥,最高要算吴门桥。曲弯弯天平山庄九曲桥,险凛凛②环秀山庄石条桥。五颜六色彩云桥,蜡赤焦黄③金狮桥。烘炉子桥虹板桥,黄鹂坊桥青云桥,白塔子桥白善桥,龙马精神狮子桥。马马虎虎饮马桥,朱马交桥朱公桥,拘矮子桥鸭蛋桥,由桥言桥醋坊桥,泰伯庙桥水关桥,胥门还有顶万年桥。坏人最怕太平桥,水拍粉桥多贵桥,胡厢使桥斜路桥,不齿④人类狗屎连头桥,统统送到杨家桥。

人民桥、团结桥、向阳桥、红旗桥、胜利桥、解放桥,马路浪向⑤还有立交桥,统统全是新造桥。拜寿最好寿星桥,旅游事业仙境桥。说书先生琵琶桥,领导干部福民桥。民主人士开明桥,个体户大发利市桥,开发公司兴隆桥。和尚渡僧桥,尼姑慈悲桥。标标致致胭脂桥,漂漂亮亮锦绣桥。梳妆打扮香水桥,清清爽爽青云桥。踏踏实实石岩桥,恩爱夫妻爱河桥,开开心心到乐桥。

东仓桥、南仓桥、西仓桥、北仓桥,东小桥、西观桥、南新桥、八仙桥、青山桥、绿水桥、青龙桥、白虎桥,马鬃⑥桥、虎蹲桥、兔子桥、渔郎桥、枣市桥、木柴桥、顾家桥、祖家桥、卫家桥、梅家桥、谷家桥、汤家桥、唐家桥、祝家桥、大郎桥、大洋桥。禅兴寺桥兴市桥,官太尉桥泰让桥,钱万里桥张广桥。桐桥甫桥善耕桥,城桥星桥尚义桥,任将跨塘长洲桥。

我一口气唱勿尽苏州桥,请大家数一数来跑一跑,苏州到底有

---

① [蚬(xiǎn)]软体动物,生活在淡水中或河流入海的地方。
② [险凛凛]吴方言,很危险。
③ [蜡赤焦黄]吴方言,形容物体的颜色很黄。
④ [不齿]不愿意提到,表示鄙视。
⑤ [马路浪向]吴方言,意思是"在马路上"。
⑥ [鬃]音 zōng。

几条桥。

品 读 赏 析

  苏州水多桥多。"君到姑苏见,人家尽枕河。古宫闲地少,水港小桥多。"唐朝诗人杜荀鹤的名句生动地描绘出苏州"小桥流水"的特色。苏州地处江南水乡,环城内外河网密布,凭借众多的桥梁,古城形成了发达的交通网络。桥原本只是一种交通建筑,但聪慧的苏州人画龙点睛地给予了它们生动的名字,赋予它们丰富的内涵,使苏州的小桥独具魅力。

  本文是弹词开篇,一气呵成,列举了苏州古城151座小桥。每座桥的名字都有着丰富的含义。把这些名字连缀起来,能展现出苏州人的生活画卷。

  文章采用先总后分的方法。"古城苏州水迢迢,随处清波随处桥。鬼斧神工今古造,星星点点逐波涛。"这四句话言简意赅地点出苏州小桥总的特点。然后,作者分别从不同的角度分类列举出桥名。从季节的角度来串联,如迎春桥、夏侯桥、迎枫桥、梅香桥;从江南的民俗民情入手,如行春桥、采莲桥、望星桥、吉利桥;从水乡风物入手,如鸭蛋桥、梅香桥;"坏人最怕太平桥""不齿人类狗屎连头桥,统统送到杨家桥"鲜明表达出作者的爱憎感情;人民桥、团结桥、红旗桥……则反映了新社会苏州城的发展。

  文章在形式上充分显示了弹词的特点。"上津桥,天上虹桥与吊桥。下津桥,地上砖桥与草桥","放炮仗放到吉利桥,跌跟头跌到朝天桥",大量句子运用了对仗、押韵,体现了弹词口头说唱的特点。"和风拂拂""熏风习习""朔风猎猎""标标致致""漂漂亮亮"等叠音叠词的大量使用,"蜡赤焦黄""马路浪向"等吴方言"苏白"的使用,使开篇充满了韵味,不唱曲调也成歌。

江南这方水土,联结着历史和未来,既有柔情似水的吴地风情,又有激情似火的时代画卷……

诗歌三首

感觉江南①

张 直

抓把泥土　轻轻一捏
就流出碧绿的细雨

好多的故事
在水上漂着　被渔歌唱了
莲叶何田田②
鱼戏河之东③　鱼戏河之西
这一份缠绵
能叫人甜一辈子痛一辈子

在江南行走
很容易滑倒
跌进鱼篓④　跌进
古诗的意境
终生都走不出来

---

① 选自《苏州杂志》2001年第2期。
② [莲叶何田田]汉乐府民歌《江南曲》有"江南可采莲,莲叶何田田"句。
③ [鱼戏河之东]汉乐府《江南曲》有"鱼戏莲叶东,鱼戏莲叶西,鱼戏莲叶南,鱼戏莲叶北"的句子。
④ [鱼篓(lǒu)]用竹子、荆条等编织的盛鱼的器具。

老桥·新桥[①]

王 棋

觅渡桥是新造的公路桥,在觅渡桥的一侧,是始建于1300年的灭渡桥……

其实灭渡或者觅渡
就是回来或者
走开的借口
我们走上桥头
此岸是苏州
彼岸也是苏州

那么老桥或者新桥
就是从前或者
未来的守候
岁月风雨兼程
苏州是天长
苏州也是日久

这方水土[②]

李 德 武

霓光[③]辉映,河流在手臂上回到源头

---

① 选自《苏州杂志》2004年第1期。
② 选自《苏州杂志》2002年第6期。
③ [霓(ní)光]云彩的光芒。

当无数双手臂一起舞动的时候
岁月就驶过了远古洪荒①
策马奔驰的人逐水而居,用箭
射出了一条通往光明的大道

阳光从此辐照着这方水土
祥和与富庶②从此依恋着这方水土
渔船撒网的声音、犁铧③翻开泥土的声音
小桥流水的声音、风吹稻浪的声音
回荡着江南悠远的天籁④

光波和霓裳羽衣随风飘动
灵巧的手臂如梭子把光阴织成了锦绣
通过这劳动的手臂,山舞蹈着
树舞蹈着,石头也舞蹈着
舞蹈的姑苏在天堂的回廊中流转

抖开一件披风就是升腾起一片火焰
如火的热浪激荡、跳跃,这般强烈
围绕风的核心急速旋转,凝聚成向上的涡流⑤
崛起的臂膀乘势托起一道彩虹
飞架的桥梁正在把抵达太阳的天堑⑥贯通

流动的水、流动的激情汇成音乐之河
铺展的土地、铺展的舞台和梦想

---

① [洪荒]混沌、蒙昧的状态。借指远古时代。
② [富庶]指物资丰富,人口众多。亦指物产丰富。
③ [铧(huá)]铧式犁的主要部件之一,位于犁体的前方,有三角形、梯形两种,起入土和切土垡的作用,并和犁壁构成犁体工作面以碎土翻土。
④ [天籁(lài)]自然界的声响,如风声、鸟声、流水声等。
⑤ [涡(wō)流]旋涡。
⑥ [天堑(qiàn)]天然的壕沟。言其险要可以隔断交通。

叠翠出色彩绚丽的立体画卷
正是这方水土养育了这方奋进的生灵
从古至今生生不息,始终披着霞光而行……

品 读 赏 析

  苏州山水如画,风物清淳,人文荟萃,古人曾经留下无数名篇佳作来歌咏姑苏,为人们广泛传诵。本文所选的是三首新诗,让我们从另一个侧面来了解苏州的发展。这里有对家乡的礼赞,有浓郁的乡土气息,更富有强烈的时代感。苏州是一座有着2500多年历史的古城,更是一座崛起的现代化新城。苏州继承着历史,又跳跃着强烈的时代脉动。

  阅读和欣赏诗歌首先要了解诗歌的特点。诗歌的语言高度凝练、含蓄,往往"避开直说",以少量字词包孕着丰富的含义,既有文字表面的意思,又有内在的意义;既有比喻义,又有象征义。概括来说,诗歌有四"美":

  ① 语言美。诗歌的语言精练含蓄,形象生动,往往富有人生哲理和审美情趣,是语言的精华,让人百读不厌。

  ② 韵律美。诗歌和散文相比,形式较固定,节奏感强,讲究押韵,读来朗朗上口。要体会诗歌的韵律美,就要不断地吟咏,不断地体味。

  ③ 绘画美。"诗中有画,画中有诗","诗情画意"是诗歌的显著特点。读诗,就要通过想象,读出诗作中极富画面的层次感,极富画面的色彩感,从而获得鲜明的视觉印象,获得美的熏陶。

  ④ 意境美。所谓意境,是指作者所描绘的客观景物和自己的主观感情浑然天成、高度融合的一种艺术境界。读诗,就是要挖掘出诗中的审美意蕴,从而获得美的享受。

  阅读诗歌时,要发挥想象和联想,进入作品的意境,领会作品所表现的丰富的生活内容和深刻的思想含意。

单元练习

一　与诗词一样，弹词开篇也要求押韵。押韵，一般总是用同韵的字放在句末，所以叫韵脚。押韵是为了声韵的和谐，同类的乐音在同一位置上的重复，这就构成了声韵的回荡之美，演员既易上口，又易记住，听众也更觉悦耳。试圈出《枫桥敌楼》中押韵的字。

二　仔细阅读《望芦苇》，回答下列问题：
　　1. 简要概括这支弹词开篇的思想内容。
　　2. 这支弹词开篇在表现手法上有何特点？试作具体分析。

三　《我的家乡在苏州》是短篇弹词开篇，请说说它是用什么方法来概括家乡特色的。

四　语言是文化的标志。弹词是用苏州方言演唱的，它软糯悠长，独具韵味。① 课外可以找一些著名的弹词开篇来欣赏，体会这门说唱艺术的魅力。② 如果用苏州方言来念弹词的曲词，也很有味道。你能用方言来朗读《苏州小桥联唱》吗？注意咬字要清楚。

五　"莲叶何田田""鱼戏河之东"原来都是古乐府诗句，但现在化用在新诗中，你觉得这样写在诗歌表达上有什么好处？

六　《苏州小桥联唱》列举了许多桥名，但受写作时代的限制，对社会发展部分着墨不多。苏州在改革开放中迅速发展，成为一个现代化的城市，立交桥、高架桥、跨湖大桥纷纷出现……你能为弹词写个续篇吗？注意语言的节奏和押韵。

06

单元提示

　　叶至善在《编父亲的散文集》一文中说:"读散文最能看清楚一个作者的世界观和人生观,在主张写真情实感的作者,尤其如此(矫伪的作者在散文中也会暴露他的矫伪)。"读叶圣陶的散文,突出的感觉就是"情真"。《藕与莼菜》《五月三十一日急雨中》真切地表达了作者对家乡、对祖国、对人民的深深的爱。叶至诚回忆父亲对自己学前教育的《几件小事》深受其父的影响,文字与《藕与莼菜》一样质朴自然,毫无矫伪、斧凿的痕迹。这种平易朴实的文风处处透露出一种自然美。

　　郁达夫说过:"叶绍钧风格谨严,思想每把握得住现实,所以他所写的,不论是小说,是散文,都令人有脚踏实地,造次不苟的感触……我以为一般的高中学生,要取作散文的模范,当以叶绍钧氏的作品最为适当。"(《中国新文学大系·散文二集导言》)

　　认真阅读本单元的散文,可以帮助你陶冶情操,提高艺术素养和健康的审美情趣,可以教你怎样作文与做人。

因为在故乡有所恋,而所恋又只在故乡有,就牵系着不能割舍了。譬如亲密的家人在那里,知心的朋友在那里,怎得不恋恋?怎得不怀念?但是仅仅为了爱故乡么?不是的,不过在故乡的几个人把我们牵系着罢了。若无所牵系,更何所恋念?像我现在,偶然被藕与莼菜所牵系,所以就怀念起故乡来了。

所恋在哪里,哪里就是我们的故乡了。

藕与莼菜[①]

叶圣陶

同朋友喝酒,嚼着薄片的雪藕,忽然怀念起故乡来了。若在故乡,每当新秋的早晨,门前经过许多乡人:男的紫赤的胳膊和小腿肌肉突起,躯干高大且挺直,使人起健康的感觉,女的往往裹着白地青花的头巾,虽然赤脚,却穿短短的夏布裙,躯干固然不及男的那样高,但是别有一种健康的美的风致[②];他们各挑着一副担子,盛着鲜嫩的玉色的长节的藕。在产藕的池塘里,在城外曲曲弯弯的小河边,他们把这些藕一再洗濯[③],所以这样洁白,仿佛他们以为这是供人品味的珍品,这是清晨的画境里的重要题材,倘若涂满污泥,就把人家欣赏的浑凝之感打破了;这是一件罪过的事,他们不愿意担在身上,故而先把它们洗濯得这样洁白,才挑进城里来。他们要稍稍休息的时候,就把竹扁担横在地上,自己坐在上面,随便拣择担里过嫩的"藕枪"或是较老的"藕朴",大口地嚼着解渴。过路的人就站住了,红衣衫的小姑娘拣一节,白头发的老公公买两

---

① 选自《叶圣陶散文甲集》(生活·读书·新知三联书店1984年版)。本文原载1923年9月10日《时事新报》副刊《文学》第87期,收入《叶圣陶散文甲集》时有修改。
② [风致]美好的容颜和举止。
③ [洗濯(zhuó)]清洗。濯,洗。

支。清淡的甘美的滋味于是普遍于家家户户了。这样情形差不多是平常的日课,直到叶落秋深的时候。

在这里上海,藕这东西几乎是珍品了。大概也是从我们故乡运来的。但是数量不多,自有那些伺候豪华公子硕腹巨贾①的帮闲茶房②们把大部分抢去了;其余的就要供在较大的水果铺里,位置在金山苹果吕宋香芒之间,专待善价而沽③。至于挑着担子在街上叫卖的,也并不是没有,但不是瘦得像乞丐的臂和腿,就是涩得像未熟的柿子,实在无从欣羡④。因此,除了仅有的一回,我们今年竟不曾吃过藕。

这仅有的一回不是买来吃的,是邻舍送给我们吃的。他们也不是自己买的,是从故乡来的亲戚带来的。这藕离开它的家乡大约有好些时候了,所以不复呈玉样的颜色,却满被⑤着许多锈斑。削去皮的时候,刀锋过处,很不爽利。切成片送进嘴里嚼着,有些儿甘味,但是没有那种鲜嫩的感觉,而且似乎含了满口的渣,第二片就不想吃了。只有孩子很高兴,他把这许多片嚼完,居然有半点钟工夫不再作别的要求。

想起了藕就联想到莼菜⑥。在故乡的春天,几乎天天吃莼菜。莼菜本身没有味道,味道全在于好的汤。但是嫩绿的颜色与丰富的诗意,无味之味真足令人心醉。在每条街旁的小河里,石埠头总歇着一两条没篷的船,满舱盛着莼菜,是从太湖里捞来的。取得这样方便,当然能日餐一碗了。

而在这里上海又不然;非上馆子就难以吃到这东西。我们当然不上馆子,偶然有一两回去叨扰朋友的酒席,恰又不是莼菜上市的时候,所以今年竟不曾吃过。直到最近,伯祥的杭州亲戚来了,送他瓶装的西湖莼菜,他送给我一瓶,我才算也尝了新。

---

① [硕腹巨贾(gǔ)]大肚子的大商人。硕,大。贾,商人。
② [茶房]旧时称在旅馆、茶馆、轮船、火车、剧场等处从事供应茶水等杂务的人。
③ [待善价而沽(gū)]等着好价钱出卖。沽,卖。
④ [欣羡]喜爱而羡慕。
⑤ [被]覆盖。
⑥ [莼菜]多年生草本植物,水生,叶椭圆形,浮在水面。茎上和叶的背面有黏液,花色暗红。嫩叶可以做汤菜。

向来不恋故乡的我，想到这里，觉得故乡可爱极了。我自己也不明白，为什么会起这么深浓的情绪？再一思索，实在很浅显：因为在故乡有所恋，而所恋又只在故乡有，就牵系着不能割舍了。譬如亲密的家人在那里，知心的朋友在那里，怎得不恋恋？怎得不怀念？但是仅仅为了爱故乡么？不是的，不过在故乡的几个人把我们牵系着罢了。若无所牵系，更何所恋念？像我现在，偶然被藕与莼菜所牵系，所以就怀念起故乡来了。

所恋在哪里，哪里就是我们的故乡了。

品 读 赏 析

叶圣陶（1894—1988），原名叶绍钧，字秉臣，后改字圣陶，江苏苏州人。中国作家、教育家、出版家、社会活动家。在中国文学史上，叶圣陶是以小说创作的成就而赢得声誉的，代表作有《倪焕之》《夜》《多收了三五斗》等。叶圣陶在创作上是多面手，具有驾驭各种艺术样式的杰出才能，他的散文、政论、杂文、小品、随笔、信札等，数量之多，质量之高，都是有口皆碑的，在中国现代文学史上有着极其重要的地位。他的散文创作，因其独特的艺术风格而独树一帜，并且多有名篇。著有《叶圣陶集》《叶圣陶语文教育论集》等。

叶圣陶早期的抒情散文，往往通过对平凡生活情景的描绘，记下自己的所思、所感，抒发深切的恋乡之情。这篇写于1923年的《藕与莼菜》，就是这种带有浓重的恋乡之情的名篇。在这篇散文中，作者动用对比的手法，热情地赞美了故乡的雪藕与莼菜，其形之可爱，其味之鲜美，远非"这里上海"的所能比拟。而故乡的卖藕人，无论是男的还是女的，他们的外表都是那样的健康，他们的心灵如洗濯过的鲜藕一样洁白无瑕，更令作者怀念。

无疑，这正是作者在同朋友喝酒时，"嚼着薄片的雪藕，忽然怀念起故乡"，又"联想到莼菜"的缘由了。纵观全文，字里行间处处洋溢着作者对自己家乡物产的褒扬，以及对家乡人民的赞美。阅读时尤其要反复诵读、细细体味最后两段文字。这两段文字以深沉的思索、深刻的剖析，揭示了人们恋乡之情的哲理。这是人人都能体会到然而并非人人都能说得出的常理。"所恋在哪里，哪里就是我们的故乡了。"行文到此，恋乡之情升华了，它可以使人联想到"叶落归根"，那魂牵梦萦的对"故土""故国"的恋念之情，它可以使人联想到"第二故乡"，情之所系，为其奉献的拳拳之心。

浓浓的恋乡之情，深刻的生活哲理，这就是《藕与莼菜》留给我们的启示。

"五卅"哟!
立起来,在南京路走!
把你血的光芒射到天的尽头,
把你刚强的姿态投映到黄浦江口,
把你洪钟般的预言震动宇宙!

——殷夫《血字》

五月三十一日急雨中①

叶圣陶

从车上跨下,急雨如恶魔的乱箭,立刻打湿了我的长衫。满腔的愤怒,头颅似乎戴着紧紧的铁箍。我走,我奋疾②地走。

路人少极了,店铺里仿佛也很少见人影。哪里去了!哪里去了!怕听昨天那样的排枪声,怕吃昨天那样的急射弹,所以如小鼠如蜗牛般蜷伏③在家里,躲藏在柜台底下么?这有什么用!你蜷伏,你躲藏,枪声会来找你的耳朵,子弹会来找你的肉体,你看有什么用?

猛兽似的张着巨眼的汽车冲驰而过,泥水溅污我的衣服,也溅及我的项颈,我满腔的愤怒。

一口气赶到"老闸捕房④"门前,我想参拜我们的伙伴的血迹,我想用舌头舔尽所有的血迹,咽入肚里。但是,没有了,一点儿没有了!已经给仇人的水龙头冲得光光,已经给烂了心肠的人们踩得光光,更给恶魔的乱箭似的急雨洗得光光!

不要紧,我想。血曾经淌在这块地方,总有渗入这块土里的吧。那就行了。这块土是血的土,血是我们的伙伴的血,还不够是

---

① 选自《叶圣陶散文甲集》(生活·读书·新知三联书店 1984 年版)。原载《文学周报》第 179 期(1925 年 6 月 28 日),收入《叶圣陶散文甲集》时有修改。
② [奋疾]奋力而急速。
③ [蜷(quán)伏]这里是缩着身子躲藏起来的意思。蜷,虫爬行时屈曲的样子。
④ [老闸捕房]在上海南京路,是当年英帝国主义设在上海租界的警察机关。

一课严重的功课么？血灌溉着,血滋润着,将会看到血的花开在这里,血的果结在这里。

我注视这块土,全神地注视着,其余什么都不见了,仿佛自己整个儿躯体已经融化在里头。

抬起眼睛,那边站着两个巡捕:手枪在他们的腰间;泛红的脸上的肉,深深的颊纹刻在嘴的周围,黄色的睫毛下闪着绿光,似乎在那里狞笑。

手枪,是你么？似乎在那里狞笑的,是你么？

"是的,是的,就是我,你便怎样!"——我仿佛看见无量数的手枪在点头,仿佛听见无量数的张开的大口在那里狞笑。

我舔着嘴唇咽下去,把看见的听见的一齐咽下去,如同咽一块粗糙的石头,一块烧红的铁。我满腔的愤怒。

雨越来越急,风把我的身体卷住,全身湿透了,伞全然不中用。我回转身走刚才来的路,路上有人了。三四个,六七个,显然可见是青布大褂的队伍,中间也有穿洋服的,也有穿各色衫子的短发的女子。他们有的张着伞,大部分却直任狂雨乱泼。

他们的脸使我感到惊异。我从来没有见到过这么严肃的脸,有如昆仑之耸峙;我从来没有见到过这么郁怒的脸,有如雷电之将作。青年的清秀的颜色退隐了,换上了北地壮士的苍劲。他们的眼睛将要冒出焚烧一切的火焰,抿紧的嘴唇里藏着咬得死敌人的牙齿……

佩弦①的诗道,"笑将不复在我们唇上"。用来歌咏这许多张脸正适合。他们不复笑,永远不复笑！他们有的是严肃与郁怒,永远是严肃的郁怒的脸。

青布大褂的队伍纷纷投入各家店铺,我也跟着一队跨进一家,记得是布匹庄。我听见他们开口了,差不多掏出整个的心,涌起满腔的血,真挚地热烈地讲着。他们讲到民族的命运,他们讲到群众的力量,他们讲到反抗的必要;他们不惮②郑重叮咛的是"咱们一

---

① [佩弦]朱自清,字佩弦。
② [惮(dàn)]怕。

伙儿!"我感动,我心酸,酸得痛快。

店伙的脸比较地严肃了;他们没有话说,暗暗点头。

我跨出布匹庄。"中国人不会齐心呀!如果齐心,吓,怕什么!"听到这句带有尖刺的话,我回头去看。

是一个三十左右的男子,粗布的短衫露着胸,苍暗的肤色标记他是在露天出卖劳力的。他的眼睛里放射出英雄的光。

不错呀,我想。露胸的朋友,你喊出这样简要精练的话来,你伟大!你刚强!你是具有解放的优先权者!——我虔诚地向他点头。

但是,恍惚有蓝袍玄褂小髭须的影子在我眼前晃过,玩世①的微笑,又仿佛鼻子里轻轻的一声"嗤"。接着又晃过一个袖手②的,漂亮的嘴脸,漂亮的衣着,在那里低吟,依稀是"可怜无补费精神③!"袖手的幻化了,抖抖地,显出一个瘠瘦的中年人,如鼠的觳觫④的眼睛,如兔的颤动的嘴唇,含在喉际,欲吐又不敢吐的是一声"怕……"

我如受奇耻大辱,看见这种种的魔影,我愤怒地张大眼睛。什么魔影都没有了,只见满街恶魔的乱箭似的急雨。

微笑的魔影,漂亮的魔影,惶恐的魔影,我咒诅你们!你们灭绝!你们消亡!永远不存一丝儿痕迹于这块土上!

有淌在路上的血,有严肃的郁怒的脸,有露胸朋友那样的意思,"咱们一伙儿",有救,一定有救,——岂但有救而已。

我满腔的愤怒。再有露胸朋友那样的话在路上吧?我向前走去。

依然是满街恶魔的乱箭似的急雨。

---

① [玩世]以消极的不负责任的态度对待生活。
② [袖手]把手藏在袖子里,比喻态度冷漠,不过问其事。
③ [可怜无补费精神]出自金代元好问《论诗》三十首的第二十九首。意思是:可惜枉费精神,却没有什么效果。
④ [觳(hú)觫(sù)]因恐惧而浑身发抖的样子。

品读赏析

  1925年5月15日,上海日本纱厂资本家枪杀工人顾正红(共产党员)、打伤十多名工人的暴行,激起了全上海工人、学生和市民的公愤。5月30日,上海两千多名学生在租界里宣传声援工人,号召收回租界,被英帝国主义巡捕拘捕一二百人。随后,一万多人齐集租界南京路老闸巡捕房门前,要求释放被捕学生,高呼"打倒帝国主义"等口号。英国巡捕竟开枪射击,群众死难的有十多人,受伤的很多,造成震惊中外的"五卅惨案"。

  这篇散文就是写"五卅惨案"次日,作者在惨案发生地南京路上的见闻与感受。全文以"我"的见闻为线索,用特写镜头摄下了几个场景的片断和各种类型的人物。那些血迹"已经给仇人的水龙头冲得光光,已经给烂了心肠的人们踩得光光,更给恶魔的乱箭似的急雨洗得光光"的场景,那荷枪巡捕的狰狞面目,使作者无比愤慨;那在店铺里号召反抗斗争的"露胸朋友"以及那神情"严肃",虽然"没有话说",却"暗暗点头"支援爱国学生的店员,那"青布大褂的队伍纷纷投入各家店铺"所进行的爱国宣传,又使作者看到了人民群众英勇无畏、前仆后继的战斗精神和民族解放的希望;而对那幸灾乐祸的反对者、袖手的旁观者以及胆小如鼠的逃避者,作者则进行了有力的鞭挞和诅咒。

  为了表达"五卅惨案"次日那场急雨中的所见所闻以及由此产生的强烈感受,作者在语言表达上有意选用那些富有鲜明感情色彩的词语,多用短句、感叹句,还适当地使用了反复、排比的修辞方法。阅读时要注意体会本文遣词造句上的这些特点及其表达效果。

父亲不管我的,都是只关系我个人的事……而父亲管我的,都是涉及我和他人之间的关系的事,在这方面,父亲反反复复地要我懂得……要时时处处为他人着想。

几件小事①

——说说父亲叶圣陶对我的学前教育

叶 至 诚

我今年六十二了,可是拿不好筷子。人家拿筷,拇指上一只,食指上一只,吃起来,两只筷平行地向碗里伸去,或扒或拣②,灵活方便;我却是拇指、食指和中指合捏一双筷,想要吃什么,交叉着两只筷子往菜碗里伸。妻子取笑我说:"人家吃菜是拣的,你吃菜是叉的。"还跟小孙女讲:"不要学你爷爷,你爷爷拿筷多难看。"我就接着说:"是呀,我爸爸妈妈从来没管我怎么拿筷子,我自小就没学会。"

还有一件我无论如何干不好的事,就是写毛笔字。参加什么会议,看到会场门口摆着墨盘、毛笔、签到簿,我心里就嘀咕:"又得出一回洋相了。"好容易毕恭毕正把名字写上,自己再不敢多看一眼,只好出门不认货,掉头就走。这当然要怪我自己从小没有下功夫练过,然而父亲却也从来没问过我毛笔写得怎么样这件事。直到后来我学着写散文了,父亲也只管我稿子写得是不是清楚,不管我的字是不是好看。

父亲也有管着我的事,譬如让我递给他一支笔,我随手递过去,不想把笔头交在了父亲手里;父亲就跟我说:"递一样东西给人家,要想着人家接到了手方便不方便,一支笔,是不是脱下笔帽

---

① 选自1989年1月1日《江苏教育报》。叶至诚(1926—1992),江苏苏州人。中国作家。著有散文随笔集《至诚六种》等。

② [拣]吴方言,挟,音jiān。《儒林外史》第四回:"看见他在燕窝碗里拣了一个大虾元子送到嘴里,方才放心。"

就能写；你把笔头递过去，人家还要把它倒转来，倘若没有笔帽，还要弄人家一手墨水。刀子剪刀这一些更是这样，决不可以拿刀口刀尖对着人家；把人家的手戳破了呢?!"直到如今，我递任何东西给别人，总是把捏手的一边交给对方，报纸书本也让人家接到手就能看。

　　冬天，我走出屋子没把门带上，父亲在背后喊："怕把尾巴夹着了吗?"次数一多，不必再用这么长的句子，父亲只喊："尾巴，尾巴!"就这样渐渐养成了我冷天进出屋子随手关门的习惯。另外，父亲还告诫我开关房门要想到屋里还有别人，不可以"碰"的一声把门推开，"碰"的一声把门带上，要轻轻地开，轻轻地关；我也从此遵循到现在。

　　后来我想：父亲不管我的，都是只关系我个人的事，在这方面，父亲很讲民主，给我极大的自主权，有时候在喜爱的事情上帮我一把，譬如为我儿时集邮册页的楠木夹板雕刻篆字题签，给我们手足①三个修改文章等等；而父亲管我的，都是涉及我和他人之间的关系的事，在这方面，父亲反反复复地要我懂得，我是生活在人们中间的，在我以外，更有他人，要时时处处为他人着想。

　　抗战期间，父亲在《开明少年》上发表过两篇谈教育的卷头语。一篇叫《习惯成自然》，另一篇叫《要养成好的习惯》，主要说的就是父亲管着我的那层意思。

品 读 赏 析

　　这篇散文写了四件事：拿不好筷子，写不好毛笔字，递东西给人的姿势，出屋子随手关门的习惯。这四件小事都涉及父亲"对我的学前教育"。前两件是父亲不管"我"的事，后两件是父亲管着"我"的事。

　　写父亲不管的事是侧面记叙。拿不好筷子，"妻子取笑我"，还教孙女"不要学你爷爷"；写不好毛笔字，怕开会签到，一写好"掉头就走"，"出门不认货"。这是因为父亲"从来没管我怎么拿筷子"，"从来没问过我毛笔字写得怎么样"。身边琐事，信手拈来，语言朴素、诙谐幽默，看似对父亲有淡淡

---

① [手足]比喻弟兄，这里指作者和他的兄长叶至善、姐姐叶至美。

的责怪之意。

写父亲管着"我"的事,是正面记叙。应该怎么递东西给人家,父亲的谆谆教诲,至今不忘;出屋子要随手关门,父亲的喊声犹在耳边,写父亲对"我"的教育十分具体,如闻其声,如见其人,表达了作者对父亲深深的感激之情。

淡淡的责怪,深深的感激,必然引起读者的思索:叶圣陶教育子女,为什么有的事不管,有的事要管?文章最后,明确地回答了这个问题,这就突现了父亲的高贵品质。结尾一小段又补叙了父亲的主张,进一步表明父亲是言行一致的实践家。

叶至诚的散文,继承了叶圣陶"平易和淳朴"的风格,以谨严的笔触,质朴的语言,"把感情和思维最适当贴切地表现出来"(叶圣陶《完满》)。在《几件小事》中,没有一个刻意雕琢的词语,而是以极平实、极朴素的语言回忆了父亲对自己的教育,表现了父亲的高贵品质。写的是"身边琐事",却起到了"一粒沙里见世界,半瓣花上说人情"的艺术效果。

单 元 练 习

一 《五月三十一日急雨中》开头写"急雨如恶魔的乱箭",中间写血迹"更给恶魔的乱箭似的急雨洗得光光","只见满街恶魔的乱箭似的急雨",末尾又说"依然是满街恶魔的乱箭似的急雨"。这句话在文中反复出现有什么作用?

二 《五月三十一日急雨中》运用特写式的人物描写手法展示了当时社会各阶级、各阶层人物的面目,反映了他们对"五卅"运动的不同态度,从而突出了主题。试举例说明。

三 《藕与莼菜》和《几件小事》在表现手法上有什么共同之处?

四 模仿《藕与莼菜》或《几件小事》写一篇赞美故乡物产或回忆父母对自己进行教育的文章,篇幅 600—800 字。

07

单元提示

"垒起七星灶,铜壶煮三江;摆开八仙桌,招待十六方",抗日战争时期,在沙家浜芦苇荡的绿色帐幔里,新四军战士和沙家浜人民共同谱写了壮丽的战斗诗篇。常熟沙家浜也因京剧《沙家浜》而家喻户晓。

本单元的前两篇课文,写的都是沙家浜。沙家浜,一半是人文,一半是风景。《沙家浜记》重在写沙家浜的"风景",《梦里梦外》重在写沙家浜的"人文",读了本单元的文章,你一定会对沙家浜的"风景"有更真切的体会,对沙家浜的"人文"有更深入的认识。

《沙家浜记》秉承了古代山水游记的传统,描写动静结合,情景相生;语言质朴清新,生动鲜活;行文张弛有致,浑然天成。作者为我们展现的是一个诗情画意、气韵盎然的沙家浜。《梦里梦外》体现了当代文化散文的特点,以沙家浜为舞台,为我们上演了《沙家浜》戏里戏外的两场大戏,用充满文化味的语言对"人生如戏"和"戏如人生"进行了深入的文化反思。作者为我们展现的是一个处在历史与现实、传统与现代的交汇点上的沙家浜。

沙家浜自然风光优美，湖荡中菱荷相间，芦苇密布，游客到这里，穿行在芦苇迷宫中，仿佛进入了武陵桃源。作家贾平凹游了一次沙家浜，就"再也忘不了江南的这个古镇"，究竟是什么令他难以忘怀呢？

沙家浜记①

贾平凹

沙家浜是常熟的一个古镇，以建在芦荡之中而与众不同。镇不大，人家相对筑屋，后门通河，前门是街，街巷就极其幽深。路面又全然铺就了石板，石板与石板并不严实，故意留着空隙，能看见下面活活流水，似乎整个镇子就浮在了水上。从街往里走，看两边屋舍，大都两层，木头横七竖八，结构巧妙，人多各倚栏临窗，软语呼应。有旧寺数座，混杂于商铺之间，唯独门前蹲有石狮，石狮不威严，喜庆状可掬②。也有老桥，连扯左右，荷就钻出石罅③，近旁就是茶肆④饭店。进去坐下，茶要碧螺春，饭要卤汁面，正端详⑤灶是不是七星灶，壶是不是老铜壶，忽后窗外咿呀声响，一小船靠近，船上人和屋里人打情骂俏，便将一篓鳑鲏鱼递进来。鳑鲏鱼是稀罕物，水质好才能生长，鳑鲏鱼也正是这里的特产。连呼煎炸一碟来呀。却有黑鹳白鹭⑥就站在后门栏上，而三朵四朵芦絮飞进，上下漂浮，用手不可捉拿。

时不时听人唱阿庆嫂，京剧味不足，但极投入。寻声步入一条短巷，唱却息了，而巷外湖荡汪洋，风正紧，水面微皱，芦絮起落如

---

① 选自《五十大话》（译林出版社2012年版）。
② [可掬(jū)]可以用手捧住。形容情状明显。
③ [石罅(xià)]石头裂缝。罅，罅隙，裂缝。
④ [茶肆(sì)]茶馆店。
⑤ [端详]仔细地看。
⑥ [黑鹳(guàn)白鹭(lù)]两种水鸟。鹳，外形像鹤，也像鹭，嘴长而直，生活在江湖池沼的近旁，捕食鱼虾等。鹭，体形纤瘦，嘴直而尖，多生活在水边。

云。岸边排列无数船,其状似偌大①的鞋。顺脚上去,摇橹的大嫂问去哪儿,说句船到哪儿人到哪儿吧,船就箭一般驶进芦荡。进了芦荡才知神秘莫测,河道密布,港汊②纵横,沿一处深入,芦苇愈来愈高,凉气袭身,万籁俱静③,只听得橹声和蜂鸣,有几分惊奇也有些许紧张,想武陵桃源莫过如此吧。七拐八拐,已迷失了方位,却恰遇骤风④,一时芦苇前呼后拥,一尽线乱。在乱中,却看见了远处栈桥⑤和桥端的芦亭,亭中有人吃茶说话,只听得一团嗡声,分辨不出话语。约几分钟,风软下去,悄没声息。继续前进,道越来越窄,水越来越深,湖苇倾斜得不能摇橹,江苇扑撒在船头,便看清了水中游鱼,而头顶上水鸟乱飞,一时有了奇思,这鸟入水为鱼,鱼出水为鸟,是相互转换的吗?得意自己不是诗人却有了诗情。

游了一次沙家浜,再也忘不了江南的这个古镇,记住了这片可能是中国最干净的水和水中浩浩荡荡的芦苇。

品 读 赏 析

  本文是一篇游记,叙写了沙家浜优美的自然风光和作者的游览感受。在作者笔下,沙家浜既有其他江南小镇的古朴,又有自己独特的风韵。芦絮飘飞、橹声咿呀、水鸟游鱼、水清物丰……这小镇静谧而又富有生机。因为作者的血脉中流淌着古代文人的血液,所以在这篇游记里,我们可以看到柳宗元和苏东坡的身影。因为作者的血脉中还流淌着当代作家的血液,所以在这篇游记里,我们可以看到最让作者忘不了的不是风光美景,而是"最干净的水"和水中的芦苇。

  文章一开头先交代了沙家浜的与众不同之处:它是一个建在芦荡之中的古镇。接着,紧扣沙家浜的"与众不同"来写。写街道、屋舍,写茶肆、饭店,重点写一"水"字。铺路的"石板与石板并不严实","能看见下面活活流水,似乎整个镇子就浮在了水上",这是在写"水";"鳑鲏鱼是稀罕物,水质好才能生长",这还是在写"水"。第二段主要描写芦苇荡,作者从视觉、听

---

① [偌(ruò)大]这么大,那么大。偌,这么,那么。
② [汊(chà)]水流的分支,也指河流的分岔处。
③ [万籁(lài)俱静]形容周围环境非常寂静,一点儿声响都没有。万籁,自然界万物发出的各种声音。
④ [骤(zhòu)风]来势急遽而猛烈的风。骤,急,疾速。
⑤ [栈(zhàn)桥]车站、码头或货场等处的桥形建筑物,多用于装卸货物。

觉、触觉等方面入手,游得投入,写得传神,连自己也恍如进入了武陵桃源,沉浸其中,流连忘返,不由地发出了"得意自己不是诗人却有了诗情"的感受。第三段就一句话:"游了一次沙家浜,再也忘不了江南的这个古镇,记住了这片可能是中国最干净的水和水中浩浩荡荡的芦苇。"这句话再次点明沙家浜的特点,首尾呼应,余味无穷。

唐诗宋词里浸染出来的软玉温香的古典江南,演绎出了战火硝烟中的一段现代的红色传奇。岁月的烟尘难道仅仅是梦境里那一场云遮雾障的舞台布景?

——是人生如戏,还是戏如人生?

梦里梦外①

黄　河

就像园林之于苏州,芦苇荡就是吸纳了沙家浜精魂的不老容颜,一切尽在不言中。

沙家浜是乐府中的江南,六朝时的西洲②,是长干与横塘③的吴歌奶大的。小杜的江南,苏小小的江南,化作那一荡烟波渺淼④的芦苇,大约被都市的嘈杂栓塞了的心情。不用移花,不用接木,芦荡是筛,过滤奔波与忙碌,哪怕很短;沉淀喧哗与骚动,哪怕很轻。骑水弄舟,把问——

是什么使偌大世界里的一片小小乡野,变成了家喻户晓、老幼皆知的一个名字? 又是什么使南来北往的旅人循着那琅琅上口的戏曲唱腔,穿越古典与现代,痴迷地将记忆的根茎深扎在连绵不绝的时光芦荡中? 在亦真亦幻的鼓乐喧天中,又有着怎样一颗时空"错乱"的"心"!

唐诗宋词里浸染出来的软玉温香的古典江南,演绎出了战火硝烟中的一段现代的红色传奇。岁月的烟尘难道仅仅是梦境里那一场云遮雾障的舞台布景?

——是人生如戏,还是戏如人生?

---

① 选自《苏州杂志》2006年第3期。有删节。
② [西洲]南朝乐府民歌《西洲曲》中的地名。
③ [长干与横塘]长干、横塘,古地名。唐代诗人崔颢《长干曲(其一)》:"君家何处住? 妾住在横塘。停船暂借问,或恐是同乡。"
④ [渺淼(miǎo)]形容水大。

我打江南走过,春水为马心作琴;我打江南走过,俗世浮生梦也沉。

阿 庆 嫂

沙家浜首先是和一个女人的名字联系起来的。

戏文中的阿庆嫂,一个江南小女孩长成的农家少妇,不娇不媚,不愠不怒。芰荷一样的俊爽,深秋一样的干练,邻家嫂子一样的亲切。智勇直逼杨子荣、江竹筠,风神则活脱脱的一个江湖女子。一缕茶香,一嗓吆喝,一汪笑靥①,一丝温情,佑护了荡中那十八位暂时折了翅的雄鹰,也呵护着戏文外饱受生活揉搓的男人们。

如姐如母,如星如月,你是一盏灯啊,一盏以茶水为油,印花蓝土布糊就的灯,照亮了几代人的心灵。

这样的女人,难道我没有在苏州或别的什么地方的街头遇见过她们,在李娜那高亢的白雪黑土里听见过她们,在文学的盛宴里品读过她们?那哺育了一代诗人的大堰河②,那献出百合花被子的新媳妇③,那为山上红军送咸菜的大娘——她们的名字或叫英雄,或叫军嫂,或叫劳模,或叫母亲,或者她们就只剩下了一个名字:女人,中国女人。质朴里的聪慧,柔弱里的果断,谁说她们又只是女人?

青春版的叫刘胡兰,老年版的叫双枪老太婆,民间版的叫翠花,神仙版的叫白素贞。

哦,你的名字,你的名字大起来了,亮起来了。

阿庆嫂其实就是那每一个柔弱而坚韧的女人,是每一个中国人心里一份不变的依靠。有了她们,平凡的人生里便有了一个个不平凡的传奇。

---

① [笑靥(yè)]酒窝,笑脸。
② [大堰河]出自艾青诗《大堰河——我的保姆》。艾青的保姆没有名字,大家叫她大叶荷,艾青根据谐音把大叶荷改为"大堰河"。
③ [新媳妇]出自茹志鹃小说《百合花》。在小说里,新媳妇把自己唯一的嫁妆——一床绣着百合花的被子盖在了牺牲的小战士身上。

汪 曾 祺

好平和的一介书生,平和如春日朗照。受命改编也罢,心甘情愿也罢,汪曾祺,这位京派的最后一个传人,捉一支芦管笔,垒起"张生煮海"神话中的七星灶,煮革命的样板戏,一把文艺的铜壶,倾倒出"沙迷"们瑰丽的想象。在那个物质和精神都极度贫乏的年代,《沙家浜》便成了一壶余香缭绕的碧螺春,带着江南特有的书香泥香,汩汩地滋养着特殊年代人们枯涩皱折的心灵。

没有汪老,还会有京剧《沙家浜》,但我敢说不会有这么爽口的京剧《沙家浜》:桃花源式的民间想象收编了革命样板戏的激情高亢,阿庆嫂与郭建光、胡传魁、刁德一这经典的"一女三男"的角色模式,天然地搭建起一出好戏;再看胡传魁与刁德一这俩货:一个高来一个矮,一个胖来一个瘦,瘦的刁,胖的蠢,其神韵似从京剧脸谱里描摹出来的。来自民间生活本身的情感和艺术元素赋予了《沙家浜》浓郁的地域风情和民俗色彩,自然淳朴中涌动着民间的智慧和欢乐。艺术与生命的和谐与美,是宽容仁爱的汪老最无言的坚守。

一个老人与一出戏共同走过了两个时代,荣也?辱也?沉也?浮也?一蓑烟雨任平生①。高蹈②与入世,安生与立命——也许做一个坚守内心信念的文人太难:不为心役,不为形羁。我想请教先生——置身于各种欲望潮水中的我们,如何做一个小小的心不乱跳,笔不栓塞的文人?!

沙家浜,一半是人文,一半是风景;一头连着记忆,一头通向未来。她的文化母土不仅生养一种叫芦苇的江南感伤植物,还魔幻一种特异的经济繁殖能力:世界名牌"波司登""花花公子"、大闸蟹美食文化和红色经典旅游。这个巨大的七星灶,吸纳百川,吞吐千年,在历史与现实、传统与现代的交汇点上,书写着又一个传

---

① [一蓑烟雨任平生]苏轼词《定风波》中的句子。
② [高蹈]这里指过隐居的生活。

奇——新时代的经济传奇。

而这厢的芦苇荡老了,老得不栉不沐①,披苇发垂水带。一只只载着吴歌而来的游船在时间的迷宫里穿行,划到那久远的年代里去了。一切都是那么安宁祥和,一切又都是那么沸沸扬扬,动静之间有万种风情流淌。我知道,当我开始领略你的美,浸染了你的颜色时,就像慢慢适应了一种酒的浓度,习惯了一个人的味道,我,就该别你而去了!在另一片遥不可及的天地里,我该怎样想念你呢,你那青春的和不再青春的面庞和身影。

南风知我意,吹梦到西洲②。

品 读 赏 析

沙家浜,是一个地方;《沙家浜》,是一出京剧。阿庆嫂是《沙家浜》的女主人公,春来茶馆的老板娘。京剧《沙家浜》改编自其他剧种,汪曾祺是其中主要的执笔者。

本文可以分为四个部分。第一部分由自然的沙家浜引出京剧的《沙家浜》,第二部分重点写《沙家浜》中女主人公阿庆嫂,第三部分重点写《沙家浜》的主要改编者汪曾祺,第四部分由作为"人文"的《沙家浜》回归到作为"风景"的沙家浜。

本文的题目"梦里梦外","梦"是《沙家浜》,"梦里"是戏文里的阿庆嫂,"梦外"是戏文外的汪曾祺。第一部分的结尾处点在"梦"上:"唐诗宋词里浸染出来的软玉温香的古典江南,演绎出了战火硝烟中的一段现代的红色传奇。岁月的烟尘难道仅仅是梦境里那一场云遮雾障的舞台布景?"第四部分最后引用南朝乐府民歌《西洲曲》中的"南风知我意,吹梦到西洲"作结,再次点在"梦"上,首尾呼应,自成一体。

本文是一篇充满反思精神的散文。作者融合景物和人物,打通历史与现实,通过"是人生如戏,还是戏如人生?"的拷问来反思文化,促使人们思考如何协调高蹈与入世、安生与立命的关系,怎样不为心役,不为形羁。本文还是一篇充满文化韵味的散文。文学作品信手拈来,引用化用俯拾皆是。语言精致而典雅,读来让人赏心悦目;思想深刻而蕴藉,读来让人回味无穷。

---

① [不栉(zhì)不沐]不梳头不沐浴。
② [南风知我意,吹梦到西洲]南朝乐府民歌《西洲曲》中的最后两句。

单元练习

一 《沙家浜记》的最后一段对全文起了什么作用?请简要分析。

二 《梦里梦外》是通过"梦"来结构整篇文章的,请简要分析。

三 课外可以游一游常熟沙家浜,领略一下优美的自然风光。课外还可以看一看京剧《沙家浜》,感受一下现代京剧的魅力。

08

单元提示

　　你走出苏州古城去看一看,苏州近郊到处有名胜古迹。苏州城外,河网密布,距城东25公里处的古镇甪直以其悠久的历史、水乡的情韵深深吸引着每一个前来的人,保圣寺罗汉塑像享有崇高的文化艺术价值;苏州西南,灵岩木渎,湖光山色,风光旖旎,流传着西施的优美传说……姑苏城内,繁华的市井,古朴的街巷,精美的园林……粉墙黛瓦参差,小桥流水人家,无不体现江南水乡的秀美。

　　这一单元的三篇文章,《甪直之行的回忆》《木渎灵岩之游》分别记录了游览这两处风景名胜的经过,《姑苏半月(节选)》则记录了姑苏城内的风景名胜。它们都出自名家之手,都是回忆苏州之游的散文。它们在写法上有同有异,各具特色。

　　回忆性散文通常用叙述、描写的方法,追记本人或他人过去的生活经历和社会生活,要求写真人真事,语言简明、平实。回忆的内容是很多的,写作时就要求作者能够裁剪材料,重点突出。

　　《甪直之行的回忆》是郭沫若到甪直时的所见所感,着重描写了小镇婚礼的见闻和观赏唐朝塑像的感受。《木渎灵岩之游》是何满子追忆以前游古镇木渎和苏州名胜灵岩山的经过,着重写了木渎的美食和灵岩的古迹。

　　甪直、木渎灵岩都是苏州久负盛名的地方,有深厚的历史底蕴和众多的人文遗迹。作者写作时,并不仅仅从客观上介绍这两处地方的特色,而是把自己的感受融入文章中,用自己的眼睛去观察,用自己的心灵去感受,娓娓道来。对杨惠之、西施等历史人物的查证则充分显示了作者独特的历史见解,也为文章增添了文学色彩。

　　《姑苏半月(节选)》是张中行回顾十八年前游苏州的印象,念念不忘姑苏城内的六件事,因为这是作者在半个月的姑苏行中独自享用的自由行。自由地游览城中的风景名胜,自由地选取写作的对象,自由地联系古今,自由地抒写情感,这种写作表达被作者称为"负暄",即一边晒太阳一边闲聊,很有特色,值得细细品读。

　　三篇文章都是大家之作,有深厚的语言功底,看似平淡的叙述中蕴涵着深厚的感情,对事物的描写简练生动。

你去过甪直吗？你能准确地念出这个地名吗？"难识的地名，难忘的古镇"，这就是离苏州仅25公里的甪直。它是江南水镇的天然历史博物馆，水乡的典型窗口，被全国人大常委会副委员长费孝通誉为"神州水乡第一镇"。甪直镇具有2500多年的文明历史，它的古老文化——名胜古迹、古桥、古街、古民宅，令人赞叹不已。我国现代著名作家、诗人、学者郭沫若来到这里，又会有怎样的感受呢？

甪直之行的回忆①

郭沫若

在这儿且写一段我到过甪直的回忆。

甪直在江苏吴县的东南境，与昆山接界。那儿的周围都有水环绕着，但也并不是岛子。（这地形，请查看地图自明。）唐开元时的杨惠之②所塑的罗汉还有几尊留存在那儿，稍稍留心近代文化动向的人，前几年曾发生过的保存运动③，大约是还留在记忆里的。

我早就被朋友们约过，想去鉴赏一下那些唐代的塑像，到了1926年的初头，才把机会得到了。那是因为严良才的结婚，要往

---

① 选自《革命春秋》（人民文学出版社1979年版）。"甪"音"lù"。
② [杨惠之]盛唐时人，是盛极一时的雕塑家。其佛教塑像被称作"精绝殊圣，古无伦比"。杨惠之尤其善塑罗汉像，由于在雕塑史上有着绘画史上"画圣"吴道子的地位，后人誉他为"塑圣"。
③ [保存运动]甪直保圣寺建于梁天监二年（503），距今1500多年。其中最珍贵的文物是唐代塑圣杨惠之所作的罗汉塑像塑壁，融雕、塑、绘画于一体，虽历经千年沧桑，却仍然保存完好。1918年，顾颉刚、陈万里先生来到甪直，发现了这座行将颓败的古寺和这堂形神兼备的罗汉像，于是就在报刊上将这些罗汉公之于众，为千年的艺术珍品呼救，引起了各界的重视。

那儿去吃他的喜酒。向导是周全平,另外还有常云湄同路。

大约是从正仪下的火车罢,下了火车后还坐了一趟小火轮,然后才到角直。坐船的地方和船的本身都不干净,水也照例是江南地方所常见的不甚清洁的水。然而角直于我却有点像物外的桃源①。

去只一次,住仅半天,已有十年以上的光阴流过去了,回忆自然只是些难于把捉的缥缈②,然而却又是这么的亲切。那境地有点像是在梦里的一样。空气是那样澄净,林木是那样青翠;田畴③的平坦,居民的朴素,使人于不知不觉之间便撤尽了内外的藩篱④,而感到了橄榄回味般的恬适⑤。

到了角直,自然便落在了良才家里。宏大的房子相当旧式,婚仪也是旧式的。我们看到新人正在拜堂。赞礼者颇是一位新语制造者,他赞呼着——"鞠躬天地"——"鞠躬祖宗"——"夫妻交鞠",满堂的男女宾都不免大笑。不一会又是新人拜客——"鞠一躬"——"鞠二躬"——"鞠三躬"。

照老规矩,应该是三跪九叩,一跪三叩,不跪徒拜的地方,换成了脑袋子的几屈屈,太不艺术的地方,这也就是时代的空虚了。在风雅皮还未脱尽的当时的我,也曾依稀仿佛地那样作想,似乎不妨独创一下——其实也就是贡纸照抄——来它一个"三抱九接"或"一鞠三握"。三抱九接者,每拥抱一次,接吻三次;一鞠三握者,便是鞠躬一次,握手三下也。自然,也可以因次数之多寡而定礼节之崇夷……一个人正在独自思索,想入非非的时候,突然之间受了赞礼者的点呼。周围的人把我一拥,于是乎我也在严氏堂上,把脑袋子屈了几屈起来。跪拜礼也,而今也鞠躬,吾从众耳。再要说到"抱接",在心里想想,在口头说说,乃至在纸上写写,都还呒啥要紧,真要实行起来,那恐怕只好跑进疯人院了。

---

① [桃源]晋陶潜在《桃花源记》中描写了一个与世隔绝的不遭战祸的安乐而美好的地方,后来借指不受外界影响的地方或幻想中的美好世界。
② [缥(piāo)缈(miǎo)]形容隐隐约约,若有若无。也作"飘渺"。
③ [田畴(chóu)]田地,田野。
④ [藩(fān)篱(lí)]篱笆。比喻门户或屏障。
⑤ [恬适]恬静而舒适。

在傍晚时分,全平把我们引去看了一次杨惠之的塑像。那是被锁在一间新修的矮小的平房里的,门外挂有一道小牌,似乎是杨惠之塑像保存所那样的字样。

所内靠着后壁,泥塑的几尊罗汉,冷飕飕地坐在土面上,觉得和所谓"保存运动"是有心名实不相符的。那塑像如真的要保存,对于原物的护惜自应更加珍重,此外似乎还应该委托现代的名手把它们模塑下来铸成铜像(原物乃泥质,未便直接铸铜),或则铸成石膏像以事广布,方是道理。不然,尽管怎样宣传为国宝,再不几年,会化为乌有的。

向导的全平颇有以那塑像之再被认识,归功于自己的意思。据他说,前几年顾颉刚在《小说月报》上所发表的文章——一般是作为再认识的开始——那儿所插的几张照片,本是他和良才两人照的,因良才和颉刚相熟,转赠了颉刚,颉刚便把它发表了。我看这倒是很美的一种行为了。

惠之,据说,在开元时与吴道子①同学画于张僧繇②,学成,不屑与吴道子齐名,便转而为塑,皆为天下第一。这话是否可靠,实不敢说。不过,惠之与道子,似乎倒有点像罗马文艺复兴③期的米克朗杰洛④和拉斐尔⑤,而尤其惠之与米克朗杰洛更有点像一形一影。两人的作品都有力的律吕之横溢,尽管受着宗教的题材束缚,而现实感却以无限的迫力向人逼来,使人不能不感受着一种崇高

---

① [吴道子(约685—758)]阳翟(今河南禹州)人。唐代画家。一生主要从事佛教绘画的创作,仅在长安、洛阳两京所画的寺观壁画,就达300余堵,在推动外来佛教美术的民族化、确立民族绘画形式方面,作出了贡献。画塑兼工,被奉为"画圣"。有《送子天王图》存世。

② [张僧繇]吴郡(治今江苏苏州)人。南朝梁画家。长于写真,题材广泛。他的画吸收了书法用笔,丰富了绘画技法,并吸取外来形式,画面有凸凹感,对隋唐时期的人物画风影响甚深。

③ [文艺复兴]文艺复兴在欧洲艺术发展史上是一个极其重要的历史时期,是继古希腊罗马文化之后欧洲文化史上的第二个文化高峰时期。这个时期从14世纪至17世纪上半期为止,共300多年。

④ [米克朗杰洛(1475—1564)]又译作"米开朗基罗",意大利文艺复兴时期雕塑家、画家、建筑师、诗人。文艺复兴时期雕塑艺术最高峰的代表。重要雕塑作品有《大卫》《摩西》《奴隶》等。并有诗集辑本传世。

⑤ [拉斐尔(1483—1520)]意大利文艺复兴时期画家、建筑师。擅长绘画圣母像。代表作有《西斯廷圣母》《自画像》等。

的美。惠之,我想他对于人体的筋络骨骼之观察乃至解剖,一定是相当周到地做过的。他的艺术的基调,是以极正确的客观实感为粉本而加以典型化的夸张,故尔虽夸张而终不失掉它的实感,否,反是因夸张而增加了它的实感。

遗像大抵是被人补修过的,有一两尊的头部尤其一眼可辨。那是通常随处都可以见到的平滑无表情的塑像相,也是在我们中国随处都可以见到的活人相,但是看来却总是死的。不夸张者死,夸张者反活,这一对照,似乎把那艺术活动的机微,被某一些人说得神乎其神的东西,是形象化了的。

品 读 赏 析

本文作者郭沫若(1892—1978),原名郭开贞,笔名郭鼎堂等,四川乐山人。中国作家、诗人、历史学家、考古学家、古文字学家、社会活动家。著有诗集《女神》、话剧《屈原》、史论《甲申三百年祭》等。有《郭沫若全集》行世。

本文是一篇回忆性散文,回忆十年前作者到甪直的一段经历。时隔多年,还有写作的愿望,说明其中的见闻和感受一定很多。但是,如果把这些都罗列在文章中,则一定会显得很驳杂。作者精心构思,选取重点内容来写,在内容的安排上自然巧妙。这是我们学习写作的典范。

文章开头先交代了去甪直的缘由——"想去鉴赏一下那些唐代的塑像",然后写河水的"不洁净",其目的却是用先抑后扬的手法,突出后文甪直给人"物外的桃源"的感受。这样写,行文有曲折,更能突出重点。参加婚礼这一段描写又使人感觉到这古风犹存的地方渗入的现代气息,作者的心理活动十分丰富。"甪直之行的回忆"并不仅仅于此,这种感受在其他古镇也可能有。因此文章后半部分集中描写了甪直名胜保圣寺中杨惠之的塑像,"有力的律吕之横溢,尽管受着宗教的题材束缚,而现实感却以无限的迫力向人逼来,使人不能不感受着一种崇高的美",概括出了塑像的特点。而这一部分的描写并不显得突兀,呼应文章开头提到的"保存运动"。

"老桂花开天下香,看花走遍太湖旁。归舟木渎犹堪记,多谢石家鲃肺汤。"这是国民党元老于右任到木渎石家饭店品尝江南名菜"鲃肺汤"后所写的一首诗。灵岩山旁木渎镇,到底有哪些历史故事和优美传说?读完这篇文章,想一想文章描写了哪些景物,抒发了作者怎样的思想感情。

木渎灵岩之游①

何 满 子

苏州当时有马车载客。我以为郊游的交通工具,以马车为最理想。汽车太快,想浏览②一下沿途的风光,没看清就疾驰而过了。马车则悠徐容与③,视界也比关在轿车里宽广,更加上蹄声得得,仿佛就有那么点郊游的味道。

游灵岩山先在木渎吃中饭。木渎虽是小镇,但我在少年时就已留有很深印象。印象得之于一本叫做《滑稽④诗话》的小书,书中说有几个三家村冬烘先生改张继的《枫桥夜泊》一诗。一人说:霜如何能在天上见到,首句"满天"不通,霜见之于瓦上,应改"霜满屋"。次句"对愁眠"也不通,对愁哪能眠?应改"对愁哭"。第三句勉强。第四句"夜半钟声到客船"更不通,如此船航行到常州,难道

---

① 选自《苏州杂志》1996年第2期。木渎(dú),苏州西南面的一个古镇。相传春秋末年,吴越纷争,越国战败,献美女西施与吴王。吴王夫差为取悦西施,在秀逸的灵岩山顶建造馆娃宫,又在紫石山增筑姑苏台,"三年聚材,五年乃成",源源而来的木材堵塞了山下的河流港渎,"积木塞渎",木渎便由此得名。灵岩,山名,山在木渎镇西北,山高182米,方圆120多公顷,向有"灵岩秀绝冠吴中""灵岩奇绝胜天台"和"吴中第一峰"等美誉。传说早在春秋吴越争霸时期,吴王为西施在灵岩山上建造了我国最古老的皇家园林——馆娃宫。现仍有馆娃宫遗址吴王井、玩月池、琴台、砚池、西施洞等存于山顶。
② [浏(liú)览]大略地看。
③ [悠徐容与]悠闲缓慢,从容闲舒。容与,从容闲舒的样子。
④ [滑稽(jī)]能言善辩,言辞流利。后指言语、动作或事态令人发笑。

也能听见么？应改为"到木渎"。木渎这个地名从此就牢牢嵌在记忆里了。木渎有家有名的石家饭店，有名菜鲃肺汤，抗战前曾为国民党的大员们所赏识，据同行的潘伯鹰说，此菜不可不尝，谭延闿①、于右任都曾在该店留题赞扬过的。扫兴的是正好碰上酒店在翻修炉灶，未能一饱口福。但隔壁一家面馆的爆鱼面也很出色，不像一般面馆似的将爆好的现成鱼块，作为浇头②加在面上，而是热锅现爆，脆而又嫩，颇为可口。店名叫天兴馆。何以记得呢？这里还有一段因缘。说起来也真是无巧不成书。八十年代初，我到上海淮海路重庆路口一家苏州面馆沧浪亭吃葱油面，和同去的朋友闲谈，偶然提起了在木渎吃爆鱼面的旧事，说其味之佳至今尚能记得。一个上了年纪的苏州服务员插嘴问道："倷阿是讲天兴馆③？"原来沧浪亭的老掌勺正是天兴馆老厨司的儿子。难怪沧浪亭的葱油面如此精彩！沧浪亭以后成了我常去之处，并曾作小文为其葱油面鼓吹④。

　　灵岩的寺宇、宝塔和各种诡奇⑤多姿各像其名的怪石固然值得一看，但吸引我们的是馆娃宫的遗址。什么响屧廊、采香径、脂粉塘之类，历来为诗文所艳传。其实说穿了是大煞风景的。越王勾践献给吴王夫差美女的事，《国语》上是记载着的，可说于史有据；但西施这个人却查无实据。先秦诸子如《管子》《墨子》《孟子》《庄子》等虽然提到西施（一作先施）的名字，盛称其美貌，但从不提到她和吴越战争的关系；《左传》《国语》有关吴越交战的文字则根本没有提到她的名字。直到汉代袁康的《越绝书》和赵晔的《吴越春秋》，才提到越王以西施进献吴王的事。或说她是采薪⑥之女，或说她是浣纱⑦女，究竟是怎么一回事儿谁也说不清。人们是不但喜欢造神，也喜欢编造风流故事的，于是越说越真，把一件虚无

---

① ［谭延闿(kǎi)］和下文的于右任都是前文所指的国民党大员。
② ［浇头］吴方言。指加在盛好的面条或米饭上的菜。
③ ［倷阿是讲天兴馆］吴方言，意思是"你是不是讲天兴馆"。
④ ［鼓吹］吹嘘，吹捧。引申为捧场、怂恿。这里是宣扬、宣传的意思。
⑤ ［诡奇］怪异奇特。
⑥ ［采薪(xīn)］砍柴。
⑦ ［浣(huàn)纱］洗纱。

缥缈的事说得有鼻子有眼,风流旖旎①,令人心醉。至少在汉代以后的二千年来,故事像滚雪球似的越滚越大,俨然②成为史实。历代好事之徒不免要在"旧苑荒台"上添上些琴台、妆台之类,毁了又修,修了又毁。我们观览的时候,兴趣倒不是所谓吴王和西施的古迹,而是历代诗人文人所塑造装潢过的传奇意义了。

倒是山西南麓③的韩世忠墓留下了点印象。当时虽已残破,但墓碑前巨大的赑屃④却完好无损,镌刻得也相当精致,比起墓主的同僚⑤西湖岳王坟上的旧物来,后者无一件可与之争胜。这才是货真价实的南宋遗物,比灵岩寺里的所谓吴宫旧物来一点也不掺假。连灵岩寺本身也已是本世纪的建筑,没有多少古意了。

品 读 赏 析

何满子(1919—2009),原名孙承勋,浙江富阳(今杭州市富阳区)人。中国杂文家、学者。著有《艺术形式论》《汲古说林》《古代小说艺术漫话》《中古文人风采》及杂文随笔等 30 余部。

游玩灵岩山,必须经过木渎古镇。作者乘坐理想的交通工具——马车,一路悠闲地前往。文章却并不顺下去描写古镇和灵岩山,而是宕开一笔,写小时候对"木渎"地名的印象。"改诗"这则小故事风趣生动,实则暗示了"木渎"古已有之,它有悠久的历史。写鲃肺汤,又延伸到写天兴馆、沧浪亭的面,这部分运用了插叙的写法。插叙的部分不属于文章所叙述事件的组成部分,少了它不影响文章事件的完整性,但会影响主题的表达效果。这些内容作者写来回味无穷,充满怀旧气息。

作者对灵岩山的描写主要集中在对西施传说的考证上,认为后人附会掺假的成分多,历史并非如此。对韩世忠墓的文物地位却倍加赞赏,认为胜于著名的杭州岳坟。传说往往寄托了人民群众的美好愿望。不管是美人、英雄,还是传说、史实,都统一在灵岩山上,为它平添魅力,再加上木渎镇上

---

① [旖(yǐ)旎(nǐ)]柔和美好。
② [俨(yǎn)然]严肃庄重的样子。文中引申为一本正经、煞有介事的样子。
③ [麓(lù)]山脚。
④ [赑(bì)屃(xī)]传说中的一种动物,像龟。旧时石碑下的石座相沿雕作赑屃状,即取其力大能负重之义。
⑤ [同僚]旧时称同朝或同官署做官的人。

的美食,怎不令人流连忘返?

文章娓娓道来,透出作者深厚的史学功底。遣词造句不张扬,不做作,不雕饰,不尚辞藻,力求精练。深厚的感情和丰富的思想用朴素的语言说出来,富有情味。

一个老者,就像一边晒太阳一边闲聊那样,用文字"记可传之人、可感之事和可念之情";他以"负暄"作书名,意在传达一种闲散而又温暖的情趣。这个老翁非一般人,他"学富五车,腹笥丰盈"。让我们走进张中行的《姑苏半月(节选)》,听听他在晒太阳时游历姑苏城的闲话吧……

姑苏半月(节选)①

张中行

　　俗语说:"上有天堂,下有苏杭。"我受主客观条件的限制,对于到生疏的地方看看,一向兴趣不大。主观条件是近年常说的思想问题,来于《旧约·传道书》和赵州和尚,前者说"日光之下并无新事",后者说"好事不如无"。客观条件是既少钱又少闲。可是对于生疏地方的苏州却网开一面,有时甚至想,如果竟至到心有馀而力不足的时候还是未能出人阊门,即使赵州和尚的禅悟语不无道理,回顾生平,也总是太遗憾了。憾是唯心的,解除要靠唯物,而想不到就来了机会。是1976年早春,旧同事王芝九兄与我兼有干校邻床之雅,他苏州人,有自建的住房,干校放还后住苏州,也因报废而有闲,不忘邻床之谊,又因为老伴先走往天堂或净土,一个人食息感到凄清,就来信约我去游苏州以及邻近杭州、无锡等地。我当然高兴去,于是在四月的后半就到了苏州,芝九兄住城内西南部,地名东采莲巷。住房为二层楼,我们住楼上,由南面凭栏南望,不很远是瑞光塔。下楼出北向之门,西行是胥门,南行是盘门。单说在

---

① 选自《负暄三话》(中华书局2006年版)。张中行(1909—2006),原名张璇,学名张璿,字仲衡,河北香河人。中国学者、散文家。著有"负暄"三书《负暄琐话》《负暄续话》《负暄三话》)、《禅外说禅》《诗词读写丛话》《顺生论》等。尤其是他的代表作"负暄"三书,有"当代的《世说新语》"之誉。

苏州的半月,大致是游城外各名胜,如虎丘、西园、留园、灵岩、天平、光福、东山、甪直等地,由他陪同;游城内各名胜,如沧浪亭、拙政园、狮子林、网师园、怡园等地,我有小自由。有了自由,不能不享用,也就不能不另有所得,或说是,未必与其他游人一致的感受。这不一致也是由思想问题而来,什么思想呢?是我最感兴趣的是"人",或说"人的生活"。这人既包括今代的,也包括旧时的。生活也要加点限制,正面说,是要有些诗意的,或说能引起欣慕之情的。于是,这小自由加思想问题,对于这天堂的苏州,我就有了他人未必同意的取舍,举例说,山与山相比,灵岩与天平之间,虽然天平多有自然美,我却觉得脚踏灵岩更有意思,因为可以想到西施;园与园相比,我觉得拙政园多富贵气,狮子林多工艺气,远不如沧浪亭,有野意;生活与生活相比,登松鹤楼品尝松鼠鳜鱼,远不如在东山看小儿女采碧螺春茶。取舍有定,写也就有了谱儿,是不必记游虎丘、西园诸地,所见为何的流水账,而只说说自己曾如何如何,至今还念念不忘的。排个次序,先城内,计有六事:观前,平江路,盘门,专诸巷,沧浪亭,胥门内买酒。以下依次说说。

观是玄妙观,在城中心略偏北偏东,是苏州的市井中心。游观前街,便于买物,更便于看人。物包括食物,餐馆中卖的。有两家餐馆,都是供应小市民的,既物美又价廉,我吃过不止一次。一家卖菜饭(米饭加菜,煮得很烂),另备简易菜三四种,比如买菜饭三两,肉圆(北方名丸子或狮子头)一盘,白酒一两,费钱无几,可以过屠门而大嚼。另一家名绿杨,卖馄饨,我平生各地吃馄饨,当以此处为第一。当然,往观前,沿街东西散步,主要还是看人,听吴侬软语。与其他地方人相比,就"秀"字说,苏州人应居首位。秀与美是近邻,所以,如果有欣赏美人之癖,就应该到观前去徘徊一会儿。这里需要解释一下,我喜欢到观前街去看看,主要还是想亲近风土人情。而所感呢,是"此苏州之所以为苏州"。

平江路是城内东北部南北向的一条街,我喜欢到那里走走,以及在小桥边坐坐,是因为近些年来,时移则事异,苏州也不得不维新,绝大部分街巷变了,只有这条街还一仍旧贯。譬如由此端到彼端的一排房,住着若干户人家,都是两层的楼房,前门对着石板路可以行车,后门对着小河,可以行船。坐在小桥边,向上望,楼上的后窗有时打开,也许是洗什么的水吧,由上面倾倒进小河里。河相当窄,可是不断有小船往来,不是运什么就是卖什么。可惜我同这些人家没有亲友关系,不能如王仲宣之登楼,也探头窗外,向船上人问问鱼价或青菜价。那是参与过苏州人生活,不能如愿,只好退一步,多坐一会儿,看看。

与平江路相似,在苏州城的十个门(北面由西向东,平门,齐门;东面由北向南,娄门,相门,葑门;南面由东向西,南门,盘门;西面由南向北,胥门,金门,阊门;门名皆一字,在国内为仅有)中,盘门是唯一保留原状的。所谓原状,粗说是门未拆去,细说是水旱两个门,水略南,旱略北,并排,都在,而且可以登到门洞的顶上瞭望。盘门的位置是苏州城西南角略东,由我的住处向南略偏西行,过瑞光塔东侧,穿过一些贫苦人家和小菜园,约莫十几分钟,就可以到达。那里没有一点新风气息,登城一望,南,也许是苏州跨度最大的吴门桥,桥下是环城河,河上布满大小船只;北,近处没有繁华街道,没有高楼;总之,有野意,也就有旧意,可以适于脚徘徊,心遐想。遐想所得多,容易引来偏爱之情,所以只是半个月我去了三次,就是北返,很久之后还想到它,并且曾诌歪诗,末联云:"春明几度风飘絮,不出盘门漫五年。"

专诸巷是阊门(我去的时候早已拆掉)内向南的第一条街,出南口右拐是金门。旧时代,这里是小手工艺作坊的集中地,其中包括制砚的作坊。康熙年间著名的女砚工顾二娘①住专诸巷,有黄莘田②诗"一寸干将切紫泥,专诸门巷日初西"为证。我拙于书而

---

① [顾二娘]生卒年不详,苏州人。约活动于雍正至乾隆之际,清代女制砚工匠。所制砚品清新质朴,虽有时也镂剔精细,但却秾纤合度、巧若神工。据《吴门补乘》载,顾二娘本姓邹,是清顺治年间姑苏城里名重于世的制砚名家顾德麟儿媳,顾氏制砚技艺高超,镌镂精细、自然古雅。因丈夫早逝,顾二娘继承了制砚技艺。

② [黄莘田(1683—1768)]名黄任,字于莘,又字莘田,因藏十方名砚,自号十砚老人、十砚翁。永福(今福建永泰)人。清代诗人、藏砚家。据传莘田藏有青花极品砚材一方,珍藏十年不舍得用,得知制砚高手顾二娘后,特携砚材来苏,请顾二娘为其制砚。北京故宫博物院所藏天然随形砚"洞天品",便是顾二娘为黄莘田所作名砚之一。

喜砚，也有诗为证，是"辇毂风高怀砚老，濠梁梦断看鱼归①"。砚是工艺品，佳者美，可以欣赏，如果是早年并与名人有干涉的，还可以发思古之幽情。我没有能力和机缘得（真）顾二娘制砚，可是临渊羡鱼，路过顾二娘故居，纵使不能确认门巷依然，也总愿意东瞧瞧，西看看，得其仿佛。总之，就算作慰情聊胜无吧，我还是由北口走入，到南口，向后转，回到北口，往返都慢走，注视两旁的人家，心里想，虽然不能指实，顾二娘的旧住地总是留在眼中了。

沧浪亭在苏州城南部，南北中轴路东侧，离南门不远。由我的住处东行不远到中轴路（旧名三元坊），南行，过路西的文庙，往东一拐，南面就是沧浪亭，计程只是盘门的一半。近，主要原因还是有的可看，有的可想，所以我喜欢去，也常去。可看，总的说是意境好，水多，有小山，人工而有不少的自然成分；疏旷，景观不少而不显得拥挤；道路曲折，景观高下大小不同，变化多；游人较少，有闲散之趣。分着说呢，我更喜欢入门东行位于东北角的静吟亭和位于西南角的三层的看山楼，因为两处都可以远望，或看水，或看园外的景物。再说可想，远的当然是创建此园的北宋苏舜钦②，静吟亭那里有后代人所书他作的《沧浪亭记》。但我更感兴趣的却是较近的古人，清朝乾嘉时期作《浮生六记》的沈复和其妻陈芸。他们的家在沧浪亭附近，书中曾记他们到沧浪亭游乐，陈芸女扮男装的事，可见园中一定多有他们的足迹。这本书写的人，内心和外貌，都可爱，写的坎坷生活直到死别，使许多读者洒了同情之泪，所以

---

① ［辇(niǎn)毂(gǔ)风高怀砚老，濠梁梦断看鱼归］出自张中行《古稀四首·其一》。"辇毂风高怀砚老"，自注曰："喜砚石，以之为遣。"辇毂，原指皇帝后妃的车舆，这里代指京城。辇，秦汉以后专指帝王后妃乘坐的车。毂，车轮中心的圆木，周围与车辐的一端相接，中有圆孔，用以插轴。亦用为车轮的代称。"濠梁梦断看鱼归"，自注曰："谓由凤阳干校放还。濠梁看鱼，庄子与惠子事。"《庄子·秋水》："庄子与惠子游于濠梁之上。庄子曰：'鯈鱼出游从容，是鱼之乐也。'惠子曰：'子非鱼，安知鱼之乐？'庄子曰：'子非我，安知我之不知鱼之乐？'"后多用来比喻别有会心、自得其乐的境地。濠梁，濠水桥梁之上的意思。濠水在今安徽凤阳。

② ［苏舜钦(1008—1049)］字子美，开封（今属河南）人。北宋诗人。曾任大理评事。庆历中，范仲淹荐为集贤校理、监进奏院。时其岳父同平章事、兼枢密使杜衍，对政事有所整饬，忌者欲通过倾陷舜钦而打击衍等，因以细故被除名，退居苏州沧浪亭。工诗文。诗风瑰奇豪健，甚为欧阳修所重。与梅尧臣齐名，并称"苏梅"。又工书法。有《苏学士文集》。

我每次进园,总想到他们,也不免兴起陈子昂"前不见古人"之叹。

胥门内买酒不是景观,是事,因为怀念,也就说说。芝九兄不喝酒;我能喝一点点,因为沉浸于苏州,难免有些兴奋,晚饭总愿意喝几口,也许就是想在雪泥之上多留一些痕迹吧。其时供应还困难,只好用现买现喝的办法。出门向北向西再向北穿过小巷,到东西向一条大街名红旗西路,西行不远,路南有个中小商店卖零酒,黑板上写酒名几种,每一种多少钱一两。卖酒的是个年轻女子,至多二十岁,细高个儿,也许从业不久吧,与顾客面对还脸红。她不会说普通话,我不懂苏州话,所以我们交往,只能以形代声,比如买哪一种,就指黑板上的哪一种,然后伸指,一指是买一两,二指是买二两。然后付钱,她找零数,总是点头兼微笑。就这样,我们的交往,总不少于十次吧,竟没有交谈一句。过后回顾,住苏州半个月,除芝九兄之外,同我交往最多的竟是这位年轻而不知姓名的姑娘,一晃将近二十年过去,她还在那个商店吗?如果江山不改,年近不惑,应该升为店主了吧?

品 读 赏 析

苏州,是一座说不尽的城市。苏州这座城市,在不同作家心目中各具神韵。张中行笔下的姑苏有着一种闲散而又温暖的情趣,读来有如"负暄"(冬日受日光曝晒取暖)。

《姑苏半月》是一篇回忆性散文,十八年前的姑苏半月游历给作者留下了深刻的印象。节选部分一共七个段落,第一段是总起,第二至第七段依次记城内六件事:游观前、平江路、盘门、专诸巷、沧浪亭及胥门内买酒,思路非常清晰。

我们阅读的时候先要抓总纲,理解第一段主要内容——景点的取舍原则。作者的取舍与众不同,相较于风景,他更感兴趣的是"人的生活"。"人"是涵盖古今的,"生活"是诗意的,"人的生活"是能引起欣慕之情的。基于此原则,作者觉得能让人想起西施的灵岩山比自然风光优美的天平山更有意思,富有野意的沧浪亭比多富贵气的拙政园和多工艺气的狮子林更有意境,在东山看小儿女采碧螺春茶比登松鹤楼品尝松鼠鳜鱼更有意趣,它们都是引人欣慕的"人的生活"。通过举例和比较,作者的思想和趣味得以凸显。

然后便可结合所取的景点,逐段细细品读。

其一,看看作者是如何表现"人的生活"的。观前街便于买物,更便于看人;平江路,看到小桥流水人家的生活,激起了作者参与其中的愿望;有野意、有旧意的盘门,赢得了作者的偏爱,半月之中去了三次;专诸巷里是著名女砚工顾二娘的居住地,喜砚的作者流连其中;沧浪亭不仅有可赏之意境,有闲散之意趣,更有可想之古人;胥门,所记的是买酒之事,所忆的是卖酒之人……跟随作者细细读来,姑苏城内的种种风土人情,是不是也引起了你的欣慕之情?

其二,感受张中行文字的独特魅力。对此,周汝昌先生有过这样生动的形容:"读他的文字,像一颗橄榄,入口清淡,回味则甘馨邈然有余。"比如写逛苏州市井中心的观前街,"一家卖菜饭(米饭加菜,煮得很烂),另备简易菜三四种,比如买菜饭三两,肉圆(北方名丸子或狮子头)一盘,白酒一两,费钱无几,可以过屠门而大嚼",使用短句,由饭而菜到酒,有一气而下的流畅,语言自然朴实;而最后两句间杂文言(费钱无几)和典故(过屠门而大嚼),言简意丰,幽默的自嘲自慰,令读者在回味中必带笑意。

其三,作者以自然冲淡之笔,记可感之事、可念之情。如最后一段怀念胥门内买酒之事,写到与卖酒的年轻女子"以形代声"的"神交",并没有细致的描绘,但于淡淡的文字中可见江南姑娘腼腆、温柔的神韵。结尾以两句问句作结,"一晃将近二十年过去,她还在那个商店吗?如果江山不改,年近不惑,应该升为店主了吧?"一询问一推想,在生活化的表达中,蕴含了时间无法抹去的牵挂和祝福,情意深深,读来有余音不绝、回味不尽之感。

单元练习

一 解释下列句中加点词语的意思,说说它在表达上的作用。

1. 汽车太快,想浏览一下沿途的风光,没看清就疾驰而过了。马车则悠徐容与,视界也比关在轿车里宽广,更加上蹄声得得,仿佛就有那么点郊游的味道。

2. 沧浪亭以后成了我常去之处,并曾作小文为其葱油面鼓吹。

3. 空气是那样澄净,林木是那样青翠;田畴的平坦,居民的朴素,使人于不知不觉之间便撤尽了内外的藩篱,而感到了橄榄回味般的恬适。

二 《木渎灵岩之游》这篇文章中,有几处使用了插叙这一记叙顺序,是哪部分内容?说说插叙的作用。

三 你曾经到苏州周围的古镇去游玩过吗?体会是什么?写一篇小文章为大家介绍一下。

四 张中行的散文行文有如下特点:文从字顺,但决不板滞,有时宛如大珠小珠落玉盘,仿佛能听到节奏的声音。请结合这一特点,赏析节选部分的第一段。

09

单元提示

本单元课文虽然文字风格各不相同,行文思路也迥然有异,但是当我们用"苏州风俗"这个关键词一串连,它们就集结到了一起。作者或采风民间,或钩沉史籍,或敷演传说,向我们介绍了盛行于姑苏大地上的蚕丝风俗、端午节趣和腊八奇粥等。《蚕丝风俗寻踪》《端午·粽子·划龙船》两文旨在说得清、讲得明,所以,文字简洁明白,多作引用,是典型的事理性说明文;《民间传说两篇》,写人物能突出性格特点,情节布置讲究波澜曲折,语言生动、有趣、口语化。这些都是我们在写作实践中可以借鉴学习的。

栽桑养蚕的历史可以追溯到四千多年前。蚕桑丝织业的鼎盛使得清代官廷专在苏州设立江南织造署,东方威尼斯"丝绸之乡"的美誉也早已传至世界各地。苏州,甚至吴江的蚕丝风俗完全可以写成一部洋洋巨著。于是,怎样取材、如何行文便成了《蚕丝风俗寻踪》作者首先要解决的难题。这个题作者解得很好,所以,我们看到了一条清晰的脉络。循着这条脉络,我们大致了解了蚕丝风俗,也领会到了蚕农,特别是蚕娘的辛劳、可爱和聪颖。

与栽桑养蚕的习俗一样,端午风俗源远流长。祖国大地,南疆北国,同过端午,民俗各异。著名学者、诗人闻一多曾对端午节的起源详加考证。是纪念楚国大诗人屈原,还是纪念吴国大夫伍子胥,甚或追思某地的哪位先祖先贤?虽有多种说法,但"都和端午竞渡有关"。《端午·粽子·划龙船》一文以并列形式布局全文,然后从"辟邪"与"娱乐"两个方面先后展开行文。端午节已经成为国定假日。端午节应当具有哪些内涵?端午风俗哪些应当传承、哪些应当扬弃?吴中大地的端午节还应当过出怎样的特色?诸如此类的问题,都值得人们认真思索和回答。

《民间传说两篇》较充分地呈现了民间口头叙事文学的特点,讲了两则引人入胜的"苏州好故事"。

大名鼎鼎的治水英雄,在苏州洞庭西山林屋洞获得了治水真经?具有2500多年历史的苏州水城,是遵循了大禹的谆谆教导而建成的?读《大禹取〈水经〉》,谁不会被民间故事大胆而合理的想象所折服呢?谁又不会叹服于苏州百姓的那种聪明、睿智和自信呢?苏州水城传唱的"大禹取经"故事,也早已汇入以精卫填海、女娲补天、后羿射日、嫦娥奔月等为代表的中国民间文学的汩汩清泉了。

八宝粥想必是哪位聪明的、爱吃腊八粥的人士灵机一动的发明吧,把腊八粥装进易拉罐,可以从三九寒天一直吃到盛夏酷暑。腊八粥的由来,天南海北,男女老幼可能各有各的版本,《布袋和尚与腊八粥》娓娓道来的无疑是苏州版的传说。"一只布袋"所传扬的"惜衣有衣,惜食有食"的古训将永葆青春。

优秀的民间故事常常寄托着普通百姓的喜怒哀乐与爱恨情仇。崇尚美德、惩戒恶俗永远是它的主题。总是善有善报、恶有恶报那样的结局。场景真实,情节奇异。故事的主人公往往是当地历史上的名人。故事的时代背景模糊,但是发生的地点却相当明确。语言通俗易懂,方言化、口语化。读了这两则传说,不知你对民间故事的这些特点是否有了一点真切的感受?

"蚕宝宝",是吴方言词库中一个再平常不过的词语了。然而,它在蚕农们心中是一个多么神圣的称呼啊。全家人那么虔诚地等待着"宝宝"的降临,那么细心地呵护着"宝宝"的长成,那么隆重地庆贺着"宝宝"的成熟。吴江的一些蚕风丝俗,由它而生,为它而存,因它而流。

蚕丝风俗寻踪①

周德华

吴江北濒②太湖,温暖湿润,适桑宜蚕③。1959年梅埝乡袁家埭出土了刻有蚕纹的黑陶罐,经考证吴江先民早在四千多年前已经开始栽桑饲蚕了。明清之际,震泽一带的"辑里丝④"脱颖而出,成为湖丝中的名品而著称于世。

从吴江蚕丝业衍生出来的行业习俗源远流长,在我国民俗学上独树一帜,饶有风趣。

古代至近代吴江惯养头蚕、二蚕两季,相当于现今的春蚕和夏蚕。春蚕对乡民的经济生活至关重要,有"春茧半年粮"之说,又有"蚕箔⑤落地,有钱栽秧"的谚语。在吴江西南蚕桑区域,春茧季节称为"上忙",而稻作季节则称为"下忙",蚕稻两作,等量齐观⑥。

蚕户对家蚕怀有深厚的感情,乡民亲切地称之为"蚕宝宝",一是家蚕通身是宝,丝、绸、绢、绵绸(土绸)、丝绵、丝绒等都来之于蚕,蚕给农民带来取之不尽的财富;二是吴语地区对男孩习称宝

---

① 选自《苏州杂志》1992年第4期。
② [濒(bīn)]紧靠(水边)。
③ [适桑宜蚕]适宜种植桑树和养蚕。
④ [辑里丝]辑里湖一带出产的丝。辑里,湖名,在吴江。
⑤ [蚕箔]养蚕的器具,用竹篾等编成,圆形或长方形,平底。
⑥ [等量齐观]不管事物间的差异,同等看待。

宝,女孩习称囡囡,蚕不仅被视为家庭成员,而且当做儿子对待。对养蚕妇女则称为看蚕娘娘,或简称蚕娘。蚕儿蚕娘结为母子,至为亲昵。蚕乡妇女爱护蚕宝宝确实不亚于哺育儿女。

江南三月,莺飞草长①,养蚕季节即将开始,村庄里一派欢愉繁忙景象,河旁溪边,蚕妇群集,捋臂跣足②,忙于洗涤晾晒蚕具,而男子则在蚕室里掸尘刷墙,迎候蚕宝宝的诞生。

养蚕伊始,蚕乡妇女,上自老妪,下及女童都用红色彩纸折成花朵插在发髻或鬓脚上,称为"戴蚕花",喜气纷呈。杂货摊及庙会上还有用绒及绢做成的精致蚕花出售。

花是美好的象征,蚕花是蚕区乡民心中的吉祥物,即使非养蚕季节,在婚嫁迎娶的礼仪场合都少不了它。迎亲时男家送去刚在竹园里刨出的连根带叶的两株青竹,顶梢系上蚕花,女方收下一株,另一株随新娘回至男家。姻亲双方都把青竹高高竖在屋前的稻场上,称为"竖蚕花竹"。新娘入洞房坐床,吴江地区则称之为"坐蚕花床",因新床的蚊帐上缀有几朵蚕花。闹新房时还有摘蚕花的传统,十分热闹,蚕花高悬空中,可望而不可即,新娘须由新郎抱起,费尽周折,才能摘下来。

养蚕之前,农民常参拜蚕神祠庙,祈求保佑,有些地方称为"拜蚕花"(菩萨),盛泽的先蚕祠当地人俗称"蚕花殿"。

养蚕之始,先要孵蚁,蚕娘身穿棉袄,将蚕种焐③在胸口,靠体温使之孵出,称为暖种。遇上春寒还要盖厚棉被。孵种期间,蚕娘少言寡语,消除杂念,家人也不来打扰她。道光《震泽镇志》中有已婚妇女在养蚕期间孤眠净身以示虔敬的记载。

蚁蚕孵出后,在蚕室内挂帏,置火盆饲养。在此期间,一切交谊活动停止,家家闭户,不相往来,村坊间行人寥落④,悄然肃穆。乾隆《震泽县志》称三四月为蚕月,"禁喧闹,忌亲朋来往"。同治

---

① [江南三月,莺飞草长]出自南朝梁代文学家丘迟《与陈伯之书》:"暮春三月,江南草长,杂花生树,群莺乱飞。"
② [捋(luō)臂跣(xiǎn)足]把袖子往上推,露出胳膊,光着脚。
③ [焐(wù)]用热的东西接触凉的东西使之变暖。
④ [寥(liáo)落(luò)]稀少。

《盛湖志》则说:"是①月,乡村各家闭户,官府停征收,里闬②往来庆吊皆罢,谓之'蚕关门'。"蚕关门一方面使蚕户专心致志于育蚕,另一方面减少人际往来,客观上防止了蚕病的传染蔓延,是养蚕潜意识经验的反映。

从孵蚁到结茧,养蚕过程的每一阶段都倾注了蚕农的心力和悬念,随着蚕体的长大,蚕农对丰收的期待越来越高,演化出一系列庆贺仪式。

蚕过三眠,俗称"出火"(蚕室内撤去火盆),收成已有几分把握,家家做茧圆。茧圆用糯米粉捏成,长圆形,中间略凹,实心无馅,蒸熟食用。茧圆之状如蚕茧,寓意收成到手。

上蔟③初期,邻里亲戚间才开始恢复串门走访,评看结茧情况,互相祝贺并略事馈赠,称为"望山头"。

采茧以后,养蚕全过程结束,蚕家门户洞开,称为"蚕开门"。此时新丝即将缫制上市,"活来钿进账"指日可待,蚕月大忙,有了希望,蚕家多办酒宴庆贺。康熙《吴江县志》载:"采茧为落山矣,乃具醴牲飨神④,速⑤亲宾以宴之,名'落山酒⑥'。"

以往由于认识水平的局限性,庆典活动都与祭谢蚕神有关。

讨口彩是蚕农用吉兆的语言来表达自己的愿望,在蚕桑产区是普遍的自我安慰心态。如在堂屋、蚕室到处悬挂长条红纸,纸上用毛笔书写"蚕花念四⑦分"(有些地方为"蚕花念八分")。按乾隆《震泽县志》记载:"每出火蚕(蚕过三眠撤去火盆,谓之火蚕)一斤,收茧十斤为十分,过则得利,不及则失利。"念四分或念八分寄希望于多收茧。

蚕桑产区的寺庙在蚕月大忙季节沿袭敲"蚕花鼓"的习俗,每

---

① [是]这。
② [里闬(hàn)]里巷的门。这里代指街坊邻居。
③ [上蔟(cù)]指蚕进入了吐丝作茧阶段。蔟,供蚕吐丝作茧的设备,有圆锥形、蛛网形等。
④ [具醴(lǐ)牲飨(xiǎng)神]准备了酒和家畜用以祭献神灵。醴,甜酒。飨,祭献。
⑤ [速]请,招致。
⑥ [落山酒]为祝贺采茧而置办的酒席。茧上蔟称"上山",从蔟上收取蚕茧称"落山"。
⑦ [念四]廿四,二十四。

晚由老和尚执槌击节,鼓声时缓时急,时轻时重,从鼓点的节奏听来,隐似"蚕花念四(八)分"。

邻里乡亲在望山头时互赠的礼物中,鲞鱼①及水糕(方形米粉糕,中央置糖或肉馅)为必备之物,从鲞的谐音引申出来,意为"有想头",期望来年再丰收。水糕谐音"丝高",意为生丝高产。

吉祥用语,无所不在,如睡觉要叫"眠一眠",甚至连出恭方便之类也戏称"睁一睁",吴语中"睁"与"长"同意,寓意蚕体长一长。有趣的是,憧憬于蚕茧丰收以至人们的行为语言也蚕格化了。

与讨口彩相对的是忌讳,如忌说"死"字,见到死蚕只能悄悄拣出,不能言传;忌说"生姜",避僵(蚕)之讳;忌称"豌豆",避完结之嫌;忌说"葱",以免"犯冲";忌直呼"酱油",改称"赤辣子",以免遭酱油病(蚕受细菌感染腐败,体液呈赤褐色)危害;"豆腐"也忌直呼,雅称"白玉";忌在居屋四周锄草,防惊动土神;忌拍打蚕箔,防财气拍光。这些带有迷信色彩的忌讳在二十世纪二三十年代倡导科学养蚕以来已经淡化。还有些忌讳,如忌生人闯入,忌开油锅,忌食辛辣食物,则有助于防病和蚕体的正常发育。

养蚕期间还有些民间俗谚流传至今,是千百年来农民养蚕的实践经验总结。如"清明一粒谷,看蚕娘娘哭;清明雀口,看蚕娘娘拍手",这是对桑芽发育的物候观察而作的桑叶产量预测,其中蕴含叶盛、蚕壮、茧丰的因果关系。又如"一斤熟蚕半斤茧"是上蔟前对茧产量的预测。太湖流域蚕家历来"女未及笄②,即习育蚕"。蚕家女儿自幼就由其母悉心教会养蚕做丝技艺,十岁左右,栽桑、饲蚕、缫丝娴熟自如。清嘉庆年间,同里诗人金黄钟在其《养蚕词》中有"女缫丝,母炊汤,女儿二七如母长"之句。

蚕家女儿出阁时,娘家须打制新丝车作为嫁妆。新妇到婆家的第一个缫丝季节得在村坊间的操作观摩上表演,邻里妇女将丝车一字排开,新媳妇当第一座丝车,让左邻右舍评说做丝技巧,以至精湛技艺得以世代相传。

---

① [鲞(xiǎng)鱼]干鱼。取其谐音,寓意"想(有)余"。
② [及笄(jī)]指女子满十五岁。笄,把头发绾起来,戴上簪子;古代女子满十五岁才可这样妆饰。

养蚕业在吴江农村经济中举足轻重,妇女是主要劳动力,因而蚕桑产区妇女在家庭和社会上的地位相对比纯耕作区为高,重男轻女的封建传统观念较为淡薄,有些蚕户往往是妇女当家。栽桑、养蚕、缫丝技术高超的妇女尤其受到家族和村坊邻里的称道。

吴江生丝,"光白而细",是织缎优质原料,清代江南织造到吴江派差货(贡品)指定要用"辑里湖丝"织造。吴江丝产蜚声[①]中外,除得益于土沃、叶肥、水澄等自然条件外,应归功于蚕娘的心灵手巧和辛勤劳作。正如乾隆《震泽县志》所述:"江南诸郡县颇多治蚕,而辛勤瘁苦莫有如吾邑之甚也。"

品 读 赏 析

我们的祖先在几千年前就开始植桑养蚕,《礼记·祭义》说:"古者天子诸侯,必有公桑蚕室。"《孟子·梁惠王上》也有"五亩之宅,树之以桑,五十者可以衣帛"的说法。而称颂春蚕最负盛名的,则莫过于唐代李商隐"春蚕到死丝方尽"的诗句,虽然李商隐诗的本意并不在咏蚕。

《蚕丝风俗寻踪》一文介绍了吴江当地流行的一些蚕风丝俗,名为"寻踪",所以作者就非常注意介绍和说明的顺序。

吴江的蚕桑历史,文章开头一笔带过,决不拖泥带水。第二段直截了当点出题目,迅即引出下文。在介绍具体民俗前,作者先有两处交代:一是第三段的"春茧半年粮",一是第四段的"蚕宝宝"。这两段绝非闲笔,它们是下文的总起,交代了蚕丝风俗兴盛的根源和起因。余下部分就以"养茧(春茧)"的先后时序为线索进行介绍。这一以时间为序的纵向介绍到"以往由于认识水平的局限性,庆典活动都与祭谢蚕神有关"这一段告一段落。接着以横向并列方式着重介绍了"讨口彩"和"忌讳"两方面的语言习俗。最后强调,"吴江丝产蜚声中外,除得益于土沃、叶肥、水澄等自然条件外,应归功于蚕娘的心灵手巧和辛勤劳作"。

一篇介绍民俗文化的文章,怎样让读者带着兴趣读完,作者是下了一番功夫的。文中列举了不少词语的风俗内涵:或者通过谐音表达人们的美好企盼;或者由于音同、音近的原因,日常生活中会忌说或改用。这些含义,准确地收录进了当地老百姓的话语词典并被口口相传至今。有了这样的介绍,读者既来了兴趣,更长了知识。

---

① [蜚(fēi)声]扬名。

民俗的起源流变,往往多有歧见。即使在这样一篇普通的知识性短文中,作者还是大量引证地方志、古诗词、古代典籍等书证材料,说明性文章的科学性特点得到了很好的体现。本文引文很多,如"春蚕半年粮""清明一粒谷,看蚕娘娘哭"等;化用《与陈伯之书》中的名句,引用《养蚕词》等,不仅丰富了文章内容,也体现了浓厚的乡土气息和文学色彩。

端午为何挂菖蒲？端午为何吃粽子？端午为何划龙船？端午究竟为何兴起？端午究竟纪念何人？端午究竟寄托了古人怎样的追求？读完本文，想必同学们会得到满意的答案。今天，端午已经成为国定假日。我们今天的端午节应当怎样度过？请大家不妨想一想。

端午·粽子·划龙船[①]

秦 玉

端午吴中俗

端午节起源于战国后期，形成于汉魏，是南北风俗融合的产物。后来又注入夏季时令风尚，附入纪念性活动而最终形成习俗，成为我国民间传统三大节日（春节、端午、中秋）之一。端午重在午刻，多数活动在午时进行，故名"端午"。又因古代"午"与"五"同音，又叫"端五、重五、重午"，唐宋时又叫"天中、端阳、午节"，明清时北京人又称"五月节、女儿节"。主要活动有辟邪和娱乐两个方面。

古时把农历五月五日视为"恶月恶日"，俗语"五月到官，至免不迁[②]。五月盖房，令人头秃。五月五日生子，男害父，女害母"。这些恶俗到汉代时渐少。吴俗讳[③]恶为善，反称为"善月"。其实五月已近盛夏，蚊蝇孳生，百虫活跃，危害人体健康，又被视为"毒月"。人们为了驱邪避恶，消灾弭祸，组织了一系列的风俗活动。有些活动在一定程度上符合夏令卫生之道，有利于人体健康。

---

① 选自《苏州杂志》1992年第3期。
② ［五月到官，至免不迁］意为五月间官员到任就职，直到免职也无升迁机会。
③ ［讳（huì）］因有所顾忌而不敢说或不愿说。

如《清嘉录》①记载,旧时苏州有采百草、辟瘟丹等活动。采百草是在五月采集药草储藏起来备以治疗疾病,俗称"草头方"。也有觅蛤蟆、蜈蚣、蛇虫入药,或用"蟾酥"煎汤沐浴,治疗小孩痘疮;也有取药草焚烧,驱避百虫。辟瘟丹就是将所采草药制成丸片,让人们佩戴熏点。每到端午日午时,家家户户用苍术、白芷、大黄、芸香之类草药在室内室外焚烧,据说能避疫祛②毒,整个夏夜无蚊虫干扰。蔡云《吴歈》③诗道:"蒲蓬卵蒜挂床前,芷术香芸地下燃。还怕夜来眠不稳,碧纱帐外点蚊烟。"也有烧好午饭后,将生大蒜头放入灶膛内用稻草灰煨熟,吃了以防病害。

另外有些活动颇为有趣。如蒲剑蓬鞭:即截蒲为剑,割蓬作鞭(蒲是菖蒲,蓬是艾草),与桃梗、蒜头扎在一起,悬于门首、床头,有杀虫灭菌作用。贴天师④像:由各道院画好后分送各施主家贴于厅堂,烧香叩拜,类似挂钟馗⑤图,用来"镇恶",从五月初挂至六月初才拿下焚送。雄黄荷包和绕绒铜钱:由妇女缝制成一种极小的绣花袋,形似"荷包",包内放入雄黄,或用彩线绕在铜钱上,作成五色符,系在衣服上,可以避邪。五毒符:由各尼姑庵用五彩笺剪成蛇、蜥蜴、蟾蜍、蜘蛛、蜈蚣五种图形,分送施主家,贴于门上,能防止"五毒"进入室内。老虎衣裳:用黄色布料为底,上印"五毒"图案,每组图案中印上一只老虎,用此布做衣服给小孩穿上,可防"五毒"侵犯。长寿线,即长命缕:用五彩丝线揉成索,系在小孩臂上,男左女右,可以避邪。雄黄酒:"研雄黄末,削蒲根,和酒以饮",也叫菖蒲酒。在小孩额头用此酒写上一"王"字,并涂抹耳朵手心足心,说是夏天不会被蚊虫叮咬。不过"雄黄"有毒,虽有杀虫作用,但饮后有害人体健康。这些活动充满了民俗情趣。

---

① [《清嘉录》]记载江苏一带岁时风俗的著作。作者顾禄,字铁卿,清代嘉庆、道光年间吴县(今江苏苏州)人。
② [祛(qū)]除去。
③ [蔡云《吴歈(yú)》]蔡云,清代苏州诗人。歈,歌。
④ [天师]东汉末年,张陵创立五斗米道,后世信道教的人尊奉他和他的子孙为"天师"。
⑤ [钟馗(kuí)]传说中专司打鬼的神祇(qí)。

端午吃粽子

每至端午前后,苏州人喜欢裹粽子吃。俗话说:"酒入雄黄粽子裹,要尝滋味到端阳。"粽子又叫"角黍"。晋代周处《风土记》载:"俗以菰①叶裹黍米,以淳浓灰汁煮之令烂熟,于五月五日及夏至啖之。"此粽俗名"灰汤粽",人们颇喜食用,老年人更爱吃。也有在糯米中掺以赤豆、鲜肉、红枣、豆沙等,裹成斧头形、小脚形、圆筒形、锥形等式。另有将糯米装入布袋内煮烧而成,叫"袋粽",吃时脱掉布袋,将粽子切成薄片,涂上佐料,另有一番风味。也可将粽子作为礼品相互赠送,或用来供祭祖先。

端午吃粽子,和气候、节气有关,民谚:"食过五月粽,寒衣收入柜;未食五月粽,寒衣不能送。"就是说粽子一出现,时序便转入夏季,吃粽子能清热降火,胃肠舒适,当为时令佳品。

端午划龙船

"赛龙船"即龙舟竞渡,是端午节娱乐的主要内容,盛行于南方。闻一多认为,端午节当源于吴越民族举行的龙图腾②崇拜活动,理由是吴越民族以龙为图腾,为表"龙子"身份,五月五日举行盛大图腾祭,在急鼓声中用刻画成龙形的独木舟,在水面上作竞渡游戏。此项活动还有两种说法,一在《荆楚岁时记》:"案五月五日竞渡,俗为屈原投汨罗江日,伤其死,故并命舟楫以拯之。"二是《曹娥碑》③云:"五月五日,以迎伍君(伍子胥)。"这三种说法,都和端午竞渡有关。

苏州人称龙舟竞渡为"划龙船"。龙船宽不过一步,长约二丈,用樟木制成,龙首高昂,龙尾翘起,中画龙鳞,涂有各种彩绘。龙船

---

① [菰(gū)]生长在沼泽里的草本植物,嫩茎可做蔬菜吃,叫茭白。
② [图腾]原始社会中人们认为跟本氏族有血缘关系的某种动物或自然物,一般用作本氏族的标志。
③ [《曹娥碑》]曹娥,东汉时会稽郡(郡治在今浙江省绍兴市)上虞县人。相传其父五月五日迎神,溺死于江中,尸骸流失。曹娥当时 14 岁,沿江哭号十七昼夜,投江而死,三国魏邯郸淳为之撰写墓碑文。原碑已不存,后世所传曹娥碑帖,一为据晋人墨迹摹刻的拓本;一为宋元祐八年(1093)蔡卞重书,题作"后汉会稽上虞孝女曹娥碑"。

四角彩旗飞舞，旗上写"四时无灾，八节有余""风调雨顺，国泰民安"等字样。每条船十六人赤膊扳桨，分排左右两旁，称为"划手"，另有一人，手执长钩立于船首，称"挡头篙"，舱内还有吹鼓手。划手按锣鼓缓急划动船桨，协调动作，两岸观者欢呼助威。有的龙船上还有头亭，上面站一小孩，装扮成台阁①，俗称"龙头太子"，船尾也有小孩装扮成"独占鳌头""童子拜观音""杨妃春睡"等戏剧人物造型。《清嘉录》描述："龙船，阊胥两门，南北两濠，及枫桥西路水滨皆有之。各占一色。四角枋柱，扬旌拽旗。"参赛的龙船一般为两三只，先到者胜，并有画舫游艇供游客观赛，到比赛时，"男女耆稚②，倾城出游……山塘七里，几无驻足之地。河中画楫，栉比如鳞次，亦无行舟之路……入夜，燃灯万盏，烛星吐丹，波月摇白，尤为奇观，俗称灯划龙船"。划龙船体现中华民族健康尚武的精神。

其他娱乐活动还有：在花瓶内插蜀葵、石榴、蒲蓬等花卉，叫做"端阳景"；妇女们头上插戴艾叶、石榴花，或以金银丝为蒜形、虎形、虎背骑人，极细小，插于鬓上，叫做"健人"；五月五日，民间还有踏百草、斗百草之戏；各家各户设宴畅饮，叫"赏端阳"。有趣的是中药铺和酒店还将雄黄、酒糟等物分送主顾；手工作坊还放假让工匠到茶坊酒肆尽兴吃喝玩乐。各种活动使端午节热闹非凡，所以苏州人又称端午节为"白相节"。农民还以端午的天气好坏，来预测农业丰歉，正如农谚所说："端午晴干，农人喜欢。"

而今，端午节不似往日热闹，与春节、中秋相比也大为逊色，但雄黄酒、老虎衣、蒲剑蓬鞭……仍在民间流传。至于粽子，已不独为端午食俗，几乎一年四季都有，成了人们日常生活中的普通食物。

---

① ［台阁］这里指一种民俗游艺形式，它以儿童装扮成戏曲人物，立于台上造型，一戏一台。或扛抬游行于陆上（又有高台、平台之分），或如文所述（称"船台"）。"装扮成台阁"，是指"小孩"和"头亭"的组合。下文的"独占鳌头……杨妃春睡"，都是"台阁"的花色。

② ［耆(qí)稚］老人和幼儿。

品 读 赏 析

作为一个有着几千年历史的传统节日,各种关于端午的史料记载、诗词曲文难以数计,各地关于端午的节庆习俗五彩纷呈……繁中取简、杂中择要、多中选熟,作者选材、剪裁时的用心在文章的标题上就一目了然:端午·粽子·划龙船。此所谓"删繁就简三秋树"。先总说"端午",再扣吴俗,分说"粽子"与"划龙船"。文章用"端午吴中俗""端午吃粽子"和"端午划龙船"三个小标题统括全文,行文上又相对独立。一与二、三属于总分关系,二与三则是并排而列。这样,文章的头绪就相当清晰;写作时也能较为自由。

《端午·粽子·划龙船》一文较多笔墨引自清代苏州文人所撰的《清嘉录》。文中有时是明引,有时是暗引;有时是直接引用,有时是间接引用。引用这一说明方法在文中发挥了重要作用,阅读时请同学们多加体会。

阅读知识性的说明文,不能无视作者表达的态度和情感。"有些活动在一定程度上符合夏令卫生之道,有利于人体健康","这些活动充满了民俗情趣","划龙船体现了中华民族健康尚武的精神","而今,端午节不似往日热闹"等语句都不是闲来之笔,反映了作者对传统习俗意义的现代解读,这些包含作者情感、态度的语句也是同学们应当关注的地方。

民间传说两篇

想必大家早就知道了通行版的"大禹治水"。很久以前,洪水泛滥。名叫鲧的人只知道筑坝挡水,洪水九年没有消退。儿子大禹接着干,三过家门而不入,最后琢磨出了疏导的办法。历经十三年,大水终于退了。百姓重新过上了安居乐业的生活。今天,我们读到的,就好像是这个故事的"前传":治水英雄的"苏州篇章"。

大禹取《水经》①

苏州城是出名的水乡,小桥流水,四通八达,充满了诗情画意。要问苏州为啥有这么多的水巷,要从大禹治水的故事说起。

过去太湖②一带,年年闹水灾。桃花水③一来,害得老百姓家破人亡,四处逃难。大禹就带了两个徒弟,赶来治水。可是,一年过去了,洪水还是经常泛滥;第二年到了,洪水也不见退让。大禹东奔西走,看地形,摸水路,想方设法,寻找对策。人一天天瘦了,两个徒弟又被洪水冲散,只剩下他"枯庙前的旗杆——独一根"了。

有一天,大禹走得又饥又累,坐在山脚下的一块石头上歇脚。

---

① 选自《苏州的传说》(上海文艺出版社1982年版)。陈老太等口述,杨彦衡、陆如松、马汉民整理。有改动。

② [太湖]古称震泽,在苏州西面。由长江、钱塘江下游泥沙淤塞古海湾而成。面积2250平方公里,是江南水网中心,我国第三大淡水湖。

③ [桃花水]也叫桃花汛或春汛。春天桃花盛开的一段时间内发生的河水暴涨。

他从褡裢①里掏出两块硬邦邦的麦饼,正准备吃,突然随风飘来一声叹息:"唉!"大禹循声一看,原来前面石头上倒卧着一个白发苍苍的老公公,穿着半截红、半截黑的衣裳,双眼紧闭,奄奄一息。大禹见到这种情景,心里明白这是没治好洪水的缘故,觉得蛮②惭愧,忙把麦饼送到老人面前,说:"老人家,先充充饥吧!"

老人吃了饼,哈哈一笑,说:"吃你一口饼,助你三卷经,快进林屋洞③,取书见分明。"大禹听了觉得有些蹊跷④,正想问问详细,那老人已经无影无踪。但老人吃掉的那块饼却又出现在石头上。大禹拾起来一看,奇怪,麦饼变成了一块闪闪发光的白玉,只见白玉两面都刻着弯弯曲曲像蚯蚓一样的字迹。大禹左认右辨,好不容易才认了出来。一面写的是:"疏之导之⑤,百川归海。"另一面写的是:"精诚所至,金石为开⑥。"大禹这才明白,是神仙给他指点迷途来啦!于是,他日夜赶路,寻找林屋洞。

可是,林屋洞在哪里呢?大禹跋山涉水,到处打听。踏遍了九九八十一座丘陵山峰,寻找了七七四十九个日日夜夜,干粮吃完了,水也喝光了,还是没有找到。有一天,大禹走到了自己家门口。这时,他肚皮饿得咕咕叫,家里的狗跑出来对他汪汪叫,家里饭菜的香味一阵阵飘过来。可是,大禹没有进门,他的心思都放在治水上了。

后来大禹找到了失散的两个徒弟。三个人找啊找,找了好长时间,终于找到了苏州洞庭西山。这座山在太湖当中,四面都被水包围起来,所以又叫包山。山上峰峦起伏,景色秀丽,最高的山峰就叫缥缈峰。大禹带领徒弟在丛山中寻找,一洞又一洞,一岭再一岭,末脚⑦在缥缈峰下,觅到一个山洞。这山洞就是林屋洞,后人

---

① [褡裢(dā lian)]长方形的口袋,中央开口,两端各成一个袋子,装钱物用。大的可搭在肩上,小的可挂在腰带上。
② [蛮]吴方言,很,非常。
③ [林屋洞]在洞庭西山东面中部的林屋山下,是石灰岩质的天然溶洞。洞口面对太湖,洞底低于太湖湖底。《尚书·禹贡》记述,大禹治水曾到此。
④ [蹊跷(qī qiao)]奇怪,可疑。
⑤ [疏之导之]疏通淤塞的水道,将水引导出来。
⑥ [精诚所至,金石为开]指人的诚心所到,能感动天地,使金石为之开裂。
⑦ [末脚]吴方言,最后。

又称它是"天下第九洞天①"。洞口黑漆漆的,深不可测。蝙蝠飞进飞出,奇怪的虫兽"嘎嘎"直叫,里面阴森森的,也不晓得究竟怎么样。大禹对徒弟说:"我进去后如有去无回,治水的大事,就靠你们了!"两个徒弟争着要先进去。争来争去,结果还是师徒三人一起进洞。约莫走了一千步,在黑洞里发现一个亮点子,朝着亮点走,亮光越来越大。他们沿着七曲八弯的狭窄小路,走走爬爬,爬爬走走,跌倒爬起,爬起跌倒,好不容易才到了洞底。谁知那亮光却消失了,用手摸摸,面前是又高又陡的石壁。两个徒弟沉不住气了,只是唉声叹气。大禹却耐心地摸索着,摸啊摸啊,他发现石壁上有两扇紧闭的石门,门上悬着一具大石锁。大禹想,要是砸不开这具石锁,连蚊子也飞不进去呀。

正当他一筹莫展②的时候,眼前忽然一亮,原来挂在胸前的那块美玉,竟闪闪发光。大禹拿起美玉,用手摸摸,觉得与大石锁的眼眼③差不多大小,便顺手往锁眼里一塞,"吱吱咯咯",石门渐渐敞开了。嚄!石门内还有一间宽敞的石屋,屋外有一座白玉八角亭,亭子当中有一张白玉圆桌,桌边设有三张石凳,桌上放着一只小小的包袱。大禹赶忙解开包袱,里面有三卷书,上有两个醒目大字:"水经④"。打开头一⑤卷,上面横七竖八都是河道图;第二卷全是七高八低的山岭图;第三卷上写满了密密麻麻的文字,字体弯弯曲曲,也不懂是什么意思。大禹正凝神看书,忽然听得"哞哞"一声吼叫,石亭边的水潭里窜出一只双角怪兽,张着大口,扑了过来。大禹急中生智,抓起美玉,用力朝怪兽掷去。说也奇怪,那怪兽竟一口把美玉吞了下去,接着就朝大禹点头摆尾,往地上一趴,作出要驮人的姿势。大禹便和徒弟骑到怪兽背上,刚刚坐好,它就

---

① [洞天]道教指神仙居住的地方。现多用来指引人入胜的境地,如"别有洞天"。
② [一筹莫展]一点计策也施展不出,一点办法也想不出。
③ [眼眼]吴方言,眼儿,小洞,这里指锁孔。
④ [经]指记述某一事物、技艺的权威性专著。如《山海经》《本草经》《茶经》等。
⑤ [头一]吴方言,第一。

扬起四蹄飞奔起来。大禹一直被送到天台山①，又遇到那位白发苍苍的老公公。老人就把《水经》一字一句地讲解给大禹听。大禹开了窍，明白根治水患，一定要疏蓄并举。

后来，大禹不仅深挖太湖，还劝人们多开河道。这样，既利庄稼兴旺，又能防旱防涝。苏州人听了大禹的话，一起动手，开挖了千百条大大小小的河道。后来又经过多年治理，便把苏州变成一个"人家尽枕河②"的水乡城市啦！

品 读 赏 析

"大禹治水"的故事，大家一定耳熟能详。大禹的父亲，面对大水很勇敢，始终与它硬碰硬，用土堵它，筑坝挡它，然而失败了。堵它不行，能不能把它的通道主动打开，把堵塞的水道好好疏通？挡它没用，能不能引导它流向让它流向的地方？大禹吸取前人失败的教训，经过多年的实践摸索，最终治水成功了。这是"退"的胜利，这是"示弱"的成功，使得覆舟之水终于可以载舟了。"君到姑苏见，人家尽枕河。古宫闲地少，水港小桥多"，这是对有着2500多年历史的苏州水城最简明生动的写照。

"太湖美呀，太湖美，美就美在太湖水。水上有白帆哪，啊，水下有红菱哪；啊，水边芦苇青，水底鱼虾肥。湖水织出灌溉网，稻香果香绕湖飞……"读着这些明快灵动的文字，那美妙欢畅的歌声也已经飞到了我们的耳畔。

千万不能小看了民间传说蕴含的思想力量。《大禹取〈水经〉》开篇一个设问，就让我们眼前一亮，心头一震。好像井水不犯河水的第二至四段文字，被民间思想家织造成一匹精美的苏州丝绸：太湖之滨河网密布，苏州古城水巷纵横，这不就是大禹们"疏之导之"治水思想的伟大实践和惊人成果吗？这开篇一问，也凸显了苏州老百姓居安思危的初心。

这篇民间传说，在构思和剪裁方面，也很有特点。故事不厌其详地叙写大禹获取《水经》的"九九八十一难"，而对获得真经后的具体治水情节则一笔带过。这种详略安排，便于重点交代大禹"疏蓄并举"治水思想形成（传说中借神仙指点迷津来表现）的艰难过程；而疏导思想的形成，是大禹治水十

---

① ［天台山］在浙江省天台县城北，是我国佛教天台宗的发源地。山中隋代古刹国清寺，是一处拥有约六百间殿宇的大型建筑群，为我国保存比较完好的著名寺院之一。

② ［人家尽枕河］句出唐代诗人杜荀鹤《送人游吴》。

三年方获成功的关键。这是对后人最有启示意义的,所以作者施展了民间传说最擅长的想象、夸张等手法,浓墨重彩写来。今后,我们读《左传》《资治通鉴》等,也将学习到这种写法。例如写战斗,重点写的是战前的谋划设计,具体战情却只有三言两语;写战前一波三折不惜笔墨,战斗一起便戛然而止,绝不拖泥带水。

苏州西园，名寺大院，那名来此挂单的行脚僧，差点被"推出日头早关门"。平日里，"火头僧"那只红布袋子也许屡受白眼。然而，就是它，不！应当说是它的主人——布袋和尚将寺院里的那次"事故"化成了腊月初八那碗粥的"故事"。

布袋和尚与腊八粥[①]

苏州西园罗汉堂里，迎门有一尊[②]手里拿着红布袋，挺着个大肚皮，笑眯眯的和尚塑像。人们称他是"弥勒笑像"，也有人叫他"布袋和尚"。相传"腊八粥[③]"就是由他开始传下来的。

据说很久以前，苏州西园戒幢律寺[④]来了个挂单[⑤]和尚，名叫阿二。他是从天台山国清寺来的，年纪已经四十出头，腰圆臂粗，五短身材，背着一只红布做的乾坤袋[⑥]。西园寺里的老当家一见阿二和尚，便恭恭敬敬地问："大法师是精通佛经，还是擅长说法？"阿二搔搔头皮，将头摇摇。老当家顿了一顿，一眼开一眼闭着

---

① 选自《苏州的传说》（上海文艺出版社 1982 年版）。陈月英等口述，王文璞、韩德珠、袁震等搜集整理。有改动。

② [尊]量词。用于神佛塑像。

③ [腊八粥]腊八（农历十二月八日）这天，用米、豆等谷物和枣、栗、莲子等干果煮成的粥。起源于佛教，传说释迦牟尼在这一天成道，因此寺院每逢这一天煮粥供佛，以后民间相沿成俗。

④ [西园戒幢（chuáng）律寺]简称西园寺，在苏州阊门外，因邻东园（今留园），故名，是江南名刹。始建于元，清改名戒幢律寺，反映高树戒律之幢的立寺原则。幢，佛教的一种柱状标帜，饰以杂彩，树于佛前，表示指挥群生、制伏魔众之意。

⑤ [挂单]到寺院投宿。单，指僧堂里的名单，四方云游的僧人投宿寺院把衣钵挂在名单下，故称。

⑥ [乾坤袋]储物袋。传说是弥勒佛的布袋，因它能将天地（乾坤）收纳于内，故称。

又问:"你会管香火,侍候施主①吗?"阿二还是搔搔头皮,再把头摇摇。这时,阿二看老当家的脸色不对,知道自己不受欢迎。不过多少年来,一直听说姑苏西园是座名寺大院,在这里可以结交天下名僧,如果来个"推出日头早关门",我岂不"一路辛苦白费心"?所以,他双手合十,对当家师作了一个揖,说:"小僧种田出身,不论何种粗活,都能应付,请当家师作主。"老当家看看对方身坯②还蛮结实,出言吐语也忠厚老实,心想斋堂③里正缺人手,何不派他去做杂务呢?于是阿二和尚便做了一名"火头僧④"。

像西园这样大的寺院,吃饭的和尚有五六百。阿二每天起早摸黑,挑水、淘米、汏⑤菜、烧火,忙得团团转。一有空闲,还要到蔬菜园里除草浇水。亏得阿二身大力不亏,手脚又勤快,多做点事不在乎。阿二还有个好习惯,每次烧火辰光⑥,眼睛总是盯在稻柴上,只要发现稻穗头有谷子,哪怕是一粒,也要拣起来,剥去谷壳,然后放在乾坤袋里;汏过碗盏淘过米,也不肯立即把水倒掉,先要定一定⑦,慢慢地倒掉污水,把剩下来的饭粒米粒捞出来,摊在芦席上晒干,然后也放进乾坤袋里;在地头上拾到一粒豆、一棵菜,也总是烘烘烤烤,统统放到乾坤袋里。阿二每天身不离袋,袋不离身。这样日复一日,天长日久,经过三年时间的收集,五花八门的食物少说足有两石⑧半。

有一年阴历⑨十二月初八,西园寺里所有的和尚在大殿里讲经、拜忏⑩、做道场⑪,十分闹猛⑫。来做佛事的不少,单是施主就

---

① [施主]和尚或道士称施舍财物给佛寺或道观的人,通常用来称呼一般的在家人。
② [身坯(pī)]吴方言,也作"身胚(pēi)"。指人的身材。
③ [斋堂]寺院的食堂。斋,素食。
④ [火头僧]负责炊事的和尚。是从"火头军"一词化出,有点戏谑味道。
⑤ [汏(dà)]吴方言,洗。
⑥ [辰光]吴方言,时候。
⑦ [定一定]吴方言,沉淀一下的意思。
⑧ [石(dàn)]容量单位。一石等于10斗。
⑨ [阴历]即农历,是我国传统的历法。相传创始于夏代,故又称夏历。
⑩ [拜忏(chàn)]僧道念经礼拜,代人忏悔消灾。
⑪ [做道场]僧道做拜忏等法事。
⑫ [闹猛]吴方言,热闹。

有上百名。那一天因为管钱粮的和尚也上大殿去念经，一时糊里糊涂，竟忘记开仓取米粮。阿二和尚先是等候，左等右等，都不见那个大和尚的影子。去喊吧，又不行。因为对和尚来说，佛法大如天，随便闯经堂就是触犯佛法，轻的要刑杖三百，重的要敲断双脚。这个规矩，阿二是万万不敢破的。怎么办呢？阿二抬头望望天，满天飘起了鹅毛大雪，时间又紧，就是上街去买，也要耽误几百人的开饭辰光。阿二前思后想，没个好办法。最后，他想到了身边的乾坤袋，"要是把三年中积剩下来的食物，倒入锅内煮一煮，不就解了这个急吗？"想到这里，他高兴得一拍大腿跳了起来。

过了一会，"笃、笃、笃"，开饭的云板①敲响了。五六百个和尚排着队进入斋堂。他们心里都在想：今朝是佛主得道之日，一定可以吃一顿丰盛的素斋。可是，走进斋堂一看："啥东西呀！粥不像粥，饭不像饭，菜不像菜！"个个和尚的眼睛都定住了，心里冒火。不过和尚有个规矩，吃饭时不可多嘴多舌，叫吃就得吃，不吃也得吃，所以一个个只好闭拢了眼睛吃烂粥。嗨！等到上口一吃，倒是味道蛮好，特别开胃，个个争先盛添，恨不得连洗锅水都喝下去。寺里老当家也觉得蹊跷，问阿二："这叫什么素斋啊？"阿二就原原本本告诉了老当家。老当家听后，双手合十说："善哉！善哉！惜衣有衣，惜食有食，阿二积福，功德无量②，真是可敬可佩可贺！"在场的和尚听了，也个个称赞阿二和尚那种勤俭节约的精神，一致公认阿二和尚烧的饭是"皆大欢喜③"。后来和尚商定，大家平时都要珍惜粮食，到每年阴历十二月初八都来烧这种粥吃。这种做法传到老百姓家里，慢慢变成了一种民间因袭相传的风俗。这种粥就叫做"腊八粥"。

---

① ［云板］一种两端作云头形的铁质或木质响器。旧时官府、富贵人家和寺院用作报事、报时或集合人员的信号。也作"云版"。

② ［功德无量］指功劳恩德非常大。无量，没有限量。

③ ［皆大欢喜］大家都很满意、很高兴。原是佛经结束语中的习惯用语，指佛讲经说法后，信众都感到身心愉悦，无比欣喜。

品读赏析

他,其实有个高大上的称号——弥勒佛。

他,是斋堂里做杂务的"火头僧"。

生活中,大伙儿可能更多地会叫他"阿二和尚"。

可民间故事大王和苏州的百姓更愿意称呼他"布袋和尚",这是什么道理呢?

如果读者细心,就会发现:关于他的第一处笔墨,就是"红布袋"。真是"未见其人,先见其袋"。故事第二段,阿二和尚正式出场,当家师父对他的红布袋却完全没有留意,只问懂不懂经、会不会说法、能不能侍候施主。后来见他忠厚老实、身坯结实,才打发他去伙房干杂务。红色乾坤袋的这悄悄一笔伏得不动声色,以至读故事、听故事的人大多不太会注意。"阿二还有个好习惯",第三段这样一点,乾坤袋便顺理成章地登场了:作者用排比句式,用繁笔铺陈手法,写从"稻柴上""汰碗淘米水"和"地头上"捡拾谷子、米粒和豆荚等放进乾坤袋。段尾交代,经过三年收集,"五花八门的食物少说足有两石半"。至此,故事的草蛇灰线已变得明显起来了。第四段,先交代闹猛的腊八日——佛祖的得道日,管钱粮的和尚"竟忘记开仓取米粮"。后面又一层一层地制造波澜:左等右等,不见管钱粮和尚的影子;去喊,怕触犯佛法,破坏规矩;上街买,也要耽误辰光。这里的全部文字,写透了"山穷水尽",写尽了"千呼万唤"。"柳暗花明始出来"的乾坤袋,终于站到了 C 位。故事结尾水到渠成,点明"惜衣有衣,惜食有食"的大道理。

和尚与布袋,每天"身不离袋,袋不离身"。布袋和尚精通的是"节约粮食"这本经,他给世人讲述的是"珍惜粮食"这部法。的确是功德无量,"善哉!善哉!"

至此,为什么坚称他为"布袋和尚"的答案已经出来了。

"把小米、饭豆、枣、栗、白糖、花生仁儿合拢来,糊糊涂涂煮成一锅,让它在锅中叹气似的沸腾着,单看它那叹气样儿,闻闻那种香味,就够咽三口以上的唾沫了,何况是,大碗大碗地装着,大匙大匙朝嘴里塞灌呢!"沈从文先生《腊八粥》一文的这段文字,使我们口齿生香;苏州西园寺"布袋和尚"则让我们品味出那碗"腊八粥"背后的个中三味。

单元练习

一 阅读《蚕丝风俗寻踪》一文,回答下面两个问题。

  1. 文中在介绍有关蚕俗语言忌讳的时候,举了"生姜""豌豆""葱"这三个词语作例。请你以所了解的语文知识,结合文章内容,说说它们在吴江蚕桑地区忌说的原因。

  2. 联系文意看,文中引用的"清明一粒谷,看蚕娘娘哭;清明雀口,看蚕娘娘拍手"这条民谚使用了什么说明方法?请作具体说明。

二 认真阅读《端午·粽子·划龙船》中的"端午吴中俗"这一部分,说说这一部分的二、三两段介绍"端午吴中俗"时是紧扣文中哪个关键词展开的。

三 认真阅读《民间传说两篇》,回答下面的问题。

  1. 民间故事《布袋和尚与腊八粥》除了告诫我们"要珍惜粮食"外,还告诉了我们其他哪些道理?请说出5条。

  2. 疏蓄并举,是大禹治水成功的法宝。大禹在苏州得此"水经"并劝导人们"多开河道",为建成苏州这座水乡城市立了大功。请问民间故事的这个想象合理吗?为什么?

  3. 请你通过图书馆查阅、网上检索、寻访老人等方式,再学习一两则苏州民间故事,并讲给同学听。

10

单元提示

  同样是写苏州,但在不同的时代背景下,作家个人遭遇和人生旨趣的差异,使得他们笔下的苏州风貌千差万别。正如同是欣赏秋景,既有"古道西风瘦马"这样的萧瑟,也有"万类霜天竞自由"这样的壮美。阅读本单元课文时,要结合文章的写作背景去体悟作者的思想感情,把握作品不同的写作特色和风格。

  《访书》从"文革"以后重访苏州旧书店入手,回忆30年前与好友微醉访书的情景以及"文革"时旧书业逐渐消歇的旧事,表达一位老作家因爱书而将"访书"视为一乐事的情结。文字朴素,记叙中加以含蓄的议论。阅读时可以身临其境地体味老作家"访书"的乐趣,以及特殊时期无书可寻的无奈和苦恼。想一想,你有没有过类似的经历?你有没有这样类似的感受?

  阅读《诗巷》时,我们可能会产生这样的疑问:"为什么这篇文章描写的苏州和我们现在生活的苏州有很大的不同呢?"原来,《诗巷》与其他赞美苏州的作品之所以不同,是因为作者描写的是抗战时期的苏州。他写出了抗战时期苏州破败、冷清、萧条的环境氛围,那时的苏州和苏州人似乎与时代脱节,与中国特殊的社会背景脱节,生活是停滞的,所以在作者眼里,苏州一点也不美,虽名"诗巷",却毫无诗意。

  《老家苏州》的作者艾雯出生于苏州书香门第,自小在苏州长大,十四岁随父母离开故乡后,因抗战爆发,未能返乡。1949年随母亲迁居台湾,与故乡的距离更加遥远,半个多世纪的漫长分离,作者只有用笔墨文字纾解"千斛乡愁"。作为20世纪50年代台湾最受欢迎的散文家,作者"以赤子之忱,孺慕之情,写出生命中最深的记忆——那些如诗如梦,欢乐美好的童年岁月,苏州人丰富多彩的生活历史",饱含深情地表达了"但愿来生仍做苏州人"的愿望!

那以后,我就时常到苏州来,每次总要有半天到一天的时间花费在书店里。当时的护龙街与玄妙观,真是书的海。不只是书店,连马路两边也摆着摊,连地上也都是的。相熟以后,还会被书店主人邀请到楼上去看他藏的"秘本",残书。这在我都是最大的乐趣。

访 书①

黄 裳

多年来,苏州对我的最大吸引力是书。访书在苏州,比起北京的琉璃厂②,杭州的留下,南京的状元境……味道完全不同。

整整三十年前,也是这样的秋天,鲃肺汤上市的时候,我陪了叶圣陶、郑西谛、吴辰伯到苏州去旅行。在车站上遇到周予同,他是从上海到苏州社会教育学院去上课的。一把拖住他们到学校去演讲,没有谁肯去,事实上当时他们谁都不能公开露面。郑西谛就要我去讲,我当然不会去,因为,我连一些在学院说话的资格都没有。西谛还是不住地说,他真的不是在说笑话,正经得很,还说我是"三人行中最少年"。这事还恍如目前,而西谛的墓前如果种了白杨的话,怕真的也"堪作柱"了。

记得那天晚上在酒楼上夜饭,三个人都能喝,结果是虽未沉沉大醉,也相差不远。从酒楼出来时,观前一带早已上灯。西谛却吵着要去访书。先到玄妙观,在一家书店里看书,我花了一块钱买了一部康熙刻本的《骆临海集》送给了辰伯,因为他是义乌人,与骆宾王③是同乡。从玄妙观出来后又到护龙街上去访书,书店都早已

---

① 选自《花步集》(花城出版社1982年版)。
② [琉(liú)璃(lí)厂]北京街市名,乾隆间开设书籍、古玩、字画、碑帖、文具等店,以书店为盛。
③ [骆(luò)宾王]唐代文学家,为"初唐四杰"之一。

上了门板。西谛就擂鼓似的敲门,终于敲开了。书店的主人是认识他的,就热诚招待。记得店里刚收得许博明家的一大批藏书,善本①不少。特别是整整一架地方志,几乎都是康熙以前的清初刻本,西谛大声连赞"好书"。其实我知道,他不久就要到香港转往解放区,不想买,也没有余钱买书的。不过他还是告诉我,"这些书是非买不可的,机会不能放过!"好像我是百万富翁似的。这情景也还如在目前。

从这家书店出来时,大约已是八九点钟了。给秋夜的微风一吹,大家也多少清醒了一些,算算护龙街上的旧书店,至少还有十多家,怕是不能遍访了。正是"酒已都醒,如何销夜永?"西谛还是不肯回到宿舍去,终于想出主意,要去看汪义庄里戈裕良手叠的假山。记得也是在护龙街上,钻进了一条狭狭的小弄,在昏暗中看见一座假山。自然是什么都没有看清楚,而且后来知道,这实在也并不是汪义庄。

这次访书的经过,想来虽然有些可笑,但确是十分美好的回忆。

那以后,我就时常到苏州来,每次总要有半天到一天的时间花费在书店里。当时的护龙街与玄妙观,真是书的海。不只是书店,连马路两边也摆着摊,连地上也都是的。相熟以后,还会被书店主人邀请到楼上去看他所藏的"秘本",残书。这在我都是最大的乐趣。如果将所见、所闻、所得记下来,我看是不会输于我的同乡先辈李南涧的《琉璃厂访书记》的。

不过这种"盛况"没有维持好久,苏州的书市逐渐消歇了,到江青伙同林彪抛出那个《座谈纪要》以后,整整十年,苏州市上就再也不能看到一册线装②书,这中间又出现了另一种传说、神话似的故事。总的说来,恰如一场伟大的魔术吧。现在那谜底也逐步揭开了。如果记下来,其奇诡、悲壮就更非李南涧所能梦见。

自然,那些熟习的书店经营者,也一个都不再露面,久违了。

---

① [善本]古代书籍在学术或艺术价值上比一般本子优异的刻本或写本。
② [线装]书籍装订法的一种,装订的线露在书的外面,线装书是我国传统的装订书。

这回,当我从怡园出来,漫步走进对面的古籍书店里去时,却十分意外地被几位店员叫住了。真的是意外,十年不见,彼此都还"无恙"。于是被让进内间,泡了茶。坐下来谈天。这两位老朋友,是最近才从江苏北部的农村调回来,归了队的。在过去的十年里,线装书是被视为典型的"四旧"的,那从事收集、流传线装书的人又该是什么呢?这是不言而喻的。他们的命运就不必说了。

现在终于"无恙"地回来了,那就好。我就问问他们最近的业务,曾经收到过什么好书,对旧本书在民间流散情况的估计,今后如何开展保护、征集的工作等等。问题有一大堆,而且并不都是愉快的故事。我不想写什么调查报告,因此在这里就略之。

好书,是日见其少了。近年来他们所收的可以看看的善本,说来说去也不过十种左右。就选抄几种名目在这里。嘉靖刻的贾谊《新书》,冯班校宋本;毛斧季的抄本《剪绡集》和《梅花衲》;归昌世的稿本《假庵杂著》,是记苏州掌故的;黄丕烈跋①的明抄本《野客丛书》……

我又被让到楼上的书库里去看书,这真是好久没有过的快事,虽然看下来不免使人失望。书的质量是远远不能和过去相比了。现在摆在架子上的,过去大抵是放在地上的东西,甚至还不及。为了"不虚此行",积习难改,我还是花了四角钱买了一册光绪十七年金陵刻本的《煮药漫抄》,书是薄薄的一本,只二卷,是诗话之类的东西。作者则是嘉兴叶炜(松石)。他是在同治甲戌(一八七四)应日本文部省之聘,到东京的外国语学校担任汉文教师的,那是日本的明治七年。叶松石在光绪六年又重游大阪。此书则是病中所记。前面有日本湖山老人小野愿的序文(明治十五年)。

买到这本小书,我是非常高兴的,不只因为这是隔了十多年以后,重新阅肆得到的第一本旧书;更为了这是一百零四年前,在中国还没有派遣公使时就到日本去进行文化交流的前辈的作品。在敬爱的邓副主席访日的时候,得到此书,实在是极为使人高兴的事。

---

① [跋(bá)]一般写在书籍、文章、金石拓片等后面的短文,内容大多属于评介、鉴定、考释之类。

品读赏析

黄裳(1919—2012),原名容鼎昌,笔名勉仲等,山东益都人。中国散文家、藏书家。曾长期从事新闻工作,并熟于版本目录学。其文得古文之精髓,含今文之韵致,谈古论今,令人回味,著有《锦帆集》《过去的足迹》《音尘集》《黄裳书话》《春夜随笔》等。有《黄裳文集》行世。

本文从"文革"以后重访苏州旧书店入手,忆及30年前与叶圣陶、郑振铎等好友夜里携醉去旧书店访书的事,诗酒轻狂,年华如梦,对于作者来说,那次"访书"是十分美好的回忆。作者再回忆以后"苏州的书市逐渐消歇"直到"文革"十年,"苏州市上就再也看不到一册线装书"的旧事,不胜感慨。

作者在文章开头将在苏州访书与北京的琉璃厂、杭州的留下、南京的状元境等作比,指出访书在苏州,味道完全不同。作者将此作为文章总起,下文详细追忆30年前与朋友访书一事,特别指出那是一次酒后访书,踏着月色,带着些许醉意,轻松而又尽情,十分美好。又略叙之后时常到苏州来访书的事,从"盛况"至"逐渐消歇"的过程,字里行间透露出无奈与感伤之情,最后又回叙到如今这一次访书,是"好久没有过的快事",高兴之情,溢于言表。

文章通过"访书"一事,以"访书"为线索写出了与此相关的种种人事和感受,含蓄地流露出这座具有丰厚文化底蕴的古城是怎样丰富了人们的精神生活,带给人们高雅的精神享受的,字里行间表达了作者对世事沧桑的感慨,流露出一个爱书之人对"书"的热爱痴迷之情。

苏州旧书业系于苏州文化,可以写成一本专史,作者指出一鳞半爪,把访书者、书肆经营者的文化情味都写了出来,让人体味到天堂苏州的另一种情趣,以及苏州独特而深厚的文化底蕴。

黄裳的散文喜欢征引和议论,使人惊讶其见闻之博和目光之犀利,本文也有这样的特点。阅读时可以注意文中夹叙夹议的地方,学学他的这种独特的写法。

抱在你的胸前,听到了梦的船歌、鸟语。水国苏州,是为惜花谢春时,春柳的啜泣……这样的写情、写景,我是否能无损于原作,根本没有把握。但这是诗人想望中的俏丽的梦境,我所体会的现实的苏州,恐怕还不是美得这样的天堂。

诗　　巷①

袁　殊

从前田汉②先生写过《苏州夜话》的短剧,是否已够表现苏州的情绪?记忆已经模糊;是否与我现在的体味相同?一时也说不上来。

曾有人赞美过苏州,说这是东方的威尼斯。又有人说是和日本的旧城名古屋相仿佛。可惜这东西两大名胜之地,我都没有到过,也难于说出比较。

我在苏州,快三年了。因为不是一个居民,所以对于迷蒙的苏州生活,尚无真实的体验。但因为接触过这古城的桥河塔影,曾因这印象引起过诗兴,写了题为《长街陋巷》的诗。黯长的陋巷,栉比的居屋,黑灰的门墙;而在这些并不雄伟高大的门墙之内,也许有数进深度的画栋雕梁,也许有幽篁③小院,在散置的太湖石之间隙里,种植着玉簪,或盆兰,或梅桩。短墙之阴,长着老年的大叶的芭蕉,楠木大柱的厅堂,铺着破碎的大方地砖,而寂寞冷落,阒然④无人的踪影,好像是没有人住似的。

---

① 选自《袁殊文集》(南京出版社1992年版)。
② [田汉(1898—1968)]原名寿昌,湖南长沙人。中国戏剧活动家、剧作家、诗人。《中华人民共和国国歌》词作者。著有话剧、歌剧、戏曲、电影剧本一百余部,代表作有《关汉卿》《文成公主》等。生平著述颇丰,有《田汉文集》行世。
③ [幽篁(huáng)]幽深的竹林。
④ [阒(qù)然]形容寂静无声的样子。

其实是住着人的。年轻的大概都是出外去了。年老的大概是从朝至暮都坐在"吴苑"深处,在幽然饮茶,谈是非,鼓动着市井之谣,品评官府的贪廉得失,道说米价。也许从昼食后,他们就耽搁在浴室里了。女的呢,也许是一面在嗑着瓜子,听无线电里的弹词,《英烈传》或者是《珍珠塔》。他们就这样的打发着光阴。不是他们在迎接时间,而是时间在等待他们。而且,好像是多长久的年月以来,就这样在等待着似的。

这些人,或许就是历代书香,簪缨世裔①,有年成不好的租米可收;有旧书、骨董、字画可摩挲;或挤到玄妙观去吃零食;再不然到观前买一小包糖果带回家,细细地咀嚼着日子,纤巧乖致,盘算着东邻西舍的人情,又好像自己是不存在似的。

我曾经出过一个题目叫《巷》,请一位能文者写篇散文诗。但他只写了《陋巷小景》。而且因为各人的印象与兴会有所不同,描绘或透视都难得恰到好处。我该想着,这是在科甲时代出过多少状元的灵地。

外国人怎么看苏州的呢?我想起了西条八十所作的《苏州夜曲》。他所憧憬的苏州情调,试译出来,是否有罗曼蒂克的美:

抱在你胸前,听到了
梦的船歌、鸟语。
水国苏州,是为惜花谢春时,
春柳的啜泣。

流水漂浮着落花。
即使未知明天去处;
今宵映着了两人的姿影,
莫消逝啊,到地久天长。

---

① [簪(zān)缨世裔(yì)]簪和缨,古时达官贵人的冠饰,用来把冠固定在头上。旧因以为做官者显贵之称。簪缨世裔,指世代做高官之家。

>戴上鬓边,还是吻它一吻呢!
>是你手折的,这桃花?
>且莫含泪啊!在朦胧月下,
>钟声来自寒山寺。

  这样的写情、写景,我是否能无损于原作,根本没有把握。但这是诗人想望中的俏丽的梦境,我所体会的现实的苏州,恐怕还不是美得这样的天堂。

  可不是,虎丘塔倾圮的斜度,已经很大了。生公说法,使顽石点头,那传说的大石块上的血的遗斑,虽也可疑,然而这地方从前就有过杀人的动乱,是中国任何一个古城所不能例外的,也可以想象得了。在灵岩山麓木渎镇的近处,还有才人金圣叹的遗冢。沧浪亭依然无恙。曾为沈三白和芸娘恬淡自恃的皇废基,也还有遗址可寻。范蠡挟西施出亡的一箭河,还是一条笔直的水径。从遗迹中去回忆往日苏州的文化、政治乃至社会风土,令人神往者很多。就是去年因当权要人的来苏,得聆别处所没有的古琴的演奏和已在没落的昆曲的残腔,也更引人投入到往昔苏州的回味里去。但是,现在一看满街的咖啡茶座,以及那不能入耳的洋琴、打鼓声,把上海水兵酒吧的烂爵士搬到这土地上来,盈耳的是"我是十八岁……",即使苏州美人真是美的了,也叫人不敢正眼去望她一下。

  我在苏州,离开市街颇远,住在一个丘石桥池的园里,我称之谓"废园",也称之谓"寒园"。据说,是有灵异和鬼怪故事的名园。每当深宵雨夜,我从老远的大门走进来,既兴与鬼神为邻之唉叹,也自幸是在体会着苏州。由前一想,偶而有所惊惧。由后一想,则惯于泰然自足的了。每遇所谓"衙斋夜听潇潇雨"的时候,总是独坐案前灯下,虽不是起草羽书传檄,也无板桥①之诗心(民间是已经疾苦得连声音都没有了),但却有其诗境之享受。有人赠我一首老子诗,有句云:"总因居乱世,故作贬时篇。"若取其上句,诚然如

---

①　[板桥(1693—1766)]郑板桥,名燮(xiè),字克柔,江苏兴化人。清代书画家、文学家。擅画兰竹,工书法,能诗文,为"扬州八怪"之一。著有《板桥全集》。

此,贬时则我何敢。像×氏以下野之县宰,还要追求文学,莫非亦是出自乱世之情吧!他曾来信说,已预备稿纸、题目,并代签上名,要我"闲话苏州"。可是我想,当年易君左①氏就为了"闲话扬州",闲出了乱子。历史上偶语召罪的事也正多。不作言官,便作言官的对象,这话实不知从何闲起?但我总算是住在苏州的,平日虽不大穿街走巷,见闻不广,却还是有印象的。记得年前偶而和一位先生从护龙街走往宫巷,经过一条又长又窄的巷,黄包车只容单行,一看高壁上的搪瓷仿宋大黑字的路牌,写着"诗巷",遂为文如上。呜呼!这便是苏州罢。我只好有违编者的出题了。

品 读 赏 析

袁殊(1911—1987),原名袁学易,化名曾达斋,湖北蕲(qí)春人。早年留学日本,专攻新闻学,接触了一些进步思想,回国后担任"中国左翼文化总同盟"常委,参加上海左翼文艺活动,创办《文艺新闻》。1931年10月,年仅20岁的袁殊经潘汉年介绍加入了中国共产党,并参加了中共情报系统的工作。1937年全面抗战爆发后,曾打入敌特谍报机关,出面组织"兴亚建国同盟",并以此为招牌,秘密组建新的情报据点,将一份份重要的战略情报从敌人的心脏发送到了延安。1945年10月,袁殊在党组织的安排下,秘密到苏北解放区,结束了长达14年的地下生活。1949年2月,又被调到中共情报部门工作。1955年4月,因潘汉年案而被捕入狱,1982年获平反。1987年病逝于北京。著有《袁殊文集》。

古往今来,文人墨客笔下,赞美苏州的诗文数不胜数。苏州素有"上有天堂,下有苏杭"的美誉,而袁殊笔下的苏州,却另有一番景象。这恐怕与他居住苏州时特定的历史背景有关。

袁殊居住在苏州的三年,正值抗日战争时期,作为一名肩负特殊使命的地下工作者,整日与日本特务机关打交道,过着"腥风血雨"的生活,即使身

---

① [易君左(1899—1972)]字家钺,号敬斋,笔名意园等,湖南汉寿人,作家。作品有《西子湖边》等60余种。20世纪30年代,易君左写过一本《闲话扬州》的小册子,书中因对扬州的风俗、建筑设施,尤其是对扬州妇女说了不少"闲话",激起了扬州人的公愤。扬州妇女界人士组成声势浩大的"究易团",将易君左告上镇江地方法庭。后经地方名士王茂如出面调解,原被告双方达成如下协议:一、易君左公开向扬州人民道歉;二、易君左赔偿名誉损失800元,交由扬州人民公益事业;三、中华书局销毁《闲话扬州》纸板,停止发行。易君左公开在《民意日报》上道歉,离任江苏省教育厅编审室主任之职,一场风波才告平息。

处拙政园这一集苏州园林之精粹于一身的胜景之中,也体会不到多少美感。因而,他笔下的苏州惟有"黯长的陋巷","黑灰的门墙","倾圮"的虎丘塔,总之是一副破败、寂寞、冷落之景。而苏州人无非是"谈是非""评官府""说米价",或泡泡浴室,听听评弹,无聊地打发着光阴。令人回味的也只是往昔的苏州,不是作者当时所处的苏州。这便是作者笔下的苏州印象,虽名"诗巷",却毫无诗意美感。

  作者抒发了自己独特的感受,而这一感受也打上了深深的时代烙印。他对时世的忧愤和不满都含蓄地隐藏在字里行间,隐藏在笔下"不是美得这样的天堂"的苏州印象中。文字质朴含蓄,耐人寻味。

年少时，她像母亲，给你最初的爱，最早的启蒙，最深的根蒂；

战乱中，她是心中不败的据点，给你支撑和力量；

离别后，她是最深最久的牵挂，是刻骨铭心的恩情和缱绻的忆念；

暮年时，她是一生精神的归依；

根归起源，根归故乡，根归老家苏州……

老家苏州①

艾 雯

有一处地方，尽管你已离开了它，千山万水阻隔，但天涯海角，它永远跟你在一起。尽管岁月悠久、沧海桑田、红颜转白发，而它始终常相伴随。寂静中、梦回时，稍一动念，略一回顾，转瞬显现，随时到达。你生根于彼处，彼处植根于你心中，那正是每个人生于斯，长于斯的故乡。

门前走过千百次的长巷，洁净的鹅卵石光滑如洗。青石台阶、黑漆屏门、白粉墙头探出一两枝桃李。小河萦绕回转，潺潺流过杨柳岸，傍水人家，橹声欸乃，满载蔬菜瓜果的小舟驶过身边，收网的渔船穿越脚下拱桥洞。园林处处，总是诗情画意。高耸云天的宝塔，永远是方向的指标。动乱岁月、漂泊人生、风云失色、世界变迁，心中梦中永不褪色的，是那故乡的山山水水，万种风情。

在那里，总有一些血脉相连、恩情融贯、水亲土亲的人，亲昵地唤你的乳名，抱过你、拍过你，知道你小时候一些可爱的举止、一些

---

① 选自《苏州杂志》2008年第5期。有改动。艾雯（1923—2009），本名熊崑珍，江苏苏州人。中国女作家。著有散文集《青春篇》《渔港书简》《昙花开的晚上》《缀网集》《老家苏州》，小说集《生死盟》《小楼春迟》《一家春》等。她曾在台湾举办的"青年最喜爱的作家及作品"选拔中获散文作家第一名。

可笑的糗事。还有不少堂兄弟表姊妹，自小便一起在墙门间踢毽子、大厅上造房子、花园里捉迷藏，又一路勾肩搭背上学的亲密玩伴。

在那里，你听到的是比世界上任何声音都动听、都亲切的声音，那是你生命最初接触的声音。从耳畔的呼唤、教诲，到牙牙学语，吟唱儿歌，读人手刀尺，娓娓申诉，狡辩……一朝身在异乡，纵使在众音喧哗中，只么轻轻一句，便能震撼心弦，又那样安舒地熨帖①每一根神经。

在那里，有任何地方吃不到的好东西，"浓不鞔胃，淡不稿舌②"的肴馔，精致的点心糖食，田里树上鲜嫩沁甜的蔬果，塘里的莲藕红菱，河中的鱼虾螃蟹。产品中有醇厚的乡土味，调味中渗着浓浓的乡情，早已嗜食成瘾。

在那里，地域性的优异文化熏陶你的心智，山水清华滋润你的性灵，卓越的人文精神导引你的性向，传统的习俗风尚培养你的生活情致，高雅独特的审美观决定你的品味，这些都已形成你性格的原型、观念的基因，不能磨灭，也难以再脱胎换骨。

最初的爱、最早的启蒙、最深的根蒂，是你刻骨铭心的恩情和缱绻③的忆念。

脐带剪断了，儿女的心永远系恋着母亲。离开了故乡，游子的心，始终怀念那片萌芽生根的土地。

就像春秋阖闾筑城以来，二千五百多年萦绕着姑苏潺湲回转的河道，永远那样不停不息、不急不徐的流淌过悠远岁月。文化古城，世世代代常住着爱好和平的居民们，天性宁静无为的苏州人，习惯了安逸、恬淡、优雅自在、乐天知命的生活，一向安土重迁，谁也忍受不了"离乡背井闯天下"的辛苦，有人外出求学或做事，老一辈的叫"出远门"，"出一趟远门嚜，少则三两个月，多则一年半载，

---

① ［熨（yù）帖］贴切，妥帖。
② ［浓不鞔（mèn）胃，淡不稿舌］语出明代书画家周履清《易牙遗意序》，意思是说苏帮菜的口味平和，浓稠而化得开，清淡而又不是淡而无味。鞔，通"懑"，腹中闷胀。稿，通"槁"，干枯。
③ ［缱（qiǎn）绻（quǎn）］情意缠绵，难舍难分。

就要转来咯"。然而,那一年,清明刚过,杏花细雨,杨柳拂面的1937年初春,父亲允同乡好友邀请,同去江西帮忙一年。他暂时搁下须臾不离的书画,母亲放开针黹①首饰,我万般不舍地留下收藏的香烟画片,行李轻简,一家四口:双亲、未满一岁的润妹和少年的我,向依依不舍的外婆告别:"勿要担心,就要转来过年咯。"黄包车碾过幽幽静静的瓣莲巷,出平门。我靠窗坐在火车上,望着蜿蜒的城墙,高挺的北寺塔,一一倒退消失,心中默默祈诉:"再见!苏州。"谁知这一趟出远门竟是半个多世纪,从此归乡路断,天人永隔,再也不曾回老家过年。

"七七"事变,人类最丑陋残酷的侵略战争,山河破碎,疆土寸断,书生型的父亲,禁不起思乡忧国,日夜跑空袭警报,不三年便在大庾②任上遽然③逝世,少年的我惶恐肩起重任,母女仨随着我工作单位,辗转大后方。战乱中历经颠沛艰苦,家乡总是心中不败的据点。之后两岸隔绝,音讯渺茫,日思暮想,总是难以排解乡愁。故乡,不只是血脉地缘的情分,更是精神文化的依归。专属于故乡,有一组特别敏感的神经,有一根特别纤柔的心弦,有一份特别丰沛的深情。平常日子,母亲和我随时都会被周遭任何事物,生活中的点点滴滴,逢年过节,花开叶落,触动思念勾引起无限往事,如同一滴水滴入回忆的深潭,小小涟漪,迅速扩漾、回旋、无岸无涯……一个述说,一个补充,一会笑语盈盈,一会惆怅低回,琐琐碎碎,总是甜蜜。安乐岁月,事事温馨,恍惚时光倒流,沉浸在往日情怀中,脉脉相和、息息相通,那一会母女俩心贴心,在亲情交融、共同思念的时刻,亦是另一种幸福。

千斛乡愁,无处纾解,唯有寄托笔墨、付诸文字。我以赤子之忱,孺慕之情,写出生命中最深的记忆——那些如诗如梦,欢乐美好的童年岁月,苏州人丰富多彩的生活历史。

1990年秋,女儿陪我第一次返乡,九六高龄的母亲未曾同行,殷殷切切只是絮叨着一些亲属的小名,但人事渺杳,无以作答。当

---

① [针黹(zhǐ)]指各种针线活。黹,缝纫,刺绣。
② [庾(yǔ)]露天的谷仓,这里指谋生的职场。
③ [遽(jù)然]突然。

我提到寒山寺敲钟,住持法师特别为她祈福,老人家忽然兴致勃勃背起"月落乌啼霜满天……半夜钟声到客船"。她没有记清"半夜"和"夜半",意思本来一样。总想有一天可以陪她回去一起走拱桥、听钟声。毕竟跋涉太辛苦,她老人家高寿一百零二岁仙逝,却终未能重返故乡。

许多年前写下这篇真挚的怀念文章,漂泊游子有"根归起源"之感受——但愿来生仍做苏州人!

品读赏析

美国作家托马斯·沃尔夫曾说:"认识自己故乡的方法是离开它;寻找到故乡的办法,是到自己心中去找它,到自己的头脑中、自己的记忆中、自己的精神中以及到一个异乡去找它。"

这篇散文正是十四岁离开苏州的艾雯,在异乡书写的头脑中、记忆中、精神中的老家苏州。回忆故乡的人,倾听故乡的声音,品尝故乡的美味,感念故乡的影响,让读者感受到了浓浓的乡情。

阅读本文,可以抓住这一"情"字。什么情?根据文章最后一段可概括为"真挚怀念故乡之情"。具体而言,有对故乡风土人情的赞美之情,有对故乡给予自己深刻影响的感激之情,有年少离家归乡路断的伤痛之情,有回忆故乡点滴的幸福之情,有以笔墨文字纾解乡愁的赤子之情……

作者又是如何表达这样真挚深沉的情感的呢?

一是直接抒情。第一、七、八、十一、十三段,作者直抒胸臆,炽热醇厚。比如第一段,以"有一处地方"领起,以"那正是每个人生于斯、长于斯的故乡"呼应作结,中间用对称的语句,强调"千山万水"的空间和"岁月悠久"的时间都无法阻隔与故乡的紧密联系;"稍一""略一""转瞬""随时"无不表达"不思量,自难忘"的刻骨乡愁。第七、八两段,"最初的爱、最早的启蒙、最深的根蒂",连用三个"最"字,以排比增强语势,强化了"刻骨铭心的恩情和缱绻的忆念";又把故乡比作母亲,以儿女对母亲的依恋,对母亲养育之恩的感激来直抒游子寻根的铭心乡情。

二是间接抒情,作者或借故乡的景物人事抒情(第二至六段),或通过叙写自己的经历深化感情(第九、十、十二段),寄情于景,寄情于人,寄情于物,寄情于事,字里行间蕴含的情感,值得细细品味。比如第九段,那个永远定格在少年记忆里告别故乡的场景:"他(父亲)暂时搁下须臾不离的书画,母亲放开针黹首饰,我万般不舍地留下收藏的香烟画片。"一组排比,三类物象,三个人物不同的形象跃然纸上;三个动词,又可见相同的不舍。一句告别"勿要担心,就要转来过年咯",饱含少年人的天真和希望。瓣莲巷、平门、城墙、北寺塔……"一一倒退"的景象只能定格在回忆中。年少时的我天真地以为分别只是"暂时",不久当"再见"苏州,怎能料到此一别竟长达半个多世纪,"从此归乡路断,天人永隔",如今再回忆起那次告别,真是痛彻心扉!

三是语言表达,作者通过大量使用整句,使情感的抒发深沉有力;整散结合,又带来表达上的摇曳有致。偶尔穿插的方言,更显浓浓的苏州味和乡音不改的深情。在修辞的运用上,大量使用排比和比喻,使得情感的表达更强烈更生动。如这段文字:

> 故乡,不只是血脉地缘的情分,更是精神文化的依归。专属于故乡,有一组特别敏感的神经,有一根特别纤柔的心弦,有一份特别丰沛的深情。平常日子,母亲和我随时都会被周遭任何事物,生活中的点点滴滴,逢年过节,花开叶落,触动思念勾引起无限往事,如同一滴水滴入回忆的深潭,小小涟漪,迅速扩漾、回旋、无岸无涯……

用"不只是……更是……"的整句表达,突出故乡于我的深刻意义;用"有一组……有一根……有一份……"的排比,强化我对故乡的专属深情;用"一滴水、深潭、涟漪"的比喻,生动地表达了我和母亲日常对故乡绵延深广的思念之情。

离乡愈久,思乡愈切,一笔一划,都是乡愁,因情生文,情在笔端。

单元练习

一　《访书》中作者详细叙写的"访书"经历有几次？前后对比说明了什么？

二　《诗巷》中作者笔下的苏州有何特点？

三　请将你学过的其他作家描写苏州的文章与这两篇课文相比较，结合写作背景说说作者为什么这样写。

四　《老家苏州》这篇散文的语言饱含深情，请结合全文，简要分析最后一句"但愿来生仍做苏州人！"蕴含的情感。

五　比较下面改句与原文的表达，说说原文表达好在哪里。

　　动乱岁月、风云失色、漂泊人生、世界变迁，那故乡的山山水水，万种风情，在我的心中梦中永不褪色。

11

单元提示

历代志士仁人,关注做事惜时、立身处世,关注天下大事,用中华民族传统的道德文化教育子孙后代和广大民众。本单元三篇文章,正是从各自的角度,展示了我国古代优秀传统文化的文明风貌,展示了以天下为己任的担当精神和家国情怀。

《要做则做》开门见山,针对年轻人不求上进,往往脱口而出的"不会做""且待明日"两句话,极具针对性地指出其错误认识。对于前者,只用了一句干净利落的反问句;对于后者,则用"一味因循,大误终身"八个大字指出其严重后果,引用《明日歌》意在劝勉,从而让后生家明白"凡事要做则做"的道理。

《治家格言》是中华民族古今"家训"著述中不可多得的名篇佳作。它运用正反对比的手法,从读书、做人、处世等方面"知行合一,止于至善"的行为规范,语重心长地指导和劝诫子女要躬身力行,才能达到道德修养的至善境界。通俗易懂的话语中包含着许多深刻的生活哲理,催人摆脱鄙俗,走向文明与高雅。

《正始(节选)》选自顾炎武的代表作品《日知录》。《日知录》"乃其读书有得,随时札记,故以'日知'为名……采铜于山",历时三十余年始写成,自言"平生之志与业皆在其中"。而《正始》又是其中最具代表性的名篇。文中发出了"亡国与亡天下奚辨"的时代之问,到"保天下者,匹夫之贱与有责焉"的大声疾呼,又经梁启超总结为"天下兴亡,匹夫有责"的千古箴言,以及《日知录》[初刻于康熙九年(1670),即符山堂刻本]问世350多年来的代代相承,凝聚了一代又一代学者、思想家、革命家的人文智慧和传承中华优秀传统文化的历史自觉。

清代彭端淑《为学一首示子侄》云:"天下事有难易乎? 为之,则难者亦易矣;不为,则易者亦难矣。"意思是说,天底下的事有困难和容易之分吗? 只要肯付诸行动,困难的事也变得容易;如果不躬行实践,容易的事也会变困难。

要做则做①

钱 泳

后生家②每临事,辄③曰:"吾不会做。"此大谬④也。凡事做则会,不做则安能会耶? 又,做一事辄曰:"且待明日。"此亦大谬矣。凡事要做则做,若一味因循⑤,大误终身。

家鹤滩先生⑥有《明日歌》最妙,附记于此:"明日复明日。明日何其多? 我生待明日,万事成蹉跎⑦。世人苦被明日累,春去秋来老将至。朝看水东流,暮看日西坠。百年⑧明日能几何? 请君听我《明日歌》。"

品读赏析

本文是一则笔记文,作者针对年轻人每临事辄曰"吾不会做",做一事辄曰"且待明日"展开议论:一曰"凡事做则会,不做则安能会",强调事在人为,勇于担当,也就是我们今天常说的世上无难事,只要肯登攀;二曰"若一

---

① 选自《履园丛话·卷七·臆论》(中华书局1979年版)。题目为编者所加。钱泳(1759—1844),字立群,一字梅溪,金匮(今江苏无锡)人。工诗词,擅书画、金石。著有《梅花溪诗抄》《履园丛话》《履园金石目》等。
② [后生家]指年轻人。
③ [辄(zhé)]总是,就。
④ [谬(miù)]错误。
⑤ [因循]迟延拖拉,松懈懒散。
⑥ [家鹤滩先生]我家鹤滩先生。家,我家,古时称同姓为"吾家"。
⑦ [蹉(cuō)跎(tuó)]时间白白过去,光阴虚度。
⑧ [百年]指人的一生。

味因循,大误终身",强调珍惜时光,只争朝夕。寥寥数语,平易朴实,而含义极为深刻,"凡事要做则做"的道理令人醍醐灌顶,颇富警策人心的力量。这是文章的正文部分。

作者引用鹤滩先生的《明日歌》作为附记,这符合一般的笔记文特点,尤其是《履园丛话》这类杂记式的随笔。作者一字不漏地引用了《明日歌》,评点仅"最妙"二字,它却有力地补充和印证了作者的观点,读来亲切自然,耐人寻味。

《明日歌》这首诗七次提到"明日",反复告诫人们要珍惜时间,今日事今日毕,不要蹉跎岁月。全诗言浅意深,给人以深刻的启示:人的生命只有一次,时间稍纵即逝,永不回头,只有抓住今天的人,才会有光辉的明天。鲁迅先生一生惜时如命,他把别人喝咖啡、聊天的世间都用于工作与写作,一生著译一千多万字,为后人留下了宝贵的文化遗产。他在北京时的卧室兼书房内挂着一副屈原《离骚》诗句的集联:"望崦嵫而勿迫,恐鹈鴂之先鸣。"意思是说,看见太阳落山了还不心里焦急,怕的是一年又过去,薄唇的杜鹃鸟又早早啼叫。崦嵫(yān zī),山名,在甘肃天水西,古代之日落的地方。鹈鴂(tí jué),杜鹃鸟。

《明日歌》语言畅达,明白如话,说服力强,很有教育意义。问世五百多年来,广为世人传颂,经久不衰。有人考证说《明日歌》的作者是文嘉,钱鹤滩当为抄录者,这一说法还颇为盛行。其源自《四库全书》本的《文氏五家诗》内收有文嘉的《明日》诗。

但这一说法令人生疑。笔者查《中国文学家大辞典》(上海书店1981年版,注云:本书根据光明书局1934年版复印),谭正璧编,蔡元培题签。词条全文如下:

> 钱福(约公元1505年在世),字与谦,松江华亭人,生卒年不详,约明孝宗弘治末前后在世。家近鹤滩,因以自号。少时,天资颖悟,弘治三年(公元1490年)中进士第一,官翰林修撰。福诗文以敏捷见长,有名一时。著《鹤滩集》六卷(四库总目)行于世。

只要看一下二者生卒年便可一目了然。文嘉(1501—1583),钱鹤滩(1505年前在世),应该是文嘉续钱鹤滩《明日歌》而作《今日歌》。另据《咬文嚼字》2013年第11期《〈明日歌〉的作者不是清代人》一文载:钱鹤滩有《鹤滩稿》(明万历三十六年沈思梅居刻本),《明日歌》就收录在《鹤滩稿》卷一之中。《明日歌》最早为钱鹤滩所作应是无疑的了。

附：

今　日　歌①

文　嘉

　　今日复今日，今日何其少！今日又不为（一作"不满"），此事何时了？人生百年几今日，今日不为真可惜。若言姑待明朝至，明朝又有明朝事。为君聊赋（一作"敬颂"）《今日歌》，努力请从今日始。

昨　日　歌②

佚　名

　　昨日兮昨日，昨日何其好！昨日过去了，今日徒烦恼。世人但知悔昨日，不觉今日又过了。水去汩汩流，花落日日少。万事立业在今日，莫待明朝悔今朝。

---

①　一说《今日歌》的作者为文嘉的父亲文徵明。文嘉（1501—1583），字休承，号文水，长洲（今江苏苏州）人。文徵明次子。明代画家。好作诗，精于鉴别古书画。著有《钤(qián)山堂书画记》。
②　一说《昨日歌》的作者为文嘉。

施惠无念,受恩莫忘。凡事当留余地,得意不宜再往。人有喜庆,不可生妒忌心;人有祸患,不可生欣幸心。善欲人见,不是真善;恶恐人知,便是大恶。见色而起淫心,报在妻女;匿怨而用暗箭,祸延子孙。

治家格言①

朱柏庐

黎明即起,洒扫庭除②,要内外整洁,既昏便息,关锁门户,必亲自检点。一粥一饭,当思来处不易;半丝半缕,恒念物力维艰。宜未雨而绸缪③,勿临渴而掘井。自奉④必须俭约,宴客切勿流连⑤。器具质而洁,瓦缶⑥胜金玉;饮食约而精,园蔬愈珍馐⑦。勿营华屋,勿谋良田。三姑六婆⑧,实淫盗之媒;婢美妾娇,非闺房之福。童仆勿用俊美,妻妾切忌艳装。祖宗虽远,祭祀不可不诚;子孙虽愚,经书不可不读。居身务期俭朴,教子要有义方⑨。勿贪意外之财,勿饮过量之酒。与肩挑贸易,毋占便宜;见贫苦亲邻,须加温恤⑩。刻薄成家,理无久享;伦常乖舛⑪,立见消亡。兄弟叔

---

① 选自《中国传统家教宝典》(中国广播电视出版社1992年版)。
② [庭除]庭前阶下;亦指庭院。庭,厅堂;堂屋阶前的空地。除,宫殿的台阶,亦为台阶的通称。
③ [未雨而绸(chóu)缪(móu)]趁着还没下雨,先修缮房屋门窗。比喻事先做好准备。绸缪,紧密缠缚。
④ [自奉]自己生活享用。
⑤ [宴客切勿流连]宴请客人聚餐不要留恋不止。
⑥ [瓦缶(fǒu)]粗俗的餐具。瓦,一种陶土制成的器物。缶,盛酒浆的瓦器,小口大腹。
⑦ [珍馐(xiū)]珍奇贵重的食物。也作珍羞。
⑧ [三姑六婆]三姑指尼姑、道姑、卦姑。六婆即牙婆、媒婆、师婆、虔婆、药婆、稳婆。旧时三姑六婆往往借其身份干坏事,故常用以泛指不务正业、行为不端之妇女。
⑨ [义方]旧时指行事应该遵守的规矩制度。后多指家教。
⑩ [温恤(xù)]温暖;体恤,周济。指多关心,对贫困者给予物质上的帮助。
⑪ [伦常乖舛(chuǎn)]伦理道德错乱了。伦常,封建社会以君臣、父子、夫妇、兄弟、朋友为五伦,以为这是不可改变的常道,因称"伦常"。乖舛,错乱,违背。

侄,需分多润寡;长幼内外,宜法肃辞严。听妇言,乖骨肉①,岂是丈夫?重资财,薄父母,不成人子。嫁女择佳婿,毋索重聘②;娶媳求淑女,勿计厚奁③。见富贵而生谄容者最可耻,遇贫穷而作骄态者贱莫甚。居家戒争讼,讼则终凶;处世戒多言,言多必失。勿恃势力而凌逼④孤寡,毋贪口腹而恣杀⑤生禽。乖僻自是⑥,悔误必多;颓惰自甘⑦,家道难成。狎昵恶少⑧,久必受其累;屈志老成⑨,急则可相依。轻听发言,安知非人之谮诉⑩,当忍耐三思;因事相争,焉知非我之不是,需平心暗想。施惠无念,受恩莫忘。凡事当留余地,得意不宜再往⑪。人有喜庆,不可生妒忌心;人有祸患,不可生欣幸心。善欲人见,不是真善;恶恐人知,便是大恶。见色而起淫心,报在妻女;匿怨⑫而用暗箭,祸延子孙。家门和顺,虽饔飧⑬不继,亦有余欢;国课⑭早完,即囊橐⑮无余,自得至乐。读书志在圣贤,为官心存君国。安分守命⑯,顺时听天⑰,为人若此,庶乎近焉。

---

① [乖骨肉]使至亲不和。乖,违背,抵触;不和睦。骨肉,比喻至亲。《管子·轻重丁》:"兄弟相戚,骨肉相亲。"
② [聘(pìn)]订婚时男家送给女家的财物,即彩礼。
③ [厚奁(lián)]丰厚的陪嫁物品。奁,古代盛放梳妆用品的器具。旧时也用为嫁女所备衣物的总称。
④ [凌逼]欺凌逼迫。
⑤ [恣(zì)杀]任意杀害。恣,放纵,任意。
⑥ [乖僻自是]性情古怪,自以为是。乖僻,也作"怪僻",古怪孤僻,与常人不合。
⑦ [颓(tuí)惰自甘]颓废懒惰,甘心情愿。
⑧ [狎(xiá)昵(nì)恶少]同品行恶劣的年轻人亲近。狎昵,过分亲近而态度轻佻。
⑨ [屈志老成]虚心地与那些阅历多通达世事的人交往。
⑩ [谮(zèn)诉]诉说人家坏话。谮,进谗言。
⑪ [得意不宜再往]得意的时候,要懂得知足,适可而止。
⑫ [匿(nì)怨]内心藏着怨恨。
⑬ [饔(yōng)飧(sūn)]早餐和晚餐。饔,早餐。飧,晚餐。
⑭ [国课]国家规定数额征收的赋税。
⑮ [囊(náng)橐(tuó)]口袋,袋子。大袋子叫囊,小袋子叫橐。
⑯ [安分守命]找准自己的人生定位,努力做好本职工作。
⑰ [顺时听天]怀有对大自然的敬畏之心,顺应时代的要求,脚踏实地,做好自己分内的事,适应环境的需要。

品读赏析

朱柏庐(1617—1688),名用纯,字致一,明末清初江苏昆山(今属江苏苏州)人,明生员。清顺治二年(1645)其父在守昆山城抵御清军时遇难。从此,他侍奉老母,并比况王裒(见《正始(节选)》注释)"庐墓攀柏"(《晋书·孝友传》:王裒父为司马昭所杀,裒筑"庐于墓侧,日夜常至墓所拜跪,攀柏悲号,涕泪著树,树为之枯。")之义,自号柏庐。清初居乡教授学生。专治程朱理学,提倡知行并进。康熙时坚辞不应博学宏词科。著有《治家格言》《大学中庸讲义》《愧讷集》等。

《治家格言》是朱柏庐的代表作,问世三百多年来,是家喻户晓、脍炙人口的教子治家的经典家训。传称海内外,至今在东南亚各国影响也很大,作者以平和舒缓的语言对卫生、安全、节俭、理财、伦常、识人、交友、诚信、助人、读书、为官等作了精辟的阐扬,规范了人之为人的基本行为准则,划定了做人的底线,蕴含着深刻的哲理意蕴。

阅读本文时应反复诵读,细细品味,多层次、多角度地解读和理解文章的核心内涵。比如文中注重人的自律和人格的自我完善,提倡对他人的尊重与宽容,强调与他人和社会的和谐相处等。其中,和谐是全文的核心:家庭、亲属、邻里的和谐,社会人际关系的和谐,人与动物、自然的和谐等。它彰显了中华传统道德文化的深厚底蕴,含义博大精深,需要我们很好地继承与发扬;它对提高国民素质和道德修养,促进社会和谐有着不可低估的实践价值和积极的现实意义。

全文仅516字,皆箴言警句,然文词简练平实,通俗易懂,读来朗朗上口,有余音袅袅、不绝如缕之感。

是故知保天下，然后知保其国。保国者，其君其臣肉食者谋之；保天下者，匹夫之贱与有责焉耳矣。

正　　始（节选）①

顾炎武

有亡国，有亡天下。亡国与亡天下奚辨？曰：易姓改号，谓之亡国；仁义充塞，而至于率兽食人，人将相食②，谓之亡天下。魏、晋人之清谈，何以亡天下？是孟子所谓杨、墨③之言，至于使天下无父无君而入于禽兽者也。昔者嵇绍之父康被杀于晋文王④，至

---

① 选自《日知录集释》（中华书局 2020 年版）。正始，魏少帝曹芳年号（240—249）。曹芳（232—274），魏明帝曹叡（曹丕之子，三国时魏国第二任皇帝）的养子，继任帝位，称魏少帝，239—254 年在位。顾炎武（1613—1682），初名绛，字宁人，江苏昆山人。世称亭林先生。明清之际思想家、学者，与黄宗羲、王夫之并称"明末清初三大思想家"。明亡后决意不仕，力倡经世致用之学，奠定了整个清代的学风基础，开朴学一脉先河。曾参加"复社"反宦官权贵斗争和抗清起义。后到北方游历考察，搜集材料，垦荒种地。学问渊博，对国家典制、郡邑掌故、天文仪象、河漕、兵农以及经史百家、音韵训诂之学都有研究。《日知录》是顾炎武最重要的代表作品，"乃其读书有得，随时札记，故以'日知'为名"。顾氏"采铜于山"，历时三十余年始写成，自言"平生之志与业皆在其中"。著有《日知录》《天下郡国利病书》《肇域志》《音学五书》《韵补正》《顾亭林诗文集》等。

② ［仁义充塞，而至于率兽食人，人将相食］语出《孟子·滕文公下》："圣王不作，诸侯放恣，处士横议，杨朱、墨翟之言盈天下。天下之言不归杨，则归墨。杨氏为我，是无君也；墨氏兼爱，是无父也。无父无君，是禽兽也。公明仪曰：'庖有肥肉，厩有肥马；民有饥色，野有饿莩，此率兽而食人也。'杨墨之道不息，孔子之道不著，是邪说诬民，充塞仁义也。仁义充塞，则率兽食人，人将相食。"充塞，阻绝、闭塞。率兽食人，带领野兽吃人，喻指统治者暴虐，残害百姓。

③ ［杨、墨］指杨朱、墨子。杨朱（前 450—前 370），字子居，战国初期人，是道家杨朱学派的创始人，主张"贵己""重生""人人不损一毫"。墨子（约前 468—前 376）。名翟，春秋战国之际思想家、政治家，墨家学派的创始人。主张"兼爱""非攻"，反对战争，也反对儒家的"礼乐"制度。

④ ［嵇绍之父康被杀于晋文王］嵇绍（253—304），字延祖，西晋谯郡铚（今安徽濉溪西南）人。嵇康之子。官至侍中。永安元年（304），东海王越挟惠帝与成都王颖交战，在荡阴（今河南汤阴）大败。他以身卫帝，被杀，血溅帝衣，后世推为忠君典范。康，嵇康（223—262，或 224—263），字叔夜，谯郡铚山（今安徽涡阳）人。三国魏文学家、思想家、音乐家。官至中散大夫，世称嵇中散。崇尚老庄，为"竹林七贤"之一，与阮籍齐名。因不满当时掌握政权的司马氏集团，声言"非汤武而薄周孔"，遭钟会构陷，为司马昭所杀。晋文王，司马昭（211—265），字子上，河内温县（今河南温县西南）人。司马懿之子。三国时期曹魏权臣，景元四年（263），发兵灭蜀汉，自称晋公，后为晋王。死后其子炎代魏称帝，建立晋朝，追尊为文帝。

武帝革命①之时，而山涛②荐之入仕。绍时屏居私门③，欲辞不就。涛谓之曰："为君思之久矣，天地四时，犹有消息④，而况于人乎？"一时传诵，以为名言，而不知其败义伤教，至于率天下而无父者也。夫绍之于晋，非其君也，忘其父而事其非君，当其未死三十余年之间，为无父之人亦已久矣。而荡阴之死，何足以赎其罪乎！且其入仕之初，岂知必有乘舆⑤败绩之事而可树其忠名以盖于晚也？自正始以来，而大义之不明，遍于天下，如山涛者既为邪说之魁⑥，遂使嵇绍之贤，且犯天下之不韪⑦而不顾。夫邪正之说，不容两立，使谓绍为忠，则必谓王裒⑧为不忠而后可也。何怪其相率臣于刘聪⑨、石勒⑩，观其故主青衣行酒⑪而不以动其心者乎？是故知保天下然后知保其国。保国者，其君其臣，"肉食者⑫谋之"；保天下者，匹夫之贱与有责焉耳矣。

① ［武帝革命］武帝，晋武帝司马炎（236—290），字安世，河内温县人。司马昭之子，咸熙二年（265），继昭为相国、晋王，266年初代魏称帝，国号晋，史称"西晋"。革命，指晋王朝建立。
② ［山涛（205—283）］字巨源，西晋河内怀县（今河南武陟西南）人。好老庄学说，与嵇康、阮籍等交游，为"竹林七贤"之一。官至吏部尚书，每每选用官吏，亲自题写评论，时称"山公启示"。
③ ［屏居私门］隐居家中。屏，隐居。
④ ［消息］一消一长，比喻荣枯盛衰。
⑤ ［乘(shèng)舆］指天子和诸侯所乘坐的车子。
⑥ ［魁(kuí)］为首。
⑦ ［不韪(wěi)］过失，不是。
⑧ ［王裒(póu)］字伟元，城阳营陵（今山东昌乐）人。西晋学者。博学，至孝，其父为司马昭所杀，发誓不向西晋称臣，隐居授书，朝廷多次征召都推辞不去。
⑨ ［刘聪（？—318）］一名刘载，字玄明，刘渊之子，匈奴族。十六国时期汉国国君，310至318年在位，杀兄夺帝位，后攻破洛阳、长安，先后俘房晋怀帝、晋愍(mǐn)帝。
⑩ ［石勒（274—333）］字世龙，上党武乡（今山西榆社北）人，羯族。曾被掠卖至山东为奴，后起兵反晋，成为十六国时期后赵建立者，史称后赵明帝。
⑪ ［故主青衣行酒］指晋怀帝司马炽（284—313），字丰度。307—311年在位。惠帝立时为皇太弟，即位后，东海王越专权。永嘉五年（311），刘曜（刘渊之侄，十六国时期前赵国君，318—329年在位）攻破洛阳，司马炽被俘至平阳（今山西临汾市西南），刘聪在宴会中命司马炽青衣行酒，晋旧臣悲愤号哭，旋被杀。青衣行酒，穿着地位卑贱的婢仆、差役等穿的青衣依次斟酒。青衣，青色或黑色的衣服，多为地位低下者所穿。
⑫ ［肉食者］吃肉的人，引申为身居高位，俸禄丰厚的人。语出《左传·庄公十年》："其乡人曰：'肉食者谋之，又何间焉？'"

品读赏析

  本文以设问句开头,对"亡国"和"亡天下"作了精辟的回答。何谓亡国,"易姓改号,谓之亡国";何谓亡天下,引用孟子的话深刻揭示"仁义充塞""人将相食"的社会现实和儒家经典的历史意蕴,表达了作者对"杨、墨之道不息,孔子之道不著"的深切忧虑,作者以史实为据,猛烈抨击了正始年间"魏晋人之清谈"是亡国亡天下的根本原因。本文节选的文字前有一句话:正始之风"以至国亡于上,教沦于下,胡戎(一作羌戎,一作羌胡)互僭,君臣屡易,非林下诸贤之咎而谁咎哉!"意思是说,国家灭亡于上,儒教沦丧于下,羌胡接替僭越,君臣屡次变更,这不是"竹林七贤"的罪过又是谁的罪过呢!

  概言之,易姓改号叫做亡国,仁义阻塞以至于人吃人,叫做亡天下,"竹林七贤"是造成这一局面的罪魁祸首!

  作者认为,嵇绍忘记杀父仇人而去侍奉晋文王,而汤阴以死效忠晋文王又怎能赎回他目无父亲的罪过呢?像山涛这样的人就是邪说的罪魁祸首,是他怂恿嵇绍这样的贤人,都去冒天下之大不韪而无所顾忌。又以王衷与嵇绍作对比,引出"何怪其"一句警示世人的反问,用晋怀帝被俘后那些臣子争相侍奉刘聪、石勒,而看着自己的故主青衣贱服为人行酒而无动于衷为例,更有力地证明了"是故知保天下,然后知保其国"的观点。至此,水到渠成,得出振聋发聩的结论:保有国家,是为君为臣的统治者所要谋划的;保有天下,即使是地位低贱的普通百姓都是有责任的。

  作者从明清易代之际的社会现实出发,怀着传承中华文化的强烈意识和超越先贤的睿智,敲响了"保国者,其君其臣肉食者谋之;保天下者,匹夫之贱与有责焉耳矣"的时代警钟,尤其是"保天下者,匹夫之贱与有责焉耳矣"的大声疾呼,给后代学者、思想家、革命家留下了久远而深刻的历史启示。中国近代维新派领袖、学者梁启超,于1896年在《论报馆有益于国事》一文中将其改为:"'天下兴亡,匹夫之贱,与有责焉已耳'。"次年,又在《倡设女学堂启》一文中又将其概括为"天下兴亡,匹夫有责"八个大字(两文均见《饮冰室合集》,中华书局1989年版)。从此,这八个大字唤醒了伟大的中华民族,一代代中华儿女,为推翻封建皇朝而战,为救亡图存而战,为国家生存而战,为人类正义而战,为民族复兴而战,"天下兴亡,匹夫有责"已成为中华大地永续的最强音。

  总之,"这八个字的历史箴言,既准确地把握住顾炎武思想的文化精髓,又从历史和现实的结合上,昭示了中华文化维护国家、民族根本利益,讲责任、重担当,以天下为己任的基本品格。从此,'天下兴亡、匹夫有责'的价值追求便融入中华民族的爱国主义传统,成为中华优秀传统文化的一个精神标识……我们完全有理由这么说,明清之际的杰出思想家顾炎武,不仅是中华优秀传统文化的传承者、捍卫者,而且还是晚近中华学人文化自觉的卓越先驱,是一位值得永远纪念的开风气者。"(陈祖武《顾炎武时代之问的历史启示》,见《贵州文史丛刊》2020年第2期)

单元练习

一　解释下列句中加点的字。

1. 若一味因循，大误终身。（　　　　　）
2. 百年明日能几何？（　　　　　）
3. 勿恃势力而凌逼孤寡（　　　　　）
4. 匿怨而用暗箭，祸延子孙。（　　　　　）
5. 亡国与亡天下奚辨？（　　　　　）
6. 天地四时犹有消息，而况于人乎？（　　　　　）
7. 遂使嵇绍之贤，且犯天下之不韪而不顾。（　　　　　）

二　用现代汉语翻译下面的文字。

1. 我生待明日，万事成蹉跎。
2. 一粥一饭，当思来处不易；半丝半缕，恒念物力维艰。
3. 兄弟叔侄，需分多润寡；长幼内外，宜法肃辞严。
4. 见富贵而生谄容者最可耻，遇贫穷而作骄态者贱莫甚。
5. 因事相争，焉知非我之不是？
6. 易姓改号，谓之亡国；仁义充塞，而至于率兽食人，人将相食，谓之亡天下。
7. 保国者，其君其臣肉食者谋之；保天下者，匹夫之贱与有责焉耳矣。

三　《要做则做》引用《明日歌》有何作用？请你举一名人事例，说说明他是如何珍惜时间的。

四　以"天下兴亡，匹夫有责"为话题，自拟题目，写一篇读后感。篇幅不少于600字。

12

单元提示

  一提起苏州,人们往往说它被马可·波罗称为"东方威尼斯"。但翻遍《马可波罗行纪》(一作《马可·波罗游记》),只见一篇题为《苏州城》的短文,其中写苏州的文字不足200字,既没有苏州风光的描写,更无苏州是"东方威尼斯"之说。文中说"苏州是一颇名贵之大城",盛产生丝,织成绸缎及其他织物,城大人多,幸非战士,仅为商贾工匠,亦多文士医师;桥多,"皆用石建,桥甚高,其下可行船";居民"恃商工为活",是一"商业繁盛之良城也"等。

  要是说威尼斯和苏州都是风光旖旎的水城倒是不错的。兴建于公元6世纪的威尼斯城,在离陆地4千米的海岛上,它由400多座桥梁将118个小岛和177条水道连成一体,以舟代车,有"水城""桥城"之称。而建城早于威尼斯一千多年的苏州,则是以359座(宋代桥梁数)小桥,把被一条条小河分割的陆地连接起来,形成"三横四直"干流、"六纵十四横"支流的水城。

  本单元的《船与水》展示了苏州的历史风貌和水乡人的生活图景,对现实生活中令人痛心的愚蠢无知行为,表达了深切的忧虑,以及对改变这一现象的期盼。《小桥引静兴味长》以苏州古典园林小园极则网师园中一座不可多得的小石拱桥杰作——引静桥为对象,从园林美学的角度,用清晰洗练的语言,将小桥、溪涧等景观的自然美、艺术美和巧引古人论画境的意境美交相辉映,生动表现了小桥极高的审美价值和作者高雅的审美情趣。

  苏州是一座水城,也是园林之城。水是苏州的灵魂,也是苏州园林的灵魂。苏州园林的布局多以水为中心,亭台轩榭、山石花木分布其间。两文一写船与水,一写桥与水;一以动态描写为主,一以静态观赏为主;一赞水城的富足繁华,一赞园林的鬼斧神工。二者各具特色,相得益彰,更显苏州秀丽柔美,令人心驰神往。

  千百年来,苏州古典园林历经一代代人的修葺保护,如今已成为世界文化遗产,列入《世界遗产名录》的九座苏州古典园林,其中七座在苏州古城区内,一座在古城阊门外。而对苏州古城水系的保护,尚有诸多不如人意之处。随着《苏州国家历史文化名城条例》的实施,河道的清淤疏浚、部分河段的重新开掘,尤其是中张家河的复活,令人欣喜。我们期盼着:苏州古城逐步恢复到《平江图》碑所标示的、总长度约 82 公里的河道,使城内条条河道与环古城运河相通,重现船与水的新景象;地上有密集的公交系统、地下有轨道交通系统,形成水陆地下并行的三套交通系统,古城内无其他车辆通行。

八大园林与水陆交通连接,逐步修缮后的古宅街坊、名胜古迹、名人故居、楼堂馆所等一一开放,使苏州古城成为一座大园林,园中有园,让所有到苏州的游人,进入一个可行、可望、可游、可居的园林城市,一个没有交通拥堵、没有汽车尾气,交通快速便捷,水清天蓝空气清新的苏州。

到那时,游人到苏州,多了水上游的乐趣,亦可缓解园林人满为患的压力。可坐船环城游,也可乘摇橹船全城游,欣赏"水港小桥多,人家尽枕河",处处皆园林的水城风貌;体验"苏州式的古老、沉静、温柔";享受"人间天上无双不二的苏州"给旅游带来的闲适和惬意;领悟"苏州更是一种文化历史现实未来的混合体。苏州是一种珍惜,是一种保护,对于一切美善,对于一切建设创造和生活本身的珍惜与保护"(王蒙《苏州赋》)的深刻内涵。

倘如此,苏州城市布局的一体(姑苏区)两翼(苏州工业园区和新区),将真正实现陈从周谈苏州城市建设所说的"古要古到底,洋要洋到家"了。倘如此,"一个繁华了两千多年而至今依然繁华,中间几乎没有中断"(余秋雨《白发苏州》)的城市——苏州,将以崭新的姿态屹立于世人面前!

当你站在高耸的穹形的石桥顶上,看着这水流,这船流,你能想象它们会有消失的一天吗?

船 与 水①

俞 明

无船的河,等于没有星月的夜空,没有白雪的冬野,没有花石亭阁的园林,脱尽叶子的树,不发光的灯,无弦的琴,没有秀发的女子,没有灵魂的躯壳。

船是人与水的媒介。有了船,江川的封锁便被冲破,地区之间和城乡之间得以往来沟通;有了船,人能够站在自然之上,驾驭水,改造水流,甚至营造河道,驯服水,成为水的主人。

苏州称为水城,伍子胥曾在建城时亲自营筹水系,水城门就有八座。宋代《平江图》标明的河道三横四直,形成了完整的水系。上溯吴越春秋,下及半个世纪前,史志上一直很荣耀地夸说的三横四直的水系没有改变过。宋代范成大所撰《吴郡志》抨击了"塞胥、蛇二门,而生旺之水,遂不得朝乡城中",他虽然只是从阴阳风水角度谈论,说什么"生旺之水,利害最切",但他的结论却比喻得很生动确切。他说:"犹人身气血荣卫,今塞绝之,能安强乎?"他还述说了塞绝破坏水系的可怕后果:"城市萧条,人物衰竭,富室无几。"可见,我们祖先对这块生存繁衍宝地的关注和对水系的保护是认真的。从历史看,苏城的繁荣与水运的活跃关系至为密切。清乾隆年间宫廷画家徐扬的一幅写生长卷《盛世滋生图②》,画的

---

① 选自《姑苏烟水集》(上海人民出版社 1990 年版)。有改动。
② [盛世滋生图]又名《姑苏繁华图》,清宫廷画家徐扬历时 24 年于乾隆二十四年(1759)完成。作者以长卷形式和散点透视技法,描绘了当时苏州风景秀丽、物产丰饶、百业兴旺、人文荟萃的繁盛景象。全卷长 1241 厘米,宽 39 厘米,比宋代《清明上河图》长一倍多,现为国家一级文物,保存于辽宁省博物馆。徐扬,生卒年不详,字云亭,江苏苏州人。清代宫廷画家,擅长人物、界画、花鸟草虫。

是从灵岩山由木渎东行，入姑苏城经山塘街，再到虎丘的景象，展示了自葑、盘、胥三门到阊门外的风俗人情。整个画卷的中心便是船与水，由此辐射出官场、商贾①、街衢、婚丧、居家以及其他种种情景、活动，生发出生老病死、悲欢离合的形形色色的故事。苏城的天堂风采更是靠着这些活泼泼的水流来妆点。宋代徐有贞诗云："高下亭台花雾里，往来舟楫水云中。"范成大《阊门初泛》中有"急橹潮痕出，疏钟暝色生"那令人神往的意境。历代在苏驻留过的诗人词家，常有"归棹②""泊船""轻舟""桂楫"等词语，他们的传世佳作常常得之水上船头。可以说，是水和船激发了他们的才思和遐想。

　　有了水，便有了桥。白居易诗曰："红栏三百五十桥。"宋代图籍所载，统计到有名有实的桥共三百五十九座。桥是水美人蟓首③上高高的发髻，有了各式各样风姿绰约的桥，水流的面目才更加俏丽。桥又是船只的忠实友人，作为水流的里程碑和指路标，船只靠了它，才易于辨认方向。

　　半个世纪前，苏城内外的船只大多用橹，我们不打算探讨船的历史，不论是石器时代非洲的独木船，还是古埃及的筏，不论是竹筏、芦苇筏，还是皮筏，不论是欧洲的早期的木船，还是缅甸的脚划船，甚至中世纪欧美航海用的多桅帆船，一般都用一支或多支木桨推动前进。但苏州地区的橹，比起桨来，在构造上要复杂和先进得多。橹身上的橹垫嵌入船尾的橹人头中，橹端的绷绳和橹的推拉，是符合力学原理的，一只小船用橹推动，可以运载千把斤的货物，而且有一定速度。橹的推拉，还可以替代舵，把握航向。姑苏一带农村，号称水网地区，大小河流就像蛛网一般，四通八达，又如人体内星棋密布的筋络。城镇居民枕河而居，郊野村落也都依水傍河。农村中，每家每户差不多都有一条船，富有人家有好几条。一个村落，旱地有多少屋，水边就有多少个船棚。散发着桐油香气，保养得很好的农家这重要的生产和生活工具就憩息在船棚中。范成大

---

① ［商贾(gǔ)］商人的统称。
② ［归棹(zhào)］归船。棹，桨，这里代指船。
③ ［蟓(qín)首］指美人的头额，宽而方，像蝉一样。《诗·卫风·硕人》："蟓首蛾眉。"蟓，一种绿色小蝉，方头广额，身有彩纹，鸣声札札。

《吴下口占》诗说"吴王城外水连村",就是生动的写照,说明村与村之间是靠着水来联结的。旧时代的土地是零星和分散的;每天下田,都得以船代步,船上都支着行灶①,吃饭和歇息都在船上。瓜果菜蔬上城出卖,唯一的运载工具也是它。土地需要肥料,都靠它到城镇运回垃圾和粪便。寒冬腊月,种田人捐一副竹夹罱兜②,鸡鸣下船,罱得一船河泥归来,已是月落乌啼时分。待到每年秋后,一船船黄澄澄谷子往城镇摇去,交租、还债、剪点花布、置办些油盐酱醋以及灯罩洋火水烟丝等,还有在镇上赊欠的剃头钱、茶钱、南北货钱,在秋谷登场后都得清账。稍后,便是载着稻草和砻糠进城。那时城里人烧灶,除了逢年过节蒸年糕之类要用木柴外,一年四季全烧稻草。抽一把草,打个结,称之为草把。千家万户都有专门的草间。所有的老虎灶③都用砻糠作燃料。老虎灶前排着长长的队,人们带着铜吊或汤婆子,浓重的水蒸气把老虎灶烘得暖暖的。所有这些,全是四乡八镇种田人的船只的赐予。靠近城市的船只,还有一种功用,清明前后,洗刷好船身,舱里摆些桌椅,备些酒菜,摇到城里接待到苏州乡下上祖坟的上海或苏州客人。碰到出手阔一些的,摇上半天可以挣得个把月的口粮钱。不难想象,这千条万条散落在广阔农村中的船只在城里进出往返,会使方圆只有二十平方公里的苏城出现怎样的场面。所以,旧时代的苏州城,最闹猛不过的要算挤满舟楫的河流了。有了船,河就增添了生气。船在河道中搅起阵阵涟漪,发出哗哗的声响,水波摇晃,把斑驳的光影投射到两旁驳岸磋砑④的石条上,使阳光在它上面活泼泼地乱舞。你站在桥上,先是听见橹垫嵌在船尾橹人头的支架中磨擦时发出的"啊得儿——咿呀"的声音,然后看到前面桥洞倏地暗了,当光亮再现时,光影中便有船影。若船上是两位女将,便可以见到她们婀娜的身影在摇橹时舞蹈似的动作,如若把她们的动作移植

---

① 〔行(háng)灶〕一种不固定而便于移动的炉灶。
② 〔罱(lǎn)兜〕捞取河泥的工具。在两根平行的短竹竿上张一个网,再装两根交叉的长竹柄做成,两手握住柄使网开合。也可用来捕鱼或捞水草。《玉篇·网部》:"罱,夹鱼具。"罱,吴方言读 nǎn。
③ 〔老虎灶〕吴方言,出售开水、热水的店家专烧开水用的一种大灶头。
④ 〔磋(cuō)砑(yà)〕经碾压或摩擦变得坚实而光亮的样子。

到舞台上,成为虚拟动作,配以节奏强烈的打击乐,就是活脱脱的迪斯科。如若用慢动作分解,便可看到掌橹的把橹朝外推,扭绷的用适度的力将绷绳往内拉,这种力的巧妙配合,使橹桨富有节奏地摆动,破水,船只便刷刷行进。摇船的水上女杰显然被进入城市这件事深深激动,她们胸前各挂一串白兰花,青竹布裙上特地加一条绣花束腰,蓝布头巾后面露出用刨花水①梳得油光水滑的发髻,上面缀着几朵随手摘来的金黄色的野花,随着摇橹扭绷的前俯后仰,她们兴奋的脸涨得如胭脂般的红。

阊门娄门等沿岸的商业区,堤岸上都搭有遮檐。河滩头宽阔码头上,"踏渡径"铺得整整齐齐。米行、鱼行、木行、竹行、丝茧行、柴行、粪行、饭铺酒肆、温汤浴室、茶馆老虎灶、绸缎百货店、鸡鸭孵坊,应有尽有,还有同北方名称截然不同称作牙行的干湿蔬菜的店家,买卖四时鲜果的山地货行。两岸最壮观的要数缸甏②行和酒坊,大型的七石头缸叠成整齐的品字状连绵不断,酒坊的酒甏堆得像城墙。所有这些商号的货物进出都靠水运。河滩头歇满了船只,凸出的驳岸条石上和石雕绳鼻③上结满了缆绳,跳板上扛着货物的人们上上下下,店老板们捧着水烟筒咕噜噜吞烟吐雾,用眼睛监督着商务活动。各种吆喝响彻河流上空:鱼行伙计收购鱼蟹时报价仿佛蹩脚歌星在歌唱,木排竹筏靠岸时,排筏上老大发出粗重而权威的呵责声,跳板甲板上的搬运工齐声喊着号子,临河茶馆酒楼的窗子里飘出浓重的水雾,飘出哄笑声、唱曲声、猜拳声、锅勺敲打声和买卖双方的讨价还价声。过路的船只小心翼翼地避开与迎面驶来的船只碰撞,船头的篙手不停地向掌橹者发出警告或口令,一片"扳梢④""推梢"的叫喊声。临河窗户中不时飞出瓜果皮核剩汤残肴,下面船上人便恶声喊道:"要死快哉!阿是眼乌珠落勒粪缸里去哉?"一些披红挂彩的迎亲船只经过,又给喧闹的河流平添

---

① [刨花水]用榆树木头刨花浸泡的水,有黏性,旧时女子常用来梳头,可使头整齐、光洁。
② [甏(bèng)]坛子,瓮。
③ [绳鼻]石驳岸上雕出的用来系缆绳的小孔。
④ [扳梢]行船的行(háng)话,船头向右转。下文"推梢",船头向左转。

一番情趣。迎亲的乐队堂名①鼓手们吹打着丝弦家生②,身上彩服在阳光照耀下发出使人眼花缭乱的光华。顿时,河流上下各式行当黯然失色,一切喧哗停止,正在忙碌的搬运工乘机歇息片刻,茶馆酒楼上探出满窗的脑袋,直到一片红霞似的迎亲船缓缓消失在另一个桥洞后面。

　　苏州城里人枕河而居并不是为后来的骚人墨客妆点笔墨,而是受到生活巨手的推动。不用说河道两旁各行各业靠水吃水,就是纯粹的居民,有船的河流也带给他们许多生的条件和生之欢悦。推开临河的窗户,水涨时分,来往舟楫上的船主人可以够得到窗槛边。四五月间,白沙沙的枇杷,紫酱红的杨梅;六七月间,碧绿的西瓜香瓜,粉红的水蜜桃;八九月间,嫩朵朵的莲蓬,洁白的鲜藕,翘角的红菱;十月霜降,新米登场,老来青、飞来凤、肚子鲜、香粳稻、鸭血糯,更有各色细粮诸如芡实③、薏仁④,有哪一样不在河道经过?持家主妇探首窗外,立时可以成交,伸手出去,一手付钱,一手接货,货物新鲜自不必说,既有挑拣余地,又免去了中间盘剥。小囝们最欢迎换破烂的换糖船经过,那白色的糖甜得心全都发痒。还有专售海棠糕和梅花糕的船只,卖各式点心的船只,都是去赶庙会的。两岸人家的瘪嘴老太常常喊住他们,挂一只篮子下去买几样配胃口的糕点上来。又以城里人烧的稻草而论,量多体积大,临河人家就免了去柴行挑担之苦。闲来无事,透过窗户"望野眼⑤",河里的景致也着实有趣。船影橹声中,那摇橹点篙的人们,不时引起窗内人的话题。你看,那敞着胸膛的壮汉赛过⑥水泊梁山的好汉,那搭配着摇橹扭绷的小娘姆,赛过小青青、白娘娘。朝后又来了个白胡子老公公,戴着毡帽,齐腰的青布束裙,呼腰弓背,船在他

---

　　① [堂名]旧时一种带有营业性质的民间音乐班子,一般在人家有喜庆时受雇登门演唱。
　　② [家生]吴方言,东西。这里指各种乐器。
　　③ [芡(qiàn)实]一年生草本植物,水生,叶像荷叶,果实叫芡实,也叫鸡头米。可制芡粉,供食用,也可入药。
　　④ [薏(yì)仁]去壳后的薏苡的果仁,白色,也叫薏仁米,可供食用及药用。薏苡是一种多年生草本植物,果实卵形,坚硬光滑。
　　⑤ [望野眼]吴方言,漫无目标地东张西望。
　　⑥ [赛过]吴方言,好像。

手里赛过长着眼睛,穿梭拂柳,得心应手。窗内和船上的老人彼此在几十年间见过无数次,敷衍攀谈过,俱各面熟陌生,也很乐意交结对方。上了年纪的互称为"老阿爹、老阿婆",年轻的"阿姊、妹子"叫得应天响,萍水相逢,虽常常是擦身而过,但客气话要说一喀箩①,直到船身过去,窗内人还叮嘱道:"晏歇②过来坐坐!"船上人模模糊糊应道:"勿来叨扰哉……"真是文明礼貌得极,如若来船携带菜蔬瓜果之类自产物,卖者便格外克己,以表达多年的情谊。水和船便是这种旧时不寻常的人际关系的导体,充满着普通人之间醇厚的人情味。还有受欢迎的是捉鱼船,它们小巧玲珑,发散着桐油的香气。狭小的甲板上爬着一群小把戏③,露着通红的光溜溜的小屁股,在破棉絮里钻进钻出。他们的父兄为了养活他们,呷几口烧酒,赤露双臂伸到冰冷的河水中,在驳岸石条的隙缝里捉虾摸螺蛳。最好看的莫过水老鸦④捉鱼,当捉鱼人用手抠出它们颈项间活蹦乱跳的鲜鱼时,两岸的喝彩声,常常使长颈墨羽的水老鸦惊得双翅乱扑。

有几种不受城里人欢迎的船只,它们总是在两岸人家进入梦境时活动。粪船在夜晚停泊在粪行前,装足了粪,翌日清晨便开船走了。垃圾船在白天捉⑤了满船垃圾,在夜幕下赶回乡里去了。还有一种叫偷丧船。大户人家死了人,和尚道士、堂名鼓手,捐旗打伞,纸人纸马,开路神开道,极尽死后哀荣⑥。小户人家死了人,没钱置办"出棺材"场面,寻只船,天蒙蒙亮把棺材抬下船,一众披麻带孝的下了船开到乡下去"落葬"。因为避免人见了"触霉头",起早摸黑做这件事,叫做"偷丧"。

原有一种受到两岸人家欢迎却故意绕开人家眼睛的船只叫做"撑水船"。只有水载船,哪有船载水?但这种船船舱里满载的就是水。旧时代苏州城用得上自来水的极少,城里的水又嫌太混浊,老虎灶用的水就是撑水船撑来的。撑水船到胥江,船老大用脚左

---

① [喀箩]吴方言,箩筐。
② [晏歇]吴方言,等一会儿、过一会儿。
③ [小把戏]吴方言,小孩子。
④ [水老鸦]鸬鹚,也叫鱼鹰。羽毛墨色,能潜水,渔民常养来捕鱼。可驯化使捕鱼。
⑤ [捉]这里是拾取、装载的意思。
⑥ [哀荣]指殡葬哀悼仪式隆重。

右摆动,直至船舱灌满水。进阊门,穿过北塔寺直抵娄门,这一路的老虎灶的七石头缸里就装满了还算洁净的胥江水。老虎灶的伙计更用矾水打搅,用竹管虹吸出缸底的沉淀物,也就成了土自来水了。这撑水船一路行来,两岸人家常常拦截着讨水烹茶,撑水船于是改变进城的时辰,也在天色微明时进城,避免乡邻们的干扰。

  河流最富生命力的时刻要算逢年过节,不论是人间的欢乐还是哀愁都沉甸甸地满载在船上。操办年货的,采买嫁妆的,探亲访友的,寻欢作乐的,当然,也有载着血汗浇灌出来的谷子进城交租的,卖儿鬻①女的,借贷还债的。桥堍下歇满了船群,它们把船主人送进熙熙攘攘的店铺。年节前生意最忙的要算南北货和杂货铺、华洋百货店和铜锣锡器店、山地货行和酒坊、腌腊行和咸鱼行。再就是生意兴隆的杀猪作,盖过诸船喧闹响遏行云②的要数杀猪作里的绝望的叫声。祀灶的灶神、烟花爆竹、红纸香烛、神像纸马、桃花坞年画,南枣北栗、红白蔗糖、笋干海鲜,各色洋布、香云纱、华丝葛、直贡呢,祭祖用的鲜果,花雕善酿状元红,自然走俏。菜馆酒楼使劲敲打锅勺,这些辛勤一年的船主人平日上城都自备行灶,在这种日子里,自是豪兴勃发去接受一次太白遗风③的熏陶。但在芸芸食客中不乏"打落牙齿朝肚里咽"的人们,他们到酒楼来,只是为了酬谢"中人④",卖儿鬻女或典卖田地的文契就是在这类场合捺下指印的。待等日影偏西,人们从酒楼中出来,一个个好似年画上的关老爷,红的太阳,酡⑤红的脸,红的炭炉,炒货店腾起的红的火焰,年货上的大红纸,东西山产的早红桔,红的纸烛,河流仿佛也被映红了。从老虎灶的炉灶里,从雾气腾腾的茶馆里,从酒肆菜馆里,从被太阳烘得暖暖的水流里,弥漫出迷迷蒙蒙的水气,摩肩接

---

  ① [鬻(yù)]卖。
  ② [响遏(è)行云]声音高入云霄,把浮动的云彩也止住了。遏,阻止。
  ③ [太白遗风]旧时酒店多在牌上题写"太白遗风"四字以招徕顾客。太白,唐代诗人李白,字太白,善饮酒。
  ④ [中人]为双方介绍买卖,调解纠纷等并做见证的人。
  ⑤ [酡(tuó)]喝了酒脸色发红。

踵①的人们挤来搡去。是河流和舟楫,使古城的大动脉百脉偾②张,生机勃发。

当你站在高耸的穹形的石桥顶上,看着这水流,这船流,你能想象它们会有消失的一天吗?

这一天终于来到了。不可阻挡的历史进程,缓缓移动的现代化的巨足以及愚蠢和无知,不断将河流分割、堵截,然后在它上面乱盖房屋,铺设公路。河流的生命即将终止,寄存并活跃在它上面的船只也离它而去,像一个人患了坏疽③病和静脉炎,被堵剁成一段段的河水奄奄一息。例如城内一条东西向的主要河道,从饮马桥到望星桥加上中间南北向的甫桥西街一段,在1956年被填没。那一次苏城一个大学的全体师生停课参加劳动,昼夜施工,苦战月余,累倒了不少师生。竣工之日,照例锣鼓喧天,城建史上又添一笔新功。苏城四周和外围乡镇,仍然有宽阔的水面,但昔日那些画也似的场面也已消逝,只有机器船在它上面穿梭往返,长列的运输船队冒着黑烟,马达发出震天动地的吼声,水流被工业污染搞得面目可憎。但不论怎样,它们终究还是活水,它们绕着苏城徘徊,城市已拒绝它们进入。它们在城里的被切割的伙伴已接受命运摆布,不复呻吟和叹息,凝止的水像定洋洋④的死鱼的眼睛,了无生气,一任各种颜色的有毒液体缓缓流入它们垂危的躯体,一任临河的居民倾入脏物作践它们,它们的腐败的气味迫使枕河而居的人们在夏日紧闭临河的窗。

直到近些年来,一些有识之士才呼吁疏浚河道,恢复固有的水系,但为时已晚,回天无力。前几年,有魄力的当政者也曾动用相当的财力人力重新开掘了几段河道,沿河种植了各式花木,修桥铺路,似乎使水城又有了那么一点味道,居然使一些外宾内客看后赞道:"哦,多美的河!"但嗅觉灵敏一些的不免要掏出手帕来,而且,

---

① [摩肩接踵]形容人多,很拥挤。摩,摩擦,接触。接,连接。踵,脚跟。肩挨肩,脚碰脚。
② [偾(fèn)]奋起。
③ [疽(jū)]中医指肿胀坚硬而皮色不变的毒疮。
④ [定洋洋]吴方言,凝滞不动的样子。

旋即产生疑问:"船呢?怎么不见船呢?"

船还是有的,有几只分别徘徊在若干段河道上的公家船,不时用简陋的工具将飘浮在水上的垃圾捞走,维持一点河水的面子。

还有难得的一次,也许就是最后一次。有一年,有一只装饰得金碧辉煌的龙船下了水,据说是一位聪明的主人出的点子,用以招待友邦的客人,显示水城风貌的。但事隔多年,大部分居民又没有一睹龙船风采的荣幸,所以,可惜得很,这样不平凡的盛事,也已经湮灭了。

品读赏析

本文开头以充满诗意的语言直入正题,开门见山诠释船与水的关系:船是人与水的媒介,有了船,人成了驾驭水、驯服水的主人。这就是本文的写作重点主旨所在。

全文以时间为序,从苏州古城的起源落笔,从古至今,思路清晰。首先,作者以记叙为主,介绍伍子胥营造了有完整水系的苏州城;范成大《吴郡志》抨击了塞绝水道行为,指出破坏水系的可怕后果;徐扬《盛世滋生图》,以船与水为中心,反映苏城的繁荣与水运活跃的关系,并引用名家诗文,让读者大概了解苏州古代的繁盛景象。这部分写得清晰简要,自然畅达。

接着,文章详写"半个世纪前"(指 20 世纪 40 年代前)的苏州。那时,苏州城内见不到小轿车、只有黄包车、没有公交车的时代,船是水城的主要交通工具。作者介绍了比国外许多古代国家和地区用木桨推动木船、竹筏、皮筏等构造要复杂和先进得多,推力强、有速度的以橹为动力的摇橹船,它是农家生产和生活的工具,运输物资、载客往来、水上贸易的摇橹船,在"吴王城外水连村"城乡交流中起到了不可估量的作用。

作者紧紧围绕"船与水",运用工笔细描的手法为我们展示了一幅幅水乡生活图景。文章先总写船的功能:下田以船代步,船上支行灶、吃饭、休息;上城卖果蔬、运肥料、寒冬腊月罱河泥;秋后运着黄澄澄的谷子上城镇交租、还债、置办生活用品;把稻草、砻糠卖给城里人做燃料;清明时节,接城里人到苏州乡下上祖坟;等等。文章描绘了散落在广阔农村中的千万条船在城乡进出往返,穿梭于密如蛛网、四通八达的河流上的忙碌景象。然后,如《盛世滋生图》画卷以船与水为中心辐射出商贾、街衢、婚丧、居家,以及其他种种生活场景。一幅幅水乡风情画,令人目不暇接。

文章在记叙描写的过程中,驾驭船和水的人始终是主角。摇橹船的好手在作者的笔下栩栩如生,令人过目难忘。如写摇船的女子婀娜多姿的身影和摇橹时舞蹈似的动作;头戴毡帽、腰束青布裙、呼腰弓背的白胡子老公公,"船在他手里赛过长着眼睛,穿梭拂柳,得心应手"等,灵动的语言,清新自然,把丰富的联想化作生动贴切的比喻,具有声韵美、朴素美的特点。又如写窗内人和面熟陌生、萍水相逢、擦身而过的船上老人的对话:"窗内人还叮嘱道:'晏歇过来坐坐!'船上人模模糊糊应道:'勿来叨扰哉……'。"清纯如水的吴侬软语,礼貌至极,表达了"水和船便是这种旧时不寻常的人际关系的导体,充满着普通人之间醇厚的人情味",言谈话语,生动传神,充满浓郁、真实的生活气息。

可是,一句"……这水流,这船流,你能想象它们会有消色的一天吗"戛然而止。作者写"不可阻挡的历史进程,缓缓移动的现代化的巨足以及愚蠢和无知"留下的目不忍睹的情景:城内不断被分割、堵剁成一段段的河水奄奄一息,不复呻吟和叹息,凝止的水像定洋洋的死鱼的眼睛;城外宽阔的水面已被穿梭往返的机器船,冒着黑烟、马达声震天动地的长列运输船队将水流污染得面目全非……

文章洋洋洒洒花六七千字的篇幅写"旧时代的苏州城,最闹猛不过的要算挤满舟楫的河流",说"是河流的舟楫,使古城的大动脉百脉偾张,生机勃发",转眼间,不见了"昔日那些画也似的场面"。作者为何不惜笔墨铺写旧时苏州的船与水,赞颂驾驭船和水的普通人,而对后人的行为如此痛惜?阅读时要细细品味和思索,领悟作者的写作意图:

本文不单单是为了表现旧时苏州的水乡风貌和风土人情,更重要的是希望今天生活在这座水城内的人们,珍爱我们祖先留下的这块生存繁衍的宝地,保护姑苏城内三横四直的水系。《船与水》展现的是苏州的历史,苏州的水文化。冯骥才在《文化是时间和心灵酿造出来的》(《书摘》2010 年第 2 期)一文中说:"文化是时间和心灵酿造出来的,是一代代人共同的精神创造的成果,是自然积淀而成的……珍惜城市精神文化的人,一定会精心地保护自己城市的历史,因为城市的灵魂在它的历史里。"——也许这就是作者写作本文的深意吧!

附：

苏 州 城①

[意]马可·波罗

苏州(Sugui)是一颇名贵之大城,②居民是偶像教徒,臣属大汗,恃商工为活。产丝甚饶,以织金锦及其他织物。其城甚大,周围有六十哩,③人烟稠密,至不知其数。假若此城及蛮子境内之人皆是战士,将必尽略世界之余土,幸而非战士,仅为商贾与工于一切技艺之人。此城亦有文士医师甚众。

此城有桥六千,皆用石建,桥甚高,其下可行船,甚至两船可以并行。④此城附近山中饶有大黄,⑤并有姜,其数之多,物搦齐亚钱(gros)一枚可购六十磅。此城统辖十六大城,并商业繁盛之良城也。此城名称苏州,法兰西语犹言"地",而其邻近之一别城行在(Quinsay),则犹言"天",因其繁华,故有是名。⑥ 行在城后此言之。

---

① 选自《马可波罗行纪》(商务印书馆 2017 年版)第一五〇章,注释为原文。马可·波罗(约 1254—1324),意大利旅行家。1275 年随其同为威尼斯商人的父、叔至上都(今内蒙古自治区多伦县西北),得元世祖忽必烈信任,出使各地,仕元 17 年。通晓中国文化礼仪,熟谙汉语和蒙古语,游历遍中国。回威尼斯后在一次海战中被俘入狱一年,狱中口述东方见闻,由同狱比萨人鲁思梯谦(Rusticiano,意大利作家)笔录完成《马可波罗行纪》(亦作"游记")。书中盛道东方之富庶,文物之昌明。该书第一部印刷版于 1477 年面世。19 世纪前,它是西方了解远东各国,尤其是中国的第一手资料,对于 15 世纪末 16 世纪初的新航路开辟有重要影响。

② 诸本及剌木学本多写其名作 Singui 或 Siguy,顾其所指者必是苏州,故取地学会法文本第一五一章著录之 Sugui。此地在元代为平江路,唐以来名苏州,明代复用此名迄于今日。首先考订此城为苏州者,亦是卫匡国神甫。(《中国地图》101 页)

③ 谓苏州城周围有六十哩(犹言六十里)一说,与斡朵里克同卫匡国并谓杭州城周围有一百哩(犹言一百里)一说,皆可承认,盖其所言者为外罗城,而非子城也。马可波罗书诸本著录苏州城周围之里数不同,法文本作六十哩,Lazari 本作四十哩,剌木学本作二十哩,殆一言罗城、一言子城也。

④ 桥梁之数如是之多,显非真相,此数仅见地学会法文本中,至地学会之拉丁文本则作一千舟百,剌木学本毫无数字之记录,至近代之旅行家则谓苏州有桥一百五十至二百。

⑤ 据植物学家之说,江南不产大黄,亦无姜,苏州得为屯聚此物之所,然其出产地确在甘肃或四川也。本书第六十章肃州条曾有大黄之著录,殆因肃州、苏州译音之相近,误以肃州之出产属于苏州也。

⑥ 斡朵里克亦谓行在为天城,缘中国有"上有天堂,下有苏杭"之谚,不可执此以责波罗之不谙汉语也。中国尚有别一谚语云:"生在苏州,住在杭州,食在广州,死在柳州。"

兹从苏州发足，先至一城，名曰吴州（Vouguy），①距苏州一日程，是一工商繁盛之富庶大城也。顾无他事足述，请离此而言别一名称吴兴（Vughin）①之城。此吴兴尚为一大而富庶之城，居民是偶像教徒，臣属大汗，使用纸币，产丝及其他不少贵重货物甚饶，皆良商贾与良工匠也。

兹从此城发足，请言强安（Ciangan）城。①应知此强安城甚大而富庶，居民是偶像教徒，臣属大汗，使用纸币，恃工商为活，织罗（taffetas）甚多，而种类不少。此外无足言者，请从此处发足前进，而言他城。兹请先言极名贵之行在城，蛮子之都会也。

---

① 诸旧本（地学会法文本颇节 C 字本）在苏州、杭州之间并著录有三城名，其他诸本（Berne 本颇节 A、B 两本）仅著录有吴州、强安二城，剌木学本仅有吴州一城，Müller 本并一城亦无，殆因此诸城不在同一方向，亦不互相统属，后来波罗修订此本时有所改订。但初写本既将此三城列在苏州条内，则其方位应在苏、杭之间，盖据后文，强安距杭州三日，又据 Müller 本，苏州至杭州须程五日也。此中间之城市既非松江、嘉兴，则只能为邻近太湖之城矣。

据 T. W. Kingsmill 之说，距苏州一日程之地，仅有今吴江县治可以当之，此城宋以来即名吴江，元代为一州，则此吴州得为吴江州之省称也。

案 Vughin 亦作 Ughim，应是今湖州府治吴兴。

案 Ciangan 亦作 Caingan，又作 Siangan，似是长安之对音。玉耳曾将其 Caingan 别写改作 Ca ing-an，谓为嘉兴之对音，其说非是。颇节松江一说亦非，盖松江在当时名曰华亭也。吾人以为波罗之强安，应是今之长兴镇，镇在湖州西，太湖旁，元代为一州治。元代固有长安县，在运河上，但距杭州仅数小时航程，与本书所志三日程之距离不合也。

> 网师园,是小园之极品。该园中部水池向东南隅延伸为一小小溪涧,其上有一座审美价值极高的袖珍式小石拱桥精品——引静桥……它完全是以金山石精雕细琢加工而成的,并凌架于蜿蜒曲折的溪涧之上,古朴、精致而又自然,因而往往引得游人在此盘旋往还,注目赞赏不已。
>
> ——金学智《苏州园林》

小桥引静兴味长[①]

金 学 智

在中国古典园林里,桥是必不可少的构筑,它既是优美的景观点缀,又为交通所需。游人漫步桥上过,凌空而渡清兴多。人影桥形共映水,文澜绣漪漾碧波。这是多么令人惬意而神往的动人景色!

在中国古典园林里,桥不外梁式和拱式两种。拱式多见于北方大型皇家园林,苏州私家园林则以其空间小,水面窄,基本上用梁式,即以不太长的石板条架于两岸或桥墩,通水而不舟[②],构成了具有平远特征的小桥流水的审美韵致。

值得一说的是,虽然在苏州拙政园、留园、狮子林等一些大园里,拱形桥极为罕见,但是,以"小"而著称于世的网师园,却有一座石拱桥。它的体量,虽然小到不能再小,但是,能引得游人流连,注目赞赏不已——它,就是引静桥。

如果说,北京颐和园的十七孔桥是中国园林里最长最大的拱形桥,那么,苏州网师园的引静桥,则是中国园林里最短最小的拱形桥。说它最短最小,因为游人只需三四步即可跨过,全长只有两

---

① 选自《苏州杂志》1992 年第 2 期。有改动。
② [不舟]不能行船。

米多,而十七孔桥则长达150米!形成两极反差的这两座拱形桥,都是中国园林之最,都有其极高的审美价值。本文专说中国园林里最短最小的拱形桥——引静桥。

这座桥造型优美,侧立而为柔婉的弧形,小小的,曲曲的,如一钩新月,似一弯初弓,令人感到妩媚可爱。桥面两侧,均有石栏,石栏两端,刻作依次递减而连接的三个半圆形,以示桥栏两端美丽而明确的终止。桥面上,有低浅的步阶四五级,逆光看去,一级级步阶显出鲜明规整的节奏,和两边桥栏隐约而不规整的节奏互为对照,相与应和,令人联想起一支短曲中音阶的级进,旋律的流动。桥面正中,则刻以圆花形浅浮雕纹饰,使平板单调化为活泼生动。总之,它的一切,无不显得典雅、工致①、小巧、精美……颇像苏州出产的精雕细刻的工艺品。然而,它又毕竟是以沉重的花岗石为材料造成的,有厚度,有重量,有压力。因此,在这座中华全国最小的石拱桥上,轻巧与厚重,玲珑与敦实,美丽与素朴……这类对立的风格因素被统而为一了,从而显现出丰富而完满的性格。

引静桥周围的空间布置,也颇具匠心。它坐落在彩霞池东南角的水湾之上,为"濯缨水阁"向东南至壁边小道的必经之路。桥下一条与之相应的小溪向南逶迤②而去。这条小溪的走向,犹如书法艺术中的"虫蚀木",自然成文,既不是呆板的直线,又不是矫揉的曲线。小桥旁的"小山丛桂轩"有一副对联:"山势盘陀真似画,泉流宛委遂成书。"如果说,上联是对附近黄石假山——云岗气势的概括,那么,下联则可看做是对这条小小溪流形态的描述,它的流向,宛委伸展,节奏舒徐……人们如果再把小桥和流水合成一个整体来品赏,就可见出二者尺度恰当,比例协调,配合有致,相得益彰③。它可说是苏州园林奉献给比例美的一个出色成果!

引静桥以及模仿深涧而造的小溪,还富于苍然古意之美。桥

---

① [工致]精巧细致。
② [逶(wēi)迤(yí)]形容道路、山脉、河流等弯曲而长。也作委蛇。
③ [相得益彰]互相配合,互相补充,使优点更加明显。

下涧壁上嵌有"槃①涧"二字古石刻,字迹风雨剥泐②,苔藓模糊,但又隐约可辨。溪涧的两壁,萝蔓藤葛,丛生杂出,令人联想起深山荒涧,高峡幽谷。两侧寿木古藤,垂阴水上……计成在《园冶》中说:"引蔓通津,缘飞梁而可度。"引静桥的外侧面,也巧妙地用了"引蔓通津"的艺术手法。密叶繁枝的攀缘植物,由此岸沿桥跨津,通向彼岸,把小桥装饰得苍古浑莽,韵味、气势俱佳。再看大半圆形的桥孔,虽已隐没在苍绿丛中,但是,在彩霞池附近俯观,又可发现被藤蔓所掩的桥孔倒影,若明若灭,若隐若现。这也是颇有意趣的景观。

笪重光③《画筌》云:"山夹两崖,树欹④斜而援引;水分两岸,桥蜿蜒以交通。"这是山水画的深远境界,而引静桥及其周围环境也有此画境。游人在审美品赏时,如何生成此种画境?一言以蔽之:"静观。"宋代哲理诗人程颢⑤说:"万物静观皆自得。"清代画家恽格⑥的《南田画跋》说:"意贵乎远,不静不远也;境贵乎深,不曲不深也。"所以,苏州留园有"静中观",怡园有董其昌所书对联"静坐观众妙"。网师园的引静桥,也引人向静,以观众妙。游人如按这一审美导向,并选取一些较佳的角度,凝神静观,迁想妙得,那么,小桥就会在审美的空间里变高变大,小溪也会在鉴赏的视野里变宽变远,于是,引静桥似乎成为可以通航行舟的石拱桥了。更妙的是,桥附近还置有一个小小的水闸,似为防止上游水位高涨之用,这是画龙点睛的一笔。于是,一隅死角,一泓止水,更像源远流

---

① [槃(pán)]旋绕。古同"盘"。
② [泐(lè)]石头顺着纹理而裂开。
③ [笪 dá 重光(1623—1692)]字在辛,号君宜,又号蟾光、逸叟、江上外史、郁冈扫叶道人,晚年居茅山学道改名传光、蟾光,亦署逸光,号奉真、始青道人,江苏句容东荆人(一作江苏丹徒人)。清代书画家。
④ [欹(qī)]倾斜。
⑤ [程颢(hào)(1032—1085)]字伯淳,人称"明道先生",洛阳(今属河南)人。北宋哲学家、教育家。曾和弟程颐学于周敦颐,同为理学创始人,世称"二程"。二程的学说后来为朱熹所继承和发展,世称程朱学派。著有《定性书》《识仁篇》等。后人所编《遗书》《文集》《经说》等,收入《二程全书》中。
⑥ [恽格(1633—1690)]恽寿平,初名恽格,后以字行,改字正叔,号南田、云溪外史、白云外史、东园客、草衣生等,江苏武进(今常州)人。清初画家。擅作花卉,水墨淡彩,清润明丽,创"常州派"。与王时敏、王鉴、王翚、王原祁、吴历合称"清六家"。兼精行楷书,取法褚遂良。诗文亦清丽。著有《瓯香馆集》。

长的活水了。这种小中见大，浅中见深，近中见远，假中见真，就是一种如画的境界之美。

引静桥及其周围环境，是微型的王国，袖珍的天地。它小得玲珑，小得古拙，小得苍浑，小得深远……它是园林小品中不可多得的杰作，它不愧为中华全国小石拱桥之最！

品读赏析

本文以赞美中国古典园林里的桥开篇，简要介绍了中国古典园林里两种不同制式的桥以及梁式桥的审美韵致，又以中国园林里最长最大、最短最小都具有极高审美价值的两座拱形桥——北京颐和园里的十七孔桥和苏州网师园里的引静桥——的长度数据作比较，反衬引静桥之小，引入正题。

这部分文字为下文作了铺垫，展露了作者巧妙的艺术构思，引起读者好奇，唤起游览过北京皇家园林和苏州私家园林的读者曾经的游园体验：脑海中也许会即刻浮现出长桥卧波、气势如虹的颐和园十七孔桥，引发读者对苏州园林里极为罕见的最短最小的拱形桥——引静桥的兴趣。

作为美学家，作者从园林美学的角度切入，以清新隽永的语言描绘这座造型优美、周围空间布置颇具匠心的小桥。

写小桥的造型时，作者先从侧立面观赏其整体造型"为柔婉的弧形"，用"小小的，曲曲的"叠词短语形容它"如一钩新月，似一弯初弓"，只一句话，就把小巧玲珑、妩媚可人的引静桥凸显在人们面前了。接着写桥面两侧的石栏、桥面上的步阶给人的感觉和联想，写桥面正中的浮雕纹饰等，笔触细致入微，清新自然，将引静桥的典雅、工致、小巧、精美等特征、观赏的感受，以及这座"以沉重的花岗石为材料造成的"小石拱桥，带给人们的审美愉悦和建筑艺术作了高度概括："在这座中华全国最小的石拱桥上，轻巧与厚重，玲珑与敦实，美丽与朴素……这类对立的风格因素被统而为一了，从而显现出丰富而完满的性格。"

写小桥颇具匠心的空间布置，从其坐落的位置、桥下的小溪及其走向、桥旁小轩的一副对联，桥下涧壁上"槃涧"二字古石刻，溪涧两壁的萝蔓藤葛，两侧垂阴水上的寿木古藤，隐没在苍绿丛中的桥孔以及被藤蔓所掩的桥孔倒影等，令人如临深山荒涧，高峡幽谷，苍古而清幽，有览而不尽之情致。——显示了园主高尚的审美情趣；一座不起眼的小桥也在主景与辅景的处理上，真正做到了"虽由人作，宛自天开"（《园冶》），体现出造园者一丝不苟的卓越造诣。

作者以美学家的独特眼光,在观赏小桥优美的造型后,以较大的篇幅描写小桥周围的景物,品赏小桥和周围景观所构成的比例美、整体美、意境美。最后引用古代画家、诗人有关画境与静观的名言名句,揭示"引静桥"蕴含的寓意。文章丝丝入扣地精心描绘小桥周边的如许景物,我们该如何体悟作者由静观而得的画境之美呢？陈从周先生《说园》中说:"园有静观、动观之分,这一点我们在造园之先,首要考虑。何谓静观,就是园中予游者多驻足的观赏点;动观就是要有较长的游览线。二者说来,小园应以静观为主,动观为辅……大园则以动观为主,静观为辅。前者如苏州网师园,后者则苏州拙政园差可似也。"可见作者深刻领悟造园者的意图,体现本文谋篇布局的匠心。

　　被陈从周称为"小园极则"的网师园内,一座可谓"小石拱桥极则"的小桥及其周围景致,正如联合国科教文组织委员会所说:"咫尺之内再造乾坤……以其精雕细琢的设计,折射出中国文化中取法自然而又超越自然的意境。"

单元练习

一　在下面一段文字的横线上填上确当的内容。

苏州是一座水城,也是园林之城。水是苏州的灵魂,也是苏州园林的灵魂。苏州园林的布局多以水为中心,亭台轩榭、山石花木分布其间。《船与水》《小桥引静兴味长》两篇散文一写船与水,一写_____;一以_____,一以静态观赏为主;一赞水城的富足繁华,一赞_____。二者各具特色,相得益彰,更显苏州秀丽柔美,令人_____。

二　苏州是中国最古老的一座城市,历代骚人墨客为它留下了许多蕴藏着深厚文化底蕴的古诗文,本单元两篇散文巧妙引用了古诗文,请你仔细品读原文,找出引用的诗文原句,写在提示的作用后面。

　　1. 借以描绘景色:
　　2. 佐证作者的观点:
　　3. 说明某种艺术手法:
　　4. 突出景致的意境:

三　《船与水》不惜笔墨描写旧时苏州的船与水,赞颂驾驭船与水的普通人,而在文章最后却表达了对后人行为的无比痛惜,作者这样写的意图是什么?说说你的看法。

四　利用周末休息日,亲自到平江历史街区中张家巷河、街,去走一走,再利用图书馆或网络查阅相关资料,仔细阅读下面的文字,以《一条复活的小河》为题,写一篇文章,篇幅600—800字。文体不限。

　　中张家巷河曾是苏州古城中的一条小河,它西起平江历史街区的主河道平江河,东边连着护城河。据记载,20世纪50年代,中张家巷河道被填埋。为恢复古城重要片区的水网系统,体现"小桥流水""人家枕河"的水城风貌,苏州市政府决定恢复全长约607米的中张家巷河道。中张家巷河道恢复工程西起平江河,向东经仓街至护城河,工程包括河道、驳岸和4座桥梁,项目于2005年完成规划选址。一期仓街以东段240米于2013年完工,二期仓街以西段于2017年启动实施,2020年全线贯通,实现通水。这是古城区范围内恢复的第一条河道。

13

单元提示

苏州历史悠久，文化底蕴深厚，人文荟萃，名家辈出，本单元三篇散文分别将我们引向我国著名的作家、教育家叶圣陶，当代著名作家陆文夫和1997年诺贝尔物理学奖获得者朱棣文博士。他们或生于苏州，或长于苏州，当你读完这三篇文章后，是否也能从他们身上发现一些苏州人的共同特点呢？比如恬淡平和，比如感情细腻，比如……

"散文的语言，以清楚明畅、自然有致为其本来面目。散文的结构，也以平铺直叙、自然发展为主。"（李广田《谈散文》）本单元的文章充分体现了这些特点。这三篇叙事写人的散文，形象片断多围绕某段人物经历加以筛选，片断和片断之间没有大的断裂，给人的感觉是文路既散又稳，语言风格也较质朴平实，因此，对文章的整体把握应该既快又准，即作者用哪些片断写出了人物的哪些特点。

散文中的人物描写，无须像小说那样细致地铺陈出人物的思想脉络和性格全貌，作者往往选择人物的某个特点或侧面来抒发思想感情，这三篇文章也是如此。阅读时，要注意体会作者在表现人物特点时采用的不同手法及其作用，比如细节描写、对比、衬托……

值得细细揣摩的是抒情手段。这三篇散文都没有用强烈的直抒胸臆的手法，而是借事传情，即借助于某些细节片断抒发感情。文中没有虚妄的侃侃而谈，没有夸张的情感抒发，一切都在朴素的娓娓讲述之中，抒情笔调显现出节制、自然、质朴的特点，文章也更耐读。如果你能从质朴的行文中感悟到抒情笔致的灵妙，定能获得阅读的惊喜。

稻草人　甪直　叶子　生生农场

《稻草人》是他的童话集。他把甪直称为自己的"第二故乡",遵照他生前的遗愿,他逝世后长眠于"第二故乡"的土地上。叶子是他的曾孙女,也是一位小作家。"生生农场"是他创办的先生、学生一起劳动的场所,体现了他注重社会实践的教育观。他是一位作家,也是一位教育家。他就是——叶圣陶。

我所见的叶圣陶[①]

朱自清

我第一次与圣陶见面是在民国十年的秋天。那时刘延陵兄介绍我到吴淞炮台湾中国公学教书。到了那边,他就和我说:"叶圣陶也在这儿。"我们都念过圣陶的小说,所以他这样告我。我好奇地问道:"怎样一个人?"出乎我的意外,他回答我:"一位老先生哩。"但是延陵和我去访问圣陶的时候,我觉得他的年纪并不老,只那朴实的服饰和沉默的风度与我们平日所想象的苏州少年文人叶圣陶不甚符合罢了。

记得见面的那一天是一个阴天。我见了生人照例说不出话;圣陶似乎也如此。我们只谈了几句关于作品的泛泛的意见,便告辞了。延陵告诉我每星期六圣陶总回甪直去;他很爱他的家。他在校时常邀延陵出去散步;我因为与他不熟,只独自坐在屋里。不久,中国公学忽然起了风潮。我向延陵说起一个强硬的办法;——实在是一个笨而无聊的办法!——我说只怕叶圣陶未必赞成。但是出乎我的意外,他居然赞成了!后来细想他许是有意

[①] 选自《朱自清全集(第一卷)》(江苏教育出版社1988年版)。朱自清(1898—1948),原名自华,字佩弦,江苏扬州人。中国散文家、诗人、学者。著有诗文集《踪迹》,散文集《背影》《欧游杂记》《你我》等。有《朱自清全集》行世。

优容①我们吧;这真是老大哥的态度呢。我们的办法天然是失败了,风潮延宕②下去;于是大家都住到上海来。我和圣陶差不多天天见面;同时又认识了西谛、予同诸兄。这样经过了一个月;这一个月实在是我的很好的日子。

我看出圣陶始终是个寡言的人。大家聚谈的时候,他总是坐在那里听着。他却并不是喜欢孤独,他似乎老是那么有味地听着。至于与人独对的时候,自然多少要说些话;但辩论是不来的。他觉得辩论要开始了,往往微笑着说:"这个弄不大清楚了。"这样就过去了。他又是个极和易的人,轻易看不见他的怒色。他辛辛苦苦保存着的《晨报》副刊,上面有他自己的文字的,特地从家里捎来给我看;让我随便放在一个书架上,给散失了。当他和我同时发现这件事时,他只略露惋惜的颜色,随即说:"由他去末哉,由他去末哉!"我是至今惭愧着,因为我知道他作文是不留稿的。他的和易出于天性,并非阅历世故,矫揉造作而成。他对于世间妥协的精神是极厌恨的。在这一月中,我看见他发过一次怒;——始终我只看见他发过这一次怒——那便是对于风潮的妥协论者的蔑视。

风潮结束了,我到杭州教书。那边学校当局要我约圣陶去。圣陶来信说:"我们要痛痛快快游西湖,不管这是冬天。"他来了,叫我上车站去接。我知道他到了车站这一类地方,是会觉得寂寞的。他的家实在太好了,他的衣着,一向都是家里管。我常想,他好像一个小孩子;像小孩子的天真,也像小孩子的离不开家里人。必须离开家里人时,他也得找些熟朋友伴着;孤独在他简直是有些可怕的。所以他到校时,本来是独住一屋的,却愿意将那间屋做我们两人的卧室,而将我那间做书室。这样可以常常相伴;我自然也乐意。我们不时到西湖边去;有时下湖,有时只喝喝酒。在校时各据一桌,我只预备功课,他却老是写小说和童话。初到时,学校当局来看过他。第二天,我问他:"要不要去看看他们?"他皱眉道:"一定要去么?等一天罢。"后来始终没有去。他是最反对

---

① [优容]宽待,宽容。
② [延宕]拖延。

形式主义的。

那时他小说的材料是旧日的储积,童话的材料有时却是片刻的感兴。如《稻草人》中《大喉咙》一篇便是。那天早上,我们都醒在床上,听见工厂的气笛;他便说:"今天又有一篇了,我已经想好了,来得真快呵。"那篇的艺术很巧,谁想他只是片刻的构思呢!他写文字时,往往拈笔伸纸,便手不停挥地写下去;开始及中间,停笔踌躇时绝少。他的稿子极清楚,每页至多只有三五个涂改的字。他说他从来是这样的。每篇写毕,我自然先睹为快;他往往称述结尾的适宜,他说对于结尾是有些把握的。看完,他立即封寄《小说月报》;照例用平信寄。我总劝他挂号;但他说:"我老是这样的。"他在杭州不过两个月,写的真不少,教人羡慕不已。《火灾》里从《饭》起到《风潮》这七篇,还有《稻草人》中一部分,都是那时我亲眼看他写的。

在杭州耽了两个月,放寒假前,他便匆匆地回去了;他实在离不开家,临去时让我告诉学校当局,无论如何不回来了。但他却到北平住了半年,也是朋友拉去的。我前些日子偶翻十一年的《晨报副刊》,看见他那时途中思家的小诗,重念了两遍,觉得怪有意思。北平回去不久,便入了商务印书馆编译部,家也搬到上海。从此在上海待下去,直到现在——中间又被朋友拉到福州一次,有一篇《将离》抒写那回的别恨,是缠绵悱恻①的文字。这些日子,我在浙江乱跑,有时到上海小住,他常请了假和我各处玩儿或喝酒。有一回,我便住在他家,但我到上海,总爱出门,因此他老说没有能畅谈;他写信给我,老说这回来要畅谈几天才行。

十六年一月,我接眷北来,路过上海,许多熟朋友和我饯行,圣陶也在。那晚我们痛快地喝酒,发议论;他是照例地默着。酒喝完了,又去乱走,他也跟着。到了一处,朋友们和他开了个小玩笑;他脸上略露窘意,但仍微笑地默着。圣陶不是个浪漫的人,在一种意义上,他正是延陵所说的"老先生"。但他能了解别人,能谅解别人,他自己也能"作达",所以仍然——也许格外——是可亲的。那

---

① [悱(fěi)恻]形容内心悲苦。

晚快夜半了,走过爱多亚路,他向我诵周美成的词,"酒已都醒,如何消夜永!"我没有说什么;那时的心情,大约也不能说什么的。我们到一品香又消磨了半夜。这一回特别对不起圣陶;他是不能少睡觉的人。他家虽住在上海,而起居还依着乡居的日子;早七点起,晚九点睡。有一回我九点十分去,他家已熄了灯,关好门了。这种自然的、有秩序的生活是对的。那晚上伯祥说:"圣兄明天要不舒服了。"想起来真是不知要怎样感谢才好。

　　第二天我便上船走了,一眨眼三年半,没有上南方去。信也很少,却全是我的懒。我只能从圣陶的小说里看出他心境的迁变;这个我要留在另一文中说。圣陶这几年里似乎到十字街头走过一趟,但现在怎么样呢?我却不甚了然。他从前晚饭时总喝点酒,"以半醺①为度";近来不大能喝酒了,却学了吹笛——前些日子说已会一出《八阳》,现在该又会了别的了吧。他本来喜欢看看电影,现在又喜欢听听昆曲了。但这些都不是"厌世",如或人所说的;圣陶是不会厌世的,我知道。又,他虽会喝酒,加上吹笛,却不会抽什么"上等的纸烟",也不曾住过什么"小小别墅",如或人所想的,这个我也知道。

十九年七月,北平清华园。

品 读 赏 析

　　1930年7月,朱自清在北平的清华园,写了一篇题为《我所见的叶圣陶》的小散文,内中提及1921年秋第一次见到28岁的叶圣陶时的感受,为他那年纪并不老但"朴实的服饰和沉默的风度"所感染。

　　在其后近十年的交往中,随着时间的推移,作者对叶圣陶的了解和感情逐渐加深。朱自清在叶圣陶身上见到很多看似寻常却很奇崛的景象:沉默寡言而不喜欢论辩,极为和易却反对形式主义,厌恨世间妥协的精神,孩子般的天真和恋家,提笔从容而文稿极清楚,生活随意却极有秩序,不怎么浪漫却能体谅别人。作者认为,这些,均"出于天性",出于一种自然而然的生命状态。文章以时间为经线,写得从容不迫,条理清晰,一步一步展开人物的性格,勾画出了人物的风貌。

---

① 〔醺(xūn)〕酒醉。

朱自清记人的文章，不太着力于结构，但注重细节的刻画，文中抓住叶圣陶"微笑"的神情突出他的"和易"，对他恋家的描写颇为细致。朱自清尤其长于引录口语，文中所记叶圣陶的话只有寥寥几句，但全都如闻其声："由他去末哉，由他去末哉"的反复，道出了他的和易；"一定要去么？等一天罢"的自问自答表现了他对形式主义的反感；"今天又有一篇了，我已经想好了，来的真快呵"的感叹写出了他的构思的得意。这不由得让人想起他的名篇《背影》中记录的父亲的那四句话，一样的朴素、平易而有极强的感染力。

朱自清散文的一个特点是将真挚的思想感情与朴素自然的表达形式完美地结合在一起。例如《背影》，朴素自然的语言使厚重的赤子之情与父亲的背影相契合，那情感化的背影打动了无数读者。再让我们感受一下散文《冬天》结尾的真情："我们是外路人，除上学校去之外，常只在家里坐着。妻也惯了那寂寞，只和我们爷儿们守着。外边虽老是冬天，家里却老是春天。有一回我上街去，回来的时候，楼下厨房的大方窗开着，并排地挨着她们母子三个；三张脸都带着天真微笑地向着我。似乎台州空空的，只有我们四人；天地空空的，也只有我们四人。那时是民国十年，妻刚从家里出来，满自在。现在她死了快四年了，我却还老记着她那微笑的影子。"这篇散文也体现了这一特点，既没有秾丽的词语，也没有当时许多散文中惯用的欧化的冗句，一切都似脱口而出，没有丝毫斧凿的痕迹。叶圣陶先生曾在《朱佩弦先生》中指出，"文字越见得周密妥帖，可是平淡质朴，读下去真个像跟他面对面坐着，听他亲亲切切地谈话"。结尾处，"我知道"，"这个我也知道"两句蕴涵的深深的相知，你从字里行间体会到了吗？

苏州十全街上有一爿"老苏州茶酒楼",主人陆文夫亲撰广告曰:"小店一爿,吭啥花头。无豪华装修,有姑苏风情;无高级桌椅,有文化氛围。"楹联"一见如故酒当茶,天涯来客茶当酒",呼应茶酒二字。苏州有一本地方文化刊物《苏州杂志》,主编就是陆文夫。当代作家韩少功称他为"陆苏州",贴切!

陆 苏 州①

韩 少 功

提起陆文夫,眼前便是一介江南秀士,于瓜棚下短篱旁独坐品茶,闲吮一杯明月的形象。我曾同他一起出访,每到热闹的去处便很少听到他言语,常常使人感觉不到他的存在,唯清点人头时,方察觉他那整洁但里面显得有太多空洞的西装,居然一直影随在我们身旁。若再细看,那清瘦的一条黑脸上,眼睛亮得刺人,默默泄露出他藏蓄心中的练达②和智慧,使你暗暗一惊。

前些年听说照看病重的女儿,较少写作,朋友均替他着急。他却不认为小说轰动一类虚荣比骨肉之情更重要,曾有一信与我:"人生就是一本大书,其中有些是字,有些是事。"这至理名言让我难忘。

他身为中国作协副主席,从不爱热闹,很少去北京,甚至不愿住在南京省城,一直守着他的苏州小院。我这一辈子不知是第几次极稀罕地见到他,是他在北京京西宾馆主持作协理事会,宣布发言都不能超过十分钟。他的一位老朋友兼大人物发言超时了,他也敲敲茶杯照例警告,一点也不讲情面。不管那位发言者如何生

---

① 选自《无价之人》(三人行名家散文精品系列·第一辑,海天出版社 1996 年版)。

② [练达]阅历多而通达人情世故。

气地拂袖而去,也不管台下有些什么人吵吵闹闹抗议他的苛政或民权,他脸上没有任何表情,低头品茶如常。

这次见面,他依然是谈女儿,谈茶。知道我迁居海南,便问问他认识的海南某某编辑,某某文学青年,绝不像某些文人,见面必有一番客套恭维轰炸,或满嘴痛苦孤独,但一听见钱就眼睛发亮。谈寻常琐事,他也是淡淡的,其关切和友善,恰如香茗慢慢暖上你的肝肠。

他的《美食家》等已译成法文,其美食观也引起法国朋友的兴趣,曾特地邀请他到法国参加过一次关于烹调的研讨会。据他说,粗茶淡饭是第一境界,贫境也;大鱼大肉是第二境界,俗境也;真正的美食家往往又回到粗茶淡饭,此乃第三境界,真正的美食雅境。我也是素食爱好者,自然觉得他的说法大得我心。

法国人常常自豪于他们的饮食文化传统,至少是看不起美国的麦当劳快餐。有次我走进这种快餐店,法国陪员惊惧万分拉着我往外走,说:"怎么能在这里吃?这是狗吃的!"其诅咒不可谓不恶毒。但法国美食怎么样也没法征服陆苏州。他每到餐时便要寻找中国餐馆,尤其是寻找豆腐。饭前也必是清茶一杯而断断乎不能上花花哨哨的洋可乐。法国旅店一般都没有开水可供沏茶,实在是对陆副主席最大的心身迫害。后来有人借来一个电热壶,陆苏州一见大喜,立即放下手头一切事情,摩拳擦掌先沏了茶再说。并连接烧上几壶开水,一一问我们是否需要——笑得极幸福极温暖。

后来的几天,我一回到旅店,服务台的小姐给房门钥匙时总是同时给我一壶开水。我开始不解其意,后来才明白,一定是她们从陆苏州那里得到印象,以为中国人个个都要开水,不沏茶就没法活的。

东坡先生说:不可居无竹。文夫先生则是不可食无茶。若与他茶座闲饮一夕,心态自然清静,至少可免俗三日,可除世俗难题带来的虚火少许。我年青时在乡下一个茶场干过三年,居然没有培养出对茶的感情。倒是现在越来越喜欢饮茶了,这恐怕与文夫先生也不无关系。

品读赏析

当你准备完成一篇写人的文章时,你肯定会遇到一个问题,那就是——围绕那个人有好多材料,选择的标准是什么?读了韩少功的《陆苏州》,我想你对这个问题应该会有所体悟吧。

首先,判断某个材料有无资格进入文章,标准是该材料是有血有肉的一个细节、一幅画面、一种心态呢,还是空空洞洞、模模糊糊的浮泛印象。若是后者,当舍之。请看原文:"提起陆文夫,眼前便是一介江南秀士,于瓜棚下短篱旁独坐品茶,闲呷一杯明月的形象。"这是一幅多么清新脱俗的画面!让你想到了谁?是"采菊东篱下,悠然见南山"的陶渊明,还是"独坐幽篁里,弹琴复长啸"的王维,还是……用这样一幅鲜明的画面作为文章开头,人物形象已是呼之欲出。再看:"陆苏州一见大喜,立即放下手头一切事情,摩拳擦掌先沏了茶再说。并接连烧上几壶开水,一一问我们是否需要——笑得极幸福极温暖。"一个"不爱热闹",凡事都"淡淡"的人,怎会有如此"热烈"的神情动作?正是这个生动的细节形成的反差,使一个"不可食无茶"的"陆苏州"跃然纸上。

其次,还要看材料是否有能力承载特定的主旨。作者笔下的陆苏州心态清静,自然脱俗。茶是他的一大爱好,写谈茶、喝茶自然能突出他的心态清静,自然脱俗。文中第三、四两段还写他不爱热闹,一直守着他的苏州小院,对发言超时的任何人都不讲情面,与人交谈亲切友善,这些素材中蕴涵的淡淡的苦、淡淡的香不正是清茶的味道吗?正可谓"人如清茶",同样也有力地突出了主旨。

再者,所选材料应尽可能给人新奇之感,别人笔下已经出现或变相出现过的材料应尽量不在自己笔下重现。陆文夫是一位知名作家,作家在人们的通常印象中便是埋头写作。韩少功却从妙处着笔,别开生面写陆文夫"爱茶",以"茶"为一个"触点",凸现陆文夫如清茶般的品性。再如对陆文夫的外貌描写,"整洁但里面显得有太多空洞的西装","那清瘦的一条黑脸上,眼睛亮得刺人,默默泄露出他藏蓄心中的练达和智慧,使你暗暗一惊",在我们的阅读经验中,无疑是一份独特与崭新。作文是一种创造,在材料片断通往文章的关口,请大家尽可能地不给那些"熟面孔"放行。

"胡马依北风,越鸟巢南枝",每一个游子心中都深埋着属于自己的乡土情结。从小生长于美国的朱棣文博士,虽不熟习汉语,但故乡太仓一直令他魂牵梦萦……2000年8月24日,他终于有机会回到太仓,"寻梦祖籍地,替父了心愿"。

博士回故乡[①]

宋祖荫

朱棣文博士,1997年诺贝尔物理学奖获得者,祖籍江苏太仓城厢镇。从小生长于美国的朱棣文博士,虽不熟习汉语,但故乡太仓一直令他魂牵梦萦[②];每每应邀到中国讲学,总满心希望踏上回故乡之路,可常常因行程排满而只能"梦里回乡"……终于2000年8月24日心愿实现了,趁在上海交大讲学之暇,朱棣文博士抽出半天宝贵时间,回故乡省亲来了!

水乡太仓历来崇尚教育,朱氏家族乃当地"耕读世家",英才辈出。据不完全统计,朱氏门下共出留学生、博士生、教授等十余人,父兄两辈有好几位著名科技学者、专家;朱棣文有位姑母朱汝华,曾是美国芝加哥大学化学工程教授,一度当选为全美化学家协会主席,曾与前任美国物理学会主席吴健雄教授结为同乡、姐妹、好友,被世界科技界誉称"双子星座";朱棣文父亲朱汝瑾,早年留学美国,获美国麻省理工学院化学工程博士,曾任美国华人工程师协会主席和美国技术资源顾问公司董事会主席。朱棣文弟兄三个,他和哥哥都是斯坦福大学教授,一个弟弟在加州当律师。

成长于西方生活环境中的朱棣文,在家接受传统文化熏陶,从

[①] 选自《苏州杂志》2001年第2期。有改动。
[②] [魂牵梦萦(yíng)]形容思念情切。

小养成谦逊、勤劳、刻苦的东方民族品性,加上天资聪颖,酷爱读书,有较强的动手能力,为其日后研究微观物理学奠定了坚实的基础。朱棣文在获得数学与物理双学士学位后,又进入著名的伯克莱加州大学,1976年获物理学博士学位,后留校专事博士后研究;1987年转入斯坦福大学物理系(担任教授、系主任等职)。从1983年起,他进入物理学前沿领域原子冷却技术课题的研究,至20世纪90年代初研究出激光冷却捕获原子方法而摘取诺贝尔物理学奖桂冠。

由于众所周知的原因,很长一段时期,海外人士与国内亲友是隔绝联系的。太仓县城原是长江三角洲侨乡,旅居海外人士近千余人。改革开放以来的二十年中,著名国际物理学家吴健雄博士一次一次回乡探亲,唤起众多海外游子的缕缕乡情。大约十七年前,在瑞士召开的国际激光光谱学术研讨会上,朱棣文博士结识了中科院院士、光学精密机械研究所的王育竹教授,相同的民族精神,共同的科学追求使他俩很快结为知己。以后每逢朱博士来华讲学,几乎都与王教授会上一面。有一次,朱博士偶然提起祖籍太仓"不知是否还有亲眷在",提出希望能看看父母曾经生活、学习过的地方,王教授当即表示愿意帮助联系。

中科院上海光机所坐落在嘉定县城,巧与太仓接壤,交通极为便利。王教授与太仓市政协、侨联等有关部门联系后,当地想方设法寻找朱家眷属……转眼到了1997年深秋,朱棣文博士荣获诺贝尔物理学奖的喜讯传到太仓,故乡人民欢欣鼓舞,政协领导特意给朱棣文的叔父朱汝琛发去了贺电;太仓市的有关领导还到东门外的朱汝宙(朱家排行老九)的家中,举杯庆贺朱棣文博士获奖。此后不久,应中国科协的邀请,朱棣文博士来中国讲学。

一个秋高气爽的日子,朱棣文博士在紧张繁忙的日程安排中,抽空来到太仓访祖寻根。朱棣文博士的夫人吉恩·朱出生于英国威尔士,讲中文却比朱棣文更熟练,他们婚后没有回过英国"娘家",却跟着丈夫先回了中国"夫家"的祖籍地,足见他们对中国老家的一片深情。博士夫妇回乡省亲,得到了太仓政府领导的支持,有关部门帮助召集朱家在国内各地的亲友,让朱棣文夫妇与二十多位亲友前辈会聚一堂。会见时,朱博士夫妇向大家致敬问好,并同亲友合影留念……政协领导送上两张发黄的大照片(朱家祖父母),朱夫人接到手中,风趣地将祖父的照片贴在丈夫胸前,左看右瞧,嘴里不停地说"真像,真像"!

第二天,秋雨潇潇,情思绵绵,朱博士夫妇来到太仓公墓祭扫祖父母墓地,深深鞠躬致哀,献上两束鲜花……此时此刻,朱博士深情地说:"我和妻子来看祖父母,同样代表我父母完成心愿,我将永远记住今天——这是我们朱家真正意义上的大团圆啊!"寻梦祖籍地,替父了心愿。在太仓市党政领导陪同下,朱棣文夫妇来到朱家祖宅原址,环顾四周不见旧迹,侨联主席递上一叠照片说,"老宅拆了,照片资料全在",朱博士说,我把"家"带回去,让美国的老父亲也高兴高兴。陪同人员告诉朱博士,设想在此建造一座标志建筑物,征求他们的意见。朱博士指着以书本为造型的一幅模型,建议"在建筑物周围设置一些坐椅,便利人们休闲、读书……"

之后,朱棣文博士又到浏河拜谒①吴健雄博士的墓园。朱棣文从小就非常崇敬吴教授,他的好多项科学研究,是在吴教授的研究基础上发展而取得的。如今,驻足于这位久仰的物理学前辈墓前凝视,两代物理学界"骄子"的同乡情缘,融合着太仓故土的亲切,朱博士动情地称"是太仓培育了科学家"。他感谢家乡父老乡亲的热情接待,他说:"我跟父辈对故乡的感情是不同的,我没到过太仓,一切都很新奇,非常好奇。"有人问他,你到太仓有否找到"根"的感觉?朱博士连声应答"Yes,Yes"。

为了表达故乡人民对科学家的崇敬,太仓市决定以朱棣文名字命名,创办一所现代化教育小学,特地征求朱博士的意见,朱棣文博士欣然允诺。此前曾有一所国内的民办"国际学校",聘请他挂名担任名誉校长,他到实地看过之后断然拒绝;后来对方追着塞给他12万美元,他照样婉言谢之。而对故乡的"朱棣文小学",博士倾注了自己一片爱心。当他们来到"朱棣文小学"与师生见面座谈,看孩子们琴棋书画表演,深为中国文化艺术之魅力所陶

---

① [拜谒(yè)]瞻仰(陵墓、碑碣)。

醉……朱博士夫妇非常热爱教育事业,关切地询问了学校有关语言教育、电化教育等方面情况,听说学校正在创建江苏省现代化标准学校的消息,他们欣慰地笑了。

近年,太仓市地方政府非常重视海外联谊工作,热情做好海外游子回乡探亲访友的接待工作,曾几次为海内外朱氏家族亲友沟通联系,送上家乡故土的温暖与深情。80年代中期,朱棣文的姑母携女来太仓访祖,当时是县委派专人负责接待的。朱棣文博士的父亲朱汝瑾年逾八旬,在海外飘游半个多世纪却思乡更切,但身患中风,难遂①叶落归根之愿,为此曾对赴美探亲的兄弟朱汝琛感叹道:"我到美国以后,一直没能回乡省亲,以前是受种种限制不能回去;现在可以回去了,但我的身体不行了……我不能回乡的愿望,只能由我的儿子实现了。"

朱棣文夫妇在太仓探亲期间,亲眼目睹家乡人民在建设中取得的成就;他们从互联网上获悉"太仓民营科技园区召开新闻发布会",喜出望外,当即发出一份热情洋溢的贺电,祝太仓的高科技事业发展欣欣向荣。从中国返美后,朱博士夫妇向父亲述说了回乡省亲的感人情景,老人听着异常兴奋,儿子对他说:"太仓是一座很好的城市,不是很小,蛮大的,周围环境也都很好……"老人脸上呈现出一种羡慕而自豪的神情。

品读赏析

  本文以祖籍太仓的诺贝尔物理学奖获得者朱棣文博士回乡的经过为线索,从朱氏家族谈到朱棣文本人,从朱棣文此次回乡的前因写到回乡的整个经过及返美后的情况,其间还谈到太仓市的海外联谊工作,内容既多又杂,但作者的叙述却井然有序。这得益于作者采用了恰当的叙述方法。

  全文以顺叙为主,开篇点题,接着利用第二至五段的插叙对朱氏家族、朱棣文本人及此次回乡的起因作了必要的交代,再回到正题叙写回乡经过和返美后的情况,其间第十段又有一次插叙提及太仓市的海外联谊工作和朱棣文父亲的回乡心愿。插叙部分往往把叙述线索暂时中断,插入与中心事件有关的内容,然后又自然地回到叙述的中心事件上来,有条不紊地展开

---

① [遂(suì)]顺,如意。

叙述。

如果完全按照时间顺序写,会拖得很长,文章的结构显得松散,文章的主线也得不到突出,更无法开篇点题吸引读者。两相比照,不难看出运用插叙手法的好处。

同学们在写记叙文时,也可根据需要恰当地运用插叙手法。在运用时,要注意两点:1. 插叙部分的前后,要用些衔接语,便于读者理解;2. 插叙部分叙述结束,要仍按原来的线索顺写下去。这样才不至于造成顺序上的混乱。

在选材上,作者从朱棣文博士是朱家的子孙、是物理学界的骄子、是故乡太仓的骄傲几方面出发,写他此次回乡与亲友前辈聚会,祭扫祖父母墓地,拜谒吴健雄博士的墓园,欣然允诺以他的名字命名故乡的小学等事件,显得不蔓不枝。

单元练习

一 联系文意,回答下列问题。

1.《我所见的叶圣陶》开头,作者的友人刘延陵称叶圣陶是"一位老先生",对此,作者是否赞同?为什么?

2.《陆苏州》中记录了陆文夫信中的一句话:"人生就是一本大书,其中有些是字,有些是事。"结合上下文,谈谈你对这句话的理解。

二 揣摩表达技巧,回答下列问题。

1.《我所见的叶圣陶》中,作者把叶圣陶的"和易"和"发怒"放在一起写,起到了怎样的作用?

2.《陆苏州》第四段写到了"某些文人"与人见面时的表现,《博士回故乡》第九段写朱棣文拒绝一所学校高额聘请的事,它们都用了什么表现手法?有什么作用?

三 莫泊桑说过:"任何事物里,都有未曾被发现的东西……最细微的事物里也会有一点点未被认识过的东西。让我们去发掘它。"读了本单元的文章,你对这句话应该有一点感悟了吧。作者对笔下的人物,无论是表情动作,还是性情心态,都有其独特的发掘。请你也来写一个人物片断,要求从一个新鲜的视角发掘所写人物的独特之处。字数200—300字。

14

单元提示

"太湖美,美在太湖山和水",这里山水怡人、风光旖旎、人文荟萃、历史悠久,形成了一幅自然画卷。本单元前两篇文章都同太湖有关,但文体各不相同,从不同的侧面抒写太湖的优美的风光和久远的地质历史。

《太湖抒情》是一篇优美的抒情散文。它题材广泛,取材自由,所谓"一粒沙中见世界,半瓣花上说人情"。它描写太湖山水、太湖农家、西山梅花,文笔清新自然,语言凝练优美、质朴清新,文章充满诗情画意,饱含着作者对太湖的热爱,给人以艺术的美感。

《云水苍茫说三山》是一篇科普说明文。它运用多种说明方法,用生动的语言,从考古的角度写太湖三山的地质历史和古生物遗迹,说明生动,读来饶有兴味,可帮助我们了解江南平野的远古历史。

《阳澄湖边食蟹图》是一篇散文,却兼有了科普说明文的特点,向读者详细介绍了阳澄湖大闸蟹的生长环境、食蟹的程序和讲究,娓娓道来,读来令人垂涎,也增长了知识。

三篇文章虽然体裁不同,但都表达了作者对家乡的热爱。阅读本单元文章,可以了解家乡的地质历史,欣赏家乡的美景,品尝家乡的美味,增强我们热爱家乡的情感,激发我们建设家乡的热情,为太湖的发展谱写新的篇章。

> 太湖美哟,太湖美,美就美在太湖水。太湖美,浩荡水连天,碧波万顷浪,湖岸好风光。水中鱼虾喜红菱,波上白帆行。河渠纵横稻谷香,水乡丰收景。哎,太湖儿女描绘幸福景。
>
> ——歌曲《太湖美》

太 湖 抒 情(外一篇)①

韵 之

年少时,听人唱了一曲《太湖美》,竟美得我不辞远行,徒步来看太湖。几小时的跋涉②,待走近太湖时已是"渔舟唱晚"。

夕阳西照,落日辉映碧泓万顷,波光粼粼,青嶂③插云,远山含黛……呵,太湖真美!

从此,太湖在我心中生出了许多美好的遐想④,它的秀美给了我快慰无限;而我,又为常能与太湖肌肤相亲而欣然。

像一部卷帙浩繁⑤的史书,太湖记载着人类生命的足迹。翻开它凝重的书页,那吴越春秋的金戈铁马,西施、范蠡、勾践、夫差、伍子胥……一个个历史人物,活生生又在波光里叠现。猎猎的旌旗,争流的百舸⑥,我仿佛看到了当年征战的鲜血;湖水汩汩,是吴越两地百姓悲怆的呼喊,还是无奈的叹息?

如果说,二千多年的灿烂诗篇是对历史英雄的热情歌咏,那么流传在吴越大地上的无数美好传说,便是百姓对平安幸福的企求和希望。

---

① 选自《苏州杂志》2000年第2期。
② [跋(bá)涉]爬山蹚水,形容旅途艰苦。
③ [嶂(zhàng)]直立像屏障的山峰。
④ [遐(xiá)想]悠远地思索或想象。
⑤ [卷帙(zhì)浩繁]书籍很多。
⑥ [舸(gě)]〈书〉大船。

漫步于秀丽静谧的太湖边,望一眼叠翠峰峦怀抱中的村庄、良田,潺潺溪流挟着永不疲倦的活力,肥沃了江南鱼米水乡……举目远眺,水天相连,湖面上条条渔船,点点白帆,芦苇摇曳,恍若潘天寿老先生最生动的一幅水墨画卷——

江雨霏霏江草齐,

六朝如梦鸟空啼。

无情最是台城柳,

依旧烟笼十里堤。

唐朝诗人韦庄这首怀古诗,虽是吟咏金陵之美景,但我愿藉此赞美太湖之秀。走近太湖,无论你穿行于绿树掩映的村庄,还是轻舟荡漾于湖面;无论是阡陌小道,还是古朴民宅……那恬淡,那宁静,那处处点点,都会令你陶醉不已。

置身于太湖怀抱,你会触摸到它澎湃的心跳,千百年来,太湖一直没有沉睡,它以自己的宽阔、温柔和宁谧,承受着历史的风霜雨雪;又以自己的博大和宽容,含笑而友好地迎接了每一位来客;有多少文人骚客①或踌躇满志②,或失意落寞,来到太湖边寻找文化的本位,或重新衡量自身的价值。他们似乎不仅仅醉心于太湖不矫饰的自然风景,更在意轻吟和回味那厚重历史文化的积淀,他们以狼毫蘸③饱了春晖,挥写出心中的离情、愁绪,抑或也是欣然?

久蛰于都市,厌倦了烦躁和喧嚣,好像冥冥中有所牵引,记不得我是第几次来看太湖,行于青山秀水间,若仙若神,体味着陶渊明笔下的"世外桃源"。太湖,在我心里永远有一种心怡神往的亲近。你看,那远山叠翠在多情的春雨轻吻下,幽幽弥漫出风情万种;湖边杨柳婀娜④在柔风吹拂下似蜻蜓点水……或许,太湖春水就因这缠绵隽秀而韵味深远。

清晨,太湖浓雾簇拥着山峦、村庄——"白云生处有人家",林涧一条好清好纯的小溪,昼夜唱着无尽的欢歌,溪中有活泼的小鱼

---

① [骚(sāo)客]诗人。

② [踌(chóu)躇(chú)满志]对自己的现状或取得的成就非常得意。

③ [蘸(zhàn)]在液体、粉末或糊状的东西里沾一下就拿出来。

④ [婀(ē)娜(nuó)](姿态)柔软而美好。

在嬉戏,偶尔得意忘形地跃出了水面,绽出一圈圈圆晕,荡漾出一种令人羡慕的怡情。

顺着被晨风拂净尘埃的小道,迎着晨曦来到湖边,看那冉冉旭日升起,霞光拉开了太湖深远壮阔的帷幕,满目青山苍翠,莹莹湖光闪亮,于是,宁静的湖面有了动感的美景,小村升起了袅袅炊烟……

很随意地去农家走走,太湖渔村的人们,见到我——陌生的客人,没有谀词①,有的是热情和礼遇,他们会欣喜地起身为你让座,沏上一杯清香四溢的新茶,质朴无华的话语让你感觉温暖亲切……这一切的一切,多么令人感动,感动中露出一种厚实凝重的惬意。

太湖,宁静中处处生满蓬勃生机,在太湖的怀抱里俯看现实与人生,会让你心灵境界顿感开阔,因此,我陶醉于太湖的宁静和超脱,那一阵阵和风轻拂下的碧波微澜,仿佛永远向人们讲述着一个美丽的传说……不知怎的,所有典雅的景致、缠绵的情思,都会令我派生出种种心境或感悟,面对美丽的太湖,想着生活的美好,我还苛求什么呢?

西山梅香

久于市声者,大都有外出释放情绪之雅兴。

早春二月,我们结伴去西山探梅踏青。古时郊游,或坐马车叩山阴道,或轻舟荡桨于湖面,马车、轻舟固然儒雅含蓄,然今车轮御风则以迅疾胜之,也归功于时代的进步。

先前只知探梅到光福邓尉,早有"邓尉梅花甲天下"之誉,历代文人墨客都称颂不绝:吴门才子文徵明写过百余首咏梅诗篇;清代诗人金荣亦有"入邓尉山,看红梅绿籽,十步一坐,坐浮一白,花香枝影,迎送数十里"之句,足见当年邓尉梅之兴盛。但后来多少年,光福的梅海逐渐衰落,又屡经人为破伐,"香雪海"已名存实亡。

---

① [谀(yú)词]阿谀奉承的话。

所以,我等此番到西山探梅,一为释放心情,更有寻访新的赏梅景点之意。

汽车傍太湖西行,碧波万顷中的西山,宛若莲藕临湖而卧,占尽山灵水秀之美。沿湖周边山绿,水绿,连村宅也由树丛簇拥而染绿了。山路两旁梅树交枝迭柯,树影婆娑,含苞待放的梅蕾笑容欲展,渐闻阵阵幽香浮动,初则隐约,继而浓馥扑鼻……据说,此地植梅已近两百年历史,老梅依然缀花,依然葱绿,依然旺盛不显老态,可见"梅龄"是很难估算的——上百年的古梅,晚年虽鹤发松稀,干枝朽烂,却仍喜好披一身苍翠苔藓,以示高寿。于是我想,眼前的这些梅树,说不定也早在乾隆帝下江南时就站立于此了吧。

梅,与炎黄世胄①渊源深远,二千多年前的《诗经》中,就已有"侯栗侯梅""墓门有梅"等句出现了。盛唐乐府中,也有数不清的《梅花落》篇章;宋人陈从古曾搜集历代"梅诗"八百余首;黄大舆的《梅苑》至宋时就已十卷。林逋②著有"疏影横斜水清浅,暗香浮动月黄昏""雪后园林才半树,水边篱落忽横枝""池水倒窥疏影动,房帘斜入一枝低"三联,遣词生动优美,堪称佳绝。

梅,为诗画之源泉。王冕的《墨梅》,表现出"只留清气满乾坤"的崇高气节;宋伯仁撰《梅花喜神谱》,载有梅花诸法百余幅,足见梅花自古就对人类有种特别的吸引。人都有癖,陆羽于茶,米芾于石,云林于洁,而传癖梅者,闻人谈梅,深谷峻岭不惮③攀危履险而趋之,梅花将萼,遂移枕携被睡卧于下,观之由微至盛,至谢,至萎于地而后去。美妙的传说,为梅花平添圣洁高雅之韵。于是,诗人林和靖以梅作妻;孟浩然踏雪寻梅引为知己……历史上,以梅为典的动人故事,举不胜数,还有我们敬爱的陈毅同志,也曾作诗《梅岭三章》藏于衣缝,抒发一代革命志士气贯长虹④的精神情怀。

① [世胄(zhòu)]世家子弟;贵族后裔。语出晋左思《咏史》"世胄蹑高位,英俊沉下僚"。
② [林逋(bū)(967—1029)]字君复,钱塘(今浙江杭州)人,孤山隐士。北宋著名诗人。著有《林和靖诗集》。
③ [不惮(dàn)]不怕。
④ [气贯长虹]正义的精神直上高空,穿过彩虹。形容精神极其崇高,气概极其豪壮。语出《礼记·聘义》:"气如白虹,天也。"贯,贯穿。

一路想梅,说梅,忽闻车窗外蜜蜂嗡嗡,恍恍然原来是梅香招至也……花,乃树之精魂呀。梅树,对人类的贡献是非常慷慨的,从头至脚,从皮到肉,无一为废。古人有用梅花煮粥,清香开胃散郁;以梅蒸露酽茶,有止渴生津助气之功效。据我所知,梅子乃蜜饯甜食之重,历来为妇孺恩宠,也是酒后茗前消闲佳品,制成罐头食品还能行销海外。梅干系名贵良材,为精雕细刻的上乘选材;梅桩可制作高雅盆景而驰誉中外……穷乡僻壤的农户山民,屋前宅后植几株梅树,不单环境美化,一年四季的家用开销,也靠梅树"收益"提供保障,不愧一笔宝贵的小额"存款"呀。

　　车至西山花坞,梅香如雪,沿曲径拾级而上——入山无处不花枝,远近高低路不知。常有人说梅花孤傲矜持①,我却以为那是一种羞涩,埋藏深底的热情,最终还是冲破表象而悄然开放,唯恐遭人们冷遇,又生出暗香阵阵……我特别注意到一株隐藏很深的老梅,疏影横斜,经不住春寒料峭而缤纷落英,但那柔曼冷傲的枝头,依然有花蕾星点,五片粉白微黄的花瓣,倏然绽放,花瓣完整,依然丰满,尽管没有绿叶相扶,却并不感觉它孤单,那寂静一片的冷香芬芳,让我悟出陆游《咏梅》之志和生命的新旧交替……说不清为什么,我忽然想起了历史上诗情卓越又政治狡诈的曹操,敬佩他"青梅煮酒论英雄"的聪灵,那脍炙人口②的"望梅止渴"传颂,足见曹操对梅偏爱一往情深。

　　古人云:看花有法如看画,佳处模糊淡淡中。我们上山时,恰遇半湖烟雨,若入身世外桃源,自有超尘脱俗之感。人立山巅,极目四顾,水天一色,山水递相萦抱,顿觉舒怀振奋,难怪古人有叹"物有天然之趣,人忘尘世之怀",山下花坞,相间一畦③畦菜地,碧绿生青;山村老屋新楼,错落有致,见炊烟袅袅弥漫,于是让我想象农家带烟火味的菜饭的那一种喷香,村民们捧着饭碗串门的那一种自得,真正羡慕山村生活的那一份宁静,这里没有功利之累,

---

　　① [矜(jīn)持]拘谨,拘束。
　　② [脍(kuài)炙(zhì)人口]美味人人都爱吃,比喻好的诗文或事物,人们都称赞。炙,烤熟的肉。
　　③ [畦(qí)]有土埂围着的一块块排列整齐的田地,一般是长方形的。

家常所叙的尽是草木，山石，谷禾，桑麻……鸢飞唳天者到此息心，经纶世务者于此忘返①，这就是大自然的魅力！

西山，过去在人们的印象里，似乎远不及梅香传的那么遥远，是历史忽视了它的存在，还是厚此薄彼使它未有开发的机会？然而，西山还靠自己的物华天宝②，引来了拜山人们的脚步，好酒终于走出了深巷——随着太湖大桥的通畅，西山的梅香飘出了僻乡，旅游者的脚步，声声趋众起来，踏青，秋游，避暑，憩冬……而今，烟雨迷濛中的西山，梅香给人们捎来了春的信息，丰阔流彩，生机盎然！记不得谁说过这样一段话：中国真同梅树一样，看它衰老朽腐到不成一个样子，一忽儿，挺生一两条新梢，又回复到繁花密缀、绿叶葱茏的景象了……

是啊，如今的中国大地，到处已冰雪消融，老梅开始更新，芬芳四溢，十分绮丽③，带来一派繁荣景象！

品 读 赏 析

本篇课文包含的两篇文章都描写了太湖特有的景物，抒发了作者热爱家乡的美好情感。在体裁上都属于抒情散文。

抒情散文是散文的一种，以抒发作者情感为主。或直抒胸臆，或借景抒情，或托物言志，常以情感发展为行文线索。立意新颖，构思精美，意境深邃，语言优美。所谓"一切景语皆情语"，在对景物的描写中，融进作者的思想感情。把深刻的思想、美好的情怀凝聚为生动的画面，而且要做到"内情"与"外物"相融合，诗意与境界相交织，精练优美，朴素自然，既具有时代的生活气息，又具有个人的风格特点。

散文最大的特点是"形散而神不散"，"形散"是指散文取材自由，不受时空限制，表达方式多种多样，"神不散"是指散文的主题要明确、集中。也就是说，从形式上看，散文运笔如风，不拘成法，似乎散漫无章，行文时断时续，

---

① [鸢(yuān)飞唳(lì)天者到此息心，经纶世务者于此忘返]语出梁代吴均的《与朱元思书》："鸢飞唳天者，望峰息心；经纶世务者，窥谷忘返。"这句话的意思是在仕途上鹰一般冲天直上的人，望这么美的峰峦就会平息热衷名利的心；整天忙于筹划治理世俗事务的人，看一看如此幽美的山谷就会流连忘返。

② [物华天宝]指各种珍美的宝物。语出唐代王勃《滕王阁序》："物华天宝，龙光射牛斗之墟。"物华，万物的精华。天宝，天然的宝物。

③ [绮(qǐ)丽]鲜艳美丽（多用来形容风景）。

时而勾勒描绘,时而倒叙联想,时而感情迸发。但是,它的"神"(也就是文章的中心)却是始终不散的,是首尾一贯的,文章必须始终紧紧围绕一个中心来展开。

以《太湖抒情》为例,文章写了许多内容,写少年时不辞远行来看太湖,写太湖记载着的历史,描绘太湖边平野田畴、渔船白帆的景色,重点写太湖以它的自然风景和文化积淀吸引文人骚客来抒写情怀,最后写到了太湖边质朴勤劳的劳动人民。文章涉及的内容、描写的对象都很丰富,到结尾"面对美丽的太湖,想着生活的美好,我还苛求什么呢",概括出文章的中心。作者紧扣这一中心,安排布局内容,把材料串联起来。

《西山梅香》写早春二月去太湖西山探梅,却不直接写西山之梅,宕开一笔,写邓尉之梅,写"香雪海"的衰落,实则反衬西山之梅。写太湖之景,渲染梅花的生长环境,然后从视觉和嗅觉两方面写梅花的姿态和梅花香,写梅花的种植历史和在诗画中的地位,营造出浓郁的文学氛围。可见,文章涉及面广,但中心却统一在"对西山之梅"、对太湖的热爱上。

烟波苍茫的太湖中,一座浓荫隐掩的小岛,在轻浪微波中起伏,这就是由龙头山、行山、小姑山连接组成的三山岛。由于它朴素清丽的自然景色,及绝少污染,越来越吸引游人的注意。而使人格外惊奇的是,这座面积不足二平方公里的弹丸方寸岛地,竟是揭开长江下游、江南平野远古之谜的一部天书。

云水苍茫说三山①

钱 正

烟波苍茫的太湖中,一座浓荫隐掩的小岛,在轻浪微波中起伏,这就是由龙头山、行山、小姑山连接组成的三山岛。由于它朴素清丽的自然景色,及绝少污染,越来越吸引游人的注意。而使人格外惊奇的是,这座面积不足二平方公里的弹丸方寸岛地,竟是揭开长江下游、江南平野远古之谜的一部天书。

曾有专家认为:江南平原在六七千年前,还是一片汪洋大海。但是在三山岛上,偏偏出现了距今一万二千年到二万三千年前的成群的野生动物化石。还有专家根据唯亭草鞋山遗址出土物认定:这里最早的原始人类活动不会超过七千年,然而三山岛上偏偏出土了至少一万年以前人类制作的"旧石器"。有专家还说:当年的三山岛尚不是岛地,应该是与现存陆地相连的一片更宽阔广袤②的陆地。但许多迹象表明,三山岛上曾经活跃过的大量动物突然间遭到了灭顶之灾,被洪水淹死,无数遗骸③随着雨水和浪涛的冲击,填塞进了小岛无数石灰岩裂隙中,直到后人开山采石,才陆续重见天日。

---

① 选自《苏州杂志》2000年第6期。
② [广袤(mào)]广阔,宽广。
③ [遗骸(hái)]遗体,遗骨。

应该怎样解读这一遥远的时空秘密？

这儿好像有必要回顾一下地球的历史：大约在四十六亿年前，地球从火热的岩浆状态逐渐冷却，成为太阳系中一颗行星后，经过了历时十二亿年的太古代、二十八亿年的远古代、三亿三千年的古生代及一亿四千年的中生代以后，进入了包括我们今日世界在内的新生代。新生代是地球历史上从未有过的热闹的地质年代。第一件大事是喜马拉雅山从古地中海的底部隆隆升起，势不可遏地上升，形成了今日穷接苍穹的八千余公尺高的"世界屋脊"。再一件大事是，高级的哺乳动物的诞生，它的诞生最终导致了人类的出现。新生代至今已经历了七千万年，其间有"古、始、新、中、上"这五个被称为"新世"的阶段。到了距今三百万年左右，开始进入了"更新世"，这也就是人类以灵长类中佼佼者出现在地球上的年代。在我们中国，也就出现了距今一百二十万年的元谋人、七十万年的蓝田人、五十万年的周口店"北京人"、五万年的"山顶洞人"等等。在此期间的人类都只能用敲敲打打的笨拙办法，制作粗陋的"旧石器"，来谋取简单的生存。直至距今二万年左右更新世结束，进入"全新世"，人类的生产工具的制作才出现了巨大的飞跃：从"打击石器"（旧石器）到"磨制石器"（新石器），再到铜器、铁器，二万年时光中，这些越来越新式的工具，逐一飞快地在人类手中掠过，终于进入今天电脑、信息网络构筑起来的高新科技时代。三山岛发现的粗陋石器，只能是"打制"阶段的产物，因此，考古学家把它的性质定为"旧石器"，制作年代定在"更新世晚期"，绝对年代不少于距今一万年之前。

小小的三山岛，一下子把苏州、乃至长江下游的太湖平原上人类的历史，向前推进到了万年以上。

我是在1985年夏踏上这座蕴藏着远古奥秘的小岛的。当时我是苏州博物馆的陈列部主任，为了向世人陈列展出这一惊人发现，我必须自己先去考察体验一番。踏着荒径野草，我爬山落坡来到小岛西北突兀在湖中的一个山嘴，它有一个美丽的名字：东泊小山的清风岭。在那儿我找到了那个神秘的石灰岩溶洞，它匍伏在山岭下,山背上长满树木和藤蔓①。在它前面仿佛围护似地有一片芦苇,悠悠伸展到太湖之中。这儿只有风声鸟鸣,绝无人烟,更使人惊奇的是岛上到处裸露的青石在这儿消失了,代之以坚硬并呈暗红色的燧石②,块块垒垒布满这2500平方米的滩地。这就是专家考证后认定的制作旧石器的最佳原材料,成千件经原始人加工打制的旧石器,正是在这滩地上、洞穴里发现的。

这样一个重要的原始文化遗址,在世代生活在这儿的农民眼里,竟是毫不足怪的,他们有他们自己的说法,即这儿历来是优质打火石的出产地,在火柴没发明前,人们就是靠这些火石打出火源,维持日常生活的。当地甚至有这样的顺口溜:"三山火石,一打就着,如若勿着,打得眼白。"意思即是这儿的打火石是一击即发的,如果打不出火,一定是其他杂石,再打也没有用。原始人用燧石制作的石器,竟成为后人制作打火器的原料,如果后人不是这样世世代代地改制利用,那么今日考古学家们发现的旧石器数量肯定会更多。

然而考古学家们的期望更大,除了旧石器,他们还期望能发现旧石器时代人类的遗踪,包括骨骼、牙齿、或者用火的痕迹等等。

"牙齿",在考古界占有非凡重要的地位。轰动世界的中国元谋人、蓝田人等等,都不过发现了几颗牙齿。因为任何遗骸、骨头,都很难一下子分辨出它的动物属性、品种、部位、功能、生存年代等等。譬如,发现一根较为粗大的骨头,容易认为是重要部位的主骨,但在大象和野牛身上,也许仅仅是一截次要骨头。如果拣到一根细小的骨头,容易认为无足轻重,但在小鸟身上,偏偏是重要主骨。牙齿则不同,什么样的动物就有什么样的牙齿,一目了然,决不会搞错。以羊和鹿的臼齿作比,齿型、大小、骨质等都十分相像。唯有鹿的臼齿侧缝中多一点细小的骨刺,羊却绝对没有。人类的牙齿更为精密,除了能从萌齿情况、磨损情况分辨性别、年龄,还能表明那人正处于哪个原始阶梯上。三山岛上,不仅发现了古生动

---

① [藤蔓(wàn)]藤和蔓。指某些植物细长不能直立的匍匐茎、缠绕茎或攀缘茎。
② [燧(suì)石]古代取火的器具。

物的许多牙齿,而且还伴随出土了许多上、下颌骨与粪便等化石,共达600多种。已经明确辨认出来的动物有兔、貂、猕猴、狗獾、猪獾、猞猁、豪猪、斑鹿、野猪、似水鹿、最后斑鬣狗等6目20种。更令动物学界震动的是,这儿既有棕熊、西藏黑熊、猞猁、狼、老虎等不畏寒冷的寒带型动物,又繁殖着大熊猫、犀牛等亚热带型动物。长期以来,专家们一直在寻找这两种动物种群在大陆的汇聚与融合是在哪条分界线上,三山岛这一考古发现,使专家们感到出现了曙光。

无巧不成书,上海血液研究单位,也在追寻我国南方的南太平洋人种与北方的蒙古人种在大陆上汇聚与融合的分界线。经过对数千例血型等项目的研究分析,竟也发现在我们长江下游的这块土地上汇聚交融现象最为明显。

大自然提供的奇妙的生态契机①,为太湖流域造就了格外丰实的远古生态景观,从而也为现代人的开发研究准备了厚实的基础。

至此,三山岛万年以前的生态图,似乎能够用粗线条勾勒出来了。

在距今二万年前,地球上最后一次冰期——大理冰期发生之前,这片江南古陆上,到处欣欣向荣,生气勃勃。成群结队的野生动物在这里奔驰、繁殖。原始人则在这里打制粗笨的旧石器。极盛于二十万年前的最后斑鬣狗遗骨化石的出土,说明这种生态环境在这里存在的年代已很久远。

但是,临近大海的太湖平原是如此不稳定,当地壳发生脉动式起伏时,引起过海水多次大规模进退。特别大理冰期的到来,更对江南大陆产生严重影响。朔风怒号、冰封雪原的时间长达五千年之久。虽然,太湖平原由于处在冰雪线以南而未受到彻底冰冻,野生动物也许尚未被灭绝,但在后来的冰雪消融期,仍然给江南带来了灾难性的后果。冰流雪水的汹涌入海,使海平面迅猛上涨40到70公尺以上,大片陆地被淹,像三山岛这种低矮的丘陵,被追逐而

---

① [契(qì)机]指事物转化的关键。

上的汹涌浪涛所淹没,向山顶奔逃的野生动物,最终覆灭在坎坷的峰巅岭间。随着海水的逐渐退却,散落的遗骨被冲进石灰岩的缝隙中,天长地久,变成坚硬的化石,成为今天人们探索远古生态的宝贵物证。至于当年曾在清风岭下劳作的远古人类,好像仅把这里当作石器的制作工地,在洪水来临之前,他们已经全部撤离,只留下这静悄悄的石滩……

品 读 赏 析

太湖湖中诸岛为吴越文化的发源地,有大批文物古迹遗址。作者在经历了详细的考古研究以后,写成了这篇科普小品。

科普小品是说明文的一种,用生动说明的方法、比较通俗的语言把科学性表达出来。

说明文必须具备科学性、客观性的特点。说明语言的准确性,是说明文语言的先决条件。表示时间、空间、数量、范围、程度、特征、性质、程序等,都要求准确无误。文章多处使用数字,都力求准确。如,"大约在四十六亿年前,地球……经过了历时十二亿年的太古代、二十八亿年的远古代、三亿三千年的古生代及一亿四千年的中生代以后,进入了包括我们今日世界在内的新生代",语言简练清晰。

作为一篇说明文,把深奥的考古知识介绍得浅显易懂,说明方法是非常重要的,文章用了形象的描述、通俗的比喻、准确的概括等方法。形象的描述,可以增强感性认识;通俗的比喻,可以使深奥的科学道理变得浅显易懂;准确的概括,可以使读者容易把握说明对象。比如对考古中"牙齿"的研究,作者深入浅出地为我们介绍其在考古中的重要地位,用举例的方法使读者获得感性的认识。

为使说明内容条理化,说明文要注意说明顺序,采用什么顺序,主要取决于作者所说明对象的特点。本文在说明三山岛的重要性时,先简要介绍了它在考古学中的重要地位——"它是揭开长江下游、江南平野远古之谜的一部天书",然后先回顾地球的历史,推进到三山岛,从三山岛的文化遗址写到具体的化石。在地球历史的大背景下解说三山岛,层次分明,让读者有清晰的概念。

俗话说："秋风起，蟹脚痒；菊花开，闻蟹来。"秋高气爽，菊黄蟹肥，正是吃蟹的好时节。其中，阳澄湖的大闸蟹最为正宗美味。阳澄湖边，把盏持螯赏菊花，是人生一大乐事。汤国梨女士说过"不为阳澄湖蟹好，此生何必住苏州"，道尽了此中况味。

阳澄湖边食蟹图[①]

叶 正 亭

"西风起，蟹脚痒"，是说每年秋风萧瑟，苏州便到了品大闸蟹的时节。这似乎已是旧话，如今的螃蟹大多人工饲养，营养丰富，发育提前，于是，江南品蟹时令也大大提前，一般说，国庆前夕，大闸蟹陆续上市。

苏州系水网地区，鱼腥虾蟹蜚声[②]海内外，但若要说到蟹，大闸蟹，还是要数阳澄湖清水大闸蟹最为有名。阳澄湖水域面积约16万亩，同样位居阳澄湖，大闸蟹还是以相城区的阳澄湖镇为最佳。为什么？与水的深度、湖底泥的硬度有关。好蟹生长在水深1.5米处，这样水深的区域里，螃蟹的主食料——螺蛳、河蚌、蚬子[③]、小鱼、小虾十分丰富，阳澄湖和其它湖泊的不同点在于：1.5米水深的湖底，土质较硬，水草茂密，还生长着一种叫猪鬃草[④]的植物，这种草很坚硬，类似于家用的刷子，那栖息于湖底的大闸蟹在湖底硬质泥或是水草上爬行、摩擦，就好像那蟹肚子在不停地打磨、上光，如此，阳澄湖清水大闸蟹便有了玉质般的白肚，这也是它区别于其他湖区产螃蟹的重要标识。

---

① 选自《苏州杂志》2007年第5期。
② [蜚(fēi)声]扬名，驰名。
③ [蚬(xiǎn)子]软体动物，介壳厚而坚固，呈圆形或近三角形，表面暗褐色，有光泽，生活在淡水软泥中。肉可食，壳可入药。
④ [猪鬃(zōng)草]这里指阳澄湖中长的像猪鬃的水草。猪鬃，猪颈上的硬长毛。

除"白肚"之外,阳澄湖清水大闸蟹还有:青背、金爪、黄毛,一共四大特征。

看一只大闸蟹是否正宗,除了鲜活时看四大特征外,煮熟了、上桌了,也还有个辨别窍门,那就是看含水。一只蟹打开蟹壳,假如滴滴答答都是水,便是俗称的"一壳水",那一定是只蹩脚①蟹。正宗的阳澄湖清水大闸蟹打开蟹壳,绝对是滴水不漏的。

苏州人食蟹,讲究"九雌十雄",即农历九月吃母蟹,母蟹之美,红楼梦有诗句赞道:壳凸红脂块块香。农历十月要吃公蟹,公蟹之美,林黛玉的评价是:脂膏如胶粘住嘴!那么,如何辨别大闸蟹的雄雌,成为食蟹第一道程序,识别很简单,将蟹翻身,白肚朝上,蟹脐呈半圆形的称"团脐",为雌蟹;蟹脐像寒山寺钟似的称"尖脐",便是雄蟹。雄蟹的尖脐掰下弃之,而雌蟹的团脐里是有内容的,却又不是可大嚼大吞的。那又是为什么?有人说螃蟹是"无肠公主",其实错矣!大闸蟹不仅有肠,还不止一根,它的第一根肠子就在脐中央,掰开雌蟹的团脐,正中便可见,理应剔除②。

第二道程序是掰③蟹壳。蟹壳里内容丰富,但良莠④齐全,要循序渐进⑤。先要找出蟹的胃,它位于蟹壳顶部,是一个三角型的囊,外面包着蟹黄等,很容易误食,误食了就等于吃了一包泥。有的误食者还会皱着眉头说"这蟹怎么有点苦"?令人哭笑不得。蟹的胃里有个"法海"——一个打座的和尚,头上还烫着"香洞",十分逼真好玩。

食用蟹砣⑥也有几件须清除,其一是蟹的肺,分布于蟹砣两侧,形如眉毛,状如海绵;其二是蟹的心,位于蟹砣正中,灰白色,有六只角,薄薄一片,苏州人称"六角肉",此物最寒。取一根尖利的蟹脚正中刺下,戳破蟹衣,挑出便是。蟹砣中还有一样不能吃,

---

① [蹩(bié)脚]比喻质量差或者程度低,本领不高强或水平不高。
② [剔(tī)除]把不好的或不合适的东西去掉。
③ [掰(bāi)开]用双手把东西分开或折断。
④ [良莠(yǒu)]形容好的坏的都有,混杂在一起。莠,田间杂草,俗称狗尾草,很像谷子,常混在禾苗中。
⑤ [循序渐进]按照次序有步骤地逐渐提高或发展。
⑥ [砣(tuó)]量词,计量成团或成块状物体的单位。

很多人都忽视了,那便是蟹的第二根肠子,将蟹砣一掰为二,中间一根细管便是,每每可见管内有乌黑赃物,泥!

蟹砣怎么吃?苏州有"蟹八件"——榔头、剪刀之类,依我看实属多余,"蟹八件"可作为工艺品,日常吃蟹基本用不着。会不会吃蟹关键是看如何下口咬,要咬得准确就要了解蟹的生长结构,蟹是横向厢式结构,蟹肉是长在两边肋骨间的,因此,如果竖咬,势必肉和骨头嚼一块了。必须横着咬,一层肋骨一框肉,可以看得明明白白,吃得干干净净。

最后吃蟹脚,一只脚有三节,一般吃两节,每一节咬去上端与下端,俗称"开管",用蟹脚尖自下而上轻轻一顶,这样,就可食到一条完整的蟹脚肉。小时候吃蟹,父母总是把蟹的膏呀、黄呀给孩子吃,而小孩子便剥出蟹脚肉,积满一蟹斗孝敬父母。去年我见一位食蟹高手,他的本领是吃蟹能吃到蟹脚尖,那蟹脚尖居然也被他吮出一条细细的肉呢!我屡试不爽①,还得学习,所谓"山外青山楼外楼"呀!

食蟹有许多规矩,吃完蟹,须将吃得狼狈不堪的蟹骨聚拢,用蟹壳一盖,以示食毕,此时,来一盅姜汤糖最佳,此汤最好要用赤砂糖,老姜熬制,驱驱寒、暖暖胃。

吃蟹讲究环境。

什么样的环境可以称作好呢?饭店?酒楼?居家?路边?好像都行,好像又都不是最理想。去年秋,有朋友邀我在阳澄湖船上吃过一次蟹,至今难忘,令人常忆。

已是深秋,乡野的风吹来有点凉,路边的银杏树开始落叶,满地的金黄,踩着"沙沙"作响。四个知己来到湖边,上了朋友亲戚的家——一条小木船。

船工清爽,要赤脚;没有桌也没有椅,就盘腿坐在舱板上。一老一少两位船娘,老的掌勺,少的摇橹。船板上事先已放好餐具:一把毛竹筷、几只白瓷碗、一坛黄酒。冷盆只有两样:一碗煮花生(带着壳),一塑料袋"大号"虾干。

---

① [屡试不爽]多次验证都准确无误。爽,产生差错。

"不要见笑！我只会瞎烧烧，你们也只能瞎吃吃，今晚关键是吃蟹。"老妈妈忙碌着两只煤炉，一只在蒸蟹，一只正炖着草鸡汤。她"瞎烧烧"的菜谱是：酱爆螺蛳、葱油发芽豆、清煸鸡毛菜、咸菜黄豆芽。备料很足，说是吃得好可以再炒一盆。

"吃蟹是关键！"年轻船娘边摇橹边告之：今天蒸的蟹是绝对正宗阳澄湖清水大闸蟹。老妈妈说，还要加两个字：野生！

"哦！野生蟹！"我们唏嘘①不已。

说话间，蟹已上来，十只大闸蟹，用蒿草绑缚得方方正正，遍体通红，很是诱人，翻转过来，白肚特别显眼，如象牙、似白玉。五雌五雄，不管你"九雌十雄"还是"十雌九雄"，都要尝尝味道。

食蟹必喝酒，苏州人爱喝黄酒，那黄酒是糯米做的，用太湖水酿的，与苏州人温文尔雅的性格，甜糯酥软的吴语最为匹配。

夜深了，风大了，阳澄湖上卷起层层排浪，一波一波拍打在小木船上，发出"啪啪"声响，月亮带着晕，月色朦胧。此时此地，此情此景，不由让人想起章太炎夫人汤国梨先生说过的一句名言："不为阳澄湖蟹好，此生何必住苏州？"

品 读 赏 析

鲁迅先生说："第一次吃螃蟹的人是很可佩服的，不是勇士谁敢去吃它呢？"螃蟹形状可怕，开始吃蟹的人确实需要有些勇气。渐渐的，品蟹、饮酒、赏菊、赋诗联系起来，成为一件闲情逸致的雅事。但是，在苏州的习俗中，蟹是美味的象征，秋天食蟹更是一件应和时令的风俗。

文章开头用一句民间俗语引入，介绍阳澄湖清水大闸蟹最为有名的原因，以及鉴别正宗的阳澄湖蟹的方法。接着说明食蟹的过程，几道程序写得清晰详尽而又饶有风趣："如何辨别大闸蟹的雄雌""第二道程序是掰开蟹壳"、如何"食用蟹砣""最后吃蟹脚"以及吃完蟹的规矩。每个程序中又有许多讲究，让人大开眼界，生动的说明中蕴含了丰富的饮食文化，使读者了解了阳澄湖蟹的美味，更了解苏州饮食文化的精致。作者娓娓道来，复杂的食蟹过程却并不显得繁冗。《红楼梦》中的诗句、法海的传说、"无肠公主"的雅号、孩子们吃蟹孝敬父母的风俗……读来生动有趣。

---

① ［唏(xī)嘘(xū)］叹息。

文章至此,作者意犹未尽,"吃蟹讲究环境",笔锋一转,追忆自己"在阳澄湖船上吃过一次蟹,至今难忘"。淳朴的船娘、野生的蟹、糯米做的黄酒,在月色朦胧中吃蟹,不仅有美味入口,更有诗情入怀。文章用章太炎夫人的一句名言"不为阳澄湖蟹好,此生何必住苏州"来结束全文,十分贴切,言有尽而意无穷。

　　文章字里行间洋溢着对家乡风物的喜爱,让读者深深感受到作者热爱家乡的情感。

单元练习

一 指出下面的语段运用了什么表达方法,并说明其作用。

1. 夕阳西照,落日辉映碧泓万顷,波光粼粼,青嶂插云,远山含黛……呵,太湖真美!

2. 梅,与炎黄世胄渊源深远,二千多年前的《诗经》中,就已有"侯栗侯梅""墓门有梅"等句出现了。盛唐乐府中,也有数不清的《梅花落》篇章;宋人陈从古曾搜集历代"梅诗"八百余首;黄大舆的《梅苑》至宋时就已十卷。林逋著有"疏影横斜水清浅,暗香浮动月黄昏""雪后园林才半树,水边篱落忽横枝""池水倒窥疏影动,房帘斜入一枝低"三联,遣词生动优美,堪称佳绝。

3. 如果说,二千多年的灿烂诗篇是对历史英雄的热情歌咏,那么流传在吴越大地上的无数美好传说,便是百姓对平安幸福的企求和希望。

4. 夜深了,风大了,阳澄湖上卷起层层排浪,一波一波拍打在小木船上,发出"啪啪"声响,月亮带着晕,月色朦胧。此时此地,此情此景,不由让人想起章太炎夫人汤国梨先生说过的一句名言"不为阳澄湖蟹好,此生何必住苏州?"

二 《西山梅香》一文中引用了大量有关梅花的诗句,课后与同学一起查找有关资料,看看梅花在中国文化中处于一个什么样的地位,完成一篇300字的小文章。

三 学习了《云水苍茫说三山》,是否激发了你访古寻幽的兴趣?苏州这几年发展得非常迅速,在旧城改造的过程中,一些老街坊、老街名正在消失,可以通过走访老人、查找资料、实地考察等方法搜集记录这些已消失或正在消失的街名,看看它的历史,特别是这些街名的来历,相信你会从中发现不少有趣的东西的。

15

单元提示

　　本单元所选的两篇文章,分别介绍了留园和网师园,这两处苏州园林是苏州古典园林的代表性建筑。

　　留园,与颐和园、避暑山庄、拙政园并称中国四大名园,是其中最小的园林,面积2.33万平方米。但其布局最重意境,富于变化,充分体现造园艺术中分合、高深、曲直、虚实、明暗等对比手法,为中国古代造园艺术的杰作,也是中国古代建筑学一大奇迹。园中建筑物数量多,分布密集,但每一建筑物在局部的景区中都有着独特而鲜明的个性,又是全园中一个个连贯的、不可或缺的景点,其布局之合理,空间处理之巧妙,皆为诸园所莫及,令人叹为观止。俞樾的《留园记》紧扣"泉石之胜,花木之美,亭榭之幽深",一唱三叹,既描绘了由刘园到留园的美丽景色,又巧妙交代了留园的历史沿革和园名的由来。全文层层推进、步步为营,最后归结到一个"留"字:"自此以往……留园之名,常留于天地间矣。"

　　网师园,被陈从周誉为"苏州园林小园极则"。在网师园内有一个名为"殿春簃"的独立小园,原为园林主人的书斋。陈先生十分推崇这个小园,说"苏州诸园,以此小园为最佳"。在他的推荐下,这一典雅的苏州古典园林精品被按原样仿建于纽约大都会艺术博物馆,其英文名为"阿斯托庭院",中文名为"明轩"。钱大昕的《网师园记》从园林史的角度切入,以简约精辟的文字概述了从古至今的造园及园记散文两者的联系,强调了文学对园林的传播作用,并总结出一条规律:"亭台树石之胜,必待名流宴赏,诗文唱酬以传……"文章介绍"网师"名寓"渔隐"之内涵,以及瞿远村购园前后至新园建成之景物描绘极为简略,是一篇偏重于说理的园记名作。

　　网师园,与拙政园、留园、环秀山庄于1997年被联合国科教文遗产委员会列入《世界遗产名录》,2000年沧浪亭、狮子林、艺圃、耦园、退思园增补列入《世界遗产名录》。

　　联合国教科文组织世界遗产委员会评价说:"中国园林是世界造园之母,苏州园林是中国园林的杰出代表……没有哪些园林比历史名城苏州的四大园林更能体现出中国古典园林设计的理想品质。咫尺之内再造乾坤,苏州园林被公认是实现这一设计思想的典范。这些建造于公元 16—18 世纪的园林，以其精雕细琢的设计，折射出中国文化中取法自然而又超越自然的深邃意境。"

　　本单元介绍的留园和网师园都具备了这些特点。认真阅读两文，不但可以帮助我们学会品赏苏州古典园林之美，了解它在中华文明史和世界文明史上的重要地位，而且可以提高我们的写作能力和鉴赏园林艺术的能力。正如叶圣陶先生所说，苏州园林是我国各地园林的标本，各地园林或多或少都受到苏州园林的影响，谁如果要鉴赏我国的园林，苏州园林就不该错过。

亭台楼阁，花木竹石，小桥流水，丰富多彩而又统一，把一个无限的大千世界，纳入一个有限的园林里。

——陆文夫《造园与造高楼》

留　园　记①

俞　樾

出阊门外三里而近，有刘氏之寒碧庄焉。而问寒碧庄无知者，问有刘园乎，则皆曰有。盖是园也，在嘉庆初为刘君蓉峰②所有，故即以其姓姓其园，而曰"刘园"也。

咸丰中，余往游焉。见其泉石之胜，花木之美，亭谢之幽深，诚足为吴中名园之冠。及庚申、辛酉间③，大乱荐至④，吴下名园，半

---

① 选自《留园》（古吴轩出版社1998年版）。有改动。留园，在苏州古城阊门外留园路。原为明万历二十一年(1593)太仆寺少卿徐泰时建造的私家花园，名东园。徐泰时(1540—1598)，字大来，号舆浦，长洲人。万历八年(1580)进士，授工部营缮主事，因修复慈宁宫、营造万历寿宫（定陵）有功，先后晋升为营缮郎中、太仆寺少卿。其性耿直，因得罪权贵遭弹劾，"回籍听勘"。据范允临《明代官员、书画家，字长倩，号长白》《明泰卜寺少卿舆浦徐公暨元配董宜人行状》载：回苏州后，徐"一切不问户外事，益治园圃，亲声伎。里有善垒奇石者，公令垒为片云奇峰，杂莳花竹。以板舆徜徉其中，呼朋啸饮，令童子歌商风应蘋之曲"。清乾隆末园归刘恕，经修葺改建，名寒碧庄，俗称刘园。清同治末园归盛康，易名留园。盛康殁后，园归其子盛宣怀（晚清洋务派重臣、实业家，曾任邮传部尚书），在其经营下，声名愈振。抗日战争时，苏州沦陷，留园毁坏惨重，精美家具被日军洗劫一空。峰石池馆、古树花台尚存于荒芜中。解放后修复，一代名园重现风采，成为中外游人的乐园。留园是苏州古典园林之集大成者，以建筑布局紧密，厅堂宏敞华丽、装饰精雅见长，其紧密结构和拙政园的疏朗境界，并称为苏州园林两绝。被誉为吴中第一名园。

② [刘蓉峰(1759—1816)]名刘恕，字行之，号蓉峰，又号寒碧主人、花步散人、一十二峰啸客，吴县（今江苏苏州）东山人。刘恕年轻时便以文章声誉著于乡里，然中举后九年中五赴礼闱不第。适逢朝廷以川楚用兵，将不次用人。刘恕纳资如例，以道员身份分发广西，曾任广西右江兵备道，又先后代理过柳州、庆远知府，皆有政声。因水土不服，便告病还乡。君，对人的敬称。清乾隆五十九年(1794)，刘恕购得"长久数易主，圮坏弗治"之东园，精心修葺改建，于嘉庆三年(1798)始成。名园为寒碧庄，人称刘园。

③ [庚申、辛酉间]1860、1861年间。

④ [荐(jiàn)至]累及，连累。荐，重，再。此指太平军占领苏州。

为墟莽①,而阊门之外尤甚。曩②之阗城溢郭、尘合而云连者③,今则崩榛④塞路,荒葛胃途⑤,每一过之,故蹊⑥新木,辄不可辨。而所谓刘园者,则岿然独存。同治中,余又往游焉。其泉石之胜,花木之美,亭榭之幽深,盖犹未异于昔,而芜秽不治,无修葺之者。兔葵⑦燕麦,摇荡于春风中,殊令人有今昔之感。至光绪二年,为毗陵⑧盛旭人⑨方伯⑩所得,乃始修之。平之、攘之、剔之,嘉树荣而嘉卉苗,奇石显而清流通,凉台澳馆、风亭月榭,高高下下,迤逦⑪相属。春秋佳日,方伯与宾客觞咏⑫其中,而都人士女,亦或掎裳连袂⑬而往游焉。于是出阊门者,又无不曰"刘园刘园"云。

方伯求余文为之记。余曰:"仍其旧名乎?抑⑭肇锡⑮以嘉名乎?"方伯曰:"否,否。寒碧之名至今未熟于人口,然则名之易而称之难也,吾不如从其所称而称之。人曰'刘园',吾则曰'留园',

---

① [墟(xū)莽]废墟上杂草丛生。
② [曩(nǎng)]从前。
③ [阗(tián)城溢郭,尘合而云连者]热闹喧嚣的人流、车流充满全城,扬起的尘土与烟云都连在一起。阗,充满;城,内城,指城墙以内的地方;溢,充满而外流;郭,古代在城的外围加筑的一道城墙。汉·班固《西都赋》:"阗城溢郭,旁流百廛。红尘四合,烟云相连。"
④ [崩榛(zhēn)]倒伏的灌木杂乱丛生。
⑤ [荒葛胃(juàn)途]葛蔓横爬竖绕寻不出道路。葛,多年生草本植物。胃,挂,缠绕。
⑥ [蹊(xī)]小路。
⑦ [兔葵]多年生草本植物,高约10厘米,三、四月开花,白色,五瓣。
⑧ [毗(pí)陵]指今江苏常州。
⑨ [盛旭人(1814—1902)]名盛康,字易存,号旭人,别号待云庵主,晚号留园主人,武进(今属常州)人。道光二十四年(1844)进士,官至湖北布政使。后改任浙江杭嘉湖兵备道按察使、皋台至退休。同治十二年(1873),盛康购得寒碧庄,大加修葺扩建,改名为留园。冠云峰围入园内,增辟东、西两部分,并在五峰仙馆中自题联曰:"历宦海四朝身,且住为佳,休辜负清风明月;借他乡一廛地,因寄所托,任安排奇石名花。"反映了盛氏功成名就后的志得意满,寄情山水之情。
⑩ [方伯]一方诸侯之长。《礼记·王制》:"千里之外,设方伯。"后泛称各地方的长官。
⑪ [迤(yǐ)逦(lǐ)]曲折连绵的样子。
⑫ [觞(shāng)咏]饮酒赋诗。
⑬ [掎(jǐ)裳连袂(mèi)]牵裙连袖,形容人多。掎,牵住,拖住。袂,衣袖。
⑭ [抑(yì)]还是。
⑮ [肇(zhào)锡]肇,开始。锡,通"赐"。《离骚》:"肇锡余以嘉名。"

不易其音而易其字，即以其故名而为吾之新名。昔袁子才①得隋氏之园而名之曰'随'；今吾得刘氏之园而名之曰'留'。斯二者，将毋同。"余叹曰："美矣哉，斯名乎！称其实矣。夫大乱之后、兵燹②之余，高台倾而曲池平，不知凡几，而此园乃幸而无恙，岂非造物者留此名园以待贤者乎？是故泉石之胜，留以待君之登临也；花木之美，留以待君之攀玩也；亭榭之幽深，留以待君之游息也。其所留多矣，岂止如唐人诗所云'但留风月伴烟萝③'者乎？自此以往，穷胜事而乐清时，吾知留园之名，常留于天地间矣。"因为之记，俾④后之志吴下名园者，有可考焉。

品 读 赏 析

留园原为明徐泰时的私家花园，名东园。清乾隆末，园归刘蓉峰，经修葺改建，名寒碧庄，俗称刘园。清光绪初，园归盛康，大加修葺、扩建，园内重门迭户，园中有园，厅堂宏丽，装饰雅致，变化万千，有移步换景之妙，被誉为"吴中第一名园"。留园竣工之时欢宴宾客，盛氏恭请大学者、曲园主人俞樾为之记。

《留园记》从留园的前任刘氏寒碧庄落笔，简要交代了人们"以其姓姓其园，而曰'刘园也'"。接着，回顾了大乱前后两次游园的不同感受。前次见园中美景，赞叹寒碧庄"诚足为吴中名园之冠"；再次往游时，阊门外已不见昔日"阗城溢郭""尘合云连"之景象，兵火后"肖然独存"的寒碧庄"盖犹未异于昔"，然园内"芜秽不治"，杂草丛生之情景，"殊令人有今昔之感"。作者详细描写了兵火后破败的园景，为下文作了铺垫，反衬了方伯治下的园景之美，人气之旺。

"于是出阊门者，又无不曰'刘园刘园'云"一句看似平淡，却蕴含着作者的庆幸、欣喜之情——寒碧庄又回来了，比原来更美了："嘉树荣而嘉卉苗，奇石显而清流通，凉台澳馆、风亭月榭，高高下下，迤逦相属。"

这一句平中见奇，既呼应开头，又承上启下。自然引出了"方伯求余文

---

① [袁子才]袁枚(1716—1798)，字子才，号简斋，晚年自号仓山居士、随园主人、随园老人。钱塘(今浙江省杭州市)人。清代诗人、散文家、文学批评家和美食家。著有《小仓山房文集》《随园诗话》等。
② [兵燹(xiǎn)]因战乱而遭受破坏。燹，兵火，战火。
③ [烟萝]草树茂盛，烟聚萝缠。
④ [俾(bǐ)]使。

为之记",以及二人有关园名的对话。这段对话,充分体现了方伯的睿智。方伯仿效袁枚得隋氏之园而易其名为"随园","不易其音而易其字",改"刘园"为"留园"。这一字之改,真是妙不可言,既易于人呼,又寓长留天地间之意,真乃名副其实,雅俗共赏。文末"余叹曰"一段话,表达了作者对方伯的钦佩、叹服,感慨几经兵乱而幸存的刘园"岂非造物者留此名园以待贤者乎",点明造物者对美好事物的珍惜与偏爱,佳园贤士终成知音。

还有一点要提及的是,方伯之留园"都人士女,亦或挈裳连袂而往游焉",与刘恕寒碧庄"曩之阛城溢郭、尘合而云连者"之前后呼应。这里既描写了游园的人多,又是对刘恕和方伯品格的赞美。作为私家别业,官户人家的名宅家园,居然向"都人士女"、一般民众开放游乐,这种气度恐怕不是诸多苏州园林主人所能比的。正因如此,人们称寒碧庄为"刘园刘园",竟使后任园主不忍全改其名,"不易其音而易其字","人曰'刘园',吾则曰'留园'",刘园由此得以与留园"常留于天地间矣"。

本文是一篇别具一格的散文佳作。作者描写园景,不是工笔细描,而是抓住景物特征的粗线条勾勒,寥寥几笔,境界全出;叙事写人,文笔自然活泼,语言简练清晰,如方伯求记仅一语带过,写方伯其人,仅"方伯曰"一小段话,然人物之音容笑貌、才学智慧跃然纸上。

《留园记》径自从寒碧庄写起,并未提及东园。参与过修复慈宁宫和负责营造定陵的徐泰时,造东园前,听从了恩人申时行的建议:园子要造出大峪山上看关外的气势。且看徐泰时的好友,东园常客、长洲县令江盈科和吴县县令袁宏道笔下的东园:

> 径转仄而东,地高出前堂三尺许,里之巧人周丹泉,为垒怪石作普陀、天台诸峰峦状。石上植红梅数十株,或穿石出,或倚石立,岩树相得,势若拱遇。其中为亭一座,步自亭下,由径右转,有池盈二亩,清涟湛人,可鉴须发。池上为堤,长数丈,植红杏百株,间以垂杨,春来丹脸翠眉,绰约交映。堤尽为亭一座,杂植紫薇、木樨、芙蓉、木兰诸奇卉。亭之阳,修竹一丛。其地高于亭五尺许,结茅其上,徐氏顾不佞曰:"此余所构逃禅庵也。"
>
> ——江盈科《后乐堂记》

> 徐冏卿园在阊门外下塘。宏丽轩举,前楼后厅,皆可醉客。石屏为周生时臣所堆。高三丈,阔可二十丈,玲珑峭削,如一幅山水横披画,了无断续痕迹,真妙手也。堂侧有垄甚高,多古木。垄上

太湖石一座，名瑞云峰①，高三丈余，妍巧甲于江南。相传为朱勔②所凿，才移舟中，石盘忽沉湖底，觅之不得，遂未果行。后为乌程董氏购去，载至中流，船亦覆没，董氏乃破资善没者取之，须臾忽得其盘，石亦浮水而出。今遂为徐氏有。范长白又为余言，此石每夜有光烛空，然则亦神物矣哉！

——袁宏道《园亭纪略》

读了上述两段文字，你会发现，留园先后经历了徐泰时的东园到刘蓉峰的寒碧庄、盛康的留园之衍变，但其"泉石之胜，花木之美，亭榭之幽深"却是一脉相承的，而且后任在前任基础上的修葺、扩建使之有增无减。而徐泰时所创建的东园，果然不负恩人所望，一代名匠周时臣所筑假山绵延有势，酷似一条横披的山脉，林园平淡疏朗，简洁而富有山林之趣。周时臣，号丹泉，苏州人，精于绘画、仿古，尤擅长垒石筑园亭。

袁宏道生动描述了"妍巧甲于江南"的瑞云峰及其传奇故事，该峰为宋代宣和年间"花石纲"遗物，其辗转经历，神物、不祥之传说颇多。范长白是徐泰时的女婿。清顾震涛《吴门表隐》云："瑞云、紫云、观音三峰玲珑高耸。宋·朱勔所得，后归鄱阳董氏，移置东园。瑞云峰，乾隆四十四年（1779），移之织造府西行宫内。紫云峰久失，观音峰今屹立半边街踏坊外。""观音峰"即冠云峰也；"紫云峰久失"，亦有学者疑"紫云峰"就是"岫云峰"。由是观之，徐泰时之东园，其"泉石之胜"，尤其是园中缘池而叠，逶迤连绵，忽高忽低，酷似一条横披山脉的假山，仍是今日之留园中部山水风光的主体和全园之魂。

"平居无声色之好，惟性嗜花石"的后任园主刘恕，告病还乡后于乾隆五十九年（1794）买下了虽曾风华一时，却已破落荒废的徐氏东园，遗憾的是，

---

① ［瑞云峰］明徐树丕《识小录》载，"瑞云峰出自西洞庭，为朱勔所采，上有'臣朱勔进'四字。靖康乱，未进，弃诸河浜云"，初为陈霁（苏州横泾上堡人。明弘治八年进士，官至国之祭酒，后被劾罢官）所得。陈氏"堂前峰石五座，其最巨者曰瑞云，层灵叠秀，挺拔天际，诚巨观也。青鸟家或言类或形，不利宅主，遂断去六七尺，犹高三丈余"。其后归乌程（今浙江湖州南浔镇）人董份（嘉靖进士，官至礼部尚书兼翰林学士。后被劾罢官），董氏"置而未垒者二十余年"，后其婿徐泰时"载以归吴之下塘，所坏桥不知凡几，未几阃卿捐馆（徐泰时去世），五峰高卧深林茂草中。复四十年，阃卿子中翰竟起。不逾年中翰死。相传以为不祥之物云"。这是瑞云峰又一说。

② ［朱勔（1705—1126）］北宋末年苏州人，商人出身。其父朱冲谄事蔡京、童贯，父子均得官，时徽宗垂意花石，他取奇石异卉进献，于平江（今苏州）设应奉局，搜罗花石，运往东京（今河南开封市），号为"花石纲"。凡官吏居民旧有睚眦之怨者，无不生事陷害。流毒东南二十年，为"六贼"（北宋末年，蔡京、朱勔、王黼及宦官李彦、童贯、梁师成六人，称之为"六贼"）之一。后为钦宗所杀。

名震江南的瑞云峰已在十五年前迁至织造署西花园行宫（今江苏省苏州第十中学内），而冠云峰呢，也因废为踹布坊后，石峰被工棚和鳞鳞民居所环绕，"尝欲移至庄中未果"。刘氏只好在园墙边筑楼"望云"，望着墙外的"冠云"，心中也在想望着城中那块不便明说的"瑞云"吧。

刘恕花费了近五年时间，在东园旧址精心整治修葺，于嘉庆三年（1798）终于筑成了"山水毕具，松石嶔崎，有鸢鱼飞跃之趣，无汪洋惊叹之险"的城市山林，过着"佳辰胜夕，良朋咏歌，有脩然意远之致，无纷杂尘嚣之虑"（范来宗《寒碧庄记》）的幽闲生活。东园也改名为文气幽雅的"寒碧庄"。因园内广植名贵树种白皮松，有苍凛之感，又广植梧竹，"竹色清寒，波光澄碧，尤擅一园之胜，因名之曰寒碧庄"，又"昔先正韩文懿公尝以寒碧名其轩。而蓉峰之庄亦以氏焉，殆慕前哲之风而兴起者乎……与文懿后先相继，而寒碧之名亦脍炙人口，固非独一时宴游之盛而已也"（钱大昕《寒碧庄宴集序》）。

寒碧庄最大的特色要数"石之胜"，园中最令人惊艳的是奇峰怪石和留存于廊壁的370多方书条石刻。也许，正因为瑞云峰的离去，冠云峰的可望而不可即，才有了寒碧庄和今日之留园的群峰林立、满廊书条石。刘恕四处搜罗奇石，得之具以其形神命名，有玉女、印月、干霄等十二峰，后又得三峰二石笋。建石林小院，将所得湖石一一陈列于内；请著名画家王学浩作寒碧庄十二峰图，学者、诗人潘奕隽为每张图题诗（十二峰图并诗存上海博物馆）；自刻闲章"寄傲一十二峰之间"，自号"一十二峰啸客"。

刘恕爱石，懂石，写下了《石林小院说》《晚翠峰记》《太湖石赞》《印月》《青芝》等有关峰石的诗文，记寻石经过，抒仰石之情。这是中国古代不可多得的石文化著作。他在《石林小院说》中写道："石能侈我之观，亦能惕我之心……岭岣者取其稜厉，矹硉（wù lù）者取其雄伟。崭嵼者取其卓特，透漏者取其空明，瘦削者取其坚劲。稜厉可以药靡，雄伟而卓特可以药懦，空明而坚劲可以药伪。"这段将石峰的棱角分明、挺拔与坚强可治疗软弱、怯懦与虚伪的人格化的精辟见解，丰富了我国古代石论、石说，把石文化推向一个新的高度。

刘恕又集历代名家法帖，勒石嵌于园廊壁，展示了自东晋至清嘉庆约一千五百年间，一百多位书法名家的作品，其中董刻二王法帖、孝经八石等尤为珍贵。同时，还将钱大昕、范来宗等所作寒碧庄记和自己所作诗文，均刻石于居壁。园中林立的石峰和三百多方书条石，把中国古代石文化推向了新的高峰，为后人留下了一份宝贵的文化遗产，形成了留园中一道独特的风景线。

无怪乎俞樾回忆第一次往游刘园就惊叹不已："见其泉石之胜，花木之美,亭榭之幽深,诚足为吴中名园之冠。"

到了晚清,园归湖北布政使盛康。盛氏得园后一如既往地搜罗奇峰异石,文徵明停云馆中的旧石就是他移入留园的。这位园主和罢官回乡的徐泰时、告病而归的刘恕不一样,因为他饱受皇家恩宠,功成告退,其子盛宣怀又是朝廷高官。盛康终于将刘恕只能隔墙而望的冠云峰圈入园内。俞樾特地为之作《冠云峰赞有序》曰:"嗟乎!此一石也,刘氏曩时不能有而方伯始有之,方伯虽有之历二十余年之久,而后此石始入园中。自兹以往,长为园中物也!"

当然也有遗憾,织造署行官中那块石头是万万动不得的,但盛康自有办法,他不像刘恕那样只是心中默默地想望,而是另选一块石头名为瑞云峰,将其安置在冠云峰的东侧,与西侧的岫云峰相伴,如同姐妹,合称"留园三峰",不过,它离冠云峰稍远且偏僻一些,也许安放时注意到了不要太招摇,以免有"犯上"之嫌。

盛康得寒碧庄后,仅三年,就将园修建得"嘉树荣而嘉卉茁,奇石显而清流通,凉台澳馆、风亭月榭,高高下下,迤逦相属"。园名则效袁枚之随园,改"刘园"为"留园"。俞樾所作《留园记》《盛氏留园义庄记》《冠云峰赞有序》等则效刘恕镌刻于木、石,园以文名,留园亦以俞樾的美文而"常留于天地间矣"。

网师园清新有韵味，以文学作品拟之，正如北宋晏几道《小山词》之，"淡语皆有味，浅语皆有致"，建筑无多，山石有限，其奴役风月，左右游人，若非造园家"匠心"独到，不克臻此。

——陈从周《苏州网师园》

网师园记①

钱大昕

古人为园以树果，为圃以种菜。《诗》三百篇②，言园者，曰"有桃""有棘""有树檀"③，非以侈④游观之美也，汉魏而下，西园

---

① 选自《园综》（同济大学出版社2011年版）。网师园，在苏州古城葑门内带城桥南阔家头巷，后门出入临十全街。占地约5000平方米。原为南宋吏部侍郎史正志万卷堂故址，称"渔隐"，后荒废。清乾隆年间光禄寺少卿宋宗元退隐，购其地重建。宋氏借"渔隐"以自喻，吴语称渔翁为网师，且与巷名王思（即今阔家头巷）谐音，故名"网师园"。宋氏殁后，其园大半倾圮，后归画家瞿远村所有。瞿氏巧为运思，增建亭宇，叠山理水，植木莳花，园仍沿用网师旧名，俗称瞿园，亦名蘧园。同治年间，归江苏按察使李鸿裔，后增建撷秀楼，因园和苏舜钦的沧浪亭相近，李氏自号苏邻，名园为苏邻小筑。民国六年(1917)，东北军阀张作霖购此园赠其师张锡銮，改名逸园，后建琳琅馆、道古轩、萝月亭、殿春簃诸胜，以及十二生肖叠石象形等。1940年，园归书画文物收藏家、鉴赏家何亚农，复名网师园。解放后整修开放。现园中景点大部分出于瞿远村之手，保存着旧时住宅群与花园等。全园分对称的东西两部分，东部为住宅，有积善堂、秀楼等，砖刻门楼图案精美。西部为花园，以池水为中心，有小山丛桂轩、濯缨水阁、看松读画轩等建筑，其中殿春簃自成院落。为全国重点文物保护单位和世界文化遗产，并列入《世界遗产名录》。钱大昕(1728—1804)，字晓徵，号辛楣，一号竹汀，晚称潜研老人，江苏嘉定（今属上海）人。清代学者。治学涉猎颇广，于音韵训诂尤多创见，其说多散见于《潜研堂文集》和《十驾斋新录》中。于史学以校勘考订见长，撰有《二十二史考异》等。

② [《诗》三百篇]指中国最早的诗歌总集《诗经》。本只称《诗》，儒家列为经典之一，故称《诗经》。编成于春秋时代，共三百零五篇。分为风、雅、颂三大类。"风"有十五国风，"雅"有大雅、小雅，"颂"有周颂、鲁颂、商颂。

③ ["有桃""有棘""有树檀"]《诗经·魏风·园有桃》："园有桃，其实之肴。心之忧矣，我歌且谣……园有棘，其实之食。心之忧矣，聊以行国。"园里长着桃子，果实可当佳肴。心中忧伤，我吟诵歌谣找慰藉……园里长着酸枣，果实可以食用。心中忧伤，我周游国中解忧愁。《诗经·小雅·鹤鸣》："乐彼之园，爰有树檀，其下维穀。"意思是说，那个可爱的园林，种有珍贵的檀树，在它下面长着（低矮的）穀树。穀，树名，皮可造纸。

④ [侈(chǐ)]夸大。

冠盖①之游,一时夸为盛事;而士大夫亦各有家园,罗致花石,以豪举相尚。至宋,而洛阳名园之《记》②,传播艺林矣。然亭台树石之胜,必待名流宴赏、诗文唱酬以传,否则,辟疆驱客③,徒资后人啘噱④而已。

吴中为都会,城郭以内,宅第骈阗⑤,肩摩趾错,独东南隅负郭⑥临流,树木丛蔚,颇有半村半郭之趣。带城桥之南,宋时为史氏万卷堂⑦故址,与南园、沧浪亭相望。有巷曰"网师"者,本名"王思",曩三十年前,宋光禄悫庭⑧购其地,治别业,为归老之计,因以"网师"自号,并颜其园,盖托于渔隐之义,亦取巷名音相似也。光禄既没,其园日就颓圮⑨,乔木古石,大半损失,惟池水一泓,尚清澈无恙。瞿君远村⑩,偶过其地,惧其鞠为茂草也,为之太息。问旁舍者,知主人方求售,遂买而有之。因其规模,别为结构,叠石种木,布置得宜,增建亭宇,易旧为新,既落成,招予辈四、五人谈宴⑪,为竟日⑫之集。

---

① [西园冠盖]西园,汉上林苑的别名,在今河南省洛阳市东北。张衡《东京赋》:"岁维仲冬,大阅西园。"又东汉末年曹操所建西园,在今河北省临漳县邺镇北。魏曹植《公宴诗》:"清夜游西园,飞盖相追随。"冠盖,指贵官。冠,礼帽;盖,车盖。

② [洛阳名园之《记》]指李格非《洛阳名园记》。记载洛阳各大名园,述其历史变迁、景物形胜、亭榭布置、花木种类等。李格非,生卒年不详,字文叔,山东济南人。北宋文学家。官至礼部员外郎,后罢免。著有《礼记说》《文献通考》《洛阳名园记》等。

③ [辟疆驱客]典出《世说新语·简傲》:"王子敬自会稽经吴,闻顾辟疆有名园,先不识主人,径往其家。值顾方集宾友酣燕,而王游历既毕,指麾好恶,旁若无人。顾勃然不堪曰:'傲主人,非礼也;以贵骄人,非道也。失此二者,不足齿之,伧耳!'便驱其左右出门。王独在舆上,回转顾望,左右移时不至,然后令送著门外,怡然不屑。"王子敬(344—386),东晋书法家王献之,字子敬,王羲之第七子。原籍山东临沂,出生于会稽山阴(今浙江绍兴)。官至中书令,人称王大令。工书,兼精诸体,尤擅行草。其书英俊豪迈,饶有气势,与王羲之并称"二王"。存世墨迹有行书《鸭头丸帖》,小楷本有《十三行》。其正、行、草书帖扎,散见于宋人所刻丛帖中。伧(cāng),粗野。

④ [啘噱(wà jué)]笑谈,笑话。

⑤ [骈(pián)阗]聚集,连属。形容多。

⑥ [负郭]靠近城郭。

⑦ [史氏万卷堂]南宋侍郎史正志藏书处,在苏州带城桥南,其园名"渔隐"。

⑧ [宋光禄悫(què)庭]宋鲁儒,字宗元,号悫庭。因官至光禄寺少卿,故称宋光禄。清代官员,治水有方。

⑨ [颓(tuí)圮(pǐ)]荒废,破败。

⑩ [瞿君远村]瞿兆骙(1741—1808),字乘六,号远村。先世为嘉定人,其父连璧迁苏州,入长洲籍,乾隆末购网师园以居。

⑪ [谈宴]相聚谈论。

⑫ [竟日]终日。

石径屈曲,似往而复,沧波渺然,一望无际。有堂,曰"梅花铁石",山房曰"小山丛树(桂)轩"。有阁,曰"濯缨水阁"。有燕居之室,曰"蹈和馆"。有亭于水者,曰"月到风来"。有亭于崖者,曰"云冈"。有斜轩,曰"竹外一枝"。有斋曰"集虚"。皆远村目营手画而名之者也。地只数亩,而有纡回不尽之致,居虽近廛①,而有云水相忘之乐。柳子厚②所谓"奥如旷如③"者,殆兼得之矣。园已非昔,而犹存"网师"之名,不忘旧也。

予尝读《松陵集④》赋任氏园⑤池云:"池容澹而古,树意苍然僻。不知清景在,尽付任君宅。"辄欣然神往,今乃于斯园遇之。予虽无皮、陆之诗才,而远村之胜情雅尚,视任晦实有过之。爰记其事,以继《二游》之后,古今人何遽⑥不相及也!

品读赏析

网师园是一座小而精雅,富有览而不尽之情致和浓郁书卷气的古典私家宅园,是苏州园林中体现园主意在崇尚田园野致、追求自然雅趣、蕴含退隐避世思想的典范之一。

《网师园记》为瞿远村重修网师园落成时邀钱大昕为之记。文章从古人"为园""为圃"和《诗经》"言园者"落笔,接着写西园、士大夫之家园、洛阳名园以及苏州辟疆园,大笔勾画了中国园林从园圃到名园的发展历史。作者说,"至宋,而洛阳名园之《记》,传播艺林矣"。这里所说的《记》,即宋人李格非的《洛阳名园记》。这是一篇有关中国古代私家园林的重要文献,其对诸园的总体布局以及山池、花木、建筑所构成的园林景观描写具体而翔实,可视为北宋中原私家园林的代表。洛阳是汉唐旧都,为历代名园荟萃之地。

---

① [近廛(chán)]接近市廛。廛,古代市场上堆放货物的处所。
② [柳子厚]柳宗元,字子厚。
③ [奥如旷如]柳宗元《永州龙兴寺东丘记》:"游之适,大率有二:旷如也,奥如也。如此而已。"
④ [松陵集]唐皮日休、陆龟蒙等的唱和诗集。松陵,镇名(今属苏州市吴江区)。诗见陆龟蒙《奉和袭美二游诗·任诗》。
⑤ [任氏园]唐任晦园。任氏,任晦。唐代人,曾任前泾县尉,余不详。其居有深林曲沼,危亭任砌。或疑此处为晋顾辟疆园故址。顾震涛《吴门表隐》:"任晦园,唐泾县尉任晦所建,或云即辟疆园,实在潘儒巷,今任敬子祠东。宋为任氏园,元为潘元绍别宅,明属徐姓、毛姓,后废为民居。"
⑥ [何遽(jù)]如何,怎么。

文中记述了名重于当时的园林 19 处,大多数是利用唐代废园的基址,其中 18 处为私家园林。然后说:"然亭台树石之胜,必待名流宴赏、诗文唱酬以传,否则,辟疆驱客,徒资后人嗢噱而已。"这既概括了历代名园得以传播艺林的共同特征,又以苏州晋代园林"辟疆驱客"的故事引入对网师园的介绍。继而详述网师园在繁华的苏州城中偏于一隅,"颇有半村半郭之趣"的地理位置,网师园的历史沿革和园名的由来,以及瞿远村购废园,"因其规模,别为结构,叠石种木,布置得宜,增建亭宇,易旧为新,既落成,招予辈四、五人谭宴,为竟日之集。""招予辈四、五人谭宴"与第一段末相呼应。概述园中八景,赞曰:"地只数亩,而有纡回不尽之致,居虽近廛,而有云水相忘之乐。"颂瞿氏之才能和敬赏其尊重历史,尚友古人,保持历史旧貌,颇有见地。

文末以皮日休、陆龟蒙关于园林的唱酬作结,再次呼应"亭台树石之胜,必待名流宴赏、诗文唱酬以传"的观点。作者在《寒碧庄宴集序》中,就刘恕寒碧庄落成时也有类似的记述和议论:"既成,招宾朋赋诗以落之,请序于予。予惟园亭之胜,必假名流觞咏,乃能传于不朽。金谷玉山风流照映千古,惟其主宾之皆贤也。即以吾吴言之,辟疆拒客而传。任晦迎客而亦传,主客之志趣不尽同,要皆倜傥奇伟,文行有过人者。"

正如金学智先生所说:"在苏州园林史上,无论是禅寺园林虎丘、狮子林,还是私家园林沧浪亭、艺圃、拙政园……无不待名流雅集、诗文唱酬以传,而这又突出地体现了文学对园林渗透的历史动向和苏州文学史上的景咏相生律……这篇园记突出的表现为尊重历史,尊重规律,当然也渗透着今昔之感,但又充分肯定现实,认为今人何遽不及古人。这些卓越的史识,使得《网师园记》在这方面远远超越于一般的园记散文。"(见《插图本苏州文学通史》第三册第五章《园林文学》,江苏教育出版社 2004 年版)

附：

苏州园林、名胜古迹匾额楹联品赏

　　中国园林中的品题,指的是厅堂楹柱、门楣和庭院的石体等上面留下的历代文人墨迹,即匾额、楹联和品题性石刻、砖刻。品题与景观的空间环境相融合,成为中国古典园林艺术的有机组成部分,展现中国古典园林的独特风采。鼎盛于明清的苏州园林中文人品题数量之多、质量之高,无疑成为中国园林之冠……苏州园林品题主要是清代文人所留……大量的写景抒情感怀的品题,既是园林景观的一种诗化,也是文人心灵境界的物化,具有鲜明的文学特色,是别具一格的文学样式,具有不容忽视的文学价值。

　　园林品题以其形式的活泼自如,区别于其他的文学样式。苏州园林中的匾额、砖石刻等,只要求切景切情,其他就百无禁忌了。如字数多少不拘:有两字的,如"槃涧""开径";三字的,如"樵风径""缘溪行";四字的,如"清能早达""可以栖迟";五字的,如"汲古得绠处""旧时月色轩";有的更长,如"山花野鸟之间""一亭秋月啸松风""安知我不知鱼之乐""无风波处便为家""清风明月不用一钱买";等等。苏州园林中的对联,除了具有工整、对仗、平仄、整齐对称的形式美和抑扬顿挫的韵律美以外,形式也十分丰富,诸如采用象声、叠字,或者嵌字、拆字、回文等形式,含蓄而又俊逸,成为一种清新奇巧的文化娱乐,构思新颖、意趣深远。如怡园石听琴室一副园主顾文彬集自辛弃疾词的嵌字联:

　　　　素壁写归来,画舫行斋,细雨斜风时候;
　　　　瑶琴才听彻,钧天广乐,高山流水知音。

上联写隐逸之趣,跌宕潇洒;下联以琴为中心,室内主人弹琴,窗外二石听琴,高山流水得知音,且嵌进"听琴"二字。既表达了园主的造景意图,又显得典雅、婉转,韵味澄淡。拙政园荷风四面亭抱柱联:

　　　　四壁荷花三面柳;
　　　　半潭秋水一房山。

此联仿济南大明湖历下亭刘凤诰所撰名联:"四面荷花三面柳,一城山色半城湖。"下联化用唐李洞《山居喜友人见访》诗名句。联语富有妙趣;移花接木,构成一妙;此联蕴涵"一、二('半',即一分为'二')、三、四"序数:"一房""半潭""三面""四壁",堪为工巧;联语描绘了一年四季之景:"一房山",指树叶枯谢、山形倒映于池中之冬景;"半潭秋水",指秋色;"三面柳",可视为春景;"四壁荷花"乃夏景,可称三绝;此亭处于宽阔的水池之中,月牙形的池面被两桥分割为三部分,夏日四面皆荷花,假山位于亭的东北角,楹联写景如绘,贴切允当,是为四美。

清苏州状元陆润庠撰书的留园五峰仙馆北厅楹联亦为不可多得的妙构:

> 读书取正,读易取变,读骚取幽,读庄取达,读汉文取坚,最有味卷中岁月;
>
> 与菊同野,与梅同疏,与莲同洁,与兰同芳,与海棠同韵,定自称花里神仙。

上联取了韩愈《进学解》中十种古书经典中的五种,内容博大精深,文辞波澜壮阔,"闳其中而肆其外",含英咀华,沉浸其中,其乐无穷。下联参以明清"清言"作品,以花拟人,简约雅致,句式整饬灵动,深得明张潮《幽梦影》、清朱锡绶《幽梦续影》等书的韵味。用"正""变""幽""达""坚"五个字概括了五本书的精髓,用"野""疏""洁""芳""韵"五字概括了五种花的神姿,且上下联各取五句,都用五字成韵,以合"五峰"之数,可谓匠心独运,清香满口,寄托遥深,而且移他处不得。

苏州园林品题在修辞、写景和意境创造等方面都有突出成就。

品题广泛采用象征、比喻、拟人、双关等文学艺术手段,文采飞扬,形象生动含蓄,耐人咀嚼涵咏。如拙政园"得真亭",用松柏的不畏寒霜,获得天地真气,象征人品格的坚贞、道德的纯洁和高尚。亭中康有为的对联将这一象征意义作了发挥:

> 松柏有本性;
>
> 金石见盟心。

拥翠山庄的"月驾轩",轩南北接以小屋,形同船艇,匾额"不波小艇",隐喻"没有政治恶风浪",对联:

> 在山泉清,出山泉浊;
>
> 陆居非屋,水居非舟。

上联源出杜甫《佳人》诗,明显具有双关含义:山中泉水清澈,如果流向山下人烟杂沓之处,就变浑浊了,这是表层意义;深层含义是以"在山"比喻隐逸,"出山"比喻出仕。《世说新语·排调》篇中,赫隆解释一物而有二名的药草为"处则为远志,出则为小草",语意双关地讥刺出仕后的谢安,异曲同工。留园"汲古得绠处"朱彝尊的对联:

> 汲古得修绠;
>
> 开琴弄清弦。

出句取自韩愈《秋怀》诗,源于《荀子·荣辱》:"短绠不可以汲深井之泉。"将古人学问比喻成深井之泉,钻研古人深邃的学问,就像用一根绳子系着吊桶去汲取深井里的水一样,绳子短了,就够不着水,所以必须用长绳子。比喻形象生动,以琴书自乐,切合书房的特殊环境。又如"问泉亭""揖峰轩""与谁同坐轩"等题额,显然将景观作了拟人化的描写。

至于妙语双关的对联,也能让人把玩不已。如天平山庄高义园殿柱上有陈亦禧旧联:

想子美高标水流云在;
忆尧夫旷致月到风来。

遥想杜甫(子美)往日之高风,他的《江亭》诗中,有"水流心不竞,云在意俱迟"的著名诗句;回忆邵雍(尧夫)旷达的情致,他的《清夜吟》中著名的诗句是"月到天心处,风来水面时"。但是在苏州,人们每每将杜子美与苏州沧浪亭主苏子美即苏舜钦并祠,"一生肝胆如星斗"的苏子美,也堪称"高标";而范仲淹的次子范纯仁的字恰恰是"尧夫",语意双关,堪称妙构。

园林中的大量风景联对,或借景生情:如虎丘"千顷云阁",取苏轼"云水丽千顷"诗句,外柱上清翁同龢撰的对联在"云""水"和"千顷"的气势上着墨:

云寝气吞八九;
沧溟水击三千。

上联令人联想起唐代孟浩然《临洞庭》中名句"气蒸云梦泽"的气势;下联用《庄子·逍遥游》中的大鹏鸟水击三千里,抟扶摇而上九万里的典故,云水之实景,使人形超神越,情感内涵是触景而生的。或因情而生景,这个景,是"诗家之景",它经过了主观情思过滤、熔铸过的,被生发、被创造、被丰富了的景,"如蓝田日暖,良玉生烟,可望而不可置于眉睫之前也"(司空图《与极浦书》)。如网师园琴室沈三白的对联:

山前倚杖看云起;
松下横琴待鹤归。

那冉冉飞升的白云、翩翩归来的仙鹤,乃至倚杖翘首的逸士,都是作者的审美情思熔铸了审美对象的审美特征而成的景,是唐王维"坐看云起时"(《终南别业》)的"云",是苏东坡《放鹤亭记》里的归鹤和"黄冠草履,葛衣而鼓琴,躬耕而食"的高人,那山光、松影、飞鹤、白云,清闲惬意,悠然自得。倚杖、横琴,风神超迈,无不渗透着作者的感情。

无论是景中写情,还是情中写景,都必须是"思与境偕""神与境合""意与境会"。如半园草堂对联:

池荷出水清于我;
庭草当风瘦可人。

由"池荷出水""庭草当风"的"景",想到了出水芙蓉、庭院花草的自然之美,从而诱导出"清于我"和"瘦可人"的情。没有情和景的相互生发与相互诱导,就不可能产生情景交融的艺术境界。

意境的基本特征就是通过情景交融的艺术形象,把人们引入具有"飞动之趣"的艺术空间,激起人们思想的遨游,涵咏乎其中,神游于境外,获得"言外之意、味外之味、弦外之音",进一步向精神空间升华。明代的计成,设想了这样一种幽雅的园林氛围:"风生林樾,境入羲皇。幽人即韵于松寮;逸士弹琴于篁里。"(《园冶·借景》)有幽雅的境界,有幽人,有逸士,松籁、竹篁、琴韵,使人获得"味之无穷"的美感。这样的"幽趣",人们可以在苏州拙政园的"听松风处""听雨轩""留听阁",怡园的"松籁阁",曲园的"小竹里馆"等景点营造的"幽境"之中获得。拙政园雪香云蔚亭,位于野水回环的小岛西北角土山上,亭旁梅影摇曳,枫、柳、松、竹掩映生辉,禽鸟飞鸣山巅,溪涧盘行,温馨新鲜的山野气息扑面而来,真是"山花照坞复烧溪,树树枝枝尽可迷。野客未来枝畔立,流莺已向树边啼"(钱起《山花》)。亭中悬额"山花野鸟之间",柱上对联:

蝉噪林愈静;
鸟鸣山更幽。

运用了"寂处有声",以声显静的艺术手法,成功地创造出一个幽静、深邃、安谧的境界,自然之美,哲理之玄,佛教禅意,交融为一,具有醇厚的韵味,将王籍《入若耶溪》的诗意物化了,令人"吟咏不能忘之"。拙政园小沧浪,乃一独立的封闭式水院,其南有一泓碧水,环境幽深、静寂,西墙半亭有额"静深",取唐宋之问《雨从箕山来》中的"深入清静里,妙断往来趣"诗意,恰到好处地点出了景观意趣。沧浪亭"翠玲珑"曲室,前后都是竹子,室内家具也是用竹节形状,室内悬挂一副"君子对":

风篁类长笛;
流水当鸣琴。

以动衬静,收到"伐木丁丁山更幽"的艺术效果。这类例子在苏州园林中俯拾皆是。

言简意赅,调远词雅。这是苏州园林品题的语言特色。《红楼梦》中贾宝玉在品题大观园时总结出园林文学品题普遍遵循的原则:"编新不如述旧,刻古终胜雕今。"所谓"述旧""刻古",就是利用历史文化的积淀,用最简洁的文字,涵蕴尽可能丰富的文化信息。

高人逸士的风雅韵事,在苏州园林品题中使用的频率很高,诸如梁简文帝的"濠濮间想"、谢安的"东山风流"、王羲之的"流觞曲水"、陶弘景的"听松风"、邵雍的"安乐窝"等等。留园冠云楼有清翁方纲的对联：

清闷云林题阁；
天光米老名斋。

"元四家"之一的书画家倪瓒所居有阁名"清闷"，幽迥绝尘，高木修篁，蔚然深秀，自号"云林居士"；宋代的书画名家米芾家筑斋，命名"宝晋"，专为收藏晋代的法书墨宝。对联中两位书画家的风流韵事，传达出园主人的雅尚。

苏州园林中的大量旧联还能产生深远的时间上的审美效果，人们可以通过联语所用典故了解到撰联人当时感受到的艺术意境，从中窥见古人的情感世界。如沧浪亭明道堂楹联：

渔笛好同听，羡诸君判牍余闲，清兴南庼追庾亮；
尘缨聊一濯，拟明日刺船径去，遥情沧海契成连。

这是清同治湖北巡抚郭伯荫所撰联。出句用晋庾亮南楼赏月之典。庾亮是晋明穆皇后的长兄，尝于江荆豫州刺史，治南昌。曾于秋夜气佳景清之夜，与僚属殷浩、王胡之等登南楼赏月，吟哦戏谑，竟夕任乐，雅情逸兴，具有典型的魏晋名士风采，为后之文人所艳称，并建"庾公楼"。对句用《楚辞·渔夫》中《沧浪之歌》意及伯牙仙岛学琴之典。成连为春秋时代著名琴师。《乐府古题要解》载："伯牙学琴于成连，三年而成，至于精神寂寞、情志专一尚未能成也。成连云：'吾师子春在海中能移人情。'乃与伯牙至蓬莱山，留伯牙曰：'吾将迎吾师。'刺船而去，旬时不返。但闻海水汩没崩澌之声，山林窅冥，群鸟悲号，怆然叹曰：'先生将移我情。'乃援琴而歌之，曲终，成连刺船而返。伯牙遂为天下妙手。"这里讲的是中国艺术家与大自然的关系。我国艺术家向来重视与自然的和睦相处，主张融人类的最佳文化和自然的最佳精神于心底，思想必须超脱功利，胸襟必须宽旷，精神要深深地沉浸在山水和其他自然物象之中。伯牙到了蓬莱仙岛，接受了自然的精神洗礼，移易情感，在人格改造的基础上，艺术终臻妙境。这是中国古代艺术家创作时陶融自然的一种心态。作者藉以表达向往大自然精神洗礼的心志。全联紧扣沧浪水园特色和超尘脱俗、操守高洁的园林主题，反映了士大夫的思想情操和热爱大自然的艺术情趣。写景、用典、抒情融为一体，婉曲有致，余音袅袅，有不尽之韵味。

品题绝大多数采撷自中国古典诗文中脍炙人口的名言佳句，借助古代诗文中的优美意境深化景观文化内涵、加大美学容量，引发人们的艺术情思，规范人们的接受定向，拓展人们的诗意联想，扩大作品的审美信息量，使人们获得尽可能丰富的美感。

苏州园林中还有大量集联，有的集自诗人的同一首诗歌，如拙政园"与谁同坐轩"的对联:"江山如有待,花柳更无私。"选自杜甫的《后游》诗,江山、花柳,含情脉脉,期待着人们观赏,极富人情味;有的则融裁了多篇诗文佳句,如拙政园见山楼下藕香榭的对联:"西南诸峰,林壑尤美;春秋佳日,觞咏其间。"出句取欧阳修《醉翁亭记》语,对句取意陶渊明《移居》诗中"春秋多佳日,登高赋新诗"句和王羲之的《兰亭集序》中"一觞一咏,亦足以畅叙幽情"句意。高情雅兴,令人胸襟舒旷。

怡园每一副集联,均选自多首词作,有裁云缝月之妙思。如拜石轩联:

　　松影阑干,鳌峰对起;

　　梅花清梦,翠羽飞来。

全联四句,集自宋吴梦窗的三首词:出句取自《烛影摇红·飞盖西园》和《齐天乐·寿荣王夫人》;对句取自《瑞鹤仙·饯郎纠曹之严陵》和《齐天乐·寿荣王夫人》,写出月夜之景。当月笼寒翠之时,庭中松影绰绰,奇峰耸峙,梅花似乎在月下酣睡,静静地做着美梦,鸾鸟舞动着彩羽来了。神人所居、仙禽所栖,意境缥缈空灵。有的联语分别集自两位词人的数首词,依然能珠联璧合。如"碧梧栖凤"对联:

　　新月与愁烟,先如梧桐,倒挂绿么凤;

　　空谷饮甘露,分傍茶灶,微煎石鼎团龙。

出句集自苏轼《昭君怨·水作桓伊三弄》《行香子·昨夜霜风》和《西江月·玉骨哪愁瘴雾》,描写月夜朦胧之中的梧桐树,喜欢在桐花开时栖集在桐树上的桐花凤;对句采自张炎《祝英台近·带飘飘》和《木兰花慢·龟峰深处隐》词,写在此烹茶品茗之趣。咏景抒情,皆能切合景观特点,抒写自如,一如己出。至于具有人文特色的景点,编集者注意摘取该历史人物的词作为联,如"坡仙琴馆",珍藏着苏轼监制的"玉涧流泉古琴",联语即撷取苏轼词:

　　步翠麓崎岖,乱石穿空,新松暗老;

　　抱素琴独向,绮窗学弄,旧曲重闻。

集自苏轼《哨遍·为米折腰》《念奴娇·赤壁怀古》《水龙吟·楚山修竹如云》和《行香子·冬思》等词。出句咏古琴乃托峻岳之崇岗,含天地之醇和,吸日月之光明,非寻常之物;对句咏园主之子学琴本事,"旧曲重闻",亦寓"故人不见"之意,激发思古之情。

——曹林娣《苏州园林的文学品题》(《插图本苏州文学通史》,江苏教育出版社2004年版)

清代的梁章钜（1775—1849），是一位与苏州有着密切关系的文学家。字闳中，一字茝林，晚号退庵，福建长乐人。

梁章钜曾著《楹联丛话》《楹联续话》《楹联三话》。后其子梁恭辰又作《楹联四话》。从宋代开始，就有人把对联汇集印行。梁章钜的《楹联丛话》及其续编则比前人用力更勤，搜罗更广，既仿笔记之体分门别类，条举件系，又仿诗话、词话之例，开创了"联话"这种体例，"每联辄手叙其所缘起，附以品题，判若列眉，瞭如指掌"，"使忠孝廉节之悃，百世常新；庙堂瑰玮之观，千里如见"，"一为创局，顿成巨观"（陈继昌《楹联丛话序》）。可见梁章钜为楹联的辑录、评述，确实作出了独特的贡献。

楹联也叫"楹帖""对联""对子"，指悬挂或粘贴在壁间柱上的联语，是中国文学中一种为人们喜闻乐见的独特文体。作为一种独立的作品，楹联与诗词中的对偶不尽相同。它字数多少无定规，最短的只有几个字，最长的可达数百字。楹联的写作，要求对偶工整，平仄协调，并十分讲究修辞，力求做到凝炼精美，意蕴深远。这种文体，萌芽于汉至唐；形成于五代（据《蜀梼杌》载，五代后蜀主孟昶始作"桃符"，此后始有楹联），并在宋元两代广为流行；至明清更进入繁盛时期。《楹联丛话》正是在楹联创作繁荣兴盛的历史条件下应运而生的，而它的产生又对这种文体在清末乃至近、现代的进一步发展起了推波助澜的作用。

《楹联丛话》比较全面地反映了古代楹联创作的各种情况。书中搜集、评述的楹联，从内容上看，有写景状物联，有抒情勉志联，还有其他各类题材的作品。其中，有不少作品与苏州特别是苏州园林名胜有关，属于苏州楹联创作史上的珍贵资料。

梁章钜记述的写景状物的联语中，有一些作品生动地描写了苏州的名胜古迹、园林景物。如，《楹联丛话·胜迹上》记述了韩慕庐为唐寅墓前的才子亭所作楹联："在昔唐衢常痛哭；祗今宋玉与招魂。"记述了虎丘花神庙联语："一百八记钟声，唤起万家春梦；二十四番风信，吹香七里山塘。"《楹联续话·庙祀》记述了齐彦槐为苏州泰伯墓所题联语："志异征诛，三让两家天下；功同开辟，一抔万古江南。"《楹联三话》卷上记述了林则徐为南宋名将韩世忠飨堂所题联语："祠庙肃沧浪，更寻来一万字穹碑，新焕岩阿楗桷；威灵震吴越，还认取七百年华表，遥传江上旌旗。"上联概括描写了苏州灵岩山西麓长达一万三千余字的韩世忠墓神道碑；下联颂扬了韩氏的抗金业绩，表达了对这位一代名将的钦佩之情。梁章钜这则记述的可贵在于，它是中国近代史上一位民族英雄精心撰写的颂扬生活在他七百年前的爱国名将的一副楹联，二人虽然异代不同时，但忠贞爱国之心则一脉相承，其凛凛正气,令人肃然起敬,而这一楹联作品,也由此而更增色生辉。

梁章钜对苏州网师园中一条联语所作的评论,显示出他对楹联艺术的独到见解:

> ……网师园中有一联云:"风风雨雨暖暖寒寒处处寻寻觅觅,莺莺燕燕花花叶叶卿卿暮暮朝朝。"语涉纤巧,而状艳冶之景,如在目前,固自妙丽无匹也。按此联与西湖花神庙一联相仿,而简炼稍逊之。(《楹联丛话·胜迹上》)

此联由十四组叠字构成,对仗工整,声韵协调,形象生动,情景宛然,梁章钜赞赏其"状艳冶之景,如在目前"的"妙丽"。然而,他又批评了此联略显纤巧堆砌的缺点,并把它同杭州西湖花神庙联作了比较分析。《楹联丛话》记西湖花神庙联云:"翠翠红红处处莺莺燕燕,风风雨雨年年暮暮朝朝",评之为"曼调柔情,情景恰称"。比较而言,两联用语相似,而网师园联"简炼稍逊之"。从梁章钜的评析中可以体会到,他对写景状物联所持的批评标准,是既要求其状物生动、"情景恰称"、语言"妙丽",又要求其简练自然,无雕琢痕迹。

苏州沧浪亭石柱上,镌有一副众口交誉、有口皆碑的名联:

> 清风明月本无价;
> 近水远山皆有情。

此联之被镌于石上,面之于世,有一段绵亘数百年之久的佳话。南宋叶梦得《石林诗话》记述沧浪亭本事说,该地原为钱氏广陵王别圃,"庆历间,苏子美谪废,以四十千得之,傍水作亭曰'沧浪'"。欧阳修在《沧浪亭》一诗中咏道:"风高月白最宜夜,一片莹净铺琼田。清光不辨水与月,但见空碧涵漪涟。清风明月本无价,可惜只卖四万钱……"诗中描写了沧浪亭清风明月的无尽藏之美,说明苏舜钦以四万钱得之,是极便宜的。而苏舜钦又有《过苏州》一诗,中有"绿杨白鹭俱自得,近水远山皆有情"之佳句。这样,到了清代,梁章钜才终于从欧、苏二诗中各撷一句,集为一联。在梁氏《楹联丛话·胜迹上》对此作了如下记述:

> 苏州城南之沧浪亭……余藩吴时,复加修治,增设台榭,蔚成大观,好事者合献楹联,而惬心贵当者实少。齐梅麓太守一联云:"四万青钱,明月清风今有价;一双白璧,诗人名将古无俦。"盖前祠苏长史(苏舜钦),后祠韩蕲王(韩世忠)也,可称稳切,而"一双白璧"字,究嫌妆点。余因辑《沧浪亭志》,得集句一联云:"清风明月本无价;近水远山皆有情。"上系欧阳文忠句,下系苏长史句,皆沧浪亭本事也。然屡书皆不工,故此联迄未悬挂。

从11世纪开一代诗风的欧、苏,到19世纪综览群书、熟于掌故的梁章钜,中间经过了近八百年,才孕育出这一著名的集句联。它不但珠联璧合,天衣无缝,而且还把欧、苏两位宋代的著名诗人、文坛密友联系在一起。梁章钜等三位作者的集体创作,颇能发人联想,想起苏舜钦的谪废、购地、建亭,想起欧、苏的友情、诗篇、唱酬,想起重修沧浪亭后好事者争献楹联,想起梁章钜的辑《沧浪亭志》和对前人诗句的再创作,想起他们欣赏风月、山水、园林的审美经验……还应指出的是,梁章钜修治沧浪亭,是严肃的,认真的,他不仅颇费苦心,集就名联,而且由于屡书不工而宁可不挂于亭内。这样,又过了数十年,到了清末,著名学者、书法家俞樾才为之书写,镌于沧浪亭的石柱上。这副对联仅十四个字,竟积淀了如此悠远、丰富、隽永的文史内涵!

梁章钜记述的抒怀勉志的联语中,也不乏表现有关人物高尚情怀、杰出品格的佳作。例如,《楹联丛话·格言》中记述的林则徐题写的两条联语:

> 闻前明王文成公行部所至,必令二人肩二高脚牌前导,大书云:"求通民情;愿闻己过。"……吾友林少穆为江苏廉访时,尝书此作大门楹联是矣。

> 林少穆自题厅事一联云:"海纳百川,有容乃大;壁立千仞,无欲则刚。"名臣风矩,惟其有之,是以似之。

"求通民情;愿闻己过"一联,虽非林则徐所撰,但他书此作为大门楹联,并在从政实践中身体力行,这种精神,不但在当时,而且在今天也是十分难能可贵,令人生敬的。这一旧联,只用了八个字,平易质朴,言简意赅,完全是直接表明心迹的恳切言辞,不作任何修饰,却自然形成工稳的对仗,它能得到林则徐的欣赏、采用,绝非偶然。"海纳""壁立"一联,是林则徐自撰自题,以"海"喻其"有容",极写其襟怀之"大";以"壁"明其"无欲",显示其品格之"刚"。此十六字,是他胸襟、情操的自我写照,梁章钜赞美他"惟其有之,是以似之"。这一名联,已为人们所熟知,时至今日,人们仍能从中不断获得深刻的启示。另外,像《格言》卷所录,程祖洛在"抚吴"时,官斋中自书二联,一联云:"醴泉无源,芝草无根,人贵自立;流水不腐,户枢不蠹,民生在勤。"又一联云:"无多事,无废事,庶几天事;不徇情,不矫情,乃能得情。"这样的联语,也不失为抒怀勉志联中的上乘之作。

——金学智 陈本源《梁章钜及其〈楹联丛话〉》(《插图本苏州文学通史》,江苏教育出版社2004年版)

单元练习

一 解释下列句中加点的词。

1. 及庚申、辛酉间,大乱荐至　（　　　　　　）
2. 今则崩榛塞路,荒葛罥途　（　　　）（　　　　）
3. 夫大乱之后、兵燹之余　（　　　　　）
4. 俾后之志吴下名园者　（　　　　　　）
5. 徒资后人喝噱而已　（　　　　　）
6. 城郭以内,宅第骈阗　（　　　　　　）

二 用现代汉语翻译下列句子。

1. 仍其旧名乎？抑肇锡以嘉名乎？
2. 瞿君远村,偶过其地,惧其鞠为茂草也,为之太息。
3. 地只数亩,而有纡回不尽之致,居虽近廛,而有云水相望之乐。

三 下面的文字,一是俞樾记方伯的原话,一是钱大昕的评语。请你说说作者这样写的用意。

1. 人曰"刘园",吾则曰"留园",不易其音而易其字,则以其故名而为吾之新名。
2. 园已非昔,而犹存"网师"之名,不忘旧也。

四 利用节假日,邀约三五同学或亲朋好友,到留园、网师园一游,再仔细阅读本单元介绍的相关资料,写一篇游园记;或就园中所见一处印象最深刻的景点——其建筑和景致,如亭榭、匾额、楹联、水面、花木、山石等,写一篇鉴赏类短文。字数不限。

16

单元提示

我们生在苏州，长在苏州，与水朝夕相处——前门一条弯弯的小巷，后门一条弯弯的小河，笃悠悠的水城环境，滋养着一代又一代笃悠悠的苏州人。苏州人一代一代做足了"水"的文章，生发出种种"靠水吃水"的妙趣。这样的环境又常给文人墨客带来灵感。唐朝诗人杜荀鹤见到苏州的水巷，情不自禁，诗兴大发，吟出了"人家尽枕河"的千古名句。读了本单元的三篇文章，你一定会对我们的家乡苏州水乡有更深切的认识和体会。

《重寻水上梦》一文以记叙、说明为主，介绍了苏州环城河内水上旅游项目和苏州水资源综合治理工程项目。随着项目的实施，苏州人就能真正像古人那样泛舟河上，重新体会水乡泽国的优美景色。

中国第一水乡——周庄，有九百余年的悠远历史，九百余年的文化底蕴，旖旎的水乡风光，特有的人文景观，传统的建筑格局，淳朴的民风民情，令人神往，令人流连，无愧于"集中国水乡之美"，无愧于江南水乡古镇的典范。《周庄烟雨中》是一篇以写景为主的散文，文笔优美细腻，细致描摹了周庄这一江南水乡"小桥流水人家"的独特风貌。周庄人家，因水而筑，粉墙黛瓦的深宅大院、雕梁画栋的临河水阁比比皆是，历经百年，风姿依旧。一桥、一街、一寺、一屋、碧水、蓝天、绿树、石径，无一不是周庄遗韵所在，无不体现周庄自然朴素、平和淡泊的风味，以及作者所体会到的博大和浓郁的人文氛围。

《〈苏州水〉解说词（节选）》深入浅出地叙述了苏州水在苏州古城历史发展中的重要地位：是苏州水孕育了苏州，滋养了苏州丰富的文化内涵，繁荣了苏州经济，培育了苏州人"诗书相继"的精神追求。读了这篇解说词（最好再看看电视系列片），我们对苏州水的历史底蕴会有更加深入的理解和感受。而且，它的文辞相当优美，内容充实，富有强烈的人文气息。阅读时可以细细揣摩，可以积累一些名言佳句。

本单元三篇课文都突出了苏州水乡水多、河多、船多这一特点，但题材不同，主题也不同。阅读时要细细品味，比较它们写法的不同。

"处处楼前飘管吹,家家门前泊舟航。"身为苏州人还能重温千年以前白居易所描绘的泛舟水上的美梦吗?

重寻水上梦[①]

贾 玲

华灯初上,水逐船行。听着温软的苏州评弹,品着上好的碧螺春,欣赏着岸边优美的景色,这样的意境,这样的惬意,或许在梦里,或许在戏里。不过,在今天之后的不久,你我可能就是那船上的沉醉者。

几乎是和苏州环古城风貌保护工程同步,有一个浩大的项目也在悄然进行,那就是苏州水上旅游的开发。据了解,水上旅游项目将分三期进行,总投资约7500万元。首期项目主要是环城河内河的旅游开发和观光巴士。

造一座移动的"古典园林"

在苏州蠡墅船厂,我们见到了即将与苏州人见面的游船。船厂厂长翁林元告诉记者,他们是今年3月份受苏州旅游集团委托造这艘船的。"苏州是一个以古典园林著称的城市,所以在进行设计的时候,我们双方达成共识,要把游船做成具有园林特色的仿古的官船,这样的话,就能和苏州城市特色融为一体,成为一个可以移动的'古典建筑'。"

仿古游船全长38米,重达100吨,一次可以容纳200人。船分为两层,一层有游客舱、餐厅和卫生间;二层则有一个大的平台和贵宾间。人们可以登上平台,凭栏远望,或许那里的风景独好。古代的官船是没有中央空调的,但是,这艘正在建造的"现代

---

① 选自《苏州杂志》2003年第6期。

官船"却有。

翁厂长告诉我们,这艘官船的内部设施相当现代。除了中央空调外,餐厅十分宽敞,完全不同于通常的游船,可以为游客提供自助餐服务。"在观赏风景的过程中,三五好友对饮两杯,也的确是一个不错的选择。"翁厂长介绍说。为了能让视野更开阔,在对游船进行装修的时候,会采用大幅的玻璃结构,这样可以保证很高的通透性,游客可以充分体会到江南水乡水上游的意境。此外,船体周边的光源配置也十分考究,这样在晚上航行的时候,游船的轮廓就会被勾勒出来,必将成为水上的一大亮点。

据负责水上旅游项目的苏州外事车船有限公司老总薛振介绍,目前这艘仿古官船还没有被命名,他们打算采用拍卖冠名权的做法给船取名。游船目前已下水,每天早9点到晚10点往返于胥门和觅渡桥之间。

水陆观光"一卡通"

我们从负责水上旅游项目开发的苏州外事车船有限公司了解到,除了可以容纳200人的大游船外,还会有一些水上巴士、橹摇木船,游客可以根据自己的需要进行选择。水上旅游开通之后,对于游客将采用"一卡通"的形式售票。水上观光和路上旅游相结合,只要买一张卡,就既能乘观光巴士,又能乘船水上旅游。水陆相连、景点相连,这在国内是首创的。

在南门路改造工程现场记者看到,大运河沿线新建了很多码头。薛总说,以后游客可以像乘地铁一样,随意地搭乘南来北往的水上巴士,或者陆上的观光巴士一路观景,这样为观光客提供了更多的选择余地。最先开通的水上游览路线是从觅渡桥码头到老胥门码头的线路。

乘上游船游览古城风貌,在古胥门可以先游览一下伍子胥园,那里有伍子胥的雕像,那是一段尘封很久的往事;从胥门码头上船,悠悠向盘门而去。在盘门景区,有盘门三景,还有即将成为近代工业展示馆的苏纶厂仓库和整修后的吴门桥新景区;乘着游兴,在苏州第一座廊桥人民桥下逗留一下,桥墩下的16幅浮雕会让你有意外的收获；继续向东，下一站是南园桥码头。重新整修后的南门路景点绿地成片，开阔疏朗，若是在晚间，那诱人的灯光下定有恋人的幽会；仿古官船向终点觅渡码头驶去，觅渡景区是环古城风貌保护工程的一个重点。远远望去，新旧觅渡桥遥相呼应，人们不免发出穿越时空的幽然感慨……

薛振告诉我们，从老胥门码头到觅渡桥码头的距离来回是9公里多，乘船往返大概需要1个多小时，而这一段应该是护城河上最有看点的一段。他唯一担心的就是整个护城河里的水质问题。

引长江水进古城河

事实上，作为水城的苏州一直都在做着水上旅游的美梦。大约在十年前，政府花了不少经费对内城河进行了河道清淤和驳岸①维修，旅游部门顺势雄心勃勃地开出了内城河和山塘街水上游项目，起点设在火车站。但由于水质问题没有得到根本改观，内城河线路无疾而终。如今，人们只能在虎丘到山塘街的河面上，偶尔能看到游船的身影。

"我小的时候河里水还是比较清的，能很容易地在河里逮到鱼虾。"一位旅游业内人士留恋地回忆道，"不过，上海的苏州河那么臭都可以治理好，我相信苏州肯定也能搞好的。"

苏州果然有了大动作。过往城南的市民有一天忽然发现，一段宽敞的大运河居然被抽干了，他们多少年来第一次看到了大运河河床的模样。苏州水务局规划处王处长告诉我们，环城河将来要直接引长江水进来，水城苏州的水质将因此有明显的改观。"而这，只是苏州水资源综合治理工程的第一步。"

根据规划，苏州水资源综合治理工程规划总投资将达到26亿元。二期开发在石湖、太湖和新区、园区同步进行，大力发展水上旅游项目，使景区与景点相连，并与周庄、同里、甪直②古镇相呼应，形成"三古一湖"的大旅游格局。第三期工程将着力开发国内

---

① [驳岸]保护河岸或堤使不坍塌的建筑物，多用石块筑成。
② [甪(lù)直]地名，在江苏省苏州市。

最大的内城湖金鸡湖的水资源,发展帆船、快艇等高档时尚水上旅游项目和竞技运动。水务局有关人士称,到 2005 年,苏州河道的水质要达到景观用水标准,环城河水质部分要达到地面水 1 类标准。"这一庞大工程对恢复苏州水城特色,提升苏州城市形象意义相当重要!"到那时,薛振的担心也许便是多余的了。

品 读 赏 析

  历史上的苏州,水的文章是做得极足的。唐诗《送人游吴》中写道:"君到姑苏见,人家尽枕河。古宫闲地少,水港小桥多。夜市卖菱藕,春船载绮罗。遥知未眠月,乡思在渔歌。"分明是活脱脱的一个"水上世界"。苏州位于长江下游,四周河汊罗列,水网密布,直到清代,沈三白在他脍炙人口的《浮生六记》中还一再提及西出苏州的水上游之野趣:"霞映桥红,渔火满江","风帆沙鸟,水天一色"。内河的烟笼柳暗,外湖的心旷神怡,历来是苏州人独享的"水路游"传统习俗的特有情趣。"拂开桃花柳,望断水线天",这才是苏州真正的灵性和魅力所在。

  但是,我们已经很难想象,三四十年前,我们的父辈们经常在苏州的河里游泳捉鱼;也许我们更难想象,那时,沿河居民家家都在河里洗菜洗衣服。那时的苏州水还很清澈,苏州的小河,不止是一道风景,更是苏州人生活的一部分。"枕河而居"的苏州人真正是"靠水吃水","以水为邻"。几十年过去了,苏州人还能再现那样的生活场景吗?时代的变迁和社会的发展,不能以牺牲环境为代价,更不能牺牲我们苏州人赖以生存的苏州水。

  文章以"重寻水上梦"为标题,介绍了苏州水上旅游项目的开发以及与之相应的水资源综合治理工程,通过河道整治和引水工程,改良水质,合理利用水资源,帮助苏州人重温水上旅游的美梦。

  文章分为三大部分。"造一座浮动的古典园林"介绍了为水上游配备的仿古游船。游船外表有古典园林特色,古色古香,和苏州城市特色融为一体。内部建有各种现代化设施,特别配有中央空调,还提供自助餐服务。游客可以像古人那样,边泛舟河上,边举杯对酌,十分惬意。"水上观光一卡通"是苏州首创的水陆通用的观光旅游卡,方便快捷,游客可以随时随地下船上船,使旅程更加丰富而有自主性。"引长江水进古城河"介绍了与水上旅游项目配套的水资源治理工程。要想真正实现"水上梦",治理河道是关键。政府决定引进长江水,从而使苏州水质得到根本改观。

  三部分内容紧密结合,结构紧凑,内容衔接有序。"船""卡""水"三部分是水上旅游项目的重要组成部分,三者缺一不可。其中最后一部分"治水"又是全文的重点,没有清澈的河水,"美梦"也难以成真,只有从根本上提高苏州的水质,引进长江水,才能真正带动水上旅游的开发。各部分内容用三个独立的小标题衔接,文章条理清晰。

　　文字简洁明了,运用多种表达方式。其中有清晰准确的说明,简洁的描写,流畅的记叙,精到的议论,各种表达方式熔于一炉。阅读时请体会不同表达方式的作用。

粉墙乌瓦和小桥流水构成的周庄,船的梭织连的周庄,是一种禅境,是物化了的精神的田园啊!这种禅境,不是古佛青灯下的"禅",而是一种"平安家园"的感觉,那么凡俗,那么自足,让人随便想些什么就想些什么,让人眷恋,让人相思,让人散开胸中的积郁。

周庄烟雨中①

韩 静 霆

一踩着周庄的石板路,人就在水中央了,一登上周庄的乌篷船,就到了水乡人家了。

正是烟雨空濛天气,衣裳在空气里就湿漉漉了,眉毛头发也在不知不觉中湿了。绕着水乡人家的,都是河汊②,抱着周庄水镇的,都是湖。前前后后是水,左左右右也是水,周庄依偎在淀山湖、白蚬湖、南湖和澄湖的怀里,像从湖里滋出的一张荷叶。

周庄河汊上泊着可以租用的乌篷船,近看那船是实在的,远看,可就化在细密而又无痕的烟雨中了。真正坐在船上,才算是知道水乡呢。船儿款款地贴着水镇人家的窗根儿摇,穿过一个桥洞,又穿过一个桥洞,风景明明暗暗。船儿咿咿呀呀地自说自话,船儿赶着一群又一群湖鸭。忽然间,船儿打了一个横,竟然进了人家的院子,人家的厅堂!说是那人家姓张,张家厅堂高高筑在水上,可见爱水爱到了什么程度。行船在厅堂,船娘和厅里的熟人打着招呼,沏春茶的声音都听得见,水镇,水船,水乡人,远客,一下子就成了一个温馨的整体,一个很大的家。

---

① 选自 2003 年 12 月 27 日《扬子晚报》。
② [河汊(chà)]大河旁出的小河。

在周庄,真好;在乌篷船上,真好。我这个北方汉子浮躁的心,放下了,在水中溶掉了。身后的是非和名利,也荡远了。湿漉漉的水雾营养着脸呢,一双干涩的老眼,水灵灵的了,涩苦生刺的舌根,荡漾着凉丝丝的水波了。试试嗓音,喉咙里跑出了湿软湿软的音节儿。撑船的船娘问我:"向左呢,还是向右?"左边是桥,右边也是桥,左手是水乡,右手也是。我就请船娘"随意"。是啊,随意,前边的船娘,后边的船娘,青莲包头藕荷兜,都随意。

粉墙乌瓦和小桥流水构成的周庄,船的梭织连的周庄,是一种禅①境,是物化了的精神的田园啊!这种禅境,不是古佛青灯下的"禅",而是一种"平安家园"的感觉,那么凡俗,那么自足,让人随便想些什么就想些什么,让人眷恋,让人相思,让人散开胸中的积郁②。

我在张家厅堂品了一阵阿婆茶。

我在沈家天井,看了一阵独自绿着的一株芭蕉。

我登上不知姓氏的小姐的绣楼,对着绣花的绣幔和雕花的牙床,发了好一阵呆……

周庄!周庄!水做的小镇,水做的骨肉。我觉得浑身轻松,也觉得自己一下子就变得很温柔很温柔了,不是么?船儿和船儿磕碰了,相对一笑;船儿和船儿在水巷狭路相逢③了,让开就是。

周庄当然不是世外,周庄当然也有历史。离镇二里的太史淀,枯水时可见古井数口,水丰时烟水茫茫,一澄如天。便是说,平静和泰然④之下的周庄,也藏着说不尽的沧桑。周庄水域春秋时期见有记述"摇城",北宋元祐元年,得名周庄,两千五百年的旧事,九百岁的高龄,多少风风雨雨骚扰?可是,在周庄的粉墙上,拱桥上,人们是见不到沧桑变化的碑刻和文字痕迹的,周庄不把沧桑写在脸上,甚至不挂在心上。如此不动声色地面对沧桑和历尽沧桑的不动声色,该是大师级的修炼吧?风雨就是风雨,沧桑就是沧桑,

---

① [禅(chán)]佛教用语,指排除杂念,静坐。
② [积郁]郁结。
③ [狭路相逢]在很窄的路上遇见了,不容易让开。多指仇人相遇,难以相容。
④ [泰然]形容心情安定。

芦花还是白就白了,菜花还是黄就黄了,船还是船,桥还是桥,周庄还是周庄。无论庙堂之上,朝野之间,怎样的人来人去,云起云飞,周庄乡民创造的温馨,宁静,平和,淡泊,以及在平淡宁馨中所包容的博大和深刻,是永恒的。

一切都是匆匆过客!诗朋、酒侣、名士、富豪、官宦、贵胄①,都是过客,唯有水镇人家创造的水镇永恒,周庄永恒!我想。

船儿在水上漂着。我在船儿之上躺着。

我抱着周庄烟雨,周庄烟雨抱着我。

周庄真好。周庄永恒的宁静,温柔,自然,真好。

品 读 赏 析

这是一篇有着浓郁的诗情画意的散文。作者用优美凝练的笔墨,勾勒了江南水乡"小桥流水人家"的独特风貌,描绘了烟雨蒙蒙中悠远宁静的水乡风光和特有的人文景观、淳朴的民间风情,突出了周庄特有的温馨、宁静、平和、淡泊的氛围以及在"平淡宁馨"中透射出的博大、深刻和永恒的意味。

文章题为"周庄烟雨中",作者别具匠心地将美丽的周庄放在"烟雨空蒙"的天气中描写,突出周庄湿润温柔、宁静自然的特点。作者在这样的氛围里感到特别的宁静,"浮躁的心,放下了,在水中溶掉了。身后的是非和名利,也荡远了",精神感到特别的松弛自如,似乎与物质世界渐渐远离,"胸中的积郁"也散开了。作者在写景中穿插着自己独特的感受,边写景边抒情。

与其他写周庄的文章相比,本文在表现周庄水乡水网交错、河道纵横的特色时,更注重表现周庄独特的历史文化底蕴。经历了九百多年悠久历史的周庄,"平静和泰然之下的周庄,也藏着说不尽的沧桑"。作者写出了周庄独有的"不动声色"下的"沧桑"。在作者看来,周庄在从容、自然、温柔、淡泊中包含着"博大和深刻",是永恒的,这是本文作者的独特感受。

本文文字精练,语言优美,运用了各种修辞手法刻画周庄景物特点。例如将周庄比作"从湖里滋出的一张荷叶",形神俱备,又符合水乡特色。拟人手法运用得较好,"周庄不把沧桑写在脸上,甚至不挂在心上","我抱着周庄烟雨,周庄烟雨抱着我"等将周庄写得极富灵性美。

身为苏州人,我们会用怎样的笔墨来描写我们的家乡,我们会从怎样的角度去书写我们的感受呢?

---

① [贵胄(zhòu)]贵族的后代。

水为何物/直教人生死相许/水为何物/总让我悲喜交集/天地给我软水温山/先民赐我精粮细米/我,不能不饮水思源/我,不能不旧事重提

《苏州水》解说词(节选)①

刘 郎

题 记

一代代先民,在临终的时候,都作过这样的叮咛:要与水为邻。

怕后人忘记,他们还留下了两件东西,一是鱼,一是米,它们加起来,竟是一个"苏"字。先民们还说,按照祖传的说法,世间万物,无非五行②,水居第一位,没有水,那文化也就干了。

于是,我们这些水的儿女,铭记着先民临终的叮咛,接过了难以拆开的鱼米,并把对水的无限深情,撒遍了世界上这独一无二的水乡。

与 水 为 邻

(一)

称得上了解苏州的人,大都有这样一种共识:若是百里挑一地选出一幅能真正代表苏州的画面,当不是那座古塔,也不是那些园林,而是一条非常典型的水巷。并且,这水巷还有一个十分美丽

---

① 节选自五集电视系列片《苏州水》。《与水为邻》是第一集,另四集依次是《吴中底蕴》《长河回望》《水影花光》《水乡寻梦》。有改动。
② [五行(xíng)]指金、木、水、火、土五种物质。

的名字——七里山塘。

七里山塘是条河,同时也是一条街。艺术家如是说:街道,是每一座城市最为传神的地方。

山塘不过七里,岁月却已千年。

公元825年,白居易来到苏州做太守,这以前,他在杭州也曾经做过同样的官职。苏州任内,这位诗人太守留下了许多作品,也留下了不少政绩,政绩之一,便是开挖了这条沟通城乡的七里山塘。

打自竣工之后,七里山塘便渐渐地融入了苏州的繁华,以至出现了满目的灯笼酒幌,一河的画舫笙歌①。

至少是在唐朝,这种水巷的风貌,已经并不为这七里山塘所独有,因为当时的山塘,本就是苏州的缩影。今有唐诗为证:

"君到姑苏见,人家尽枕河。

古宫闲地少,水港小桥多。

夜市卖菱藕,春船载绮罗。

遥知未眠月,乡思在渔歌。"②

这首描写苏州的唐诗,新鲜的字句干干净净,就像是清水洗过的一根莲藕。古人把唐朝写活了,也把苏州写活了,唐朝的苏州,在水里活到了今天。

(二)

沧浪亭,是始建于北宋时期的一座著名的园林,在苏州园林、江南园林和中国园林的历史上,它有着开宗立派之功。

每一座优秀的古典园林,都是一种具有深刻寓意的艺术作品,而"沧浪"二字,又鲜明地道出了水的主题。

在园林的营造法式上,水,向来具有灵魂的作用。而充沛的苏州之水,又恰恰为园林的创作,提供了丰富的资源,使历史上拥有资财的隐逸文人们,在车喧人闹的通都大邑之中,营造了回归自然

---

① [笙(shēng)歌]泛指奏乐唱歌。
② 引自唐朝诗人杜荀鹤诗《送人游吴》。

的都市山林。

如果说,像山塘民居那样非常通俗地呈现着与水为邻的常态,那么,像沧浪亭这样的苏州古典园林,便更为典型地揭示了精雅文化与水的内在联系。在这里,水更为净化,在这里,水更为安闲。它既美化了人居环境,又优化了人们的心态。

沧浪亭前的流水,是和苏州的河道相通的,这流水千折百回,将一处处民居,将一座座园林连成一体,让我们的苏州——这座饮誉中外的园林城市,变成了一座放大的沧浪亭。

"沧浪之水"一词,最初见于我国早期的历史文献《尚书·禹贡》,以后,历史上的经典作家们又加以使用发挥,在水的意象中,注入了人赋品格。"沧浪之水清兮,可以濯我缨;沧浪之水浊兮,可以濯我足。"①便是传诵千古的咏唱。或可以这样说,没有哪一部历史,不曾写到过水;也没有哪一种艺术,不曾描摹过水,正因为有了长期的人文观照,苏州之水,乃至中国之水,才产生了丰厚的文化内涵。

(三)

苏州的面积宽宽阔阔,但古城的地盘却并不恢宏②。然而,它却装下了太多的内容。

古城里有道观,有寺院,更有孔子的殿堂。当然,在许多苏州人的心中,任何一处大殿,都比不上家乡供奉孔子的文庙巍峨。

在中国的传统文化中,儒、道、释③这三家的地位,仅从排列上就可以显而易见。但它们最终都像水,并形成了多派合流。这一点,在苏州的历史上,得到了充分的体现。承传本体,它能够上接主流;含纳支流,又能够兼容并蓄。这,正是水的特征。

淋漓的水分,温湿的气候,不但让苏州具备了富庶丰饶的基础,而且还让古城形成了诗书继世的风尚,这使得人们,既看重物

---

① 引自屈原《渔父》。濯(zhuó),洗。缨,系在领下的冠带。沧浪,古水名,今在湖北省境内。
② [恢宏]宽阔,广大,也作"恢弘"。
③ [释]释迦牟尼的简称,泛指佛教。

质条件的优越,更看重精神世界的追求。悬挂在苏州古宅里的这样一幅对联,便道出了内中的端倪①——

竹露桐风蕉月,
茶烟琴韵书声。

是的,有了环境的恬恬静静,才会有心态的不躁不浮,才能融成一泓淡淡的苏州水,也才能读好圣贤书。只有这书读好了,才能够名题金榜,青云有望。老庄在园林中留下了禅的意味,僧侣从古寺里送来了佛的钟声,这,都不能扰乱读书人的最高理想,不然,我们的苏州,出不了那一大批光宗耀祖而使门庭富贵的状元郎。即使是造园的隐士,作画的高人,他们中间——至少是最初,也没有哪一位不想把自己经邦治国的功名,刻上儒家文化的书版。

读书好学的传统,影响了高门大户,濡染②了吴门市井,积年累月,流转回环。这一漫长的过程,最终形成了古城的素质与格调。一方水土,因风雅而美丽;一座城市,因教养而文明。

我们很少看到苏州水凌厉的冲刷,倒是时常看到那平静的浸润。这种浸润,往往就是在人们的不知不觉之中,渐渐地渗出了深度,暗暗地泡透了沧桑。

(四)

田涛(著名文献学家):

在中国朴素的古典哲学思想中
人们把天地万物分为阴阳
这种阴阳学说
始终在中国的传统文化中起到主导作用
人们把大自然的各种关系
放在对立而又统一的阴阳世界中
在阴阳的基础上

---

① [端倪(ní)]事情的眉目、头绪、边际。
② [濡(rú)染]沾染,浸润。

我们的古人还创造了五行的学说
五行有好几种排列方法
有人说叫　金　木　水　火　土
也有人说是　木　火　水　金　土
不管怎么样去排列　水都是最居中的
在古代的经典著作中
有一部书叫《易经》
它是我们古代哲学思想的一个总汇
在其中谈到水的时候
有一句名言叫作　"天一生水"
"天一生水"　历史上有很多不同的解释
有人认为　"天一者,天下第一也"
说水是天下第一
也有人说　"天一者,乃天人合一也"
所谓天人合一
也莫过于人对天的第一的依赖
所以说　水在中国古代的哲学思想中
首先是站在一个非常突出的位置上
"天一生水"　这种思想
代表了中国古代人
从哲学上　从阴阳五行学说上
对水最为精辟的认识

(五)

世间万物,无非五行,先占了水土,便得了五行之先。中国的传统文化认为,水生木,木生火,火生土,土生金,金又生水。因此,在五行的排列中,水居首位。同时,"一生二,二生三,三生万物"的理论,也包含了"水是生命之源"的意思。

苏州人十分庆幸,庆幸自己的先民为后代选定了这样的一方水土,作为乡井桑梓①。站在高处远眺苏州,你就会发现,我们的苏州,东濒大海,西临太湖,南接运河,北枕长江,它有两万余条大小河道编成的密集水网,它有四百多个大小湖荡连通的接天水域。

人们习惯地把这里称作"水乡"。水乡,水乡,苏州,真是水的家乡啊。

水的造化之功,真是无比神奇,它可以变化出无穷的体态,也可以呈现出多样的性格。

苏州人见过鹅群泳过的碧波,也见过烈日晒烫的龟甲,因此,他们认定了天人合一的大道,表现了与水为邻的亲和。

而苏州之水,也没有选择江河的奇险,更没有选择沧海的磅礴,而是在吴中大地上,选择了一种平静的意态,也许,只有这样,才能向人们提供更为丰饶的水乡物产。水的性格,自然也要影响到人的性格,试想,在这一方水土上,那一粒粒精粮细米,先加上鲜蟹活虾,再加上白藕红菱,便无法不让人滋养出水的内向、水的灵秀和水的温柔。

(六)

苏州城里,矗立着一组镌刻有"干将""濂溪"字样的牌坊,现今,它既是长街一景,又是古城标志。熟悉一点中国历史的人,大都知道"干将"的含义——干将,不但是春秋时期的一位铸剑的工匠,同时又是争夺霸业的一柄宝剑的名称。正因为这柄宝剑的缘故,汉语词汇里才有了"干戈"二字。

干将的故事,曾引发多少人作过一番番历史的回望。在那样古老的年月里,我们祖先的冶炼技术,竟已是那般的成熟精湛。人道是苏州之水有十分的婉约,百倍的文静,又谁知恰恰是在这里的水中淬火②,那锋利的干将,才产生了真正的硬度,才具备了内在的坚强。

然而,又正是这苏州之水,沉埋了吴王的宝剑,同时,也沉埋了

---

① [桑梓(zǐ)]故乡。
② [淬(cuì)火]把金属工件加热到一定温度,然后浸入冷却剂(油、水等)急速冷却,以增加硬度。

一种古老的习俗。当人们的注意力已经是张继的新作《枫桥夜泊》,而不再是孙武的简书《孙子兵法》,那重剑好武的传统,便已被重教好文的风尚所取代。在开科取士的年月,读书可以读成一个诗人太守,这白居易的例子,对苏州更是具有说服力。一些落第的书生们,也写过"书剑飘零"的句子,但实际上,书和剑并不是并列的关系,因为从尚武到重文的重大变化,早已使兵器淬火时浓烈的青烟,变成了文人笔下柔和的云水。

(七)

水,有时可以变作秋日深潭。

水,有时可以变作阳春白雪。

昆曲又名昆腔,元末明初产生于苏州昆山一带。最初的昆曲,只是用于散曲的清唱,后来,昆山戏剧作家梁辰鱼,根据魏良辅创新的音律,写成了一部长达四十五幕的剧本《浣纱记》,并用昆曲上演,从此,昆曲才正式走上了中国的戏曲舞台。

在桑麻掩映的河边,一位浣纱的水乡女儿,将一缕柔绵的轻纱,赠给了那位仗剑的英雄,不料轻纱一缕,却有丝线千根,它不仅编织了传奇中的山盟水誓,而且编织了曲曲折折的吴越兴亡。直到西施与范蠡的一叶扁舟,隐入太湖的芦花,去作渔汀晚唱,人们才发现,这昆曲与传奇,原来都是水的产物,因为昆曲最初的名字,就叫"水磨腔"。

上个世纪50年代中期,昆曲艺术的舞台上,曾经出现过一出被人称作"一个剧目救活一个剧种"的好戏,这,便是《十五贯》。昆曲《十五贯》是根据明代作家朱素臣的传奇作品《双熊梦》改编的,而《双熊梦》的故事,又采自冯梦龙编著的话本小说《醒世恒言》。冯梦龙和朱素臣都是苏州人,《十五贯》写的又是苏州的事,那位曾经扮作测字先生的况钟况大人,至今还"生活"在苏州的一条小巷子里。

《十五贯》,从字面来看,只不过是一个钱的数目。只是拥有这样的数目,在过去的年代里,还不能称作富有。然而,若细细品味,这挖掘于苏州土壤的十五贯,其文化的含量却是无价的,尤其是在古币早已不能流通的今天。

（八）

　　冯梦龙编纂的《三言》，其实是一道苏州菜。那些跌跌宕宕的故事情节，全中国哪里都能编得出，只是一经冯梦龙的调理，再加上又都是柳敬亭们送上来的，便将人迷在了勾栏①瓦肆。动听的吴语还讲述了当时的苏州故事，这使苏州人在愉快的文化消费中感到特别亲切。而后代的学者研究明朝，自知道考证的重要，于是，他们便漫步于一篇篇话本所描绘的明代的生活场景，在古老的作坊中去采访吴绫苏锦的工匠，在岁月的桑林里去寻找资本主义的萌芽。

　　元明两朝，苏州都设立了管理织造的机构，而清代的苏州织造署，至今仍然在一条名叫十全街的水巷旁。这在当年，恰好是听得到"东北半城，万户机声"的位置。而《醒世恒言》第十八回《施润泽滩阙遇友》，写的又是苏州府吴江地面丝绸行业的繁荣。施润泽本也是桑蚕之乡的人，但还是要撑起船只，从吴江去吴县，也就是靠近太湖的地方购买桑叶。是漕运的发达，水网的利用，使有些蚕农，不再植桑，让有些织工，变作机户。那长长的流水，既使有限的资源得到开发，又让社会的分工更为细致。当然，道其究竟，那位施润泽还是靠雇用织工而成为富户的。不管怎样说，他左右是沾了水的光。在与水为邻的地方，水乡的驳岸曾经很便利地停靠起一只只商品之船，也正是因为首先有了水的流通，吴江的施润泽乃至昆山的沈万三②们发迹的经验，才被源源不断地卸下水乡的码头。

　　繁荣了经济，滋养了文化，这正是苏州之水的双重价值。

（九）

陆文夫（著名作家）：

我第一次到苏州来大概是1944年
就是抗战没有胜利的时候

---

① ［勾栏］宋元时指演出杂剧、百戏的场所，后来指妓院。
② ［沈万三］明初江南首富，祖籍湖州南浔，徙居昆山周庄。

第一次来
因为我家有亲戚在苏州
在哪儿呢
我们家的亲戚就住在山塘街
在苏州最典型的一个地方
我来是乘船来的
我对水
小时候就对水很熟悉了
因为我是生在长江边上
我见过的大河
长江边上的那些河流
河水都是浑的
浊水　就是那个浑水
长江的水　你想想
它是会有泥沙的　它是浑水
但是一进入苏州的河
苏州的水是清水
那个时候的水比现在的干净
真是清可见底
就是进入运河的时候
河水也是很清爽的
我在山塘街住的房子现在还在
实际上也是租人家的
不是我自己家里的房子
那个窗就对好了对面的那座桐桥
不是有一部书叫《桐桥倚棹录》是吗
实际上我对准的桥就是桐桥
我那个窗子外面
有一个石阶可以下去
后面是桥　一个石拱桥
桥的后面是一个庙

庙的里面看过去
这水从桥洞里面流过去
月亮从那里出来的时候
就像"石湖串月"一样的
晚上的月亮
一直亮到从这桥洞子穿过来
然后我再对着桥洞里看过去
那个桥洞对面有一个庙
上面有"阿弥"两个字
"陀佛"看不见了
就是看见"阿弥"两个字
确实那个地方很美

（十）

  白居易开挖的七里山塘，既沟通了城乡的水运，也为一代代到虎丘游赏的人们提供了便捷。"七里山塘到虎丘"，古往今来，这河水，那船只，曾载来多少对山的向往，又带走多少对水的流连。恰是在这山塘的终端，有一件与水相关的遗物，这，便是《苏州府永禁虎丘开设染坊碑》。

  明清两朝，随着江南经济的不断繁荣，苏州的织染业也得到了蓬勃的发展，一时间，到处彩练当空，染坊星罗棋布。

  经济是发展了，但那花花绿绿的染料，不仅染入了商品的纤维，同时也染入了苏州的水质，这种情况，又以繁华无尽、发展不绝的山塘为最。当时，那美丽的山塘之水，已渐渐地变成了满河的青红黑紫，危及了民生物命。有感于这种态势还在不断蔓延，108位苏州的有识之士便联名上书，请求政府实施禁止。

  乾隆二年，也就是1737年，苏州府发布了"永禁虎丘开设染坊污染河道"的文告，并明确划出了"东至彩云桥，西至四廊桥"这一具体地段，然后将这一文告刻成石碑，立于水畔，以示之所以永远禁止的重大意义。

  据说，幸存下来的石碑，是迄今保存的我国最早的保护地方水质的法规,只是年深日久字迹都已漶漫斑驳,读起来断断续续,不成文句,一如一位年高的长者,在临终之前所作的最后的叮咛。它关于苏州人与水为邻的过去,也关于苏州人与水为邻的明天。

蒙保管者支持,我们拓印了一张这篇碑文的拓片①。拓印师傅在轻轻拍打"苏"字的时候,让人浮想联翩。鱼米二物,已经在水中浸泡得那样久远,就连我们这座以"苏"字冠名的城市,也早已度过了2500多载逝水流年。

后　记

水为何物
直教人生死相许
水为何物
总让我悲喜交集
天地给我软水温山
先民赐我精粮细米
我,不能不饮水思源
我,不能不旧事重提
这是古老的话题
这是新鲜的话题
在湖山碎锦中
这是一株株嫩绿的秧
在云影天光里
这是一尾尾彩色的鱼
在古书建造的城市
这是
每一口井里都能打来的故事
在与水为邻的地方
这是
每一方碑刻都能拓出的记忆……

---

① ［拓(tà)片］把碑刻、铜器等文物的形状和上面的文字、图像拓下来的纸片。

品读赏析

　　一城之水,周边之河,构成苏州古城的风貌。一部反映水与苏州的五集文化艺术系列片《苏州水》是经过一年策划、拍摄、制作,苏州市广播电视台继《苏园六记》后又一部备受各界关注、精心打造的扛鼎之作。

　　相对《苏园六记》,《苏州水》以更开阔的视野,剖析和激赏了我们的文化古城、我们深邃的吴文化。编导以收放自如、推拉灵巧的笔墨抒写苏州的自然之水、文化之水,表现水之于苏州历史的作用,那便是繁荣了经济,滋养了文化。编导在阐发对苏州水的文化观照中,紧扣水是文化古城的灵魂这一点,非常真实客观,非常传神到位,并且有着非常积极的社会意义。

　　《与水为邻》是《苏州水》的第一集。这一集的解说词共十节,主要内容有:"七里山塘"这一条水巷是苏州的代表,是苏州的缩影,它"通俗地呈现着与水为邻的常态";"沧浪亭"则"典型地揭示了精雅文化与水的内在联系";水,不仅让苏州富庶丰饶,还让古城形成了"诗书相继"的风尚;水是生命之源,苏州水在拥有世上最迷人的自然景观的同时,还繁荣了地方经济,积淀了无与伦比的深厚的人文底蕴。几部分内容一一相关,上下转承自如,共同传达了水是苏州的灵魂、水打造了苏州、水滋养了苏州这一主题。

　　解说词在解说"苏州水"对于苏州历史的作用时,特别注重"苏州水"对于苏州传统文化的滋养作用,挖掘它特别丰富的文化内涵。"水"的浸润,最终形成了古城的素质和格调、教养和文明,形成了苏州人"诗书相继"的风尚和对精神世界的追求。

　　解说词还引用了不少历史文化典故,如白居易开挖"七里山塘"、"干将"的传说、《十五贯》和《三言》等,引用了与"苏州水"相关的诗文,其中还穿插了著名文献家田涛和著名作家陆文夫的访谈录,丰富了解说词的人文底蕴,形式也显得活泼多样。

　　《苏州水》在"深入浅出"方面作了非常成功的实践。它是在谈文化,但又是在谈家常;景都是自己的景,人也都是身边的人,起到了普及苏州文化的效果。解说词语言优美,文辞典雅而富有韵味,阅读时请仔细品味。

单 元 练 习

一 为了"重寻水上梦",作者介绍了哪几项措施?其中你认为哪一条最重要?为什么?

二 体会下列句中加点字词的含义。

1. 船儿款款地贴着水镇人家的窗根儿摇。

2. 周庄依偎在淀山湖、白岘湖、南湖和澄湖的怀里,像从湖里滋出的一张荷叶。

3. 忽然间,船儿打了一个横,竟然进了人家的院子,人家的厅堂!

三 《周庄烟雨中》插叙周庄的历史,有什么作用?

四 《苏州水》解说词中引用了不少诗文,请说明这样引用的作用。

1. "君到姑苏见……乡思在渔歌。"

2. "沧浪之水清兮……可以濯我足。"

17

单元提示

　　本单元的两篇小说,可以说是母子篇。《铸剑》脱胎于《干将莫邪》,鲁迅自己曾说:"《铸剑》的出典,现在完全忘记了,只记得原文大约二三百字,我是只给铺排,没有改动的。"(《致徐懋庸》,《鲁迅书信集》下卷第 949 页)阅读时可两相比较,先读前篇或先读后篇都可以。

　　《干将莫邪》写干将的儿子赤至死不移的复仇精神,以及山中客的见义勇为和沉着机智,表现了人民对暴君的仇恨,对英雄的歌颂。《铸剑》则通过刻画眉间尺和黑色人等艺术形象,赞扬他们善于报仇、讲究战术的斗争艺术,揭示了光明战胜黑暗、正义战胜邪恶、人民战胜暴君的历史真理,讴歌了被压迫者正义的复仇行动和英勇的抗暴精神。这一主题不仅真实地反映了劳动人民反抗斗争的某些特点,而且同写作当时的社会现实和作者本人的思想情绪息息相通,具有强烈的战斗性。

　　但必须指出的是,鲁迅是向来不赞成这种只身孤胆式的复仇行动的。当年许广平在给鲁迅的信中曾说:"对于违反民意的乱臣贼子,实不如仗三寸剑,与以一击,然后仰天长啸,伏剑而死。"鲁迅当即回复说:"这不是少数人所能做……纵使有一两回类此的事件,实不足以震动国民,他们还很麻木,至于坏种,则警备极严,也未必就肯洗心革面……我以为虽然可以快一时之意,而与大局是无关的。"(《两地书》第 37、39—40 页)《铸剑》的结尾清楚地证明了鲁迅的这一观点。眉间尺和黑色人,除了除掉一个残暴的国君以外,既未动摇黑暗统治的基础,又未使麻木的人们觉醒起来。因此,可以这样说,鲁迅只是赞扬两个正面人物不屈的反抗精神和巧妙的战术,而不是要人们仿效他们原始的复仇方式。这是阅读《铸剑》时应当特别注意的。

叛逆的猛士出于人间;他屹立着,洞见一切已改和现有的废墟和荒坟,记得一切深广和久远的苦痛,正视一切重叠淤积的凝血,深知一切已死,方生,将生和未生。他看透了造化的把戏;他将要起来使人类苏生,或者使人类灭尽,这些造物主的良民们。

——鲁迅《野草·淡淡的血痕中》

铸　剑①

鲁　迅

一

眉间尺刚和他的母亲睡下,老鼠便出来咬锅盖,使他听得发烦。他轻轻地叱了几声,最初还有些效验,后来是简直不理他了,格支格支地径自咬。他又不敢大声赶,怕惊醒了白天做得劳乏,晚上一躺就睡着了的母亲。

许多时光之后,平静了;他也想睡去。忽然,扑通一声,惊得他又睁开眼。同时听到沙沙地响,是爪子抓着瓦器的声音。

"好!该死!"他想着,心里非常高兴,一面就轻轻地坐起来。

他跨下床,借着月光走向门背后,摸到钻火家伙②,点上松明③,向水瓮里一照。果然,一匹很大的老鼠落在那里面了;但是,存水已经不多,爬不出来,只沿着水瓮内壁,抓着,团团地转圈子。

"活该!"他一想到夜夜咬家具,闹得他不能安稳睡觉的便是它

---

① 选自《故事新编》(人民文学出版社 1973 年版)。鲁迅(1881—1936),原名周树人,字豫才,浙江绍兴人。中国文学家、思想家和革命家。著有《狂人日记》《阿Q正传》和大量杂文等。有多种版本的《鲁迅全集》行世。

② [钻火家伙]古人取火的工具。《淮南子·本经训》:"钻木取火。"据记载,那时"晴则以金燧取火于日,阴则以木燧钻火也",这里指木燧。

③ [松明]点燃起来照明用的松树枝,一般用老松劈成细条做成。

们,很觉得畅快。他将松明插在土墙的小孔里,赏玩着;然而那圆睁的小眼睛,又使他发生了憎恨,伸手抽出一根芦柴,将它直按到水底去。过了一会,才放手,那老鼠也随着浮了上来,还是抓着瓮壁转圈子。只是抓劲已经没有先前似的有力,眼睛也淹在水里面,单露出一点尖尖的通红的小鼻子,咻咻地急促地喘气。

他近来很有点不大喜欢红鼻子的人。但这回见了这尖尖的小红鼻子,却忽然觉得它可怜了,就又用那芦柴,伸到它的肚下去,老鼠抓着,歇了一回力,便沿着芦干爬了上来。待到他看见全身,——湿淋淋的黑毛,大的肚子,蚯蚓似的尾巴,——便又觉得可恨可憎得很,慌忙将芦柴一抖,扑通一声,老鼠又落在水瓮里,他接着就用芦柴在它头上捣了几下,叫它赶快沉下去。

换了六回松明之后,那老鼠已经不能动弹,不过沉浮在水中间,有时还向水面微微一跳。眉间尺又觉得很可怜,随即折断芦柴,好容易将它夹了出来,放在地面上。老鼠先是丝毫不动,后来才有一点呼吸;又许多时,四只脚运动了,一翻身,似乎要站起来逃走。这使眉间尺大吃一惊,不觉提起左脚,一脚踏下去。只听得吱的一声,他蹲下去仔细看时,只见口角上微有鲜血,大概是死掉了。

他又觉得很可怜,仿佛自己作了大恶似的,非常难受。他蹲着,呆看着,站不起来。

"尺儿,你在做什么?"他的母亲已经醒来了,在床上问。

"老鼠……"他慌忙站起,回转身去,却只答了两个字。

"是的,老鼠。这我知道。可是你在做什么?杀它呢,还是在救它?"

他没有回答。松明烧尽了;他默默地立在暗中,渐看见月光的皎洁。

"唉!"他的母亲叹息说:"一交子时①,你就是十六岁了,性情还是那样,不冷不热地,一点也不变。看来,你的父亲的仇是没有

---

① [交子时]到了子时的时候。子时,十二时辰之一,夜半十一时至一时。交,前后相接。

人报的了。"

他看见他的母亲坐在灰白色的月影中,仿佛身体都在颤动;低微的声音里,含着无限的悲哀,使他冷得毛骨悚然①,而一转眼间,又觉得热血在全身中忽然腾沸。

"父亲的仇?父亲有什么仇呢?"他前进几步,惊急地问。

"有的。还要你去报。我早想告诉你的了;只因为你太小,没有说。现在你已经成人了,却还是那样的性情。这教我怎么办呢?你似的性情,能行大事的么?"

"能。说罢,母亲。我要改过……"

"自然。我也只得说。你必须改过……那么,走过来罢。"

他走过去;他的母亲端坐在床上,在暗白的月影里,两眼发出闪闪的光芒。

"听哪!"她严肃地说,"你的父亲原是一个铸剑的名工,天下第一。他的工具,我早已都卖掉了来救了穷了,你已经看不见一点遗迹;但他是一个世上无二的铸剑的名工。二十年前,王妃生下了一块铁,听说是抱了一回铁柱之后受孕的,是一块纯青透明的铁。大王知道是异宝,便决计用来铸一把剑,想用它保国,用它杀敌,用它防身。不幸你的父亲那时偏偏入了选,便将铁捧回家里来,日日夜夜地锻炼,费了整三年的精神,炼成两把剑。

"当最末次开炉的那一日,是怎样地骇人的景象呵!哗拉拉地腾上一道白气的时候,地面也觉得动摇。那白气到天半便变成白云,罩住了这处所,渐渐现出绯红颜色,映得一切都如桃花。我家的漆黑的炉子里,是躺着通红的两把剑。你父亲用井华水②慢慢地滴下去,那剑嘶嘶地吼着,慢慢转成青色了。这样地七日七夜,就看不见了剑,仔细看时,却还在炉底里,纯青的,透明的,正像两条冰。

"大欢喜的光采,便从你父亲的眼睛里四射出来;他取起剑,拂拭着,拂拭着。然而悲惨的皱纹,却也从他的眉头和嘴角出现

---

① [悚(sǒng)然]恐惧的样子。
② [井华水]清晨打出的第一桶井水。

了。他将那两把剑分装在两个匣子里。

"'你只要看这几天的景象,就明白无论是谁,都知道剑已炼就的了。'他悄悄地对我说,'一到明天,我必须去献给大王。但献剑的一天,也就是我命尽的日子。怕我们从此要长别了。'

"'你……'我很骇异,猜不透他的意思,不知怎么说的好。我只是这样地说:'你这回有了这么大的功劳……'

"'唉!你怎么知道呢!'他说,'大王是向来善于猜疑,又极残忍的。这回我给他炼成了世间无二的剑,他一定要杀掉我,免得我再去给别人炼剑,来和他匹敌,或者超过他。'

"我掉泪了。

"'你不要悲哀。这是无法逃避的。眼泪决不能洗掉运命。我可是早已有准备在这里了!'他的眼里忽然发出电火似的光芒,将一个剑匣放在我膝上。'这是雄剑。'他说,'你收着。明天,我只将这雌剑献给大王去。倘若我一去竟不回来了呢,那是我一定不再在人间了。你不是怀孕已经五六个月了么?不要悲哀;待生了孩子,好好地抚养。一到成人之后,你便交给他这雄剑,教他砍在大王的颈子上,给我报仇!'"

"那天父亲回来了没有呢?"眉间尺赶紧问。

"没有回来!"她冷静地说。"我四处打听,也杳无消息。后来听得人说,第一个用血来饲你父亲自己炼成的剑的人,就是他自己——你的父亲。还怕他鬼魂作怪,将他的身首分埋在前门和后苑了!"

眉间尺忽然全身都如烧着猛火,自己觉得每一枝毛发上都仿佛闪出火星来。他的双拳,在暗中捏得格格地作响。

他的母亲站起了,揭去床头的木板,下床点了松明,到门背后取过一把锄,交给眉间尺道:"掘下去!"

眉间尺心跳着,但很沉静的一锄一锄轻轻地掘下去。掘出来的都是黄土,约到五尺多深,土色有些不同了,似乎是烂掉的材木。

"看罢!要小心!"他的母亲说。

眉间尺伏在掘开的洞穴旁边,伸手下去,谨慎小心地撮开烂树,待到指尖一冷,有如触着冰雪的时候,那纯青透明的剑也出现了。他看清了剑靶,捏着,提了出来。

窗外的星月和屋里的松明似乎都骤然失了光辉,惟有青光充塞宇内。那剑便溶在这青光中,看去好像一无所有。眉间尺凝神细视,这才仿佛看见长五尺余,却并不见得怎样锋利,剑口反而有些浑圆,正如一片韭叶。

"你从此要改变你的优柔的性情,用这剑报仇去!"他的母亲说。

"我已经改变了我的优柔的性情,要用这剑报仇去!"

"但愿如此。你穿了青衣,背上这剑,衣剑一色,谁也看不分明的。衣服我已经做在这里,明天就上你的路去罢。不要记念我!"她向床后的破衣箱一指,说。

眉间尺取出新衣,试去一穿,长短正很合式。他便重行叠好,裹了剑,放在枕边,沉静地躺下。他觉得自己已经改变了优柔的性情;他决心要并无心事一般,倒头便睡,清晨醒来,毫不改变常态,从容地去寻他不共戴天的仇雠①。

但他醒着。他翻来覆去,总想坐起来。他听到他母亲的失望的轻轻的长叹。他听到最初的鸡鸣;他知道已交子时,自己是上了十六岁了。

二

当眉间尺肿着眼眶,头也不回的跨出门外,穿着青衣,背着青剑,迈开大步,径奔城中的时候,东方还没有露出阳光。杉树林的每一片叶尖,都挂着露珠,其中隐藏着夜气。但是,待到走到树林的那一头,露珠里却闪出各样的光辉,渐渐幻成晓色了。远望前面,便依稀看见灰黑色的城墙和雉堞②。

和挑葱卖菜的一同混入城里,街市上已经很热闹。男人们一排一排的呆站着;女人们也时时从门里探出头来。她们大半也肿着眼眶;蓬着头;黄黄的脸,连脂粉也不及涂抹。

---

① [雠(chóu)]仇恨。
② [雉(zhì)堞(dié)]古代城墙上面修筑的齿状矮墙(也称女墙),守城者可借以掩护自己。

眉间尺预觉到将有巨变降临,他们便都是焦躁而忍耐地等候着这巨变的。

他径自向前走;一个孩子突然跑过来,几乎碰着他背上的剑尖,使他吓出了一身汗。转出北方,离王宫不远,人们就挤得密密层层,都伸着脖子。人丛中还有女人和孩子哭嚷的声音。他怕那看不见的雄剑伤了人,不敢挤进去;然而人们却又在背后拥上来。他只得宛转地退避;面前只看见人们的背脊和伸长的脖子。

忽然,前面的人们都陆续跪倒了;远远地有两匹马并着跑过来。此后是拿着木棍、戈、刀、弓弩、旌旗的武人,走得满路黄尘滚滚。又来了一辆四匹马拉的大车,上面坐着一队人,有的打钟击鼓,有的嘴上吹着不知道叫什么名目的劳什子①。此后又是车,里面的人都穿画衣②,不是老头子,便是矮胖子,个个满脸油汗。接着又是一队拿刀枪剑戟的骑士。跪着的人们便都伏下去了。这时眉间尺正看见一辆黄盖③的大车驰来,正中坐着一个画衣的胖子,花白胡子,小脑袋;腰间还依稀看见佩着和他背上一样的青剑。

他不觉全身一冷,但立刻又灼热起来,像是猛火焚烧着。他一面伸手向肩头捏住剑柄,一面提起脚,便从伏着的人们的脖子的空处跨出去。

但他只走得五六步,就跌了一个倒栽葱,因为有人突然捏住了他的一只脚。这一跌又正压在一个干瘪脸的少年身上;他正怕剑尖伤了他,吃惊地起来看的时候,肋下就挨了很重的两拳。他也不暇④计较,再望路上,不但黄盖车已经走过,连拥护的骑士也过去了一大阵了。

路旁的一切人们也都爬起来。干瘪脸的少年却还扭住眉间尺的衣领,不肯放手,说被他压坏了贵重的丹田⑤,必须保险,倘若不到八十岁便死掉了,就得抵命。闲人们又即刻围上来,呆看着,但

---

① [劳什子]北方方言,指一般事物,带有轻蔑和厌恶的意思。
② [画衣]画有油彩的衣服。
③ [黄盖]古代帝王乘坐的车用黄缯(zēng,丝织品)做车盖的里子,所以用"黄盖"代指帝王车驾。又名"黄屋"。
④ [不暇(xiá)]没有时间,来不及。
⑤ [丹田]道家将脐下三寸处称作"丹田",据说是蓄养精华的地方。

谁也不开口；后来有人从旁笑骂了几句，却全是附和干瘪脸少年的。眉间尺遇到了这样的敌人，真是怒不得，笑不得，只觉得无聊，却又脱身不得。这样地经过了煮熟一锅小米的时光，眉间尺早已焦躁得浑身发火，看的人却仍不见减，还是津津有味似的。

前面的人圈子动摇了，挤进一个黑色的人来，黑须黑眼睛，瘦得如铁。他并不言语，只向眉间尺冷冷地一笑，一面举手轻轻地一拨干瘪脸少年的下巴，并且看定了他的脸。那少年也向他看了一会，不觉慢慢地松了手，溜走了；那人也就溜走了；看的人们也都无聊地走散。只有几个人还来问眉间尺的年纪，住址，家里可有姊姊。眉间尺都不理他们。

他向南走着；心里想，城市中这么热闹，容易误伤，还不如在南门外等候他回来，给父亲报仇罢，那地方是地旷人稀，实在很便于施展。这时满城都议论着国王的游山，仪仗，威严，自己得见国王的荣耀，以及俯伏得有怎么低，应该采作国民的模范等等，很像蜜蜂的排衙①。直至将近南门，这才渐渐地冷静。

他走出城外，坐在一株大桑树下，取出两个馒头来充了饥；吃着的时候忽然记起母亲来，不觉眼鼻一酸，然而此后倒也没有什么。周围是一步一步地静下去了，他至于很分明地听到自己的呼吸。

天色愈暗，他也愈不安，尽目力望着前方，毫不见有国王回来的影子。上城卖菜的村人，一个个挑着空担出城回家去了。

人迹绝了许久之后，忽然从城里闪出那一个黑色的人来。

"走罢，眉间尺！国王在捉你了！"他说，声音好像鸱鸮②。

眉间尺浑身一颤，中了魔似的，立即跟着他走；后来是飞奔。他站定了喘息许多时，才明白已经到了杉树林边。后面远处有银白的条纹，是月亮已从那边出现；前面却仅有两点磷火一般的那黑色人的眼光。

"你怎么认识我？……"他极其惶骇地问。

---

① [像蜜蜂的排衙]形容人群聚集的样子。排衙，原指旧时官吏依次参见皇帝或上司的仪式；蜜蜂早晚两次聚在蜂房外，样子颇像"排衙"。

② [鸱(chī)鸮(xiāo)]猫头鹰一类的鸟。

"哈哈！我一向认识你。"那人的声音说。"我知道你背着雄剑，要给你的父亲报仇，我也知道你报不成。岂但报不成；今天已经有人告密，你的仇人早从东门还宫，下令捕拿你了。"

眉间尺不觉伤心起来。

"唉唉，母亲的叹息是无怪的。"他低声说。

"但她只知道一半。她不知道我要给你报仇。"

"你么？你肯给我报仇么，义士？"

"阿，你不要用这称呼来冤枉我。"

"那么，你同情于我们孤儿寡妇？……"

"唉，孩子，你再不要提这些受了污辱的名称。"他严冷地说，"仗义，同情，那些东西，先前曾经干净过，现在却都成了放鬼债的资本。我的心里全没有你所谓的那些。我只不过要给你报仇！"

"好。但你怎么给我报仇呢？"

"只要你给我两件东西。"两粒磷火下的声音说。"那两件么？你听着：一是你的剑，二是你的头！"

眉间尺虽然觉得奇怪，有些狐疑，却并不吃惊。他一时开不得口。

"你不要疑心我将骗取你的性命和宝贝。"暗中的声音又严冷地说。"这事全由你。你信我，我便去；你不信，我便住。"

"但你为什么给我去报仇的呢？你认识我的父亲么？"

"我一向认识你的父亲，也如一向认识你一样。但我要报仇，却并不为此。聪明的孩子，告诉你罢。你还不知道么。我怎么地善于报仇。你的就是我的；他也就是我。我的魂灵上是有这么多的，人我所加的伤，我已经憎恶了我自己！"

暗中的声音刚刚停止，眉间尺便举手向肩头抽取青色的剑，顺手从后项窝向前一削，头颅坠在地面的青苔上，一面将剑交给黑色人。

"呵呵！"他一手接剑，一手捏着头发，提起眉间尺的头来，对着那热的死掉的嘴唇，接吻两次，并且冷冷地尖利地笑。

笑声即刻散布在杉树林中，深处随着有一群磷火似的眼光闪动，倏忽临近，听到啾啾的饿狼的喘息。第一口撕尽了眉间尺的青衣,第二口便身体全都不见了,血痕也顷刻舔尽,只微微听得咀嚼骨头的声音。

最先头的一匹大狼就向黑色人扑过来。他用青剑一挥,狼头便坠在地面的青苔上。别的狼们第一口撕尽了它的皮,第二口便身体全都不见了,血痕也顷刻舔尽,只微微听得咀嚼骨头的声音。

他已经擎起地上的青衣,包了眉间尺的头,和青剑都背在背脊上,回转身,在暗中向王城扬长地走去。

狼们站定了,耸着肩,伸出舌头,咻咻地喘着,放着绿的眼光看他扬长地走。

他在暗中向王城扬长地走去,发出尖利的声音唱着歌:

哈哈爱兮爱乎爱乎!

爱青剑兮一个仇人自屠。

伙颐①连翩兮多少一夫。

一夫爱青剑兮呜呼不孤。

头换头兮两个仇人自屠。

一夫则无兮爱乎呜呼!

爱乎呜呼兮呜呼阿呼,

阿呼呜呼兮呜呼呜呼!

三

游山并不能使国王觉得有趣;加上了路上将有刺客的密报,更使他扫兴而还。那夜他很生气,说是连第九个妃子的头发,也没有昨天那样的黑得好看了。幸而她撒娇坐在他的御膝上,特别扭了七十多回,这才使龙眉之间的皱纹渐渐地舒展。

午后,国王一起身,就又有些不高兴,待到用过午膳,简直现出怒容来。

"唉唉!无聊!"他打一个大呵欠之后,高声说。

上自王后,下至弄臣②,看见这情形,都不觉手足无措。白须

---

① [伙颐(yí)]古叹词,相当于今天说的"啊哟"。
② [弄臣]供君王娱乐消遣的侍臣。

老臣的讲道,矮胖侏儒①的打诨②,王是早已听厌的了;近来便是走索、缘竿、抛丸、倒立、吞刀、吐火等等奇妙的把戏,也都看得毫无意味。他常常要发怒;一发怒,便按着青剑,总想寻点小错处,杀掉几个人。

偷空在宫外闲游的两个小宦官,刚刚回来,一看见宫里面大家的愁苦的情形,便知道又是照例的祸事临头了,一个吓得面如土色;一个却像是大有把握一般,不慌不忙,跑到国王的面前,俯伏着,说道:

"奴才刚才访得一个异人,很有异术,可以给大王解闷,因此特来奏闻。"

"什么?!"王说。他的话是一向很短的。

"那是一个黑瘦的,乞丐似的男子。穿一身青衣,背着一个圆圆的青包裹;嘴里唱着胡诌的歌。人问他。他说善于玩把戏,空前绝后,举世无双,人们从来就没有看见过;一见之后,便即解烦释闷,天下太平。但大家要他玩,他却又不肯。说是第一须有一条金龙,第二须有一个金鼎。……"

"金龙?我是的。金鼎?我有。"

"奴才也正是这样想。……"

"传进来!"

话声未绝,四个武士便跟着那小宦官疾趋而出。上自王后,下至弄臣,个个喜形于色。他们都愿意这把戏玩得解愁释闷,天下太平;即使玩不成,这回也有了那乞丐似的黑瘦男子来受祸,他们只要能挨到传了进来的时候就好了。

并不要许多工夫,就望见六个人向金阶趋进。先头是宦官,后面是四个武士,中间夹着一个黑色人。待到近来时,那人的衣服却是青的,须、眉、头发都黑;瘦得颧骨、眼圈骨、眉棱骨都高高地突出来。他恭敬地跪着俯伏下去时,果然看见背上有一个圆圆的小包袱,青色布,上面还画上一些暗红色的花纹。

---

① [侏儒]发育异常、身材极矮的人。古时君王畜养他们,供娱乐之用。

② [打诨(hùn)]说诙谐逗趣的话。

"奏来!"王暴躁地说。他见他家伙简单,以为他未必会玩什么好把戏。

"臣名叫宴之敖者;生长汶汶乡。少无职业;晚遇明师,教臣把戏,是一个孩子的头。这把戏一个人玩不起来,必须在金龙之前,摆一个金鼎,注满清水,用兽炭①煎熬。于是放下孩子的头去,一到水沸,这头便随波上下,跳舞百端,且发妙音,欢喜歌唱。这歌舞为一人所见,便解愁释闷,为万民所见,便天下太平。"

"玩来!"王大声命令说。

并不要许多工夫,一个煮牛的大金鼎便摆在殿外,注满水。下面堆了兽炭,点起火来。那黑色人站在旁边,见炭火一红,便解下包袱,打开,两手捧出孩子的头来,高高举起。那头是秀眉长眼,皓齿红唇;脸带笑容;头发蓬松,正如青烟一阵。黑色人捧着向四面转了一圈,便伸手擎到鼎上,动着嘴唇说了几句不知什么话,随即将手一松,只听得扑通一声,坠入水中去了。水花同时溅起,足有五尺多高,此后是一切平静。

许多工夫,还无动静。国王首先暴躁起来,接着是王后和妃子,大臣,宦官们也都有些焦急,矮胖的侏儒们则已经开始冷笑了。王一见他们的冷笑,便觉自己受愚,回顾武士,想命令他们就将那欺君的莠民②掷入牛鼎里去煮杀。

但同时就听得水沸声;炭火也正旺,映着那黑色人变成红黑,如铁的烧到微红。王刚又回过脸来,他也已经伸起两手向天,眼光向着无物,舞蹈着,忽地发出尖利的声音唱起歌来——

哈哈爱兮爱乎爱乎!

爱兮血兮兮谁乎独无。

民萌③冥行④兮一夫壶卢⑤。

彼用百头颅,千头颅兮用万头颅!

---

① [兽炭]古时用炭屑和水制成的一种兽形炭,是豪门贵族使用的奢侈燃料。《晋书·杨秀传》:"杨秀性豪侈,炭屑和作兽形以温酒。洛下豪贵,咸竞效之。"

② [莠(yǒu)民]坏人。莠,恶草。

③ [民萌]这里指老百姓。萌,同"氓"(méng),泛指没有世袭贵族身份的人。

④ [冥行]盲人用拐杖探路,这里指老百姓在黑暗中摸索挣扎。

⑤ [壶卢]一般作胡卢,也作卢胡,笑的样子。

我用一头颅兮而无万夫。
　　爱一头颅兮血乎呜呼!
　　血乎呜呼兮呜呼阿呼,
　　阿呼呜呼兮呜呼呜呼!

　　随着歌声,水就从鼎口涌起,上尖下广,像一座小山,但自水尖至鼎底,不住地回旋运动。那头即随水上上下下,转着圈子,一面又滴溜溜自己翻筋斗,人们还可以隐约看见他玩得高兴的笑容。过了些时,突然变了逆水的游泳,打旋子夹着穿梭,激得水花向四面飞溅,满庭洒下一阵热雨来。一个侏儒忽然叫了一声,用手摸着自己的鼻子。他不幸被热水烫了一下,又不耐痛,终于免不得出声叫苦了。

　　黑色人的歌声才停,那头也就在水中央停住,面向王殿,颜色转成端庄。这样的有十余瞬息之久,才慢慢地上下抖动;从抖动加速而为起伏的游泳,但不很快,态度很雍容。绕着水边一高一低地游了三匝①,忽然睁大眼睛,漆黑的眼珠显得格外精采,同时也开口唱起歌来:

　　王泽流兮浩洋洋;
　　克服怨敌,怨敌克服兮,赫兮强!
　　宇宙有穷止兮万寿无疆。
　　幸我来也兮青其光!
　　青其光兮永不相忘。
　　异处异处兮堂哉皇!
　　堂哉皇哉兮嗳嗳唷,
　　嗟来归来,嗟来陪来兮青其光!

　　头忽然升到水的尖端停住;翻了几个筋斗之后,上下升降起来,眼珠向着左右瞥视,十分秀媚,嘴里仍然唱着歌:

　　阿呼呜呼兮呜呼呜呼,
　　爱呼呜呼兮呜呼阿呼!
　　血一头颅兮爱乎呜呼。

---

① [匝(zā)]环绕一圈称一匝。

我用一头颅兮而无万夫！
　　彼用百头颅，千头颅……

唱到这里，是沉下去的时候，但不再浮上来了；歌词也不能辨别。涌起的水，也随着歌声的微弱，渐渐低落，像退潮一般，终至到鼎口以下，在远处什么也看不见。

"怎了？"等一会，王不耐烦地问。

"大王，"那黑色人半跪着说。"他正在鼎底里作最神奇的团圆舞，不临近是看不见的。臣也没有法术使他上来，因为作团圆舞必须在鼎底里。"

王站起身，跨下金阶，冒着炎热立在鼎边，探头去看。只见水平如镜。那头仰面躺在水中间，两眼正看着他的脸。待到王的眼光射到他脸上时，他便嫣然一笑。这一笑使王觉得似曾相识，却又一时记不起是谁来。刚在惊疑，黑色人已经掣出了背着的青色的剑，只一挥，闪电般从后项窝直劈下去，扑通一声，王的头就落在鼎里了。

仇人相见，本来格外眼明，况且是相逢狭路。王头刚到水面，眉间尺的头便迎上来，狠命在他耳轮上咬了一口。鼎水即刻沸涌，澎湃有声；两头即在水中死战。约有二十回合，王头受了五个伤，眉间尺的头上却有七处。王又狡猾，总是设法绕到他的敌人的后面去。眉间尺偶一疏忽，终于被他咬住了后项窝，无法转身。这一回王的头可是咬定不放了，他只是连连蚕食进去；连鼎外面也仿佛听到孩子的失声叫痛的声音。

上自王后，下至弄臣，骇得凝结着的神色也应声活动起来，似乎感到暗无天日的悲哀，皮肤上都一粒一粒地起粟；然而又夹着秘密的欢喜，瞪了眼，像是等候着什么似的。

黑色人也仿佛有些惊慌，但是面不改色。他从从容容地伸开那捏着看不见的青剑的臂膊，如一段枯枝；伸长颈子，如在细看鼎底。臂膊忽然一弯，青剑便蓦地从他后面劈下，剑到头落，坠入鼎中，溯的一声，雪白的水花向着空中同时四射。

他的头一入水，即刻直奔王头，一口咬住了王的鼻子，几乎要咬下来。王忍不住叫一声"阿唷"，将嘴一张，眉间尺的头就乘机挣脱了，一转脸倒将王的下巴下死劲咬住。他们不但都不放，还用全力上下一撕，撕得王头再也合不上嘴。于是他们就如饿鸡啄米一般，一顿乱咬，咬得王头眼歪鼻塌，满脸鳞伤，先前还会在鼎里面四处乱滚，后来只能躺着呻吟，到底是一声不响，只有出气，没有进气了。

黑色人和眉间尺的头也慢慢地住了嘴，离开王头，沿鼎壁游了一匝，看他可是装死还是真死。等到知道了王头确已断气，便四目相视，微微一笑，随即合上眼睛，仰面向天，沉到水底里去了。

四

烟消火灭；水波不兴。特别的寂静倒使殿上殿下的人们警醒。他们中的一个首先叫了一声，大家也立刻迭连惊叫起来；一个迈开腿向金鼎走去，大家便争先恐后地拥上去了。有挤在后面的，只能从人脖子的空隙间向里面窥探。

热气还炙得人脸上发烧。鼎里的水却一平如镜，上面浮着一层油，照出许多人脸孔：王后、王妃、武士、老臣、侏儒、太监……

"啊呀，天哪！咱们大王的头还在里面哪，唉唉唉！"第六个妃子忽然发狂似的哭嚷起来。

上自王后，下至弄臣，也都恍然大悟，仓皇散开，急得手足无措，各自转了四五个圈子。一个最有谋略的老臣独又上前，伸手向鼎边一摸，然而浑身一抖，立刻缩了回来，伸出两个指头，放在口边吹个不住。

大家定了定神，便在殿门外商议打捞办法。约略费去了煮熟三锅小米的工夫，总算得到一种结果，是：到大厨房去调集了铁丝勺子，命武士协力捞起来。

器具不久就调集了。铁丝勺、漏勺、金盘、擦桌布，都放在鼎旁边。武士们便揎①起衣袖，有用铁丝勺的，有用漏勺的，一齐恭行打捞。有勺子相触的声音，有勺子刮着金鼎的声音；水是随着勺子的搅动而旋绕着。好一会，一个武士的脸色忽而很端庄了，极小

---

① ［揎（xuān）］卷起或捋起袖子。

心地两手慢慢举起了勺子,水滴从勺孔中珠子一般漏下,勺里面便显出雪白的头骨来。大家惊叫了一声;他便将头骨倒在金盘里。

"阿呀!我的大王呀!"王后、妃子、老臣以至太监之类,都放声哭起来。但不久就陆续停止了,因为武士又捞起了一个同样的头骨。

他们泪眼模糊地四顾,只见武士们满脸油汗,还在打捞。此后捞出来的是一团糟的白头发和黑头发;还有几勺很短的东西,似乎是白胡须和黑胡须。此后又是一个头骨。此后是三枝簪。

直到鼎里面只剩下清汤,才始住手;将捞出的物件分盛了三金盘:一盘头骨,一盘须发,一盘簪。

"咱们大王只有一个头。那①一个是咱们大王的呢?"第九个妃子焦急地问。

"是呵……"老臣们都面面相觑。

"如果皮肉没有煮烂,那就容易辨别了。"一个侏儒跪着说。

大家只得平心静气,去细看那头骨,但是黑白大小,都差不多,连那孩子的头,也无从分辨。王后说王的右额上有一个疤,是做太子时候跌伤的,怕骨上也有痕迹。果然,侏儒在一个头骨上发现了;大家正在欢喜的时候,另外一个侏儒却又在较黄的头骨的右额上看出相仿的瘢痕来。

"我有法子。"第三个王妃得意地说,"咱们大王的龙准②是很高的。"

太监们即刻动手研究鼻准骨,有一个确也似乎比较地高,但究竟相差无几;最可惜的是右额上却并无跌伤的瘢痕。

"况且,"老臣们向太监说,"大王的后枕骨是这么尖的么?"

"奴才们向来就没有留心看过大王的后枕骨……"

王后和妃子们也各自回想起来,有的说是尖的,有的说是平的。叫梳头太监来问的时候,却一句话也不说。

当夜便开了一个王公大臣会议,想决定那一个是王的头,但结果还同白天一样。并且连须、发也发生了问题。白的自然是王的,

---

① [那]旧同"哪"。
② [龙准]这里用作皇帝鼻子的尊称。准,鼻子。

然而因为花白，所以黑的也很难处置。讨论了小半夜，只将几根红色的胡子选出；接着因为第九个王妃抗议，说她确曾看见王有几根通黄的胡子，现在怎么能知道决没有一根红的呢。于是也只好重行归并，作为疑案了。

到后半夜，还是毫无结果。大家却居然一面打呵欠，一面继续讨论，直到第二次鸡鸣，这才决定了一个最慎重妥善的办法，是：只能将三个头骨都和王的身体放在金棺里落葬。

七天之后是落葬的日期，合城很热闹。城里的人民，远处的人民，都奔来瞻仰国王的"大出丧"。天一亮，道上已经挤满了男男女女；中间还夹着许多祭桌。待到上午，清道的骑士才缓辔①而来。又过了不少工夫，才看见仪仗，什么旌旗、木棍、戈戟、弓弩、黄钺②之类；此后是四辆鼓吹车。再后面是黄盖随着路的不平而起伏着，并且渐渐近来了，于是现出灵车，上载金棺，棺里面藏着三个头和一个身体。

百姓都跪下去，祭桌便一列一列地在人丛中出现。几个义民很忠愤，咽着泪，怕那两个大逆不道的逆贼的魂灵，此时也和王一同享受祭礼，然而也无法可施。

此后是王后和许多王妃的车。百姓看她们，她们也看百姓，但哭着。此后是大臣、太监、侏儒等辈，都装着哀戚的颜色。只是百姓已经不看他们，连行列也挤得乱七八糟，不成样子了。

一九二六年十月作

品 读 赏 析

阅读小说，要把握作品的情节和人物。《铸剑》情节完整，脉络清晰。小说开头写"捉鼠""述仇"，这是故事的序幕。然后是"挖剑"——开端；"行刺""许头剑""玩头"——发展；"砍头""咬头"——高潮；"捞头"——结局；"葬头"——尾声。在整个情节发展中，始终突出报仇这一中心。凡是与报仇关系密切的地方，多采用浓墨细描，写得生动传神。"行刺""玩头""砍头"等直接表现报仇行动的场面都写得十分精彩。譬如"玩头"，在《干将莫邪》

---

① ［缓辔（pèi）］松开缰绳，任马慢行。辔，驾驭牲口的缰绳。
② ［黄钺（yuè）］用黄金做装饰的斧，古代为帝王所专用，或赐予主征战的重臣。

中仅一二十字,作者却凭借这一点点因由,调动丰富的想象力,虚构了神奇变幻的场面,进行了有声有色的描写:眉间尺的头在沸水中载歌载舞,皓齿红唇,脸带笑容,十分秀媚的眼珠向着左右瞥视,然后仰面躺在水中间,两眼正看着国王,对着他嫣然一笑……这是一个机智、镇定、成竹在胸的复仇者的形象,已不是那个在城中鲁莽行刺的少年了。再如开头写"捉鼠",虽然不是直接写报仇,但却合情合理地揭示了眉间尺优柔的个性,清楚地交代了复仇故事的缘起,为下文行刺的失败和黑色人拔刀相助埋下了伏笔。

这篇小说对眉间尺和黑色人的刻画都是通过具体的场面来完成的,不同的是,前者描述得细腻,节奏慢,揭示了人物由幼稚、鲁莽逐步走向沉着、机智、成熟的过程,后者则是粗笔勾勒,节奏快,人物一出现就是一个疾恶如仇、有勇有谋、以为民除害为己任的斗士。眉间尺作为古代传说中的人物,他有自己特有的生活环境和遭遇,他的个性特征,他的性格突变,以及他那行刺的方式和以头、剑相许的壮举,组合成了一个不畏强暴、不怕牺牲的活生生的古代少年的形象。黑色人的性格特征更加鲜明。一方面,他具有不寻常的相貌、内藏的威力和奇特的本领,整个形象带有浓烈的浪漫主义传奇色彩;另一方面,他早就了解眉间尺一家的苦难和仇恨,对暴君统治下的黑暗社会的罪恶和虚伪有更加清醒和透彻的认识,他能自觉地将个人的痛苦、义愤和广大黎民百姓的痛苦、仇恨结合在一起,从崇高的动机出发来为民报仇,为民除害。这样,黑色人就不仅仅是一个古代豪侠之士的形象,在他身上已注入了现代人的新鲜血液。这在很大程度上寄托着作者炽烈的爱憎感情。

在这篇小说中,眉间尺的头颅唱的歌和黑色人唱的两首歌,是阅读的难点,这里作一简要说明。鲁迅在 1936 年 3 月 28 日致增田涉的信中说:"在《铸剑》里,我以为没有什么难懂的地方。但要注意的,是那里面的歌,意思都不明显,因为是奇怪的人和头颅唱出来的歌,我们这种普通人是难以理解的。"(《鲁迅书信集》下卷第 1246—1247 页)鲁迅这段话,提醒读者不要死扣歌词的字眼儿,但歌的大意和倾向大致可以体会出来。如第三首歌,表面似乎在颂扬国王的恩泽——"王泽统兮浩洋洋",武功——"怨敌克服兮,赫兮强",福寿——"宇宙有穷止兮万寿无疆",实际上是嘲讽、揭露国王对百姓的黑暗统治和残酷迫害——"克服怨敌""彼用百头颅,千头颅……",而且暗示自己和国王有世仇,为报此仇将不惜自己的头颅和热血。

轻死以行礼谓之勇，
诛暴不避强谓之力。

——《晏子春秋》

干将莫邪①

干 宝

楚干将莫邪②为楚王作剑，三年乃③成，王怒，欲杀之。剑有雌雄。其妻重身④当产。夫语⑤妻曰："吾为王作剑，三年乃成，王怒，往必杀我⑥。汝若生子是男，大⑦，告之曰：'出户望南山，松生石上，剑在其背。'"于是即将⑧雌剑往见楚王。王大怒，使相之⑨。剑有二，一雄一雌，雌来雄不来。王怒，即杀之。

莫邪子名赤，比⑩后壮⑪，乃问其母曰："吾父所在⑫？"母曰："汝父为楚王作剑，三年乃成。王怒，杀之。去时嘱我语汝：'出户望南山，松生石上，剑在其背。'"子出户南望，不见有山，但睹堂前松柱下石低之上⑬。即以斧破其背⑭，得剑，日夜思欲报楚王⑮。

---

① 选自《搜神记》（中华书局2012年版）。干宝（？—336），字令升，新蔡（今属河南）人。东晋史学家、文学家。著有《晋纪》，时称良史，今已佚。又编集神怪灵异故事为《搜神记》，原书已佚，今本为后人辑录。
② ［干将莫邪（yé）］夫妻二人名。丈夫干将，妻子莫邪，都善铸剑。所铸雌雄二剑，分别以他们的名字命名。
③ ［乃］才。
④ ［重（chóng）身］双身，即怀孕。
⑤ ［语（yù）］告诉。
⑥ ［往必杀我］去都城交剑，国王一定要杀死我。往，去。
⑦ ［大］长大以后。
⑧ ［将］携带。
⑨ ［使相（xiàng）之］叫人鉴定一下剑的质量。相，察看。
⑩ ［比］及，等到。
⑪ ［壮］长大了。
⑫ ［吾父所在］我爹在什么地方？
⑬ ［但睹堂前松柱下石低之上］意思是：只看见堂前一根立在石础之上的松木柱。但，只。睹，看见。低，应作"砥"，柱下基石。
⑭ ［其背］松柱的背面。
⑮ ［报楚王］向楚王报仇。报，报仇。

王梦见一儿眉间广尺①,言欲报仇,王即购之千金②。儿闻之亡去③,入山行歌④。客有逢者⑤,谓⑥:"子年少,何哭之甚悲⑦也?"曰:"吾干将莫邪子也,楚王杀吾父,吾欲报之。"客曰:"闻王购子头千金,将⑧子头与剑来,为子报之。"儿曰:"幸甚⑨!"即自刎⑩,两手捧头及剑奉之⑪,立僵⑫。客曰:"不负子⑬也。"于是尸乃仆⑭。

客持⑮头往见楚王,王大喜。客曰:"此乃勇士头也,当于汤镬⑯煮之。"王如其言煮头,三日三夕⑰不烂。头踔⑱出汤中,瞋目⑲大怒。客曰:"此儿头不烂,愿王自往临视⑳之,是㉑必烂也。"王即临之。客以剑拟王㉒,王头随堕汤中,客亦自拟己头,头复坠汤中。三首俱烂,不可识别,乃分其汤肉葬之,故通名三王墓。今在汝南㉓北宜春县㉔界。

① [眉间广尺]两眉之间宽达一尺,形容额头宽。
② [购之千金]悬千金重赏捉拿他。
③ [亡去]逃走。
④ [行歌]边走边唱。
⑤ [客有逢者]有一位侠客遇见了他。客,这里指侠客。
⑥ [谓]动词,"对……说"。
⑦ [哭之甚悲]哭得特别悲痛。
⑧ [将]拿。
⑨ [幸甚]太好了!
⑩ [自刎(wěn)]自杀。刎,用刀剑割脖子。
⑪ [奉之]献给侠客。奉,献。
⑫ [立僵]死后身躯僵硬,直立不倒。
⑬ [不负子]不辜负你。
⑭ [仆(pū)]倒下。
⑮ [持]拿。
⑯ [汤镬(huò)]开水锅。汤,热水。镬,大锅,形似鼎而无足,秦汉时用作刑具,烹有罪的人。
⑰ [三日三夕]三天三夜。
⑱ [踔(chuō)]跳。
⑲ [瞋(chēn)目]睁大眼睛瞪人。
⑳ [自往临视]亲自到镬旁观看。临,从高向下看。
㉑ [是]这样。
㉒ [以剑拟王]意思是拿剑向楚王挥去。拟,比划,对准。
㉓ [汝南]郡名。治所在上蔡(今河南上蔡西南)。
㉔ [宜春县]故城在今河南省汝南县西南。

品读赏析

　　这则故事情节离奇，出人意料。本文描写的"客"是个自愿助人复仇而不惜抛弃自己头颅的勇士，他在将楚王的头颅砍进汤镬里去以后，为何要将自己的头颅也砍进去呢？这个故事没有细写。《太平御览》卷二六四引《吴越春秋》云："王即看之，客于后以剑斩王头，入镬中，二头相啮。客恐尺不胜，自以剑拟头，入镬中，三头相咬。七日后一时俱烂。"鲁迅《铸剑》中有黑色人头颅入水中助战的精彩描写，就是据此发挥想象而来的。

　　这则故事，热烈地赞颂了扶弱锄暴的高尚行为。眉间尺的父亲被楚王杀害，他为父报仇，是家仇；客为他所报的绝非一人之仇，而是众人之仇、社会之仇。客为伸张正义而不惜牺牲自己生命的英雄行为，如同女娲补天、后羿射日的神话传说一样，集中体现了我们民族先人舍己为公的崇高精神。

单元练习

一　阅读《铸剑》中"三头相搏"的文字,说说这表现了黑色人和眉间尺怎样的精神。

二　《铸剑》的浪漫主义传奇色彩表现在哪些方面?试举一二例作简要说明。

三　细读下边的句子,注意体会加点的语句,理解它们所表达的深刻含义。

　　1. 眉间尺忽然全身都如烧着猛火,自己觉得每一枝毛发上都仿佛闪出火星来。他的双拳,在暗中捏得格格地作响。

　　2. 黑色人也仿佛有些惊慌,但是面不改色。他从从容容地伸开那捏着看不见的青剑的臂膊,如一段枯枝;伸长颈子,如在细看鼎底。臂膊忽然一弯,青剑便蓦地从他后面劈下,剑到头落,坠入鼎中,澌的一声,雪白的水花向着空中同时四射。

四　《铸剑》与《干将莫邪》相比,故事情节和人物大体相仿,然而前者要比后者具体、生动、形象得多。试举一例加以说明。

五　用现代汉语翻译《干将莫邪》第三段,注意带语气词的句子,译文要准确表达说话人的语气。

18

单元提示

范培松、金学智主编的《插图本苏州文学通史·前言》中说:"从遥远的春秋时代吴国兴建阖闾大城以来,苏州已有两千五百余年的历史,成为世界上幸存至今最古老的城市之一。在逝者如斯的漫长岁月里,在苏州饱经沧桑巨变的土地上,曾经演出过多少可歌可泣、可忧可喜的活剧!每当人们翻开这部历史巨著,或开始读通、走进这部历史巨著,就不禁为之沉醉,为之深思,为之动容,为之振奋鼓舞!"

苏州山水秀美、人杰地灵、人文荟萃,历代文人雅士无不为之倾倒。苏州的湖光山色、名胜古迹、古典园林……触动了他们感发兴会,奋笔挥毫的灵感,留下了许多讴歌苏州,寄寓丰富情思和神韵的名篇佳作。本单元选了自晋唐以来的47首古代诗词,供你品赏。学习这些诗词,要熟读成诵、反复吟咏,深入领悟其内涵,从中获得对自然、社会、人生的有益启示,提高自己的欣赏品位和审美能力。

思吴江歌①

张 翰

秋风起兮②佳景时,吴江水兮鲈鱼③肥。
三千里兮家未归,恨难得兮仰天悲。

---

① 这首诗写在秋风吹起的时节,想起家乡此时的美景和美味,表达了诗人难以排遣的思乡之情。张翰(hàn)(生卒年不详),字季鹰,吴郡(治今江苏苏州)人。西晋文学家。齐王司马冏(jiǒng)执政,任大司马东曹掾(yuàn)。知冏将败,又因秋风起,思念故乡菰菜、莼羹、鲈鱼脍,遂弃官归吴。不久冏果被杀。所作诗今仅存6首。原有集,已失传。
② [兮(xī)]古代诗辞赋中的语助词,相当于现代汉语中的"啊"。
③ [鲈(lú)鱼]鱼名,口大鳞细,背部和背鳍(qí)上有小黑斑,产于苏州太湖滨和吴淞江。吴江长桥南所产四腮鲈,洁白松软而不腥,在诸鱼之上,著名天下。

维扬送友还苏州①

崔　颢

长安②南下几程途,到得邗沟③吊绿芜④。
渚⑤畔鲈鱼舟上钓,羡君归老向东吴⑥。

---

① 这首诗写老友从京城长安南下告老还乡,途经维扬,诗人送友回苏州时的感慨。老友像张翰一样还乡真是令人羡慕,江畔鲈鱼、东吴美景令人神往。维扬,今江苏扬州。苏州,隋改吴州为苏州,后复为吴州,再改为吴郡,唐为苏州,宋改为平江府,元为平江路,明改为苏州府;辖境也时有变化,唐代时相当今江苏苏州市区、常熟以东,浙江桐乡、海盐以东,北及上海大部分。崔颢(hào)(？—754),汴州(今河南开封)人。唐代诗人。其《黄鹤楼》诗意境高远,相传为李白所倾服。明人辑有《崔颢集》。
② [长安]今陕西西安,唐代京城。
③ [邗(hán)沟]古运河名。春秋时吴王夫差为了争霸中原,在江北筑邗城(今扬州附近),并开河沟通长江和淮河,因流经邗城,故名。
④ [绿芜]绿色的杂草。这里影射芜城(指广陵,今扬州)。南朝宋时,广陵曾因北魏南侵和竟陵王刘诞的叛乱,受到两次重大破坏,扬州一片荒芜,鲍照曾作《芜城赋》凭吊。
⑤ [渚]江中的小洲。
⑥ [东吴]古地区名。或泛指太湖流域全境,或专指旧苏州一府。晋时有"三吴"之说。《水经注》以吴郡、吴兴、会稽为"三吴"。《元和郡县志》以吴郡(苏州)、吴兴、丹阳为"三吴"。

太湖秋夕①

王昌龄

水宿②烟雨寒,洞庭③霜落微。
月明移舟去,夜静魂梦归。
暗觉海风度,萧萧④闻雁飞。

---

① 这首诗写诗人在一个深秋的夜晚,独宿在湖边的一条小船上。烟雨、秋霜、明月、静夜、魂梦、冷风、飞雁等意象,表达了诗人幽怨、孤寂、思乡的羁(jī)旅心境。王昌龄(? —756),字少伯,京兆长安(今陕西西安)人。唐代诗人。其诗多写当时边塞军旅生活,气势雄浑,格调高昂。《从军行》七首、《出塞》二首皆有名。也有愤慨时政及刻画宫怨之作。原有集,已散佚(yì),明人辑有《王昌龄集》。另有《诗格》,论诗颇多创见。
② [水宿]指宿于舟中。
③ [洞庭]太湖中有东、西洞庭山。
④ [萧萧]象声词,这里指凄清、寒冷的风声。

阊门即事①

张 继

耕夫②召募③逐楼船④,春草青青万顷田。
试上吴门⑤窥郡郭⑥,清明几处有新烟⑦。

---

① 这首诗写诗人在清明时节登上阊门城楼,环视苏城及郊外所见:城市凋敝、田园荒芜、人烟寥落,一片凄凉的景象。表达了诗人对统治者的强烈不满,以及对深受战乱之苦的人民的深切同情。周义敢《张继集校注》:"此诗是作者于唐肃宗上元二年(761)客游苏州时作。长达八年的安史之乱,范围仅及河北、河南、河东、关内四道,即今黄河流域一带和关中地区,当时江淮以南并未直接遭受战争破坏。上元元年(760),唐肃宗疑忌淮西节度副使李铣、刘展。十一月杀李铣,并密谋诛刘展。刘展遂反,连陷江淮十余州,刘展将张景超据苏州。朝廷派遣平卢军南下,于上元二年(761)正月平定叛乱。由于战乱和平卢军'大掠十余日',江浙一带'民始罹荼毒'(事见《资治通鉴》卷二百二十二)。此诗所写,即劫后苏州情景。"阊门,苏州西北城门。《吴越春秋》卷四:"城立阊门者,以象天门通阊阖风也。……阊阖欲西破楚,楚在西北,故立阊门。以通天气,因复名之破楚门。"阊阖,传说中的天门。《离骚》:"吾令帝阍(音 hūn,守门人)开关兮,倚阊阖而望予。"亦指皇宫的正门,也泛指门。即事,就眼前景物抒情。
② [耕夫]农民。
③ [召募]即征集士兵。《资治通鉴》卷二百二十一载:江淮都统副使李藏用于上元元年"东至苏州募壮士,得二千人,立栅以拒刘展"。
④ [逐楼船]指从军。楼船,有楼之大船,古代多用于作战。有时也指有楼饰的游船。
⑤ [吴门]苏州的别称。苏州原为春秋时吴国的都城,故称吴门。此处指阊门城楼。
⑥ [郡郭]指苏州城及其郊野。
⑦ [新烟]古代风俗,寒食节禁火,清明这一天重生新火。清明前一天(一说清明前两天)是寒食节,相传起于晋文公悼念介之推事,以介之推抱木焚死,遂定于是日禁火寒食,或"禁火三日,造饧(xíng)大麦粥"(宗懔《荆楚岁时记》)。杜甫《清明》诗:"朝来新火起新烟,湖色春光净客船。"

登重玄寺阁①

韦应物

时暇陟②云构③,晨霁澄景光。
始见吴都大,十里郁苍苍。
山川表④明丽,湖海吞大荒。
合沓臻水陆⑤,骈阗⑥会四方。
俗繁节又暄,雨顺物亦康。
禽鱼各翔泳,草木遍芬芳。
于兹省甿⑦俗,一用劝农桑。
诚知虎符⑧忝⑨,但恨归路长。

---

① 这首诗写诗人闲暇之时出游,登临高耸入云的重玄寺阁所见吴郡大地的壮美景象,抒发了诗人对治下的这方水土的热爱,自己虽勤政爱民,省察民情,鼓励农桑并举,取得了一定成果,但仍感到有愧于刺史的职责。重玄寺,在苏州皋桥东甘节坊,始建于南北朝梁武帝时期,宋初改称承天寺,元时易名为承天能仁寺,清代改名为重元寺。距今已有1500多年历史,多次被毁又重建。2003年重建重元寺于阳澄湖畔,是如今苏州最大的寺庙场所。韦应物(约737—791),京兆万年(今属陕西西安)人。唐代诗人。少年时以三卫郎事玄宗,后为滁州、江州、苏州刺史,故称韦苏州。罢职后闲居苏州永定寺,未几卒。著有《韦苏州集》。
② [陟(zhì)]登高。
③ [云构]高入云霄的建筑物。
④ [表]呈现出。
⑤ [合沓(tà)臻(zhēn)水陆]指这里是水陆交汇的枢纽。沓,会合。臻,到,达到。
⑥ [骈(pián)阗(tián)]聚集。
⑦ [甿(méng)]古指农村居民。
⑧ [虎符]古代帝王授予臣属兵权和调发军队的信物。用铜铸成虎形,背有铭文,分为两半,右半留存中央,左半发给地方官吏或统兵的将帅。调发军队时,须由使臣持符验合,方能生效。
⑨ [忝(tiǎn)]有愧于。

采 莲 曲①

张 籍

秋江岸边莲子②多,采莲女儿凭船③歌。
青房④圆实齐戢戢⑤,争前竞折⑥荡漾波⑦。
试牵绿茎下寻藕⑧,断处⑨丝多刺伤手⑩。
白练⑪束腰袖半卷,不插玉钗⑫妆梳浅⑬。
船中未满度前洲⑭,借问⑮谁家家住远。
归时共待暮潮上⑯,自弄芙蓉⑰还荡桨。

---

① 采莲曲,南朝梁武帝制乐府《江南弄》七曲之一,后代大家诗人同题咏叹者颇多。这首诗给读者展示了一幅欢歌笑语、清新明快的秋江岸边采莲图。诗人描写采莲女辛勤劳作、同出同归、相互关爱的情景细致入微、自然逼真,一群清纯素淡如秋水莲子般的采莲少女跃然纸上。全诗格调清新,音韵和谐,形象地描绘了江南水乡风光和采莲少女欢快愉悦的生活情态,富有浓郁的生活气息。张籍(约767—约830),字文昌,吴郡(治今江苏苏州)人。唐代诗人。贞元进士,历任太常寺太祝、水部员外郎、国子司业等职,故世称张水部或张司业。其乐府诗颇多反映当时社会矛盾和民生疾苦,也有描写妇女的不幸处境者,甚受白居易推崇。与王建齐名,并称"张王"。著有《张司业集》。
② [莲子]莲的种子,椭圆形,当中有绿色的莲心,肉呈乳白色,可以吃,也可入药。
③ [凭船]凭靠着小船。凭船,一说"并船"。
④ [青房]指青青的莲蓬。莲蓬,莲花开过后的花托,倒圆锥形,里面有莲子。
⑤ [齐戢(jí)戢]一齐收集。戢戢,收敛,收集。一说形容众多莲蓬露出水面,一个挨一个,戢戢然。戢戢,密集貌。
⑥ [争前竞折]争先向前,竞相折下(莲蓬)。
⑦ [荡漾波]荡漾的水波。荡漾,水面起伏波动。
⑧ [试牵绿茎下寻藕]试着牵动绿色的荷叶茎秆,想看一下未成熟的莲藕有多大。
⑨ [断处]绿茎断开处。
⑩ [刺伤手]未成熟的茎秆有尖刺会伤到手。
⑪ [白练]白色的丝带。
⑫ [玉钗(chāi)]玉制的钗。钗,旧时妇女别在发髻上的一种首饰,由两股簪子合成。
⑬ [妆梳浅]梳妆打扮浅淡简单。
⑭ [度前洲]越过前面的洲渚。洲,水中由泥沙淤积而成的小片陆地。
⑮ [借问]请问。向人打听情况时所用的敬辞。
⑯ [暮潮上]傍晚涨潮的时候才能逆流而上。
⑰ [自弄芙蓉]独自耍弄荷花。芙蓉,荷花的别名。

秋　思①

张　籍

洛阳城里见秋风②，欲作家书意万重③。
复恐④匆匆说不尽，行人⑤临发⑥又开封⑦。

---

① 这首诗以托人捎一封家书时的心理活动和封好又拆开家书的细节，真切而传神地表达了身处异乡的诗人对亲人和家乡深切的思念。全诗不见"思"字，也无一"愁"字，却写出了无限的思念和乡愁。平淡的语言，平静的语气，平常的家事，短短二十八字，却能唤起有过同样境遇者的亲切回味，令人如临其境。正如王安石《题张司业诗》所云："看似寻常最奇崛，成如容易却艰辛。"

② ［见秋风］秋风乍起，勾起了诗人的思乡之情。《晋书·张翰传》：张翰"因见秋风起，乃思吴中菰菜、莼羹、鲈鱼脍，曰：'人生贵得适志，何能羁宦数千里，以要名爵乎？'遂命驾而归。"其时在洛阳为官的张籍，也许想起了同为吴郡人的张翰的故事，"见秋风"而勾起诗人独在异地的思乡情怀。

③ ［意万重］思绪多，思念重。意即似有千言万语，却不知从何说起。

④ ［复恐］又恐怕。

⑤ ［行人］指捎信的人。

⑥ ［临发］将要出发。

⑦ ［开封］拆开已经封好的家书。

姑 苏 台①

刘 禹 锡

故国②荒台在,前临震泽③波。
绮罗④随世尽,麋鹿⑤古时多。
筑用金锤力⑥,摧因石鼠窠⑦。
昔年雕辇⑧路,唯有采樵歌⑨。

---

① 这首诗由眼前的荒台联想到昔日的繁华,强烈的今昔对比,令诗人慨叹不已。结尾"昔年雕辇路,唯有采樵歌"两句,真是曲尽其妙,意在言外,古今人事之变化,兴废之无常,尽在其中。姑苏台,在苏州城西南隅的姑苏山上(参见《游姑苏台记》注释)。其确切遗址不明,学术界众说纷纭。重建的姑苏台位于苏州南郊5公里的石湖风景区,是近年新辟的一座大型仿古游乐场所。它西依上方山,东濒石湖,山清水秀,环境幽雅。此处曾是春秋时代吴国的苑囿,也是南宋田园诗人范成大晚年憩居之处。刘禹锡(772—842),字梦得,洛阳(今属河南)人。唐代文学家、哲学家。官至监察御史,参加王叔文集团,反对宦官和藩镇割据势力。失败后,贬朗州司马,迁连州刺史、苏州刺史。后为太子宾客,加检校礼部尚书,世称刘宾客。著有《刘梦得文集》。
② 〔故国〕指吴国。
③ 〔震泽〕指太湖。
④ 〔绮罗〕有花纹或图案的丝织品。
⑤ 〔麋(mí)鹿(lù)〕亦称"四不像"。哺乳动物,鹿科。毛淡褐色,雄的有角,角似鹿非鹿,头似马非马,身似驴非驴,蹄似牛非牛,故名"四不像"。性温顺,以植物为食,是我国一种稀有的珍贵兽类,野生种已不可见。现北京动物园等处有饲养。
⑥ 〔金锤力〕喻指筑台时千辛万苦。
⑦ 〔石鼠窠〕喻指毁台之易如反掌。
⑧ 〔雕辇(niǎn)〕有精细雕刻花纹和彩绘的车。辇,古代用人拉的车,后来多指古代帝王、皇后坐的车。
⑨ 〔采樵(qiáo)〕打柴。亦即指打柴的人。樵,木柴。

怀吴中冯秀才①

杜 牧

长洲苑②外草萧萧③,却算游程岁月遥。
唯有别时今不忘,暮烟秋雨过枫桥④。

---

① 这首诗回忆了当年在暮烟秋雨中的枫桥与冯秀才分别时的情景,抒发了诗人对好友深深的思念之情。杜牧(803—853),字牧之,京兆万年(今陕西西安)人。唐代诗人。他的诗情致豪迈,俊爽清丽,在晚唐诗坛上独树一帜。后人称杜甫为"老杜",称他为"小杜",又和李商隐并称为"小李杜"。著有《樊川集》。

② [长洲苑(yuàn)]古苑名,故址在苏州城东南。春秋时为吴王阖闾游猎处。

③ [萧萧(xiāo)]风声;雨声;草木摇落声。这里指风吹草木的声音。

④ [枫桥]在苏州城西,寒山寺北,距山门仅百步之遥,是一座横跨于古运河上的单孔石拱桥。以其优美古朴的造型、独特的地理位置在苏州众多的古桥中独树一帜,现为市级文物保护单位。明代诗人高启有诗云"画桥三百映江城,诗里枫桥独有名"。枫桥的始建年代已无法考证,现存枫桥重建于清同治六年(1867),桥长 39.6 米,宽 5.27 米,跨度 10 米,其东堍与铁铃关相连,是古代苏州城西的水陆交通枢纽和军事要塞。

吴 宫①

李 商 隐

龙槛②沉沉③水殿④清,禁门⑤深掩⑥断人声。
吴王⑦宴罢满宫醉,日暮水漂花出城。

---

① 这首诗以咏史借古喻今,给读者再现了一幅穷奢极欲、荒淫无度的宫廷群丑图,深刻揭示了吴王必然亡身亡国的命运,启示后世君王吸取历史教训。李商隐(813—858),字义山,自号玉谿(xī)生、樊南生,怀州河内(今河南沁阳)人。唐代诗人。著有《李义山诗集》《樊南文集》。
② [龙槛(jiàn)]雕刻有龙纹的栏杆。
③ [沉沉]深邃。
④ [水殿]建在水滨或水中的宫殿。
⑤ [禁门]宫门。
⑥ [深掩]深闭。
⑦ [吴王]吴王夫差。吴王阖闾之子。公元前495—前473年在位。初在夫椒(jiāo)(古山名,在今江苏苏州西南太湖中)打败越兵,乘胜攻破越都。继开凿邗沟,以图向北扩展,在艾陵(山东莱芜)大败齐兵。公元前482年在黄池(河南封丘西南)和诸侯会盟,与晋争霸,越王勾践乘虚攻入吴都,夫差自杀。

无题二首（选一首）①

李商隐

闻道阊门萼绿华②,昔年相望抵天涯③。
岂知一夜秦楼客④,偷看吴王⑤苑内花⑥。

---

① 《无题二首》的第一首是最为著名的"昨夜星辰昨夜风",那脍炙人口的千古名句"身无彩凤双飞翼,心有灵犀一点通"就出于此。这里选的是第二首,写没想到自己有缘像萧史那样参加了一次豪门盛宴,意外见到久已倾慕的美若天仙、貌若西施的贵家女子,兴奋之情溢于言表。全诗用典故点染气氛,感情纯真,语言清丽,使平淡的内容显得富有新意。

② ［萼绿华］传说中的女仙名,这里指美女。《真诰》:"萼绿华者,自云是南山人,不知是何山也。女子,年可二十上下,青衣颜色绝整。以升平三年十一月十日夜降于羊权家,一月辄六过,来与权尸解药。"道家认为修道者死后,留下形骸,魂魄散去成仙,称为尸解。一说萼绿华是九嶷山中得道女罗郁,晋穆帝时,夜降羊权家,赠诗一首,火浣手巾一方,金、玉脱(手镯之类)各一枚。

③ ［抵天涯］言相见之难。抵,至,到达。

④ ［秦楼客］《列仙传》:"萧史善吹箫,作凤鸣,秦穆公以女弄玉妻焉。作凤楼,教弄玉吹箫,感凤来集。"这里指像萧史那样参加了一次豪门盛宴。

⑤ ［吴王］吴王夫差。

⑥ ［苑内花］指西施。

馆娃宫怀古五绝(选一首)①

皮 日 休

绮阁②飘香下太湖,乱兵侵晓③上姑苏。
越王大有堪④羞处,只把西施赚得吴。

---

① 这是诗人在苏州任职时,因寻访馆娃宫遗迹而作的一首怀古诗。诗人用曲笔,明嘲勾践,暗讽夫差,揭示了吴国灭亡的历史教训。馆娃宫,勾践献西施,夫差建馆娃宫以居。有琴台、西施洞、浣花池、玩月池、吴王井和划船坞等遗址。今苏州灵岩山上的灵岩寺即馆娃宫遗址。皮日休(约838—约883),字逸少,后改字袭美,襄阳(今属湖北)人。唐代文学家。诗文与陆龟蒙齐名,世称"皮陆"。著有《皮子文薮》。
② [绮阁]华丽的楼阁。
③ [侵晓]拂晓。
④ [堪]可以。

送人游吴①

杜荀鹤

君到姑苏见,人家尽枕河②。
古宫③闲地少④,水港⑤小桥多。
夜市卖菱藕,春船载绮罗⑥。
遥知未眠月⑦,乡思⑧在渔歌⑨。

---

① 这首送别诗以质朴自然、清新秀逸的语言和白描手法,生动地描绘了苏州水城风光旖旎、物产丰富、市场繁荣的景象,又寄寓了诗人对游子思乡的情感体验,蕴含着对友人远游的深情祝福和思念之情。杜荀鹤(846—904),字彦之,号九华山人,池州石埭(今安徽石台)人。唐代诗人。其诗晓畅清逸,语言通俗,于唐末社会动乱及民生惨苦,反映颇多。著有《唐风集》。
② [枕河]临河。指房屋建在河边。
③ [古宫]指阖闾城,城内有阖闾宫等宫室,春秋时吴王阖闾所建,后焚毁。阖闾宫遗址在高平里,即现在的苏州公园。这里借指姑苏。
④ [闲地少]指屋宇相连,人烟稠密。
⑤ [水港]指流经城内的小河。
⑥ [绮罗]华贵丝织品或绸缎衣服。一说是贵妇、美女的代称。
⑦ [未眠月]不能成眠的月夜。
⑧ [乡思]怀乡之思。
⑨ [渔歌]渔人唱的民歌小调。

洞 庭 山[①]

范 仲 淹

吴山[②]无此秀,乘暇[③]一游之。
万顷湖光里,千家橘熟时。
平看月上早[④],远觉鸟归迟[⑤]。
近古谁真赏,白云应得知。

[①] 这首诗描绘了在橘子成熟的时节,碧波万顷的太湖中洞庭东西两山的迷人景色,以及诗人身临其境的独特感受。全诗意境开阔,语言晓畅,抒发了诗人对家乡美景无比热爱的真挚感情。洞庭山,山名,初指包山,即洞庭西山,因在太湖洞山和庭山以西,故名。又因四面为太湖所包,故又名包山。后泛指洞庭东西两山。洞庭东山为太湖中最大的陆连岛,因在太湖洞山与庭山以东而得名。宋时为太湖中的一座岛屿。一百多年前,因东北面一条连岛沙嘴和陆地相连而成半岛。

[②] [吴山]在江苏省苏州市西南,为横山支脉。《吴县志》载:"吴山为横山南出之支,在石湖滨。吴越广陵王子奉建吴山院于此,故名。"

[③] [暇]闲暇,空闲。

[④] [月上早]月亮升起要比别处早。

[⑤] [鸟归迟]鸟儿归巢却比别处迟。

送裴如晦宰吴江①

梅尧臣

吴江田有粳②,粳香舂作雪③。
吴江下有鲈,鲈肥脍④堪切。
炊粳调橙齑⑤,饱食不为饕⑥。
月从洞庭⑦来,光映寒湖凸。
长桥⑧坐虹背,衣湿霜未结。
四顾无纤云,鱼跳明镜裂。
谁能与子同,去若秋鹰掣⑨。

---

① 这首诗写了吴江的粳(jīng)米、鲈鱼、橙齑(jī)等人间美味,风光旖旎的太湖,落成不久的垂虹桥,表达了诗人送友人裴如晦前往吴江赴任时的无比欣喜、羡慕和向往的心情。不禁使人想起莼羹鲈脍,张翰归吴的故事。裴如晦,裴煜,字如晦,临川(今江西抚州)人。庆历六年(1045)进士,与欧阳修、梅尧臣、王安石等均有诗词作往来。嘉祐初宰吴江,即任吴江知县。梅尧臣(1002—1060),字圣俞,宣州宣城(今属安徽)人。宣城古名宛陵,故世称梅宛陵。北宋诗人。与欧阳修并称"欧梅",又与苏舜钦并称"苏梅"。著有《宛陵先生文集》。
② [粳]粳稻,水稻的一种,茎秆较矮,叶子较窄,深绿色,稻谷短而粗。
③ [粳香舂(chōng)作雪]粳稻谷舂出来的米香气怡人,色如白雪。舂,把东西放在石臼或乳钵里用杵(chǔ)撞击,使去皮壳或捣碎。
④ [脍(kuài)]把鱼肉切成薄片,亦泛指切割。
⑤ [橙齑]橙子酱。
⑥ [饕(tiè)]贪食。
⑦ [洞庭]太湖中有洞庭东西两山,故亦为太湖别名。
⑧ [长桥]利往桥,亦称垂虹桥,庆历八年(1048)落成。
⑨ [掣(chè)]拽,拉。

过 苏 州①

苏 舜 钦

东出盘门②刮眼明③,萧萧疏雨更阴晴④。
绿杨白鹭俱自得⑤,近水远山皆有情⑥。
万物盛衰天意在,一身羁苦⑦俗人轻⑧。
无穷好景无缘住,旅棹⑨区区⑩暮亦行。

---

① 苏舜钦曾行旅到过苏州,大约是匆忙而过,无暇细赏,写下了这首诗,以表达自己对苏州的美好印象和向往之意,也抒发了诗人达观不羁的情怀。当他被贬之后,决意寓居苏州,在沧浪亭度过了人生最后的岁月。苏舜钦,参见《姑苏半月(节选)》注释。
② [盘门]苏州城西南门。初名蟠门,门上刻有蟠龙,后因此地水路萦回曲折,改称盘门。
③ [刮眼明]景物格外美好,使眼界开朗。唐韩愈《过襄城》:"郾(yǎn)城辞罢过襄城,颍水嵩山刮眼明。"
④ [更阴晴]指天气由阴雨转而放晴。更,改变。
⑤ [自得]逍遥安适的样子。
⑥ [近水远山皆有情]在沧浪亭内,苏州园林第一名亭沧浪亭的石柱上,镌刻着"清风明月本无价,近水远山皆有情"的著名的集句联,此联上句出自欧阳修《沧浪亭》诗,下句出于此。
⑦ [羁苦]四方漂泊不定,不得安闲舒适。
⑧ [俗人轻]被世俗之人所看轻。
⑨ [旅棹(zhào)]客船。
⑩ [区区]即仆(pú)仆,形容旅途劳累困顿。

泊舟姑苏①

王安石

朝游盘门东,暮出阊门西。
四顾茫无人,但见白日低。
荒林带昏烟②,上有归鸟啼。
物皆得所托,而我无安栖③。

---

① 这首诗描写了苏州一日游的见闻和感受,抒发了诗人的孤寂与无奈。王安石(1021—1086),字介甫,晚号半山,抚州临川(今江西抚州)人。北宋政治家、文学家、思想家。神宗时任宰相。他力主富国强兵,积极推行青苗、均输等新法,抑制大官僚、大地主和豪商的特权。后因保守派的反对而失败。他是诗文革新运动的倡导者,诗风遒劲清新,词虽不多而风格高峻。散文雄健峭拔,为"唐宋八大家"之一。著有《王文公文集》《临川先生文集》等。
② [昏烟]傍晚时的天色。
③ [栖(qī)]居住,停留。

虎 丘 寺①

苏 轼

入门无平田,石路穿细岭。
阴风生涧壑②,古木翳潭井③。
湛卢④谁复见,秋水光耿耿。
铁花秀岩壁⑤,杀气噤蛙黾⑥。
幽幽生公堂⑦,左右立顽矿⑧。
当年或未信,异类服精猛⑨。
胡为百岁后,仙鬼⑩互驰骋。

---

① 这首诗写登虎丘山一路所见的剑池、池壁铁花岩、千人石、生公堂以及仙鬼题壁墨迹等充满传奇色彩的景点,抒发了诗人在山顶东轩观山下万物和虎丘后山的秀丽景色时的悠闲心情,进而触景生情,自嘲不能早了归田之计的愿望。苏轼(1037—1101),字子瞻,号东坡居士,眉山(今属四川)人。北宋文学家、书画家。其文汪洋恣肆,明白畅达,为"唐宋八大家"之一。诗清新豪健,与黄庭坚并称"苏黄";词开豪放一派,与辛弃疾并称"苏辛"。著有《东坡七集》《东坡乐府》等。
② [涧壑]指剑池。《元和郡县志》载:"秦始皇在此凿石求阖闾珍异,其凿处遂成为深涧。涧深二丈,两壁陡峭如削。"《太平寰宇记》云:"孙权掘山涧,求阖闾宝器。"
③ [翳(yì)潭井]翳,遮蔽。潭井,指剑池、第三泉等。
④ [湛(zhàn)卢]宝剑名。越国欧冶子所造五剑之一,献于吴王,相传殉葬阖闾墓中。
⑤ [铁花秀岩壁]剑池一带石壁色赭,纹理天然,故谓秀如铁花。后人取此句诗意,题第三泉石壁曰"铁华岩"。第三泉又称陆羽石井,传系唐陆羽所名。
⑥ [杀气噤蛙黾(měng)]杀气,谓阖闾墓中三千宝剑,寒光凛凛。噤,闭口不敢做声。蛙黾,蛙。《楚辞·七谏》:"蛙黾游乎华池。"
⑦ [幽幽生公堂]传说生公曾在此讲经,佛教有"竖石听讲"故事。《高僧传》载,竺道生本姓魏,钜鹿人,鸠摩罗什弟子。因立一阐提人(即恶人)有佛性说,为旧学所不容。后在虎丘山竖石为听众讲"一阐提人皆得成佛"时,说:"如我所说,契于佛性否?"群石为之首肯。《涅槃经》译出后,证明竺道生所说有据。千人石畔,有生公讲台和点头石等古迹,俗称"生公说法,顽石点头"。生公堂,已废,约今生公讲台处。
⑧ [顽矿]顽石。
⑨ [异类服精猛]谓生公说法勇猛精进,顽石也领首倾服。
⑩ [仙鬼]仙,指唐代传说的清远道士,作《同沈恭子游虎丘》诗(见《异都文粹》);鬼,指幽独君,大历十三年(778)于虎丘右壁题诗一首,其旁还有一首无名氏鬼答诗(见宋龚明之《中吴纪闻》)。这三首诗,自谓仙鬼,借景托物,抒发幽怨之情。唐颜真卿、李德裕、皮日休和陆龟蒙等,先后作诗追和。

窈然留清诗,读者为悲哽。
东轩①有佳致,云水丽千顷②。
熙熙览生物,春意颇凄冷。
我来属无事,暖日相与永。
喜鹊翻初旦,愁鸢蹲落景。
坐见渔樵还,新月溪上影。
悟彼良自咍③,归田行可请。

---

① [东轩]原在法堂东,后人因东坡此诗句,又名佳致轩,今已废。《云峤类要》:"胜景在东轩。"
② [云水丽千顷]这句写虎丘后山秀丽景致。南宋咸淳年间僧人取此句意,在致爽阁东建"千顷云阁"。
③ [咍(hāi)]讥笑,嗤笑。

垂 虹 亭①

米 芾

断云一叶洞庭②帆,玉破鲈鱼金破柑③。
好作新诗寄桑苎④,垂虹秋色满东南。

---

① 这首诗写诗人登上垂虹亭,眺望太湖和洞庭山所见水天一色、云帆莫辨之美景和如玉的鲈鱼、似金的柑橘等丰饶物产,生动形象地展示了一幅色彩明丽、浓淡有致、弥满东南大地的秋色图,抒发了诗人对垂虹亭和垂虹秋色的赞美之情,以及对陆羽、皎然等人物的思古之幽情。垂虹亭,在今苏州市吴江区太湖东侧,建于宋仁宗庆历八年(1048)。亭在垂虹桥上,桥形环若半月,长若垂虹,甚为壮丽。米芾(1052—1108),初名黻(fú),字元章,号襄阳漫士、海岳外史等,世居太原(今属山西),迁襄阳(今属湖北),后定居润州(今江苏镇江)。北宋书画家。官至礼部员外郎,人称米南宫。因举止"颠狂",人称米颠。擅书画,精鉴别。能诗文,风格奇险。行、草书得力于王献之,用笔俊迈豪放,与蔡襄、苏轼、黄庭坚合称"宋四家"。存世书作有《苕溪诗》《蜀素帖》等。著有《宝晋英光集》《书史》等。

② [洞庭]此指太湖和盛产柑橘的太湖洞庭山(东山、西山)。

③ [玉破鲈鱼金破柑]鲈鱼剖开后,肉色洁白如玉;柑橘剥开后,橘肉橙黄如金。

④ [好作新诗寄桑苎(zhù)]好好作几首新诗,遥寄隐士桑苎翁。桑苎,指陆羽。陆羽(733—约804),字鸿渐,自称桑苎翁,又号东冈子,复州竟陵(今湖北天门)人。唐代学者。以嗜茶著名,对茶道有精深研究,被誉为"茶仙",尊为"茶圣",祀为"茶神"。他隐居太湖南之苕溪(今浙江湖州),常与诗僧皎然等游东山。性诙谐,闭门著书,不愿为官。著有《茶经》。《宋史·列传·文苑六》:米芾"冠服效唐人,风神萧散……又不与世俯仰,故从仕数困。"此刻遥望洞庭东山,想起陆羽、皎然行迹,故有此句。一说桑树与苎麻,指代故乡。

宿枫桥①

陆　游

七年不到②枫桥寺,客枕依然半夜钟③。
风月④未须轻感慨,巴山⑤此去尚千重。

---

① 这首诗是诗人远赴四川上任途中经过枫桥时所作,抒发了旧地重游时的人生感慨。陆游(1125—1210),字务观,号放翁,山阴(今浙江绍兴)人。南宋诗人。诗与尤袤、杨万里、范成大齐名,称"中兴四大家",亦作"南宋四大家"。亦工词,杨慎谓其纤丽处似秦观,雄慨处似苏轼。著有《剑南诗稿》《渭南文集》《南唐书》《老学庵笔记》等。
② [七年不到]陆游在40岁时通判镇江,曾到过此地。这次旧地重游,已隔七年。
③ [客枕依然半夜钟]化用张继《枫桥夜泊》"夜半钟声到客船"句。这里说情景依然如此。
④ [风月]清风明月。泛指美好的景色。
⑤ [巴山]俗称大巴山,在川陕两省境内,这里泛指四川。

宝 带 桥①

释 善 住

借得他山石,还将石作梁。
直从堤上去,横跨水中央。
白鹭下秋色,苍龙浮夕阳。
涛声当夜起,并入榜歌②长。

---

① 这首诗描写了宝带桥的雄姿及其日夜不息的繁忙景象,抒发了诗人对这座不同寻常、景色壮美的石桥的赞美之情。诗末两句,乃点睛之笔,涛声伴随着船夫的歌声,引人遐想:南来北往的船队日夜在大运河上航行,一队队纤夫通过桥面的情景如在眼前。宝带桥,在苏州城东南,大运河与澹(tán)台湖的交汇处,始建于唐元和十一年(816)。相传是苏州刺史王仲舒捐出自己所束的宝带助资创建,又以形似宝带,故名。初建时是木桥,元代改为石桥。重建四五次。清同治二年(1863),英国洋枪队头目戈登为镇压太平军,悍然下令拆去桥之大孔,酿成连锁倒塌 26 孔之惨状。现存石桥为清同治十一年(1872)重建,雄伟壮丽。桥堍两端各有石狮一对,北端两侧尚存。抗日战争时期,日军飞机又炸毁南端 6 孔,解放后修复。桥长 316.8 米,桥孔 53 孔,宽 4.1 米,是我国现存的古代桥梁中最长的一座多孔石桥。2001 年被列为第五批全国重点文物保护单位,2014 年作为中国大运河重要遗产点列入《世界遗产名录》。释善住,生卒年不详,字无住,别号云屋,曾住吴郡报恩寺。元代高僧,擅诗。著有《谷响集》《净业往生安养传》等。
② [榜歌]船夫所唱的歌。

夜发吴门①

赵孟頫

吴树依依吴水流,吴中②舟楫好夷犹③。
多情最是吴门月,又送行人下秀州④。

---

① 这首诗写诗人在一个明月高照的夜晚,从苏州乘船去嘉兴的情景,两岸树木依依,流水缓缓,舟楫悠悠,别有一番情趣,表达了诗人闲适而愉悦的心情。赵孟頫(fǔ)(1254—1322),字子昂,号松雪道人,又号水精宫道人,湖州(今属浙江)人。元代书画家。工诗文,风格和婉。著有《松雪斋集》。
② [吴中]吴郡或苏州府的别称。今指苏州市吴中区。
③ [夷犹]从容不迫的样子。张耒(lěi)《泊长平晚望》:"川稳夷犹棹,春归杳霭天。"
④ [秀州]州名,五代吴越置。治今浙江嘉兴市。辖境相当今浙江杭州湾以北(海宁市除外)、桐乡市以东地区及上海市所辖吴淞江以南地区。南宋庆元元年(1195)升为嘉兴府,元改为嘉兴路。此处用嘉兴古称。

长　桥①

萨都剌

插天螮蝀②势嵯峨③,截断吴江④一幅罗⑤。
江北江南连地脉,人来人往渡天河。
龙腰撑出渔舟去,鳌背高驼驷马⑥过。
桥上青山桥下水,世人能见几风波?

---

① 这首诗以夸张和比喻的手法描绘了垂虹桥的宏伟气势和壮观繁盛的景象,表达了诗人对长桥给吴江两岸人民带来的交通便利和经济繁荣的赞美之情。长桥,即垂虹桥。在今苏州市吴江区松陵镇。北宋庆历八年(1048)吴江县尉王廷坚建。原为石墩木桥,名利往桥,俗称长桥。宋范成大《吴郡志》云:"松江南与太湖接,吴江县在江濆(音fén,水边)。垂虹跨其上,天下绝景也。"为方便路人歇息,桥之两端分别建有"汇泽""底定"两亭。桥中心也构亭,名曰"垂虹",后遂以"垂虹"名桥。垂虹木桥延续了270余年,其间曾数度修建,据说桥孔最多时达99孔。元泰定二年(1325)张显祖易木为石,改建为石拱桥,长500多米,设62孔,"环如半月,长若垂虹"。"十里波光连宝带,一弯月影映垂虹。"这副对联赞颂的就是驰名中外的苏州宝带桥和"江南第一长桥"垂虹桥。明清时垂虹桥亦屡有修建,桥孔最多时增至72孔。后因年久失修,20世纪60年代大部塌毁,今仅存东塆10孔,西塆7孔。经原吴江县政府对垂虹桥两端进行了清理和修缮后,开辟成了垂虹遗址公园,并于1986年列为吴江县文物保护单位。早在1957年垂虹桥就被列为江苏省文物保护单位,2006年6月垂虹桥遗址再度被列为江苏省文物保护单位。萨都剌(约1307—1359后),字天锡,号直斋,以回鹘人徙居雁门(今山西代县)。元代文学家。官至南台侍御史,任上因弹劾权要被贬官。工诗词,长于抒情,清新婉丽,笔力雄健,在元代诗坛影响很大,在我国古代文学史上有较高的地位。著有《雁门集》《萨天锡诗集》《天锡词》等。

② [螮蝀(dì dōng)]虹的别称。此指垂虹桥气势如虹。

③ [嵯峨(cuó'é)]形容山势高峻的样子。此指垂虹桥高大雄伟。

④ [吴江]县名(今苏州市吴江区),五代吴越置县,因吴淞江而得名。此指吴淞江,古称松江。黄浦江支流。在上海市西部及江苏省南部。源出太湖瓜泾口,流经苏州、吴江、昆山,贯穿上海市区,东流外白渡桥入黄浦江。长125千米,为太湖流域通上海市的重要航道。鸦片战争后,上海通商开埠,称上海境内的一段为苏州河。

⑤ [罗]质地轻软的丝织品。此处喻吴江水。

⑥ [驷马]古代指同拉一辆车的四匹马,也指四匹马驾的车。

天平山中①

杨 基

细雨茸茸②湿楝③花,南风树树熟枇杷④。
徐行⑤不记山深浅⑥,一路莺⑦啼送到家。

---

① 这首诗写诗人在初夏时节的一天,漫步天平山中所见的迷人景色:茸茸细雨浸润的楝花,满山成熟的枇杷,山林中悦耳动听的"一路莺啼",令诗人"不记山深浅"地"徐行",传神地表达了诗人游山时的陶醉、喜悦和对天平山秀美山景的赞美之情。杨基(1326—1378后),字孟载,号眉庵,晚号香雪,原籍嘉州(今四川乐山),生长于吴县(今江苏苏州)。元末明初诗人。官至山西按察使,终以被谗夺职。一生以诗名世,与高启、张羽、徐贲并称"吴中四杰"。著有《眉庵集》。
② [茸茸(róng)]形容草或毛发等又短又软又密。这里用来形容小雨又细又密又柔和。
③ [楝(liàn)]楝树,也叫苦楝。落叶乔木,木材坚实可做家具、乐器、农具等。种子、树皮可入药。
④ [枇杷]常绿小乔木,叶子长椭圆形,花小,白色。果实球形,淡黄色或橙黄色,初夏时成熟,可食用,味酸甜。叶子和果实可入药。
⑤ [徐行]慢慢地走。
⑥ [山深浅]山路的远近。
⑦ [莺]鸟名。身体小,多为褐色或暗绿色,嘴短而尖。叫的声音清脆。吃昆虫,对农业和林业有益。

闻邻船吹笛①

杨 基

江空月寒江露白,何人船头夜吹笛②?
参差楚调转吴音③,定是江南远行客。
江南万里不归家,笛里分明说鬓华④。
已分折残堤上柳⑤,莫教吹落陇头花⑥。

---

① 这首诗写一个冷月寒秋之夜,在空寂凄清孤寒的江面上,听到邻船吴音袅袅的笛声,诗人被笛曲的悠悠情思所打动,猜测吹笛者是和自己一样的天涯沦落人,于是以深情的笔调描摹和渲染了这一动人心弦的场景。诗人写吹笛者就是写自己,全诗情景交融,浓郁的思乡之情不能自已,读来余味无穷。

② [笛]边棱音气鸣乐器。八音分类属竹。"笛"指横吹笛;竖吹的称竖笛。最早的笛是贾湖骨笛,斜吹,距今约8000年。西汉初马王堆3号汉墓出土有两支笛,是目前所知最早的横吹笛实物,距今约2300多年。明清时期的昆曲和梆子腔都采用横笛,为现今曲笛、梆笛的形成奠定了基础。笛是昆曲第一伴奏乐器,其管身粗长,音色圆润,音域绵长,委婉悠扬,适于昆曲的伴奏,故称曲笛,因盛产于苏州,故又有苏笛之称。

③ [参(cēn)差(cī)楚调转吴音](平日里听惯了的)楚调洞箫声变成了吴音吹奏的笛声。参差,古乐器名。相传舜所造,像凤翼参差不齐的形状,故名。《楚辞·九歌·湘君》:"望夫君兮未来,吹参差兮谁思?"王逸注:"参差,洞箫也。"传说张良"一曲洞箫散楚兵",楚兵闻乡音而悲,卸甲四散,项羽败亡。楚调,楚地的曲调。吴音,吴地的语音。此指吴地的方言吹笛。

④ [鬓华]鬓发花白。

⑤ [已分折残堤上柳]已料到那堤上的柳枝都折残了。已分,已料想。折残堤上柳,古人有折柳送别的习俗。此句暗寓从笛声中以乡音咏唱的乐府《折杨柳》名曲,借此表达漂泊异乡的忧伤。李白《春夜洛城闻笛》:"谁家玉笛暗飞声,散入春风满洛城。此夜曲中闻折柳,何人不起故园情。"此处极似李白诗的意境,闻笛声而引发魂牵梦萦的思乡之情。

⑥ [莫教吹落陇头花]切莫再吹落寄与陇头人的梅花了。陇头花,代指书信。此句化用《赠范晔》的典故,以寄托思念故乡幽幽情思。《太平御览》卷九七引南朝宋盛弘之《荆州记》:"陆凯与范晔相善,自江南寄梅花一枝,诣长安与晔,并赠花诗曰:'折花逢驿使,寄与陇头人。江南无所有,聊赠一枝春。'"陇头人,指范晔。陇头,即陇山,在今陕西陇县西北。一枝春,指一枝梅花。陆凯(198—269)是三国时名将,范晔(398—445)是南朝宋史学家(著有《后汉书》)。诗中的这个范晔,应是三国时另一个范晔。一说范晔是南朝宋的范晔,陆凯不是三国吴的陆凯,而是南朝宋时的另一个陆凯。

初夏江村①

高 启

轻衣软履②步江沙③,树暗前村定几家④。
水满乳凫⑤翻藕叶,风疏飞燕拂桐花⑥。
渡头⑦正见横渔艇⑧,林外时闻响纬车⑨。
最是黄梅时节⑩近,雨余归路有鸣蛙。

---

① 这首诗选择了江南初夏时节富有代表性的景物,描绘了一幅色调明快、清新自然,充满生活气息的水乡风光图,抒发了诗人对家乡的赞美和热爱之情。高启(1336—1374),字季迪,号青丘子,又号槎(chá)轩,长洲(今江苏苏州)人。明代诗人。元末曾为张士诚幕僚。明洪武初,召修《元史》,授翰林编修,旋擢户部右侍郎,固辞而放还。后因苏州知府魏观案受牵连,竟遭腰斩。其诗豪放清逸,与杨基、张羽、徐贲合称"吴中四杰"。著有《高青丘集》。
② [轻衣软履]指穿着轻便的夏衣和布鞋。履,鞋子。
③ [江沙]江边的沙地。
④ [树暗前村定几家]茂密的树阴后面隐藏着几户人家。
⑤ [乳凫(fú)]初生的水鸟,俗称野鸭。洪咨夔《送李微之倅成都》:"穿花迷娇雏,唼藻戏乳凫。"
⑥ [桐花]桐花树。直立灌木或小乔木。叶革质,倒卵形,先端浑圆或凹入。顶生单一的伞形花序,春季开花,白色。果实革质,圆柱形而弯。
⑦ [渡头]摆渡口。陆游《渡头》:"苍桧丹枫古渡头,小桥横处系孤舟。"
⑧ [渔艇]渔船。艇,轻便快捷的船。
⑨ [纬(wěi)车]纺车。陆龟蒙《袭美见题郊居十首因次韵酬之》:"水影沈鱼器,邻声动纬车。"
⑩ [黄梅时节]梅子成熟的季节。此时天气多雨。杜甫《梅雨》:"四月熟黄梅。"薛道衡《梅夏应教》:"长廊连紫殿,细雨应黄梅。"

重过太仓①

桑 琳

百里娄江②路,重来不计年。
山横城郭外,水绕市门前。
远近楸梧③冢,高低禾黍田。
马头通六国④,曾泊岛夷⑤船。

---

① 这首诗描绘了元明时期太仓作为"六国码头"的繁盛景象,同时也表达了诗人对这座"曾泊岛夷船"的港口城市的日渐衰落无比惋惜的心情。太仓,古代为滨海村落,春秋时属吴地。三国吴于此建仓屯粮,名东仓。元至元十九年(1282)刘家港开通漕粮海运后,遂日益繁盛,元末筑太仓城。明弘治十年(1497),割昆山、常熟、嘉定三县地建太仓州,辖崇明一县,隶属苏州府。民国元年(1912)定名太仓县。1993年撤县建太仓市。桑琳(1413—1497),字廷贵,明代江苏常熟人。工诗,善书法,著有《鹤溪集》等。

② [娄江]位于苏州东部。古娄江为太湖东北方向出水干道,由于海岸线向东推进,中唐以后河道堙塞。北宋至和二年(1055)昆山县主簿邱与权疏浚改称至和塘,后又改称娄江。西起苏州城娄门,向东流经娄葑、跨塘、斜塘、唯亭入昆山县,东至昆山市与太仓市交界处的草芦村,下汇浏河,全长约53公里。

③ [楸(qiū)梧冢(zhǒng)]种有楸梧的墓地。楸,楸树。落叶乔木,高可达30米,树干端直,生长较快。木材细致、耐湿,供建筑及制家具等用材。树皮、叶、种子可入药。梧,梧桐。落叶乔木,干直,木材白色,质轻而坚韧,可制造乐器和各种器具。种子可食用,也可榨油或入药。

④ [马头通六国]马头,即码头,船泊停靠处。元明时,太仓刘家港番商云集,海外贸易繁盛,明嘉靖《太仓州志》曰:"外通琉球、日本等六国,故太仓南关谓之六国码头。"清《一斑录》云:"士人犹能举六国之名曰:大、小琉球,日本,安南(今越南),暹(xiān)罗(今泰国),高丽(今朝鲜、韩国)也。"元时称"六国码头""天下第一码头"。明郑和七下西洋即由此起锚,是当时世界上最重要的枢纽港。

⑤ [岛夷]语出《尚书·禹贡》:"大陆既作,岛夷皮服。"泛指中国东海、南海乃至海南一带岛屿的居民及国家。

穹窿山①

吴　宽

我闻吴中谚,阳山高抵穹窿半②。
壮哉拔地五千仞③,始羡吴中有寺观。
铜坑邓尉④作屏扆⑤,天平灵岩当几案。
其间法华与雅宜⑥,水边横亘如长岸。
何人著山经⑦,宜作吴山冠。
但嫌地势高,山家每忧旱。

---

①　这首诗以长短参差、错落有致的句式,运用比喻、夸张等手法,将穹窿山与苏州西部诸山作比较,生动形象地反衬了"宜作吴山冠"的穹窿山之高大,给人以"会当凌绝顶,一览众山小"之感。穹窿山,在苏州西南,北西走向,长约7000米,最宽处约4000米,绵延藏书、光福和胥口三镇,以势若穹窿而得名。山体由石英砂岩构成。主峰笠帽峰,形似浮笠,因而得名,海拔341.7米,为太湖东岸群山之冠,亦为苏州地貌之最高点。吴宽(1435—1504),字原博,号匏(páo)庵,长洲(今江苏苏州)人。明代文学家、书法家。官至礼部尚书。卒于任,谥文定。著有《匏翁家藏集》《吴文定公诗稿》。

②　[阳山高抵穹窿半]此句化用了吴中民谚"阳山高万丈,不及穹窿半截腰"。阳山,在苏州西北,位于浒墅关镇与通安、东渚两镇交界处。海拔338.2米,仅次于穹窿山。因"背阴面阳,故名阳山"(《阳山新录·序》)。又称秦余杭山、万安山、四飞山等。山体南部为砂页岩,中南部为石英砂岩,北部为火山岩。高岭土(俗称白泥)蕴藏丰富,为我国著名建材、陶瓷原料基地。

③　[仞(rèn)]古代七尺或八尺叫一仞。

④　[铜坑邓尉]即铜坑山、邓尉山。两山位于苏州光福镇西南。邓尉山相传为东汉太尉邓禹隐居地,故名。山体南北走向,长约2000米,由石英砂岩构成。一体两峰,北山峰即邓尉山,海拔169米,系探梅胜地,清代江苏巡抚宋荦即景寓意,名之曰"香雪海";南山峰为玄墓山。铜坑山为邓尉山西一小山。清代画家钱维城《邓尉山》图题跋云:"邓尉山,在苏州府西南七十里,相传汉有邓尉隐此。亦名光福山,以地为光福里也。山势绵亘,冈峦起伏。西有铜井,铜青点点;浮水上又一小山,曰铜坑。"

⑤　[扆(yǐ)]古代的一种屏风。

⑥　[法华与雅宜]山名,即法华山、雅宜山。《太湖备考》:"法华山,一名钵盂,又名乌钵,亦名觉城。山有法华寺,因又名法华山。宋李观察墓在焉。其东有小横山,北为渔洋山,西南为黄茅山,有吴王爱姬墓。"雅宜山,《姑苏志》载,唐青州刺史张济女雅儿葬此,故名雅儿山。吴语"儿""宜""尼"同音,又称雅宜山,后转为现名。

⑦　[山经]《山海经》的一部分。《山海经》共十八卷,包括《山经》五卷和《海经》十三卷。作者不详。《山经》含南山经、西山经、北山经、东山经、中山经五卷,主要记载上古诸山。

舟行半日青已了,却被浓云忽遮断。
水回路转二三里,依旧诸峰青历乱①。
人云山顶百亩平,合结茅庐傍霄汉②。
龙门胜迹未遑③游,坐向船头先饱看。

---

① [历乱]纷乱,杂乱。
② [霄汉]云霄和天河,指天空。
③ [未遑(huáng)]没有时间顾及,来不及。

桃 花 坞①

唐 寅

花开烂漫满村坞,风烟酷似桃源古;
千林映日莺乱啼,万树围春燕双舞。
青山寥绝无烟埃,刘郎②一去不复来;
此中应有避秦者③,何须远去寻天台?

---

① 这首诗写桃花坞桃花盛开、莺歌燕舞、烟笼雾绕满村落的烂漫春色,酷似陶渊明《桃花源记》描述的世外桃源,隐居桃花坞胜似避秦乱的桃花源和天台山的桃溪仙境,表达了作者淡泊功名、远离尘俗、悠然自适的生活态度。这首诗选自《姑苏八咏》其四。桃花坞,在苏州城闾、齐门之间,宋代章粢(jié)在此筑桃花坞别墅。后世屡有兴替,明弘治年间,唐寅以卖画所蓄,购得历尽沧桑,但有一曲清溪蜿蜒,溪边土丘坡地,野桃垂柳,颇有野趣的桃花坞别墅,精心修葺、整治,署额"桃花庵",庵周种桃树数亩,自号"桃花庵主"。并作《桃花庵歌》云:"桃花坞里桃花庵,桃花庵下桃花仙。桃花仙人种桃树,又摘桃花换酒钱。""桃花仙人"就是指诗人自己。诗中"但愿老死花酒间,不愿鞠躬车马前",意同陶渊明"不愿为五斗米折腰"。据《苏州词典》:唐寅故居"有桃花庵、梦墨亭、学圃堂、蛱蝶斋诸构。清顺治初,名医沈明生得其址,构筑梦墨楼、六如亭、桃花庵、蓉镜亭等,时人称为唐家园。"乾隆年间僧禅林、道心改建为宝华庵,光绪年间改作文昌阁。1982 年被立为苏州市文物保护单位。唐寅(1470—1524),字伯虎,一字子畏,号六如居士、桃花庵主、逃禅仙吏等,吴县(今江苏苏州)人。明代画家、文学家。年二十九中乡试第一,会试时因牵涉科场舞弊案而被革黜。后游名山大川,致力绘事,卖画为生。擅山水,工人物、花鸟。与沈周、文徵明、仇英为吴门画派的代表人物,合称"明四家"(亦称"吴门四家");兼善书法,工诗文。与祝允明、文徵明、徐祯卿齐名,并称"吴中四才子"。著有《六如居士全集》。

② [刘郎]指刘晨。典出南朝宋刘义庆编著的志怪小说集《幽明录》。相传东汉时,刘晨、阮肇入天台山采药,在桃林溪边遇两位仙女,邀至家中。半年后返乡,子孙已过七代。刘、阮重返天台山,再也不见仙女。唐诗人曹唐《刘阮再到天台不复见仙子》:"再到天台访玉真,青苔白石已成尘。笙歌冥寞闲深洞,云鹤萧条绝旧邻。草树总非前度色,烟霞不似昔年春。桃花流水依然在,不见当时劝酒人。"

③ [避秦者]陶渊明《桃花源记》:桃花源中人"自云先世避秦时乱,率妻子邑人来此绝境,不复出焉,遂与外人间隔。问今是何世,乃不知有汉,无论魏晋。"

玉 兰①

文 徵 明

绰约②新妆玉有辉,素娥③千队雪成围。
我知姑射④真仙子⑤,天遣霓裳试羽衣⑥。
影落天阶⑦初月冷,香生别院⑧晚风微。
玉环飞燕元相敌⑨,笑比江梅不恨肥⑩。

---

① 这首诗多角度地赞美了玉兰的多姿多彩。如白玉般洁白细腻,熠熠生辉;如仙女般风姿绰约,柔美多姿;花影、冷月、晚风,香飘庭院内外。真可与古代美女杨玉环、赵飞燕相媲美,与江梅相比,体态丰腴的玉兰也毫不逊色。全诗构思精巧,想象丰富,耐人寻味。文徵明(1470—1559),初名壁,字徵明,以字行,更字徵仲,号衡山居士,长洲(今江苏苏州)人。明代书画家、文学家。在诗文上与祝允明、唐寅、徐祯卿并称"吴中四才子"。在画史上,与沈周、唐寅、仇英为吴门画派的代表人物,合称"明四家"(亦称"吴门四家")。著有《甫田集》。
② [绰(chuò)约]姿态柔美的样子。
③ [素娥]仙女,这里喻玉兰。
④ [姑射(yè)]传说中的山名。《庄子·逍遥游》:"藐姑射之山,有神人居焉,肌肤若冰雪,绰约若处子。"后以"姑射"形容女子貌美。
⑤ [仙子]仙女。
⑥ [天遣霓裳试羽衣]天,这里指天帝。遣,派。霓裳、羽衣,指"霓裳羽衣曲",又称"霓裳羽衣舞",是唐代宫廷乐舞。
⑦ [天阶]阶梯。这里是天梯的意思。前以仙女喻玉兰,故此处称阶梯为"天阶"。
⑧ [别院]正院以外的偏院。
⑨ [玉环飞燕元相敌]玉环,唐玄宗宠妃杨玉环,性聪颖,晓音律,长于歌舞,体态丰艳。初为唐玄宗之子李瑁妃,后为玄宗占为己有,封作贵妃,宠幸无比。飞燕,汉成帝宠爱的皇后赵飞燕。据传她体轻若燕,可作掌上舞。元,通"原"。相敌,相比美。
⑩ [江梅不恨肥]江梅,江边的梅花。恨,遗憾。肥,丰腴。

太 湖①

文 徵 明

岛屿纵横一镜中,湿银盘浸紫芙蓉②。
谁能胸贮三万顷③,我欲身游七十峰。
天远洪涛翻日月,春寒泽国隐鱼龙④。
中流仿佛闻鸡犬⑤,何处堪追⑥范蠡踪?

---

① 这首诗以雄浑豪放的笔调,描写了太湖气势磅礴、雄奇壮阔的自然美景,抒发了诗人博大的胸怀和高远的志向,寄托了诗人对人生世事的无限感慨。
② [湿银盘浸紫芙蓉]纵横的岛屿如同浸于湿银盘中的紫芙蓉一般美艳动人。湿银,指月光照耀下的湖水。紫芙蓉,紫色的荷花,这里指湖中的小岛。明王世贞《登缥缈峰二首》云:"湖外山围青玉案,波间岛插紫芙蓉。"明胡应麟《芙蓉峰》云:"万仞嵯峨雾色重,青天谁削紫芙蓉。"此句中"湿",一作"白";"浸",一作"种";"盘浸紫芙蓉",一作"盘紫浸芙蓉"。
③ [三万顷]古人习称太湖为三万六千顷(见《太湖备考》)。此处为约数。
④ [春寒泽国隐鱼龙]春寒时节,深不见底的太湖,水中隐藏着鱼和龙。泽国,指太湖。鱼龙,寓指太湖一带隐居着各种人才。
⑤ [仿佛闻鸡犬]据《吴越春秋》《越绝书》记载,吴亡后,西施偕范蠡泛五湖而去,相传曾在无锡五里湖旁的小村庄居住,引发诗人联想,用了"仿佛闻鸡犬"。
⑥ [堪追]能够追踪。堪,可以,能够。

明 月 湾①

王世贞

扬舲②泛渺漫③,秋气逼尊寒。
早饷④炊烟合,人家渔网宽。
波心插柳翠,石骨嵌枫丹。
此夜冰轮⑤色,千年水殿⑥看。

---

① 这首诗写秋天的明月湾。全诗以"早饷"至月夜的景致,展示了深秋水乡渔村的优美风光。明月湾,古村落名。位于江苏苏州市东太湖西山岛南端,它南濒太湖,深藏在湖山深处,背倚青山,地形宛如一钩明月。相传吴王夫差携西施在此共赏明月而得名。村内有两条东西走向的街道,两街之间有多条横巷,纵横交叉,井然有序,俗称棋盘街。街面以花岗岩条石铺设,下为沟渠,有"明湾石板街,雨后穿绣鞋"之誉。沿街多明清建筑,宅第祠堂,高低错落,有精致典雅的砖雕、木雕、石雕,斑驳苍古;房前屋后,四季花果飘香。王世贞(1526—1590),字元美,号凤洲、弇州山人,太仓(今属江苏苏州)人。明文学家、史学家。官至南京刑部尚书。与李攀龙同为"后七子"首领,时称"王李"。著有《弇州山人四部稿》《弇州山人续稿》《读书后》《艺苑卮言》《弇山堂别集》《嘉靖以来首辅传》等。

② [舲(líng)]有窗户的船。《楚辞·九章·涉江》:"乘舲船余上沅兮。"王逸注:"舲船,船有窗牖者。"亦指小船。

③ [渺漫]形容水势大而辽远的样子。

④ [早饷]早晌(shǎng),早晨。饷,通"晌"。一天内的一段时间。

⑤ [冰轮]指明月。陆游《月下作》诗:"玉钩定谁挂,冰轮了无辙。"

⑥ [水殿]临水的殿堂。

销 夏 湾①

王 世 贞

挂帆秋色太空低,缥缈峰②回上与齐。
别借五湖③天一曲④,中分双崦⑤地东西。
松杉翠合家堪隐,橙橘黄萦路不迷。
莫问吴王销夏事,采芳春径草萋萋。

---

① 这首诗描绘了消夏湾独特的地理环境,山环水绕、合家堪隐、橙橘黄萦,宛若仙境般的人间秋色,抒发了诗人对吴中胜地由衷的赞美之情。销夏湾,位于江苏省苏州市东太湖洞庭西山南部,是西山最大的湖湾,湾阔三里,长九里。销夏,同"消夏",解暑,避暑;湾,水流弯曲的地方,河湾、湖湾。宋范成大《消夏湾》诗云:"蓼矶枫渚故离宫,一曲清涟九里风。"《吴郡志》载:"消夏湾在太湖洞庭西山之址,山十余里绕之,旧传吴王避暑处。周回湖水一湾,冰色澄澈,寒光逼人,真可消夏也。"春秋时,吴王夫差携西施寻得此地筑消暑宫避暑,故得名。明蔡羽《消夏湾记》:"山以水袭为奇,水以山袭尤奇也。载袭之以水,又袭之以山,中涵池沼,宽周二十里,举天下之所无,奇之又奇,消夏湾是也。湾去郡城且百二十里,春秋时吴子尝从避暑,因名消夏。"可惜的是,因20世纪中叶的筑堤围垦,致使消夏湾荒废湮没,徒留历代诗文记载。然炎暑盛夏,捧读名家销夏湾诗文,亦觉清凉可人。
② [缥缈峰]洞庭西山主峰,范成大《缥缈峰》诗自注:"西山最高峰。"
③ [五湖]五个大湖的总称,历来有多种说法,近代一般以洞庭、鄱阳、太湖、巢湖、洪泽为五湖。此处指太湖。
④ [一曲]水流弯曲处。
⑤ [双崦(yān)]指消夏湾介于两山之间。崦,山。消夏湾北枕缥缈峰,东为梭山,西为龙山,南有一缺口,面临太湖。明蔡羽《消夏湾记》云:"四面峰峦交萃,独以一面受太湖,中虚如抱瓮。其南列门阙焉……"

宿吴门二首①

李 贽

秋深风落木②,清水半池荷。
驱马向何去,吴门客子③多。

屋有图书润④,庭无秋菊鲜。
应知彭泽令⑤,一夜不曾眠。

---

① 这两首诗写诗人留宿吴门的所见所思。第一首写吴门深秋时节景色和驱马游吴门来来往往的游客;第二首写书香满居室和秋菊飘落的庭院,想起了"采菊东篱下"的陶渊明而一夜未眠。诗人触景生情想起彭泽令,表达了对隐居的羡慕之情。嘉靖三十八年(1559),李贽任南京国子监博士,到任数月,其父病逝,即回泉州服丧。三年服满,于嘉靖四十一年(1562)深秋,携眷赴北京求职,途经苏州时曾作短暂停留,为的是拜访隐居于苏州支硎山的友人云松和尚。其时,诗人还写了另一首题为《赴京留别云松上人》的诗,诗中云:"支公遁迹此山居,深院巢云愧不如。自借松风一高枕,始知僧舍是吾庐。"李贽《焚书·豫约》曰:"余唯以不受管束之故,受尽磨难,一生坎坷,将大地为墨,难尽写也。"故在为官二十多年以后,于 54 岁那年坚决辞官,隐居他乡,著书立说。李贽(1527—1602),原姓林,名载贽,后改姓名,号卓吾,又号宏甫,别号温陵居士,福建泉州人。明代思想家、文学家。曾任国子监博士、南京刑部员外郎、云南姚安知府。万历八年(1580)辞官归隐,从事研究、讲学和著述。晚年被统治者以"敢倡乱道,惑世诬民"的罪名被捕下狱,后自杀。著有《焚书》《续焚书》《藏书》《李温陵集》等。

② [落木]树叶脱落。《说文·艸部》:"落,凡艸(草)曰零,木曰落。"《楚辞·离骚》:"惟草木之零落兮,恐美人之迟暮。"

③ [客子]游人,游子。旅居他乡的人。《史记·范雎蔡泽列传》:"谒君得无与诸侯客子俱来乎?"

④ [润]丰富,充实。指琳琅满目。

⑤ [彭泽令]指陶渊明(365—427)。一名潜,字元亮,私谥靖节,浔阳柴桑(今江西九江西南)人。东晋诗人。曾任彭泽(今江西九江)令八十余日,后因"不能为五斗米折腰向乡里小人(指郡里派来的督邮小官)"(《宋书·隐逸传》)而弃官隐居。嗜酒好文,以田园诗著称,亦讽喻时政,有《饮酒》诗中云:"采菊东篱下,悠然见南山。"后世因以彭泽令代称陶渊明,又以代称弃官而归隐者。

题小香山梅花堂诗五首(选一首)①

徐霞客

幻出烟萝傍玉京②,须知片石是三生③。
春随香草④千年艳,人与梅花一样清。
混沌凿开⑤云上下,崆峒⑥坐倚月纵横。
峰头且莫骑黄鹤,留遍江城铁笛声⑦。

---

① 这首诗赞美了小香山梅园景色和梅花堂主人的人格美,抒写了作者高尚的情趣、清纯的节操和远大的志向。香山,位于江苏张家港市西15公里的南沙镇,海拔136.6米,由大小香山组成,素有江南名山之誉。因传说春秋时吴王夫差携西施上山采香草而得名。梅花堂,原坐落在小香山竹林深处,初建于宋代。相传苏东坡晚年仕途失意,因江阴友人葛氏邀请,曾数度来梅花堂怡情悦性,并题梅花堂匾额。徐霞客(1587—1641),名弘祖,字振之,号霞客,江阴(今属江苏)人。明代地理学家。其著作《徐霞客游记》是一部地理学巨著,内容广博丰富、文辞质朴绮丽,开创了旅游文学的先河。
② [幻出烟萝傍玉京]烟萝,草木茂盛,烟聚萝缠。玉京,道家称天帝所居之处。《魏书·释老志》:"道家之原,出于老子。其自言也,先天地生,以资万类。上处玉京,为神王之宗……"唐白居易《梦仙》:"须臾群仙来,相引朝玉京。"
③ [须知片石是三生]三生,佛教用语,指前生、今生、来生。唐袁郊传奇小说《甘泽谣·圆观》中,写李源与高僧圆观禅师相约来世相见的故事,末有歌云:"三生石上旧精魂,赏月吟风不要论。惭愧情人远相访,此身虽异性常存。"
④ [香草]传说西施采的是小香山上一种叫马蹄香的香草,能祛风止痛。
⑤ [混沌凿开]混沌,指的是一片灰蒙蒙、暗乎乎的状态。"混沌凿开"用的是神话故事。《庄子·应帝王》:"南海之帝为儵,北海之帝为忽,中央之帝为浑沌。儵与忽时相与遇于浑沌之地,浑沌待之甚善。儵与忽谋报浑沌之德,曰:'人皆有七窍以视听食息,此独无有,尝试凿之。'日凿一窍,七日而浑沌死。"
⑥ [崆峒]崆峒,指仙山、仙境。《庄子·在宥》:"黄帝立为天子十九年,令行天下,闻广成子,在于空同之山,故往见之……""空同"同"崆峒","广成子"是体现自然无为之道的虚拟人物,"空同之山"是杜撰的地名,后来道教把广成子说成仙人,空同山也就成了仙山。唐孟郊《游韦七洞庭别业》:"崆峒非凡乡,蓬瀛在仙籍。"
⑦ [峰头且莫骑黄鹤,留遍江城铁笛声]黄鹤,传说中仙人所乘的鹤,仙人骑着黄鹤飞去,从此不再回来。这两句表达了诗人不想在峰头骑上黄鹤飞去做仙人,而要在故乡留下光辉业绩的远大志向。

午日吴门观渡①

朱彝尊

胜日②衔杯罢,轻舟解缆初。
尽传迎伍相③,不比吊三闾④。
画舫⑤龙鳞见,飞楼蜃市居。
云涛看震荡,雷雨任吹嘘。
别有张筵⑥客,相邀吴市墟⑦。
王孙五花马⑧,少妇六萌车⑨。
芳树晴川外,平沙夕照余。
泉声间丝竹,人影乱芙蕖。
为乐时将晚,当歌恨不除。

---

① 这首诗写苏州端午节龙船竞渡纪念伍子胥的盛况,诗人亲身体验了苏州端午日独特的民俗风情,吴地民众祭祀伍子胥的盛大场面和不忘先贤的遗风,使诗人感动不已。午日,即端午日。朱彝尊(1629—1709),字锡鬯(chàng),号竹垞,又号金风亭长,晚号小长芦钓鱼师,秀水(今浙江嘉兴)人。清代文学家、学者。通经史,兼擅诗词古文。于词推崇姜夔,为浙西词派的创始者。与陈维崧、顾贞观并称"词家三绝"。诗与王士禛齐名,有"南朱北王"之称。著有《经义考》《日下旧闻》《曝书亭集》等。
② [胜日]盛大的节日,指端午节。苏州是端午节的发源地之一,端午竞渡是为了纪念伍子胥,其规模不亚于楚地的吊屈原,且要早二百年左右。
③ [伍相]指伍子胥。
④ [三闾]王逸《离骚序》:"屈原与楚同姓,仕于怀王,为三闾大夫。"后即以"三闾"专指屈原。
⑤ [画舫]装饰华丽的游船。白居易《寄献北都留守裴令公》:"春池八九曲,画舫两三艘。"
⑥ [张筵]设宴。
⑦ [墟]亦称"虚",即墟市。这里指苏州热闹的集市。中国南方农村的定期市集。唐柳宗元《童区寄传》:"去逾四十里之墟所卖之。"宋吴处厚《青箱杂记》:"盖市之所在,有人则满,无人则虚。"
⑧ [五花马]毛色斑驳的马。一说剪马鬃为五族,分成五个花纹,叫五花。李白《将进酒》:"五花马,千金裘,呼儿将出换美酒,与尔同销万古愁。"
⑨ [六萌车]古代妇女乘坐的一种车。

闾阎①成土俗,天地感权舆②。
江表③遗风④在,承平旧事虚⑤。
吾生多涕泪,高会⑥辄欷歔⑦。

---

① [闾阎]里巷内的门。
② [权舆]草木萌芽新生。此指起始。《诗·秦风·权舆》:"于嗟乎,不承权舆。"毛传:"权舆,始也。"
③ [江表]江外。指长江以南的地区。
④ [遗风]指前代遗留下来的风尚。《史记·吴太伯世家》:"其有陶唐氏之遗风乎。"
⑤ [虚]地域,此指吴地。《左传昭公十七年》:"宋,大辰之虚也;陈,大皞之虚也;郑,祝融之虚也。"
⑥ [高会]大规模的聚会。这里指盛大的祭祀场面。
⑦ [欷歔]叹息抽噎。曹植《卞太后诔(lěi)》:"百姓欷歔,婴儿号慕。"

吴山怀古①

沈德潜

夫差曾报阖闾仇②,
宋室南迁③事竟休。
和议有人增岁币④,
偏安⑤无诏复神州。

---

① 这是一首咏史诗,抒写了诗人登吴山之所思和感慨,流露出浓郁的历史沧桑感和伤感意绪。诗人站在历史之峰巅,从前代历史人物悲愤相续的史实中,远眺了千百年来山河易主、充满血泪的惨状和屈辱,寄寓了诗人对为人君者的历史鉴戒之意。吴山,俗名城隍山,亦名胥山。在今浙江杭州市西湖东南。山势绵亘起伏,伸入市区,左带钱塘江,右瞰西湖,为杭州名胜。春秋时是吴国的南界,名吴山。后吴相国伍子胥因进谏而被杀害,后人为纪念他遂称胥山;又因山上建造了一座"伍公庙",也有人称之为伍山,因读音相同,统一称吴山。沈德潜(1673—1769),字确士,号归愚,长洲(今江苏苏州)人。清代诗人。乾隆年间进士,官至礼部侍郎。谥文悫(què)。论诗主"格调说",且要求"一归于温柔敦厚"之"诗教"。诗作多雍容典雅,颇近台阁体。著有《沈归愚诗文全集》《说诗晬语》,又选编《古诗源》《唐诗别裁集》《明诗别裁集》《清诗别裁集》等。

② [夫差曾报阖闾仇]春秋时,吴王阖闾举兵攻楚受挫后,在槜李(今浙江嘉兴西南)被越王勾践打败,重伤而亡。后吴王之子夫差即位,誓报父仇,初在夫椒(今江苏苏州西南太湖中洞庭西山)打败越兵,并攻破越都,越王勾践屈服求和,入吴为人质三年后回国。夫差继而向北扩展,在艾陵(今山东莱芜东北)打败齐兵。前482年,在黄池(今河南封丘南)会盟,与晋争霸。越王勾践乘虚攻入吴都,吴求和。后越再兴兵攻吴,夫差兵败自杀。

③ [宋室南迁]北宋末年,统治者日益腐朽,辽、金的铁蹄时时侵扰中原,战火不断。北宋靖康二年(1127),金人南侵,掳走徽宗、钦宗二帝及宗室、后妃等三千余人上了囚车,去金国当了奴隶,北宋灭亡,史称"靖康之变"。赵构南奔,后于浙江临安(今杭州)建都,史称南宋。

④ [岁币]南宋绍兴十年(1140),南宋抗金名将岳飞在郾城(今河南漯河)、刘锜在顺昌(今安徽阜阳)等地大败金军。时高宗、秦桧放弃河南、安徽等地,撤退军队,一意求和。次年与金定议:宋金间东以淮河,西以大散关(今陕西宝鸡市西南)为界,宋向金称臣,每年贡纳银、绢各二十五万两、匹。十二年春,金册立赵构(高宗)为宋帝。及至孝宗隆兴二年(1164),宋与金续议和约,议定宋金为侄叔之国,改"岁贡"为"岁币",银绢比绍兴年间旧约各减五万。

⑤ [偏安]指帝王不能统治全国,偏居一方以自安。高宗受金主册立为帝后,不思收复北方失地,与金屈膝议和,反对抗战,一直偏安江南一隅。以后各代宋君,也只欲自保,不图恢复,直至灭亡。

中朝已洒苌弘血①,
塞北空闻杜宇愁②。
莫上凤凰山③顶望,
冬青谁认旧陵邱④?

---

① [苌(cháng)弘(hóng)血]苌弘(？—前492),春秋时周大夫。通晓天象历数之学,常用于解说政治。后参与晋范氏、中行氏对赵氏的斗争,晋卿赵鞅为此声讨,他被周杀死。神话传说其血三年化为碧玉。语出《庄子……杂篇·外物》:"人主莫不欲其臣之忠,而忠未必信,故伍员流于江,苌弘死于蜀,藏其血三年化而为碧。"后来常以"苌弘化碧"来比喻忠臣含冤而死。此指抗金名将岳飞及其子岳云等被秦桧以"莫须有"罪名杀害。
② [杜宇愁]传说中的古代蜀国国王,周末于蜀称帝,号曰望帝。后归隐,让位于相。帝死后,化魂魄为子鹃,蜀人怀念之,因呼鹃为杜鹃。后亦称杜鹃鸟为"杜宇"。此指被俘的微宗、钦宗二帝的哀怨之声。
③ [凤凰山]在今浙江杭州市吴山之西,主峰海拔178米。北濒西湖,南接江滨,形若飞凤,故名。五代吴越国修宫苑于此,南宋时在山之东麓建筑皇城。
④ [冬青谁认旧陵邱]指赵宋诸皇陵被掘之事。据陶宗仪《辍耕录》载:元军杨琏真加发掘赵宋皇陵,盗取殉葬财宝,抛散骨骸,义士唐珏与诗人林景熙等冒险收拾遗骸重新埋葬,并植冬青树于其上,以示识别。邱,即"丘",为避孔子讳,丘,皆作邱。

五 人 墓①

桑 调 元

吴下无斯墓，要离冢②亦孤。
声义嘘侠烈，悲吊有屠沽③。
阘冘④朝廷党，峥嵘⑤里巷夫。
田横⑥岛中士，足敌五人无？

---

① 这首诗运用强烈的对比手法歌颂了不畏强暴、为民赴死的五位义士，他们的侠烈行为堪比要离、田横，而又远超他们。那些屠夫和卖酒的普通市民都为他们的死而悲悼不已。他们的侠义名声受到了广大民众的普遍赞美。全诗有力地鞭挞了身居高位的朝廷党助纣为虐的卑劣行径，热情赞美了出身低微的里巷夫超越寻常的高尚品格，表达了诗人爱憎分明的思想感情。五人墓，在虎丘山塘。明代苏州反魏忠贤斗争殉难的市民首领颜佩韦、马杰、沈扬、杨念如、周文元等五位义士的墓地。事件经过参见本书《周忠介公遗事》，或见张溥《五人墓碑记》。桑调元(1695—1771)，字伊佐，号弢甫，又号独往生、五岳诗人。钱塘(今浙江杭州)人。清代学者。著有《弢甫集》《五岳诗集》《论语说》等。

② [要离冢(zhǒng)]要离墓，在苏州阊门内专诸巷内。要离，春秋时刺客，曾被吴公子光派往卫国行刺王僚之子庆忌，事成后自杀。冢，坟墓。

③ [屠沽]屠夫和卖酒的人。旧时被视为执业卑贱的阶层。这里的"屠沽"和下句中的"里巷夫"都是指普通市民。屠，屠杀牲畜的人。沽，卖酒的人。

④ [阘(tà)冘(rǒng)]即阘茸，指地位卑微或品格卑鄙的人。章炳麟《新方言·释言》："阘为小户，茸为小草，故并举以状微贱也。"

⑤ [峥嵘]高尚，不平凡。

⑥ [田横(？—前202)]秦末狄县(今山东高青东南)人。本齐国贵族。秦末，从兄田儋起兵，重建齐国。楚汉战争中自立为齐王，不久为汉军所破，投奔彭越，汉朝建立，率徒党五百余人逃亡海岛；汉高祖命他到洛阳，被迫前往，因不愿称臣于汉，于途中自杀。留居海岛者闻田横死讯，也全部自杀。

登杨舍城楼望海①

赵 翼

设险前朝筑,地传古暨阳②。
江完刚接海,地僻只如乡。
旭日扶桑③影,长风舶趠樯④。
朝朝沙户集,午市最喧忙。

---

① 这首诗写诗人登上明代抗击倭寇的杨舍城楼,眺望这一带独特的地理形势,介绍其气候特点,以及所见当地民众祥和安定的日常生活的情景。杨舍城楼,杨舍即今张家港市杨舍镇,明嘉靖三十七年(1558)建杨舍城堡以抗击倭寇。赵翼(1727—1814),字云崧,一字耘松,号瓯北,阳湖(今江苏常州)人。清代史学家、文学家。工诗善文。尤长于史学,考据精赅,与钱大昕、王鸣盛齐名。论诗主张独创,力反摹拟。著有《廿二史札记》《陔余丛考》《瓯北诗钞》《瓯北诗话》等。
② [暨阳]西晋太康二年(281),分毗陵、无锡二县置。治今张家港市杨舍镇。隋废。唐武德三年(620)复置,九年并入江阴县。
③ [扶桑]神话中的树木名。《山海经·海外东经》:"汤谷上有扶桑,十日所浴。"后指东方极远处或日出之地。
④ [长风舶趠(chuō)樯(qiáng)]梅雨结束盛夏开始时强盛的东南风,称为舶趠风。苏轼《舶趠风》诗:"三旬已过黄梅雨,万里初来舶趠风。"该诗序云:"吴中梅雨既过,飒然清风弥旬。岁岁如此,湖人谓之舶趠风。是时海舶初回,云此风自海上与舶俱至云尔。"樯,船上的帆柱,也叫桅杆。

姑苏杨柳词①

汪 琬

腊②尽寒威尚未消,浅黄轻碧③影迢迢④。
费⑤他烟雨⑥知何限⑦,只替东风⑧染⑨柳条。

---

① 这首诗描绘了初春的景色,抒发了诗人对春天的信使、生命力旺盛的杨柳的喜爱和赞美之情,表现了诗人的感情倾向和审美情趣。杨柳词,即"杨柳枝"词。"杨柳枝"为乐府《近代曲》名,唐代白居易、刘禹锡翻为新声,以旧曲填新词,称为新翻《杨柳枝》,又称《柳枝》,后世沿用,称《杨柳词》。其体制为七言四句。也有沿用为词牌的,如敦煌曲子词及《花间集》中,有于七言每句后各加三字或四、五句者,将添声填为实字,亦称《添声杨柳枝》。虽成长短句,其主体仍属七言声诗。汪琬(1624—1691),字苕文,号钝庵、钝翁、玉遮山樵,曾结庐居太湖尧峰山,时称尧峰先生,长洲(今江苏苏州)人。明末清初文学家。以古文名世,与侯方域、魏禧并称清初"三大家"。著有《钝翁类稿》《尧峰文钞》等。
② [腊]腊月。指农历十二月。
③ [浅黄轻碧]形容冬末春初柳色初绽的情状。
④ [迢(tiáo)迢]遥远的样子。这里用来形容婀娜细长的柳影。
⑤ [费]耗费。
⑥ [烟雨]烟雾般的蒙蒙细雨。
⑦ [何限]指多少。
⑧ [东风]指春风。
⑨ [染]染色。

忆 江 南(选一首)①

白 居 易

江南忆,其次忆吴宫。吴酒一杯春竹叶②,吴娃③双舞醉芙蓉④。早晚⑤复相逢?

---

① 白居易早在青年时期就曾漫游江南,行旅苏、杭。其后又先后担任过杭、苏刺史。苏、杭是江南名郡,这里的山山水水、一草一木给他留下了许多美好的记忆。晚年回洛阳后写了不少怀念江南的诗作。67岁的时候还写了三首《忆江南》。第一首泛忆江南,兼包苏、杭,第二首写杭州,这里选的是第三首。这首词描绘了苏州之美。"吴宫"即馆娃宫,吴王夫差灭越后为美人西施所建。不说忆苏州而说"忆吴宫",开篇就唤起读者对西施这位绝代美人的联想。"春竹叶"是吴地美酒佳酿,"醉芙蓉"状美女舞姿,令人联想到那在风中沉醉的荷花。全词追忆苏州往事,简洁勾勒出苏州的旖旎风情,令人分外眷恋,故结句发出了何时"复相逢"的慨叹。忆江南,词牌名。这个词牌原名《望江南》,见于《教坊记》及敦煌曲子词。其后又有《谢秋娘》《梦江南》《望江南》等异名。白氏即事名篇,题为《忆江南》,后世沿用为词牌名。白居易(772—846),字乐天,号香山居士,下邽(guī)(今陕西渭南)人。唐代大诗人。在文学上积极倡导新乐府运动,主张"文章合为时而著,歌诗合为事而作",强调继承《诗经》"风雅比兴"的传统和杜甫的创作精神,反对"嘲风雪,弄花草"而别无寄托的作品。和元稹友谊甚笃,与元稹齐名,世称"元白"。晚年与刘禹锡唱和甚多,人称"刘白"。著有《白氏长庆集》。
② [春竹叶]酒名。
③ [娃]美女。
④ [醉芙蓉]形容舞姿之美。
⑤ [早晚]何时。

苏幕遮①

范仲淹

碧云天,黄叶地,秋色连波,波上寒烟翠②。山映斜阳天接水,芳草无情,更在斜阳外。　　黯乡魂③,追旅思④,夜夜除非,好梦留人睡。明月楼高休独倚。酒入愁肠,化作相思泪。

---

① 这是一首写乡思离愁的词,意境阔大、丽语柔情,为同类词所少有。山映斜阳,水波连天,碧云、黄叶、寒烟、芳草,秾丽如画的秋色,显示了词人开阔的胸襟和对大自然的热爱;乡魂、旅思、好梦、愁肠、相思泪,写出了词人的羁旅离情。动人的秋景反衬出客愁的深长,所抒之情柔而有骨,浓浓的乡愁而不流于颓靡。苏幕遮,词牌名。

② [寒烟翠]江波上笼罩着的翠色的寒烟。江上如烟的雾气本为白色,但因秋天的景色映进江中,远望碧波荡漾,水天一色,江面上充满寒气的烟云也带着翠绿色。寒,寒气清冽,秋意正浓。

③ [黯乡魂]心神因思念家乡而悲伤。黯,黯然,即心里不舒服,情绪低落的样子。用江淹《别赋》"黯然销魂者,惟别而已矣"句意。

④ [追旅思]羁旅的愁思纠缠不休。追,追随,这里可引申为纠缠。

水调歌头①

和王正之右司吴江观雪见寄

辛 弃 疾

造物②故豪纵③,千里玉鸾飞。等闲更把,万斛琼粉盖玻璃。好卷垂虹④千丈,只放冰壶一色,云海路应迷。老子旧游处,回首梦耶非。　谪仙人⑤,鸥鸟伴,两忘机⑥。掀髯把酒一笑,诗在片帆西。寄语烟波旧侣,闻道莼鲈正美,休裂芰荷衣⑦。上界足官府⑧,汗漫与君期⑨。

---

① 这首和词以回忆当年游吴江时与友人在气势如虹的垂虹桥畔,畅饮作诗的情景作铺垫,巧用"谪仙人"的典故以李白自喻,寄语于友人和吴江美味莼羹鲈脍的思念之情,抒发了词人不受官场拘束,相约与友人遨游世外的旷达豪迈的情怀。水调歌头,词牌名。辛弃疾(1140—1207),字幼安,号稼轩,历城(今山东济南)人。南宋词人。一生力主抗金,其词抒写力图恢复国家统一的热情、倾诉壮志难酬的悲愤,也有不少吟咏祖国河山的作品。艺术风格多样,而以豪放为主,与苏轼并称"苏辛"。著有《稼轩长短句》,今人辑有《辛稼轩诗文钞存》。

② [造物]指大自然。

③ [豪纵]豪放不受拘束。宋苏轼《游白水山》诗:"伟哉造物真豪纵,攫土抟(tuán)沙为此弄。"

④ [垂虹]桥名,在苏州吴江区境内。

⑤ [谪仙人]旧时称誉才学优异的人,谓如谪降人世的神仙。《新唐书·李白传》:李白至长安,"往见贺知章,知章见其文,叹曰:'子,谪仙人也!'"后因用以专指李白。

⑥ [鸥鸟伴,两忘机]意指无机心者则异类与之相亲。忘机,泯除机心。机心,机巧的心思,指深沉权变的心计。《列子·黄帝》载:"海上之人有好鸥鸟者,每日至海上,与鸥鸟共游乐,鸥鸟之至者,百数而不止。其父闻之,令取鸥鸟以玩赏,次日至海上,鸥鸟舞而不下。"

⑦ [芰荷衣]《楚辞·离骚》:"制芰荷以为衣兮,集芙蓉以为裳。"南朝孔稚珪《北山移文》:"焚芰制而裂荷衣,抗尘容而走俗状。"芰荷衣,隐者之服。

⑧ [上界足官府]不受官场拘束的意思。韩愈《奉酬卢给事》:"上界真人足官府,岂如散仙鞭笞鸾凤终日相随。"意思是说,天上的大仙虽有宫殿,哪里比得过鸾凤(一种大鸟,分雌雄,雌鸾雄凤)每天的陪伴。

⑨ [汗漫与君期]《淮南子·道应训》载,"卢敖游乎北海",遇一人,自称"与汗漫期于九垓之外",竦身入云而去。东汉高诱注:"汗漫,不可知之也。九垓,九天之外。"这里用以表示同友人相约共同遨游世外的心愿。

点 绛 唇①

丁未冬过吴松②作

姜 夔

燕雁无心③,太湖西畔随云去。数峰清苦④,商略⑤黄昏雨。　第四桥⑥边,拟共天随住⑦。今何许?凭栏怀古,残柳参差舞。

---

① 这首词写诗人于冬日从吴兴来苏途中,经过吴江松陵镇时眼前所见的景物,隐寓伤今怀古之意。抒发了诗人不求闻达,愿作陆龟蒙一样的"江湖散人"的清高志趣,但时过境迁,"凭栏怀古",心潮就像"残柳参差舞"一样起伏难平。点绛唇,词牌名。姜夔(kuí)(约1155—1209),字尧章,号白石道人,饶州鄱阳(今江西波阳)人。南宋词人、音乐家。一生未仕,依人作客,漂泊江湖,与辛弃疾、杨万里、范成大等为文字交,诗词皆卓然成家。著有《白石道人歌曲》《白石道人诗集》《诗说》等。

② [丁未冬过吴松]丁未,宋孝宗淳熙十四年(1187)。这一年夏,由杨万里介绍,姜夔来苏州见范成大,作自制曲《石湖仙——寿石湖居士》。当年冬由吴兴再来苏州。本词写道经吴江松陵镇情景。吴松,吴淞江,又名松江、吴江。自元朝置松江府后,吴淞之名独著,不复称松江。

③ [燕雁无心]燕雁,北方大雁。无心,心地坦荡。

④ [数峰清苦]谓东太湖西畔苏州横山、东山、西山诸峰,在冬天显得寒瘦、荒漠。

⑤ [商略]筹划,酝酿。

⑥ [第四桥]在吴江城南。据《吴江县志》载:从彻浦桥至南津口的吴江石塘,有桥九座,第四座叫甘泉桥,又名七洪桥。桥外极深处称龙窟,水流湍急。桥北有甘泉祠,祀甘泉龙神。另《苏州府志》载:陆羽《茶经》品甘泉为第四,桥因而得名。

⑦ [拟共天随住]陆龟蒙号天随子,隐居甫里,常乘舟设篷席,赍束书、茶灶、笔床、钓具,游于江湖,时谓江湖散人。姜夔无功名,奔走于江湖,遂自比天随子:"沉思只羡天随子,蓑笠寒江过一生"(姜夔《题三高祠》);"三生定是陆天随,又向吴松作客归"(姜夔《除夜自石湖归苕溪》)。

卜算子①

泊吴江夜见孤雁

萨都剌

明月丽长空,水净秋宵永②。悄无踪、乌鹊南飞③,但见孤鸿影④。

自离边塞路,偏耐⑤江波静。西风鸣、宿梦魂单,霜落蒹葭冷⑥。

---

① 这首词借写夜泊吴江见孤雁以寄托词人的情怀。抒发了词人被贬官南行途中的孤独、落寞、无助和对前途难卜的忧惧之情。全词融情于景,情致雅淡,辞婉意清,巧用前人名句以表达类似的情感和心境,然笔法和风格则绝无雷同。卜算子,词牌名。
② [秋宵永]指词人的主观感受,感觉秋夜格外漫长。
③ [乌鹊南飞]曹操《短歌行》:"月明星稀,乌鹊南飞。绕树三匝,何枝可依?"引用曹操的诗句,以表达在这漫长的月明之夜"无所依托"的失落之情。
④ [孤鸿影]能见到的只有孤飞的鸿雁的影子。孤鸿,即孤雁。苏轼《卜算子·黄州定慧院寓居作》:"缺月挂疏桐,漏断人初静。谁见幽人独往来。缥缈孤鸿影。惊起却回头,有恨无人省,拣尽寒枝不肯栖,寂寞沙洲冷。"
⑤ [偏耐]特别能忍受的意思。
⑥ [霜落蒹葭冷]孤雁于霜秋之夜栖息于江边芦苇荡中愈加寒冷,意在表达词人对自己前途的忧虑。蒹葭,芦苇。

江　城　子①

倪　瓒

满城风雨近重阳②,湿秋光,暗横塘③。萧瑟汀蒲④,岸柳送凄凉⑤。亲旧登高前日梦,松菊径,也应荒⑥。　　堪将何物比愁长?绿泱泱,绕秋江⑦。流到天涯,盘屈九回肠。烟外青蘋⑧飞白鸟,归路阻,思微茫。

---

① 这首词以凄清悲愁的格调、质朴清逸的语言、贴切自然的用典,表达了词人在重阳节来临之际对故乡和亲朋好友深切的思念,抒发了词人长期浪迹太湖、客居吴中的浓郁的乡愁。江城子,词牌名。倪瓒(1306 或 1301—1374),初名珽,字元镇,号云林子,又号幻霞子、荆蛮民、经锄隐者,无锡(今属江苏)人。元代画家。擅画水墨山水,逸笔草草,清远萧疏。与黄公望、吴镇、王蒙合称"元四家"。兼工诗词、书法。其词雅洁蕴藉,无尘垢气。著有《倪云林先生诗集》《清閟(bì)阁集》。

② [重阳]农历九月初九,是我国的传统节日。旧时这一天有登高的风俗。也叫重九。

③ [横塘]镇名,在苏州城西南5公里许,是水路要津。

④ [汀(tīng)蒲]长在水边的蒲草。汀,水边平地,这里指河岸边。蒲,香蒲,多年生草本植物,多生在岸边浅水中,叶长而尖,可编织蒲席、扇子等。成熟的果穗叫蒲棒,可入药,根和嫩芽可吃。

⑤ [岸柳送凄凉]堤岸上的柳枝仿佛在倾诉着离别的凄凉。古时亲友分离时,送行者常折柳枝赠予远行者,蕴含"惜别怀远"之意。《诗经·小雅采薇》:"惜我往矣,杨柳依依;今我来思,雨雪霏霏。"

⑥ [松菊径,也应荒]化用陶渊明《归去来兮辞》中"三径就荒,松菊犹存"句,以想象揣测的语气表达对故乡风物的思念。径,小路。

⑦ [绿泱泱,绕秋江]以碧波无际、奔流不息的秋天的江水比喻萦绕心头、绵绵不绝的愁绪。南唐李煜《虞美人》:"问君能有几多愁?恰似一江春水向东流。"泱泱,水深而广的样子。

⑧ [青蘋(pín)]青青的蘋草。蘋,多年生草本植物,生在浅水中。叶有长柄,柄端四片小叶成田字形。也叫田字草。

【附录】

Ⅰ 本册撰稿、修订者细目

撰　　稿

01　　卫　新
02　　卫　新
03　　刘　军（鉴、范）　沈郁菁（张）
04　　沈郁菁（吴、苏）　刘　军（白）
05　　刘　军（枫、望）　马丽亚（我、苏、诗）
06　　刘　军
07　　卫　新
08　　马丽亚（甪、木）　张　蕾（姑）
09　　沈郁菁
10　　施　怡（访、诗）　张　蕾（老）
11　　刘　军
12　　刘　军
13　　张　蕾
14　　马丽亚
15　　刘　军
16　　施　怡
17　　刘　军
18　　刘　军

修　　订

刘　军（全书资料搜集、篇目筛选、单元编组，部分选文的改动、删节，编者撰文、注释的修改、审核，版式设计，校对等）

［注］数字为单元序号，括号内系篇目第一字。

Ⅱ 单元练习参考答案

01

一 作者之所以到平江路去,是因为她愿意去,喜欢去;随便地走一走,心里就踏实了,弥漫在心头的空空荡荡、不着边际的感觉就消失了。"我们用不着去平江路,在这个城里到处都是平江路。"前一个"平江路"是具体实在的平江路,后一个"平江路"是指像平江路一样的古老街区。现在平江路已经是古城中最后的保存着原样的街区了,所以要走一走古老街区,就只能到平江路去了。

二 山塘雨首先让作者体悟了自然随意的人生况味,接着让作者体尝了由激越到安详、由绚烂到平淡的人生哲理,最后激起作者穿越岁月回忆历史的意趣,感悟传承中见创造的历史规律。

三 所选的词语依次是:褪、盘旋、落、沁、赶。

四 略

02

一 刚到苏州,在"我"面前展示一幅市井生活图的就是苏州小巷。在小巷中,"我"度过了漫长的时光,青春也是在小巷中流走的。在苏州的小巷里,可以寻找艺术的世界,可以踏勘生活的矿藏,也可以倾听历史的回响。苏州小巷已经成为"我"的精神栖息之地。

二 不仅因为苏州的河曾经是如此的美丽,承载着"我"美好的童年回忆,而且因为苏州的河和苏州人民的生活休戚相关,它是苏州古老的命脉、古城神韵的体现。

三 略

03

一

1. 鉴真东渡日本,为传播中国文化,促进中日两国的文化交流和增进两国人民的友谊作出了卓越贡献。范仲淹的高尚品德集中表现为刚直不阿、忧国忧民和清白淡泊等。

2. 两篇文章都是以历史遗迹为依据来写人物的。作者以这些依据为出发点,是为了使文章内容真实、可靠、有据可寻。《鉴真东渡觅旧踪》,侧重写鉴真第六次东渡以及东渡后在日本的贡献;而《范仲淹和天平山》则是从五个侧面来写范仲淹的。

二

题《姑苏十景·枫桥》
文徵明

金阊西来带寒渚,策策丹枫堕烟雨。
渔火青荧泊棹时,客星寂寞闻钟处。
水明人静江城孤,依然落月啼霜乌。
荒凉古寺烟迷芜,张继诗篇今有无?

赋得寒山寺送别
高 启

枫桥西望碧山微,寺对寒江独掩扉。
船里钟催行客起,塔中灯照远僧归。
渔要寂寂孤烟近,官路萧萧众叶稀。
须记姑苏城外泊,乌啼时节送君违。

枫桥夜泊
朱彝尊

初月开平林,繁星罗远戍。
惊禽沙上鸣,渔子夜深语。
遥闻歌吹声,暗入枫桥去。

三

枫桥夜泊
张 继

月落乌啼霜满天,江枫渔火对愁眠。
姑苏城外寒山寺,夜半钟声到客船。

评析例文 这首诗写枫桥夜泊的情景,抒发了诗人的羁旅愁思,以其情味隽永、意境清远驰名。首句写了午夜时分的三种景象:"月落"写所见,"乌啼"写所闻,"霜满天"写所感,运思细密,层次分明。次句进一步描绘枫桥夜泊的特征景象:夜色朦胧,江边枫树(一说指寒山寺前的两座姐妹桥,一座叫江村桥,一座叫枫桥——编者)轮廓模糊;雾气茫茫,江面渔火闪闪灼灼。面对这幽寂清冷的气氛和异乡鲜美的风物,孤寂的诗人愁思萦绕,难以入眠。"江枫"和"渔火",一静一动,一暗一明,一江边,一江上,色彩明朗,错落有致。一个"对"字,把舟中的旅人和舟外的景物紧密地交融在一起。正当诗人辗转反侧、愁绪万端的时候,寒山寺的钟声又掠过夜空传入耳中,一声声像是撞击着诗人的愁心。这"夜半钟声"不仅衬托了夜的静谧,而且揭示了夜的深沉和清寥,而诗人卧听疏钟时的种种难以言传的感受也就尽在不言中了。全诗写得精练含蓄,情景契合,曲折而细微地表现了诗人的旅中愁思。

——摘自张云风《中国著名山水诗评注辞典》
(陕西人民美术出版社1992年版)

四 略

04

一 苏舜卿 宋朝

二 工笔古画 十分宁静

三 曹聚仁认为虎丘"已失山林本相",有关传说十分可笑;叶兆言认为虎丘"全是热闹",使人游兴全无。如果不同意这些看法,只要能自圆其说,也是可以的。

四 作者一是写明代震撼全国的苏州民变,尤其是苏州人全城反对朝廷特务逮捕在苏州的东林党人,义无反顾地踏着血泪冲击。虎丘山旁的五人墓,充分表现了苏州人的公正和血性。二是写面对明代严酷的文化专制,有给与朝廷文化格格不入的苏州文人打造出了一片比较自由的小天地,保护了一大批作品不断的戏曲家、书画家,尤其是"那个名声最坏""只知写诗作画""不时人间造孽钱"的唐白虎;苏州人喜欢他、呵护他,"在他死后把桃花庵修葺保存,还传播一个'三笑'故事让他多了一桩艳遇"。作者以史实和生动的人物事例,赞美了柔美的苏州人的另一面:面对宦官专权、政治黑暗、文化专制的明朝统治,苏州就是不同寻常,这需要多少勇气和定力,坚韧与智慧,这足以证明苏州人的坚挺和阳刚了。

五 这篇文章贯穿全文的是作者独到的对苏州个性化的理解,并以无可辩驳的史实、生动感人的民间传说,加上大开大合的谋篇布局,为读者展示了白发苏州的柔美、包容和阳刚的多重面影。

六 略

05

一 驰 扉 旋 稀 飞 欺 匪 西 旗 欺 凄 萎 曦 奇 夷

二 1. 这支弹词开篇写的是短枪班退至冲山隐蔽的情景。开篇以钟老太望芦苇怀想游击队战士为中心,表达了冲山人民对青山绿水、土地肥沃的家乡的无比热爱之情,抒写了冲山人民面对血腥残忍如野兽的日本侵略者坚贞不屈钢铁般的意志。

2. 这支弹词开篇在表现手法上也是独具一格。它不拘泥于七言句的基本格局,而是根据格式内容和人物抒发情感的需要,大胆运用长短句。全曲共31句227个字,七言句仅5个,而3字句、5字句各6个,加上9字句7个,占了大部分,超过10字的长句有4个,最长的一句达15字之多。这在一般的弹词开篇中较为少见。作者的这种大胆尝试,成功地塑造了钟老太的艺术形象,成了脍炙人口、久唱不衰的名篇。

三 《我的家乡在苏州》篇幅不长,但具有概括性。它抓住了苏州最具特色的几个方面,如园林、名肴等,简洁而全面。

四 大家可以通过多种方法来欣赏评弹,如广播、音像资料,也可以上中国评弹网。

五 这几句古乐府诗句描写江南水乡的独特风情,简练概括,优美典雅,用在新诗中,既增添了诗歌的文学色彩,又从一个侧面反映了苏州地区悠久的历史和深厚的文化底蕴。

六 略

06

一 这句话用来点染狂风急雨的环境气氛。作者把"急雨"比作"恶魔的乱箭",突出地显示了惨案发生后的南京路肃杀、阴森、紧张的气氛,烘托出人们愤怒的情绪;它反复出现,并贯穿全文,表达了作者满腔的愤怒。

二 例如写帝国主义的巡警,抓住他们腰间的手枪,泛红的脸上的肉,刻在嘴的周围的深深的颊纹,黄色的睫毛下的绿光和狞笑,寥寥数笔,把杀人者的狰狞面目暴露无遗,入木三分地揭露了凶悍、狠毒、恣戾的巡捕的反动本质。写工人抓住人物的肖像,"粗布的短衫露着胸"、"苍暗的肤色"、"眼睛里放射出英雄的光";写人物铮铮作响的语言,"中国人不会齐心呀!如果齐心,吓,怕什么!"作者以简洁的文字,从人物的语言、外貌、服饰方面描绘出了中国工人勇敢坚强而又远见卓识的高大形象,敬佩之情溢于言表。

三 两文都运用了对比手法,都在篇末点题,使主题升华。

四 略

07

一 总结全文的作用。文章的第一段重点写的就是"水"。铺路的"石板与石板并不严实","能看见下面活活流水,似乎整个镇子就浮在了水上",这是在写"水";"螃皱鱼是稀罕物,水质好才能生长",这还是在写"水"。第二段主要描写的就是芦苇荡。

二 本文的题目"梦里梦外","梦"是《沙家浜》,"梦里"是戏文里的阿庆嫂,"梦外"是戏文外的汪曾祺。开头部分的结尾处点在"梦"上:"岁月的烟尘难道仅仅是梦境里那一场云遮雾障的舞台布景?"结尾部分最后引用"南风知我意,吹梦到西洲"作结,再次点在"梦"上,首尾呼应,自成一体。

三 略

08

一 1."悠徐容与"形容悠闲缓慢,从容闲舒。文中写作者乘坐马车前往灵岩山,路途中悠闲自得的喜悦心情。用"悠徐容与"更好地衬托乘坐马车和乘坐汽车的不同。

2."鼓吹",在这里是宣扬、宣传的意思。表达了作者对沧浪亭葱油面的喜爱,充满了怀旧之感。

3.藩篱,原来指篱笆,后用来比喻门户或屏障。在本句中用的是比喻义,比喻人与人之间的隔阂。在小镇世外桃源般的氛围中,人与人也坦诚相见。

二 《木渎灵岩之游》中,使用了插叙的有两处:一处是写作者最初对"木渎"这一地名的印象,另一处是回忆天兴馆时插叙了一段上海沧浪亭的旧事。

三 略

四 第一段行文句与句之间前后联结,一气而下。第一句结在苏州半月中城内游的"小自由"上。第二句就写享用"小自由"而得的"不一致"的游览感受。第三句又接着谈"不一致"还有一个原因——"思想问题"。然后用一个设问"什么思想呢"引出第四句的回答。第五句综合"小自由"和"思想问题"两个方面谈作者对天堂苏州的取舍。第六句接着写取舍有定后的结论。第七句排定城内六事的写作次序。第八句"以下依次说说",引出主体部分。节奏不徐不急,似负暄闲话;语言简洁利落,如珠玉落盘,清脆明亮。

09

一 1.忌说"生姜",是避"(蚕)僵"之讳;忌说"豌豆"是避"完结"之嫌;忌说"葱"是以免"犯冲"。从语文角度讲,都是避谐音(同音、近音)之讳。如脍炙人口的"道是无晴(情)却有晴(情)"一句就使用了谐音手法,取得了双关的艺术效果。

2.这条民谚分别使用了打比方和作比较的说明方法。"一粒谷"和"雀口"分别比喻桑芽发育不良和发育良好的状况;"哭"和"拍手"则是鲜明的对比,十分形象生动地写出了蚕娘娘的忧与喜。

二 辟邪。

三 1.(1)未雨绸缪,防患未然;(2)积少成多,聚沙成塔;(3)坚持不懈,终有收获;(4)急中可以生智;(5)要培养良好的习惯;(6)好的风尚自然风行;(7)风尚可能起源于普通人的无奈之举。以上只是示例,只要言之成理,回答就能成立。

2.这个想象是合理的。苏州海拔四五米,北临长江,西依太湖,湖荡众多,水网密布,是典型的水乡泽国。五六千年前聚居于此的先民应当常受洪水之患。在不断的治水实践中,他们逐步掌握了"疏导"的方法。公元前514年,伍子胥奉命建城时,充分考虑水的特点,完美地实施了疏导的治水策略,奠定了苏州水乡城市的独特风貌:内外城河相互沟通;城内河道经纬相织,形成脉络;街巷依河而建,建筑临水而造,前巷后河,水陆平行。这种"小桥、流水、人家"的景象被白居易赞叹为"绿浪东西南北水,红栏三百九十桥"。苏州至今仍是我国河最多桥最密的水乡城市。因此,鱼米之乡的百姓,充满无比自豪,发挥了大胆而合理的想象,让大禹治水唱响了苏州篇章。

3. 提示:关于灵岩山、虎丘、七里上塘、金鸡湖、干将莫邪、伍子胥、张士诚等,苏州民间都有故事流传。

10

一　两次。前后对比说明了时代变迁,苏州的旧书业起起落落,经历了由盛到衰,又逐步恢复的过程,表达了作者无限的感慨。

二　破败、寂寞、冷落、停滞的特点。作者身处抗战时期,特定的时代背景和特殊的身份决定了他笔下的苏州有这样的特点。

三　略

四　此生为苏州人的幸运和感恩,漂泊游子大半生甚至终生无法归乡的遗憾和沉痛,对家乡深深的眷恋,与故乡再续前缘的美好希冀。

五　原文"动乱岁月、漂泊人生、风云失色、世界变迁"的语序更符合作者的人生遭际——因抗战爆发而辗转漂泊无法归乡,因时代社会动荡变化而两岸隔绝无法回家;原文"心中梦中永不褪色的,是那故乡的山山水水,万种风情",把"那故乡的山山水水,万种风情"作为宾语放在句末,用"是"字引出,比改文更醒目更突出。

11

一　1. 迟延拖拉;松懈懒散　2. 指人的一生　3. 欺凌逼迫　4. 内心藏着怨恨　5. 如何辨别　6. 比喻荣枯盛衰　7. 过失,不是

二　1. 如果只是一心拖延,那就会耽误了一生的前途。

2. 对于一顿粥或一顿饭,我们应当想着来之不易;对于衣服的半根丝或半条线,我们也要常念着这些物资的产生是很艰难的。

3. 兄弟叔侄之间要互相帮助,富有的要资助贫穷的;一个家庭要有严正的规矩,长辈对晚辈,说话时言辞应庄重。

4. 看到富贵的人,就露出巴结奉承的神情,是最可耻的;遇着贫穷的人,便摆出骄横无礼的样子,是最鄙贱的。

5. 遇到事情，相互争论的时候，怎么知道错的不是自己？

　　6. 那就是，易姓改号叫作亡国；仁义被阻塞，以至于率领禽兽吃人，人吃人，叫作亡天下。

　　7. 保有国家，是为君为臣的统治者所要谋划的；保有天下，即使是地位低贱的普通百姓也都有责任。

　　三　阐述"凡事要做则做，若一味因循，大误终身"的中心论点，进一步说明"且待明日"的危害性。例如，中国著名国画大师、篆刻家齐白石，85 岁时仍以"不教一日空闲过也"勉励自己，每日作画不止。据说，在白石老 60 多年的作画生涯中，仅有两次总共 10 天未动笔：一次是他 63 岁时生了一场大病，几次不省人事，一次是 64 岁时母亲病故，没有作画。

　　四　略

12

　　一　桥与水　动态描写为主　园林的鬼斧神工　心驰神往

　　二　1. (1)高下亭台花雾里，往来舟楫水云中。(2)山势盘陀真似画，泉流宛委遂成书。

　　2. (1)犹人身气血荣卫，今塞绝之，能安强乎？(2)城市萧条，人物衰竭，富室无几。

　　3. 引蔓通津，缘飞梁而可度。

　　4. (1)山夹两崖，树欹斜而援引；水分两岸，桥蜿蜒以交通。(2)意贵乎远，不静不远也；境贵乎深，不曲不深也。

　　三　本文不单单是为了表现旧时苏州的水乡风貌和风土人情，更重要的是希望今天生活在这座水城内的人们：珍爱我们祖先留下的这块生存繁衍的宝地，保护姑苏城内三横四直的水系。《船与水》展现的是苏州的历史，苏州的水文化。

　　四　略

13

　　一　1. 一开始作者并不赞同，因为虽然亲眼所见的叶圣陶在服饰、风度上与作者平日对他的想象有一定距离，但作者确认叶氏的年纪并不老。后来，渐渐赞同，因为作者觉得从叶圣陶的沉默寡言、不懂浪漫等方面看，可以把他看做"老先生"。

2. 人生像一本书,有些只是虚浮的形式,有些才是实实在在的内容。每个人对人生的理解都不同,因而对什么才是更重要的判断标准也不同。在陆文夫看来,骨肉亲情比写小说带来的名利更为重要。作为纯粹的人,都应该深有同感吧。

二 1. 互相衬托的作用,越是写叶圣陶待人的"和易",越能突出他"发怒"的难得,从而突出表现他对妥协精神的厌恨之深;反之,越是写他难得一次发怒,越能衬托出他为人的和易,这正起到了两相映衬的作用。

2. 都用了对比的手法。前者通过写"某些文人"与人见面时表现出的虚伪、做作,与陆文夫的坦诚自然、亲切友善形成鲜明的对比,表达作者的爱憎,也突出了陆文夫的脱俗。后者写朱棣文拒绝一所学校高薪聘请的事,也与下文写朱棣文对故乡"朱棣文小学"的关心形成鲜明的对比,从而有力地突出了博士对故乡的热爱之情。总之,两篇文章运用的对比手法,都突出了文章的主旨。

三 示例1 西南联大有许多很有趣的教授,金岳霖先生是其中的一位。金先生的样子有点怪。他常年戴着一顶呢帽,进教室也不脱下。每一学年开始,给新的一班学生上课,他的第一句话总是:"我的眼睛有毛病,不能摘帽子,并不是对你们不尊重,请原谅。"他的眼睛有什么病,我不知道,只知道怕阳光。因此他的呢帽的前檐压得比较低,脑袋总是微微地仰着。他后来配了一副眼镜,这副眼镜的一只镜片是白的,一只是黑的。这就更怪了。后来在美国讲学期间把眼睛治好了——好一些,眼镜也换了,但那微微仰着脑袋的姿态一直还没有改变。

示例2 金先生是个单身汉(联大教授里不少光棍,杨振声先生曾写过一篇游戏文章《释鳏》,在教授间传阅),无儿无女,但是过得自得其乐。他养了一只很大的斗鸡(云南出斗鸡)。这只斗鸡能把脖子伸上来,和金先生一个桌子吃饭。他到处搜罗大梨、大石榴,拿去和别的教授的孩子比赛。比输了,就把梨或石榴送给他的小朋友,他再去买。

示例3 金先生朋友很多,除了哲学家的教授外,时常来往的,据我所知,有梁思成、林徽因夫妇,沈从文,张奚若……君子之交淡如水,坐定之后,清茶一杯,闲话片刻而已。金先生对林徽因的谈吐才华,十分欣赏。现在的年轻人多不知道林徽因。她是学建筑的,但是对文学的趣味极高,精于鉴赏,所写的诗和小说如《窗子以外》《九十九度中》风格清新,一时无二。林徽因死后,有一年,金先生在北京饭店请了一次客,老朋友收到通知,都纳闷:老金为什么请客?到了之后,金先生才宣布:"今天是徽因的生日。"

——节选自汪曾祺《金岳霖先生》

14

一 1. 主要运用了描写的方法，通过生动的描绘展现了太湖美丽动人的姿态。

2. 运用了说明的方法，说明自古以来人们就很喜欢梅花，对梅花有一种特殊的情感。

3. 这段文字运用了议论的方法，承上启下，由上文的历史回顾转到对人民幸福生活的描写。

4. 运用了描写和抒情的方法，描绘了湖边令人陶醉的美景，生发出对家乡的热爱之情。

二 提示：梅花又名"五福花"，是中国传统名花，她象征着快乐、幸福、长寿、顺利、和平。梅花不仅以清雅俊逸的风度使古今诗人画家为它赞美，更以它的冰肌玉骨、凌寒留香被喻为民族的精华而为世人所敬重。

梅以它的高洁、坚强、谦虚的品格，给人以立志奋发的激励。在严寒中，梅开百花之先，独天下而春，因此梅又常被民间作为传春报喜的吉祥象征。

三 略

15

一 1. 累及，连累。骈，重、再。

2. 倒伏的灌木杂乱丛生。葛蔓横爬竖绕寻不出道路。

3. 因战乱而遭受破坏。燹，兵火，战火。

4. 使。

5. 笑谈，笑话。

6. 聚集，连属。形容多。

二 1. 是仍旧用它原来的园名吗？还是重新给它起一个好园名呢？

2. 瞿远村偶然经过网师园那里，担心它变成一片茂密的草地，为之叹息。

3. 占地不过几亩，却有迂回曲折的景致，居所虽然靠近市场，却有云水相望的乐趣。

三 1. 这句话，充分体现了方伯的睿智。"不易其音而易其字"，改"刘园"为"留园"。这一字之改，真是妙不可言，既易于人呼，又寓长留天地间之意，真乃名副其实，雅俗共赏。又为文末"余叹曰"一段话做了铺垫，表达了作者对方伯的钦佩、叹服,感慨几经兵乱而幸存的刘园"岂非造物者留此名园以待贤者乎",点明造物者对美好事物的珍惜与偏爱,佳园贤士终成知音。

2. 表达作者敬赏瞿远村尊重历史,尚友古人,保持历史旧貌,颇有见地。

四 略

16

一 作者介绍了有关水上旅游项目的"仿古游船"和"水陆观光一卡通"的使用以及引长江水进古城河进行河道整治这三项措施。其中"引长江水"是最重要的一项措施,因为它是整个水上旅游项目开发的基础。

二 1. "贴"说明周庄的河道窄,周庄人家都在水边,突出水乡"人家尽枕河"的特点。

2. "滋"具有动感,突出周庄的四周都是水。

3. "竟然"有出乎意料之意,生动地刻画了周庄独特的建筑格局。

三 体现周庄历史悠久,有着深厚的历史文化底蕴。

四 1. 证明苏州至少在唐朝已经具有"人家尽枕河"的水港风貌。

2. 说明正因为有了长期的人文观照,苏州水才产生了丰厚的文化内涵。

17

一 表现了黑色人和眉间尺配合默契,勇猛战斗的英雄气概和不畏强暴,不怕牺牲的战斗精神。

二 表现在小说的情节、环境描写和人物描写(如肖像、行动、语言等)以及铸剑时骇人的景象和挖出雄剑的情景等方面。

三 1. 借助人物的感觉和动作,表现了复仇的意志。"全身都如烧着猛火","每一枝毛发上都仿佛闪出火星来",比喻十分贴切,而且略带夸张,形象地描绘了人物怒不可遏的心理状态。那"在暗中捏得格格地作响"的双拳,表现了眉间尺定要为父报仇的决心。

2. 写黑色人"仿佛有些惊慌",不是张皇失措,而是痛惜孩子,所以他面不改色,镇定地打好了主意:将自己的头颅砍入水中参战。他"伸开那捏着看不见的青剑的臂膊""忽然向里一弯",做出这样两个假动作,其目的是用来迷惑惊呆地在旁观战的后妃臣宦,使他们看不出自己的真正意图。即便到了这样危急的关头,黑色人仍保持清醒的头脑和高度的警惕,镇定自若,有所谋划,表现了他为民报仇的高尚的自我牺牲精神。

四 例如"玩头"的情节(见"品读赏析")。

五 (有一夜),楚王梦见一个男孩,两眉之间有一尺来宽,口口声声说要报仇。楚王立即悬赏千金捉拿他。赤听说了这件事就逃走了,在山中边走边唱。有一位侠客遇见了他,问他:"你年纪轻轻的,为什么哭得这么悲伤啊?"赤说:"我是干将、莫邪的儿子,楚王杀死了我的父亲,我想要报仇。"侠客说:"我听说楚王悬赏千金买你的头,把你的头和剑给我,我替你报仇。"赤说:"那太好了!"说着立即用剑割下自己的头来,两手捧着头和剑献给侠客,尸体却站着不倒。侠客说:"我决不会辜负你的。"尸体这才倒下。